U0943861

陶富源文集

第 3 卷

终极关怀论

陶富源◎著

安徽师范大学出版社
ANHUI NORMAL UNIVERSITY PRESS
·芜湖·

责任编辑:张奇才　吴顺安
谢晓博　陈　艳
装帧设计:张　玲　冯君君
责任印制:桑国磊

图书在版编目(CIP)数据

终极关怀论/陶富源著.—芜湖:安徽师范大学出版社,2016.5(2024.7重印)
(陶富源文集;第3卷)
ISBN 978-7-5676-2280-7

Ⅰ.①终…　Ⅱ.①陶…　Ⅲ.①马克思主义哲学—人学—文集　Ⅳ.①B038-53

中国版本图书馆CIP数据核字(2015)第280330号

终极关怀论
ZHONGJI GUANHUAI LUN
陶富源　著

出版发行:安徽师范大学出版社
芜湖市北京中路2号安徽师范大学赭山校区　　邮政编码:241000
网　　址:http://www.ahnupress.com/
发 行 部:0553-3883578　5910327　5910310(传真)
印　　刷:江苏凤凰数码印务有限公司
版　　次:2016年5月第1版
印　　次:2024年7月第2次印刷
规　　格:700mm×1000mm　1/16
印　　张:25.5　　插页:2
字　　数:423千字
书　　号:978-7-5676-2280-7
定　　价:142.00元

出版前言

陶富源（1944.11.3—），江苏海安人，1969年7月毕业于北京大学哲学系，安徽师范大学马克思主义学院教授，博士生导师。曾任中国历史唯物主义学会常务理事、中国人学学会常务理事、国家社会科学基金学科评审组专家，终身享受国务院政府特殊津贴。获全国模范教师、省级教学名师、省十大杰出教师、省五一劳动奖章、安徽好人等10多项荣誉。主持和完成国家社会科学基金项目3项。独撰和合作出版著作、译作13部，发表论文240多篇，其中在《中国社会科学》《哲学研究》《马克思主义研究》发表论文20篇。获省部级教学科研成果一等奖、曾宪梓教育基金会高等学校教师奖三等奖等10多项奖项。

《陶富源文集》原10卷本，390余万字，于2016年5月由安徽师范大学出版社出版。2023年12月，陶富源先生又增加2卷本内容，并对原有10卷本进行修订，现为12卷本，470余万字。各卷的书名分别是《形上智慧论》《实践主导论》《终极关怀论》《哲学与马克思主义哲学》《青年马克思与费尔巴哈》《唯物辩证论与实践智慧》《唯物史观在当代》《政治文明的哲学观照》《精神家园的哲学守望》《面向世界的哲学沉思》《流年履踪的哲学随想》《学术论文写作通鉴》。

本套文集为陶富源先生从事马克思主义哲学研究50多年成果的结集，分别以哲学基本理论、马克思主义哲学基本理论、马克思人学基本理论、马克思主义辩证论、历史论、价值论、政治论、精神论等为主题，对学术界的既有成果给予了科学概括、论证和创造性理解、说明。本套文集视野开阔、时代气息浓郁、学术品味醇厚，全景式展现了一代哲学家的思想轨迹和学术贡献，从一个侧面反映了中国哲学理论研究的新进展和新成就，对推进中国哲学理论研究具有重要的学术价值。

由于收入本套文集的大部分作品为公开出版或发表过的，因此为了保留原作的本来面貌，除对个别文字、标点符号、部分参考文献作必要的技术处理外，对原文不作实质性改动。文集难免有文字讹错之处，敬请方家批评指出，以便今后重印时改正。

安徽师范大学出版社
2024 年 7 月 20 日

总 序

哲学是时代的产物。

党的十一届三中全会开启了中华民族走向经济腾飞、文化复兴的伟大时代。这是一个古老民族从挫折中总结，于艰难中奋起，不断走向昌盛的时代，是一个解放思想、继往开来、锐意革新的时代。

沐浴着时代风雨，鼓荡起哲思才情，50 多年一路走来，我共独撰和合作出版了著作和译作 13 部，发表学术论文 240 余篇，这些是我在哲学旅程中的一些思考和记录。在发表的论文中，有近半数的论文被《新华文摘》《光明日报》《中国人民大学复印报刊资料》《全国高等学校文科学术文摘》等转载、摘介和被多种著作所引用。

我信奉马克思主义哲学，因为它是指引人类走向彻底解放的真理，是科学的哲学。和一切科学一样，马克思主义哲学会随着时代的变化而发展。它的某些具体结论和具体原理，有的可能有错而被证伪，有的也会过时而被取代，但其基本原理具有持久的生命力，是不会从根本上被驳倒，被推翻，因而是必须坚持的。当然，马克思主义哲学的基本原理也要与时俱进，要经过不断改进、补充和丰富，从而能更系统、更全面、更正确地反映不断发展着的时代精神。

我这几十年来，除对自己留意以外，确也时时想到国家，想到社会，想到自己的责任，因而对治学始终持一种认真的态度，并以能为马克思主义哲学的宣传和发展尽自己的一点微力而感到欣慰。

承蒙学界朋友的鼓励和支持，我对多年来撰写和发表的部分文稿进行了梳理和审定，按相关专题，分成 12 卷出版。这 12 卷的书名分别是《形上智慧论》《实践主导论》《终极关怀论》《哲学与马克思主义哲学》《青年马克思与费尔巴哈》《唯物辩证论与实践智慧》《唯物史观在当代》《政治文明的哲学观照》《精神家园的哲学守望》《面向世界的哲学沉思》《流年履踪的哲学随想》《学术论文写作通鉴》。

收入该文集的个别文章在发表时因各种原因删减较多，现恢复原稿，这种情况已在文中作了说明。其余文章，除个别文字校正外，未作修改，以保持原貌。有少量文章是与别人合作撰写的，对此在书中也有标明。

本文集的出版，得到了安徽师范大学领导、安徽师范大学马克思主义学院领导的大力支持，得到了我的学生兼好友王平、陶庭马、汪盛玉、方芳、金承志、马和平、杨晶、张涛、黄友生、刘洋、毛加兴等的帮助，得到了我的家人的关怀，也得到了安徽师范大学出版社的鼎力相助。对各方的支持，谨此致以衷心的谢意。

陶富源

2024 年 6 月 20 日

2016年版序言

《终极关怀论》是国家社科基金项目："当代中国的人学建设与人的发展"（03BZX016）的结项成果。之所以开展本课题的研究和本书的写作，目的是继《形上智慧论》和《实践主导论》之后，进一步实现对哲学和马克思主义哲学以往理解框架的更新，促进马克思主义哲学理论体系的完善，借以回应西方马克思主义抽象人本主义的挑战，并为中国现代化建设事业提供历史定位的人性基准和理论指导。下面就上述各点分别来加以说明。

一

哲学是什么？从其最高层次来说，哲学是关于世界观的理论形态。应该说，这一规定是正确的。但如何理解哲学世界观呢？以往哲学教科书，往往从客体维度，给哲学世界观以知识论的理解。即认为，具体科学是关于世界的某一方面，或某一层次的知识体系，而哲学世界观则是关于世界的最普遍知识的体系，或关于世界的普遍本性和运动变化一般规律的理论。以往不少哲学家所持的就是这样一种哲学观，即一种面向过去的、解释世界的哲学观。

马克思并不赞同对哲学的这种知识论理解，或者说，不赞同这种旧的哲学观，而主张一种面向未来的、改造世界的新哲学观。在马克思看来，"哲学家们只是用不同的方式解释世界，问题在于改变世界"。[①] 解释世界是必要的，但解释世界是为了改造世界，而改造世界又是为了实现人的生存和发展的利益。为此，哲学不仅要研究人的世界，研究人如何认识世界，而且要研究世界中的人，并进而要研究人与世界的总体关系，即实践基础上的改造关系、认知关系、价值关系、

① 《马克思恩格斯文集》第1卷，第502页，北京：人民出版社，2009年。

审美关系，要研究如何改造世界等。也就是说，哲学不是关于人的外在世界的世界观的理论，而是以人为中心的世界观理论，是对人与世界总体关系的普遍把握，是通过实践对真善美统一的追求。或者说，它是立足于实践，对人与世界总体关系的终极解释和对人终极关怀的理论。

二

什么是马克思主义哲学？马克思主义哲学作为哲学个别，它有其哲学的一般规定，同时也有其特殊规定。

具体说来，一切哲学对人与世界总体关系的终极解释，都或多或少具有科学性，但以往哲学只具有片面或局部的科学性。也就是说，这种科学性并没有获得哲学的科学理论形态的完整表达，只有马克思主义哲学才是哲学的科学理论形态。

一切哲学都是对人的终极关怀，但以往的哲学，由于缺乏科学性，因而其对人的终极关怀仅仅是理性的、道义的，或情感的，即总体上是虚幻的，而马克思主义哲学的终极关怀是现实的。因为它找到了实现这种终极关怀的现实力量和道路。这种现实力量就是无产阶级；这条现实道路即无产阶级革命实践。也就是说，无产阶级通过革命实践改造世界和改造人本身，最终建立以每个人全面自由发展为旨归的自由人联合体。因而马克思主义哲学的终极关怀是对个性自由与自由社会统一之理想追求。

总之，马克思主义哲学是唯物辩证论、实践主导论、个性自由论和自由社会论相统一的科学理论体系。这个关于马克思主义哲学的本质规定，体现了马克思主义哲学的三大特性：科学性、实践性和人本性及其统一。

这三性的统一，在方法论上，就表现为中国人用中国语言所概括的实事求是、实践主导、以人为本及其统一。这个统一，在中国共产党人领导作风和工作作风上，就表现为实事求是的思想路线、实践主导的行动路线、以人为本的群众路线等的统一。相信群众，依靠群众，为了群众，坚持从群众中来，到群众中去，就是以人为本。马克思主义哲学的终极关怀就集中表现为以科学性、实践性为基础的人本性。

以往哲学教科书，只讲马克思主义哲学的科学性、革命性（实践性），不讲人本性，这是不全面的，甚至是一个严重缺陷。由于存在这一缺陷，因而在青年学生的心目中，马克思主义哲学似乎成了某种远离人的、冰冷的、不那么可爱的学问。然而这不是马克思主义哲学的过错，而是对马克思主义哲学作片面理解的以往哲学教科书的过错。因此，为使马克思主义哲学成为浸进当代青年和广大人民群众灵魂的哲学，成为激动人心的感召力量，就必须回归和弘扬马克思主义哲学的人本意蕴。

三

马克思主义哲学作为一个理论体系是由多个层次构成的。其顶层是世界观，即实践主导的辩证唯物主义。其子层包括辩证唯物主义的自然观、历史观、人观（学）、认识观（论）、价值观、方法论（观）等。

以往哲学教科书对马克思主义哲学理论内容的论述，偏重于世界观与方法论，以及历史观与认识论，而对人观和价值观则涉及很少，或几乎就是空白。在我国，“左”的思潮盛行的那个年代，一讲人，似乎就是资产阶级人性论，人们避之唯恐不及；一讲价值，似乎就是主观唯心论，因而只有被批判的份。这种在人学和价值观领域的自我放逐，造成了我国理论界严重的理论缺失和理论混乱，也在现实中造成了极大危害。一些西方论者就是抓住这一点，以此作为口实，向马克思主义，向社会主义，向共产党执政发起挑战。

事实上，马克思主义有丰富的人学思想。在某种意义上说，马克思主义就是关于“现实的人及其历史发展的科学”。现实的人，就是在一定的人与自然和人与人的关系中从事活动的、不断历史生成着的人。因此，马克思主义人学是实践论人学，是以实践为基础的关于人的一般本性的科学。即从人的社会实践出发来理解人，把握人，并通过实践全面塑造人的科学理论。

由上可见，通过对马克思主义人学思想的挖掘、梳理，在此基础上建构马克思主义人学，对丰富和完善马克思主义哲学理论体系是有重要意义的。这也是当代中国马克思主义者的一项义不容辞的责任。

四

众所周知，马克思和恩格斯在青年时代是人道主义者，他们当时所信奉的共产主义是以人道主义为理论基础来论证的共产主义。即所谓异化观史的共产主义，或曰人道主义的马克思主义。它以所谓固有的人性为尺度，对资本主义的不人道，即人的异化进行批判，主张通过人性复归，去实现人的解放的共产主义。后来他们创立了唯物史观，便不再用人道主义，而改用唯物史观来建立他们的共产主义理论，亦称科学社会主义。直到 20 世纪 20 年代，马克思恩格斯都被社会公认为社会主义的导师，而不是人道主义历史论者。

马克思主义阵营关于人道主义的马克思主义的争论，开始于 1923 年卢卡奇的《历史和阶级意识》的发表，而大盛于 1932 年马克思的《1844 年经济学哲学手稿》出版以后，因为马克思在其中明确表达了自己的人道主义的共产主义思想。这就是西方马克思主义人道主义思潮的缘起。在一些西方马克思主义者看来，早期的马克思是一个人道主义者，后期的马克思忘记了人，是所谓“人学的空场”。一时间，马克思主义人学似乎成了西方马克思主义研究的专利，而社会主义国家的理论界则处于失声的、被动的境地。改革开放以来，西方人道主义的马克思主义传入中国，它对刚刚从“文革”期间那种压制人、摧残人的氛围中走出来的中国人，特别是青年一代，产生了强烈影响。于是，一些人在内涵人本性的马克思主义与异化史观的人道主义的关系问题上，迷乱了视线。

如前所述，马克思在成为马克思主义者以前，确实信奉过异化史观的人道主义。但在其后，正是通过对这种人道主义的扬弃，作为一个原因，才促使马克思创立了内涵人本性的马克思主义哲学。但马克思主义的人本性，或马克思主义哲学的终极关怀与作为异化史观的人道主义是根本对立的，不能混为一谈。因为在马克思主义看来，人与社会是相互作用的，但两相比较，社会比人更根本，更具基础性。因而应该从社会及其发展来说明人，说明人性的产生和变化，而不能反过来，用所谓固有的人性来说明社会。这是唯物史观的人本论与异化史观的抽象人性论的第一个区别。被称之为人性异化的阶级剥削和压迫现象，也不是所谓人性的迷失，而是社会发展到一定历史阶段的产物，它必将随着人类历史的发展而消灭。这是唯物史观的人本论与异化史观的抽象人性论的第二个区别。第三个区别在于，以人的彻底解放为旨归的共产主义，也不是所谓的人性复归，而是用现实手段消灭现存状况的现实运动。

总之，要通过研究，在唯物史观基础上，肯定其人本性，并加以具体化，从而确立马克思主义人学，彰显马克思主义哲学的终极关怀。这样才能划清马克思主义与抽象人道主义的界限，才能有力回应后者对马克思主义的挑战，才能以人民创造历史这一唯物史观的基本理论为根据，理直气壮地坚持以人为本的原则，促进中国现代化事业的全面、协调、可持续发展。

五

近代以来，随着资本主义的工业化、城镇化、市场化的日益发达，物质生产与精神生产的不平衡愈加显著，科技与人文的矛盾十分突出。我国现在正处在现代化进程中，发展生产力是第一要务，是硬道理。科学技术是第一生产力的思想，已经深入人心。在市场经济和物质利益导向为最高原则的条件下，面对纷繁喧哗的物质世界，人成为漂泊途中的旅行者。如何在现代化进程中，正确处理人与物的关系、经济发展与人的发展的关系，这其中存在着两种不同的发展观：一是以物为本的发展观；二是以人为本的发展观。

以物为本的发展观又称经济增长观。这种发展观把发展、进步等同于经济增长，通常以国民生产总值（GNP）或国内生产总值（GDP）来作为衡量一国发展的指标。这种发展观曾给世界经济带来前所未有的增长，既给西方早期进行现代化的国家带来过辉煌的经济成就，也指导后发国家在发展实践中取得了一定的、甚至显著的经济成效。但这种发展观有其明显缺陷，因而在实践中引发了一系列社会问题和经济问题，特别是人的发展问题。这表现在：造成了经济发展的质与量的尖锐矛盾；造成了经济发展与社会发展的尖锐矛盾；造成了社会生产与人们生活的尖锐矛盾；造成了人与环境的尖锐矛盾。总之，以物为本的发展观，造成了人的失落，导致了发展的扭曲、失衡和不可持续。

以人为本的科学发展观，是通过全面、协调、可持续为内在要求的科学发展，去实现对人的终极关怀，即造福广大人民，并促进人的全面自由发展。

终极关怀是最后的，或最高的，或最根本的关怀。

这里，可以从以下两个角度来理解“终极”之意。

其一，它是人的活动目的之目的。人的活动是有目的的。这里的目的有直接目的、间接目的、终极目的等的区别。比如，认识世界是以追求真理为目的；而追求真理又是以更好地改造世界为目的；而更好地改造世界又以增进人的生存和发展的最大利益为目的。在这样一个系列中，追求真理是认识世界的直接目的；更好地改造世界是其间接目的；而实现人的生存和发展的最大利益，则是其终极目的。即人的活动目的之目的。这种终极目的所体现的就是对人的终极关怀，即对人的生存和发展的关怀。如前所说，马克思主义哲学的终极关怀，就是建立促进每个人全面自由发展的自由人联合体。

其二，它是对人的关怀之关怀。对人的关怀是多层次的。比如生理的关怀；安全的关怀；精神的关怀；促进人际交往的关怀；对人充当适当社会角色的关怀；对进一步改善和提高生活质量，过舒适、幸福和美好生活的关怀，即满足人的享受的关怀等。以上这些关怀作为前提和基础，所要进一步实现的关怀的关怀，即对人的自我实现的关怀，就是终极关怀。所谓自我实现，就是人的能力得到全面发展和充分发挥。哲学的终极关怀，就是以理性的方式，弘扬人的主体性，提高人的自由度的一种根本的关怀。

落实马克思主义哲学的终极关怀，在当代中国，就是要实现以人为本的现代化，使全体中国人共建共享社会主义现代化的文明成果；并实现中国与世界各国的和平发展、合作共赢，从而共享世界现代化的文明成果。

陶富源

2015 年 10 月 20 日

2004年版序言

人学的兴起，是近20多年来我国哲学研究的最新进展和前沿问题之一。把人学作为一门科学来研究，在我国虽然还未得到社会各界的普遍认同，但理论界已在许多问题上取得了共识，并获得了可观的研究成果。当然，作为一门学科，它还处于成熟之中，还需要做出很大努力来加以建设，并需要随着科技、经济和社会的进步，不断推动其发展。

在人类文化史上，人学思想可谓源远流长。中国古代儒家和诸子百家都有很多人学思想，西方古代早就提出过“认识你自己”的要求。特别是近代科学兴起以来，已出现了许多关于人的自然属性的科学、关于人的社会属性的科学和关于人的精神属性的科学。但是一直到20世纪下半叶才出现了对人进行整体研究和综合研究的科学，即人学。

这一方面是由于人的科学的发展为人学的产生积累了丰富的思想材料，提供了概括和综合的基础；另一方面，更为主要的是，20世纪下半叶以来，随着人类实践的科学化、自动化和国际化的发展，人作为主体的作用得到了前所未有的发挥，同时，人作为主体对其实践结果的责任也变得越发沉重。

知识经济时代将人的主体能动因素进一步突出出来，人的知识和创新能力日益成为社会历史发展的主导和支配力量，社会历史将日益成为人的本质力量的发展史，成为人本身的自由而全面发展的历史。

人的主体作用的突出发挥，在给人类创造丰裕的物质生活的同时，也给人类带来了种种不幸，环境的破坏，生态的恶化，国际贫富两极分化的加剧，战火的此伏彼起，人的精神家园的失落等等，这一切都在警示人们，必须重新认识人自身，重新确立人在自然界中的位置，调整和建构人类自身的全球性联系，以实现人类的和平与发展。

总之，人类的命运日益明显地掌握在作为主体的人自己手里。“成也萧何，败也萧何”。与这一发展趋势相联系、相适应，以对人自身的反思为主要内容的人学也就应运而生了。

人学研究迄今主要有两种路向：一是以人道主义为原则的西方人本主义人学研究；二是以唯物史观为指导的马克思主义人学研究。这两种研究的共同点都是为着人、关心人的。但由于两者的哲学基础不同，研究所遵循的基本原则不同，因而在人的本质、人的地位、人的解放道路等问题上也产生了原则分歧。

改革开放以来，西方人本主义人学传入中国。一方面，它在客观上促进了对盛行于“文革”期间的那种压制人、摧残人的“左”的一套的批判；另一方面，它在马克思主义与人道主义的关系问题上也迷乱了一些人的视线。

为了澄清西方学者关于“后期的马克思忘记了人”，“马克思主义是人学的空场”等偏见；为了纠正以往哲学教科书对人和人的主体性重视不够的缺陷；也为了适应新的科技革命所日益突出的人的主体作用这样一种潮流；特别是为了给中国大地上蓬勃展开的改革开放和现代化建设事业提供历史定位的人性基准和理论指导，20 世纪 80 年代以来，我国形成了一浪高过一浪的人学思潮，关心人、尊重人、塑造人，发挥人的主体作用成为人们关注的焦点。

20 多年来，我国的人学研究取得了不少成果。如果仅从观念上说，主要是实现了如下四个方面的转折。第一，从片面注重客体到坚持主客体辩证统一的转折；第二，从片面注重群体到坚持个体与群体辩证统一的转折；第三，从片面注重人是历史进步的手段到坚持人作为目的和手段辩证统一的转折；第四，从片面注重长远目标到坚持眼前与长远辩证统一的转折。当然，在这过程中虽然也曾出现过从一个极端跳到另一个极端的某种偏颇，但这毕竟不是主流。

观念上这四个转折的实现，既是马克思主义人学思想获得彰显和弘扬的结果，也是在马克思主义指导下，拨乱反正，对以往实践的经验教训加以总结和升华的产物。这不仅有力地促进了人们的思想解放和观念变革，从而推动了中国改革开放和现代化事业的发展，而且也为推动人学学科的建构做了必要的前提性和基础性工作。当然，这还只是人学的“热身型”研究阶段，还须进一步转入“攻坚型”研究阶段。

所谓人学的“攻坚型”研究，包括三个方面的内容：一是以马克思主义为指导，立足于当代实践和当代人的发展水平，批判地吸纳中西人学思想的精华，对马克思人学的基本理论和基本原理加以系统深入的研究，为建构人学大厦奠定基础；二是运用人学的基本理论和基本原理对现实的人进行多方面的研究，丰富马克思主义人学的具体内容；三是从当代中国实践和当代中国人发展的实际出发，以解决中国人的现实问题为目的，提升出当代中国人学的核心理念，为全面建设小康社会，促进中国人的全面而自由的发展提供具体的人道关怀。

基于对中国人学研究现状、趋势和意义的上述认识，我认为放在我面前的《终极关怀论》这部著作，是一本时代气息浓郁、内容翔实、学术品味醇厚的，对人学理论进行了深入系统研究的力作。

第一，本书以当代中国现实为立足点，以马克思主义为指导，在批判继承近现代西方人学思想和中国传统人学思想的基础上，就人学的若干重大理论问题展开论述，提出了不少新鲜见解。比如，在哲学、人学与人的关系问题上，作者认为，既不能“撇开人、撇开人的活动、撇开对象世界与人的关系来理解哲学世界观”，也不能把“哲学归结为就是人学”。作者主张，“哲学是以人为中心的世界观理论，人学是关于人自身一般本性的理论”。这种关于哲学、人学含义的概括就很有新意。当然，这里所说的“以人为中心的世界观”是指“从人的角度理解的世界观”，而不是指“世界以人为中心”。又比如，在对人类的个体与群体的关系问题的理解上，作者既肯定了中国传统人学思想的整体主义特征和近现代西方人学思想的个体主义特征所具有的一定的历史进步性和合理性，又批判了它们在总体上的片面性，主张社会主义社会只有坚持集体主义，才能实现个体与群体的和谐发展。这样来论述问题，也就深化了集体主义的历史内涵。

第二，评说歧见，博采众长，阐明应持的观点。由于人学思想源远流长，在许多问题上，往往各家各派意见纷呈。对于人学的基本理论做深入研究时，就不能不看到这种情况，也不能不尽量解决各种分歧，去寻求统一，以达于对人自身的真理性把握。本书作者很注意做这种工作，针对许多重要理论问题，一一评说歧见，阐明应持的观点。比如在关于人的本质问题上，古今中外就有许多不同的观点，作者对这些观点逐一进行了分析，指出不能用人的某一本质特性来界定人的本质，人的本质是人的生理本质特性、心理本质特性和社会实践本质特性所构成的整体，其中社会实践是人的主要本质特性，是人的本质的生成根据。在这个意义上说，人的本质是人在社会关系中所从事的一切实践活动，或者说，是人在实践活动中所结成的一切社会关系的总和。又比如什么是需要？在这个问题上也有两种观点的分歧，一种观点认为需要是有机体对外界事物的一种摄取状态；另有一种观点认为需要是有机体因缺失而引起的内部紧张状态。作者通过认真分析，指出这两种观点对“需要”的说明都不准确，应该把需要定义为“有机体的内在缺失所引发的力求获得满足的一种倾向性状态”。

第三，坚持了关于人学理论研究与人的现实问题的解决相结合的原则。比如书中从理论上论述了人的需要和利益追求是人的活动的内在动力，接着就如何利用利益激励机制，调动劳动者的社会主义积极性的问题进行了系统的说明。又比如书中在论述了有关人生价值的理论以后，接着又就我国市场经济条件下，如何树立科学的人生价值观的问题有针对性地进行了说明。在论述人权理论的同时，又利用人权理论为武器深入分析了我国社会主义人权事业所取得的成就和尚未解决的问题，以及所应采取的对策，等等。由于本书贯彻了人的基本理论研究与人的现实问题的解决相结合的原则，因而在内容的展开中洋溢着时代气息，勃发着生命活力。

当然，本书也有不足之处，比如对人的发展规律，虽然在不少章节中有所涉及，但如果能用一章集中地加以展开论述，可能要更好一些。

我个人认为，富源同志的这部著作不仅对人学这门学科的建设有较高的学术价值，而且对人们树立正确的世界观、人生观、价值观，对加强人的主体性建设，全面提高人的素质也是很有现实意义的。因此，我乐于向广大读者推荐这部著作。

黄枬森

2003 年 12 月 20 日

于北京大学未名湖畔

目　录

第一章　人的现世智慧的追求

自从哲学产生以来，如何看待人在哲学中的地位和意义的问题，一直受到哲学家们的关注。之所以如此，是因为这个问题涉及哲学这种人类精神活动的根本性质，涉及它的人类学根据。哲学作为世界观理论，从主旨来说，就是在实践发展的基础上，通过对宇宙、人生关系的不断深入、全面的把握，争取人自身解放的现世智慧。

苏格拉底关于“认识你自己”这一箴言，之所以被历代名哲所援引，原因即是，它正面提出了这一问题。一般说来，只要哲学家们是在真正地谈论哲学，他们都必然直接或间接地谈到人，并把人视为他们心目中的中心。正如当代著名哲学家恩斯特·卡西尔所言：“认识自我（即人类自身——引者注）乃是哲学探究的最高目标——这看来是众所公认的。在各种不同哲学流派之间的一切争论中，这个目标始终未被改变和动摇过：它已被证明是阿基米德点，是一切思潮的牢固而不可动摇的中心。”① 可以说，哲学家们不同的哲学理论，在某种层面或意义上都是关于人的理论的某种独特的表现形态。

哲学作为关于人的理论具有不同层面的含义。

从世界观层面上说，哲学是以人为中心的世界观理论；从人学观层面上说，人学是哲学视野中的人自身的理论，或者说，是关于人自身一般本性的理论。

下面就哲学与人的关系问题从这样两个层面来分别加以说明。

一、哲学是以人为中心的世界观理论

哲学是关于世界观的理论，这在我国哲学界是少有分歧的。但是

① ［德］卡西尔：《人论》，甘阳译，3页，上海：上海译文出版社，1985年。

如何理解这里所说的世界观，认识就不一致了。有这样一种观点，撇开人、撇开人的活动、撇开对象世界与人的关系来理解世界观，把哲学规定为关于人的外部世界的理论。这种观点离开人来谈哲学是不妥的。从哲学的基本内容、逻辑根据和价值目标来说，哲学不仅不能脱离人，而且是以人为中心的世界观理论。

（一）哲学是人类作为存在的一般本性的理论

哲学从它的基本层次和基本内容来说是世界观。任何一种哲学不论是否明确和系统地阐述自己的世界观，不论世界观在这种理论体系中的地位如何，它都实际地建立在一定的世界观之上。世界观是任何一种哲学理论体系的最一般的基础和前提。这个基础动摇了，这个哲学体系也就会动摇。世界观可以界定为关于存在本身的学说。存在的本质是什么，存在的一般状态怎么样，存在是否可知，这些是世界观要回答的问题。可见，从世界观的实际内容来看，它就是对世界普遍本性的看法这一理论部分。因此，哲学作为世界观，是关于世界的普遍本性的理论。

那么，哲学作为世界观的理论，这里的世界指什么？这里的世界不是宇宙学所理解的物理世界。因为宇宙学并不研究人与物理世界的关系，而是仅就宇宙本身进行实证的研究。这里的世界也不是从人的日常生活经验所理解的人的生活世界。因为生活世界是一个有限的打上了人的生活印记的世界。这里的世界是世界观意义上的世界，即与人相联系的作为人的活动的对象及舞台和背景的、无限的、被人理解和反映的意义上的世界。

因此，哲学世界观意义上的世界总是人的世界，总是与人相联系的世界。这种联系既有直接的，也有间接的，是直接与间接的统一；既有现实的，也有可能的，是现实与可能的统一；既有受动的，也有能动的，是受动与能动的统一；既有自然的，也有属人的，是自然与属人的统一。哲学是从总体上研究人与世界关系的理论，简单地说，是关于人的世界的理论。哲学世界观所要追问的世界是什么，实际是问我们自己存在的这个世界是什么，我们自己的存在与这个世界的存在是一种什么样的关系；问世界怎么样，实际是问我们自己存在的这个世界怎么样，我们处于一种什么样的世界中；问世界是否可知，实际是问我们自己的思维和我们存在的世界是否具有“同一性”。因此，哲学作为世界观所要解决的就是我们的存在与这个世界存在的一般关系，与这个世界的共性。也就是说，哲学不是关心无人世界的理论，恰恰是关心我们自己存在的这个世界的普遍本性的理论。

关心我们世界的普遍本性与我们人有什么关系呢？这个关系是极为重大的。因为我们既然不是世界之外的存在，而是世界之中的存在，那么世界的普遍本性也不在我们的存在之外，而在我们的存在之中。换句话说，关于世界普遍本性的理论，也就是关于人作为存在的一般本性的理论。世界是整体，人和其他一切具体事物都是世界的部分。世界作为万事万物构成的整体，它的普遍本性，对作为其部分的人和其他一切具体事物都具有制约性和统摄性。因此，作为能动性的人，掌握了世界的普遍本性即人作为存在的一般本性就使人的一切活动获得了最普遍的根据、法则和标准。当然，对人的本性的认识不可能到此为止，即除了要认识人的存在与自然存在相同的本性，即共性以外，还必须认识人之为人的特殊本性，即有别于自然存在物的个性、特殊性。但特殊总是相对于一般而言的，离开对人作为存在的一般本性的认识，也就不能理解人作为人的存在的特殊本性，与此相联系，也就不能解决人类的命运问题。

哲学世界观与人的存在的联系，在以前的各种哲学中都是或明或暗地存在的。当然，在马克思主义产生以前，哲学世界观是通过哲学本体论的形式来表现的。例如，泰勒斯的“水本体论”，表明人所存在的这个世界的本原或本性是水，人的本原或本性也是水，所以“水本体论”就是关于人作为存在的一般本性的理论。中世纪的“上帝本体论”则直接与人的存在联系起来：人是上帝的产物，上帝是人的本质或本性，人的世俗存在是无足轻重的，回到上帝那里，是人生的最终归宿。所以，“上帝本体论”其实就是关于人作为存在的一般本性和人怎样生活的理论。各种主观唯心主义的本体论认为人的意识是一切存在的本质，这直接也是关于人的存在的本质或本性，人在世界上的地位、作用的学说。17、18 世纪的唯物主义哲学反对上帝本体论和唯心主义的精神本体论，提出“自然本体论”。这种观点认为：我们存在的这个世界是自然，人是自然的产物，我们的本质或本性是自然，顺其自然，发挥人的自然本性，这是人的最好的生活方式。中国古代哲学家老子的本体论与这种自然本体论相类似。老子的本体论是“自然无为的天道观”。他说：“天之道，不争而善胜，不言而善应，不召而自来。”[①] 认为“天道自然无为”，“无为”是天道的最高原则，因而人要遵循天道，因循用之。这叫“人法地，地法天，天法道，道法自然”。即人只能“顺其自然”，“安之若命”。因此，老子的“道”，既是一种宇宙本体的形上思考，同时也是对人作为存在的一般本性的说明和对人的现实生活的一种理论指引。

马克思主义哲学唯物主义作为一种世界观理论，也是说明人的存在的一般本性和指导人们如何活动的理论。这个理论说明，人也是自然存在物，人的活动是自然存在物的活动，人的活动只能改变物质的形式而不能创造物质本身，人只能认识和利用自己所处的物质世界的规律，而不能创造、改变这些规律。

由此可知，从哲学的基本内容来说，哲学作为世界观是关于人作为存在的一般本性的理论。[②] 那种脱离人来谈哲学世界观的观点是和马克思主义哲学的主旨相背离的，也是和哲学的本性相违背的。

（二）哲学是以人类现实存在为根据的理论

哲学所研究的人的世界归根到底是与人类的现实存在状况密切相关的。

什么是人类的现实存在状况？也就是人类的实践活动和成果及其享用的状况。蒙昧时代、野蛮时代、文明时代，这是指谓从自然界中逐渐提升出来的、关于人类发展的三个阶段或人类存在的三种状况。马克思所说的人的依赖关系中的人、以物的依赖性为基础的独立的人，以及自由个性的人，所指的是从束缚自己的社会关系中逐渐提升出来的、关于人类发展的三个阶段或人类存在的三种状况。

人自身的现实存在状况从最基本的内容来说就是人的实践活动状况。对此，马克思曾这样论述：“一当人开始生产自己的生活资料……人本身就开始把自己和动物区别开来。人们生产自己的生活资料，同

---

① 《老子·七十三章》。

② 以上参见王金福：《立足于人的存在思考物质本体论问题——论物质本体论与人的存在问题的关系》，《南京社会科学》，2001（2）。

时间接地生产着自己的物质生活本身。”又说：“个人怎样表现自己的生命，他们自己就是怎样。因此，他们是什么样的，这同他们的生产是一致的。”①

人们在实践过程中所表现出来的人类的存在状况，其主要指标是，人的主体力量和享有的自由度的状况。人的实践活动状况与人的主体力量和自由度的状况是一致的。人通过实践改造世界，这是人的主体力量的自主自觉的发挥，人在实践中改造世界的同时，也改造着人自身，即发展着人的活动的主体力量和提高着人的活动的自由度。

为什么说，哲学所研究的人的世界归根到底是与人类的现实存在状况密切相关呢？

这是因为：其一，具有一定主体力量和自由度的人通过实践改造世界，在这种人与环境世界的相互作用中，环境世界的性质才能获得相应程度的暴露和呈现，与此相联系，才能获得人所赋予它的一定价值和意义。在一定意义上可以说，作为对象的外部世界的状况，是从外在方面体现了人本身的现实存在状况。同样是水，在古代人眼中和现代人眼中是不同的对象，并具有不同的意义。在古代人眼中，水只是饮用的对象，在现代人眼中，它不仅是饮用的对象，而且还是工业加工的对象。水作为对象的价值和意义在古代人和现代人眼中的不同，是由古代人和现代人的存在状况不同决定的。一切其他事物作为对象存在的情况也是如此。

其二，在人类与世界的相互作用中，随着人的主体力量的增长和自由度的提高，引起了人类与对象世界的关系的变化发展。这种变化发展主要表现为两个相互联系的方面。一是人与世界的自然关系不断地、日益地向属人关系转化。二是随着这种属人关系的发展和深化，在不断扩大的程度和范围内，使人适应自然的关系向自然适应人的关系转化。

由于作为对象世界的价值和意义被人类的现实存在状况所决定，由于人类的现实存在状况又制约和规定人类与对象世界的关系的变化和发展，所以作为世界观理论，作为研究人与世界关系的哲学及其发展，也必然要受人类的现实存在状况及其变化发展的制约。也就是说，

① 《马克思恩格斯文集》第1卷，519、520页，北京：人民出版社，2009年。

人类存在状况的变化发展必然引起哲学研究视角、哲学解释模式和哲学内容的变化发展。

在人类历史上，作为人自身存在状况集中表现的人的主体力量和自由度，经历了一个从弱到强、由低到高的发展历程。哲学作为人类现实存在状况的理论反映，也经历了一个大致平行的历史行程。这在西方哲学的历史发展过程中，清楚地表现了出来。

人类早期，与人类极为低下的生产力状况和完全受制于自然的生存状况相适应，哲学只从存在的层面上追问和思考自然事物的生成变化，人与世界的关系也是在这一层面上来直观的。世界被看做存在物的总汇，人只是其中的一种存在物，对世界的解释是围绕着本体与万物，而不是人与世界的关系来展开的。这种宇宙本体论哲学所反映的是具有主体性萌芽而基本上还是依附于自然的人的存在状况。

在中世纪，由于生产力的发展，人类的存在状况较之奴隶社会有了一定程度的改善，人的主体力量和自由度也有了一定程度的提高。但是这种主体能动性的提高还是初步的、低层次的，人们还远没有力量去挣脱自己所面临的种种生存困境，于是只能在幻想中，把超人的力量赋予上帝，上帝作为救世主成了神学哲学的最高对象。它以论证上帝存在和宗教教条为主要任务，实际是企图通过神性来表现、夸张人的力量，用上帝的全能来为低能的人类壮威。因此，神学哲学便是对这一时期开始摆脱自然依附又尚未自立的人的存在状况的反映。

文艺复兴以来，随着科学和生产力的进步，人的主体性和自由度获得了进一步的增强。人们开始透过种种神学迷雾看到了日益隆升的人的光辉。从这时开始，哲学把目光从彼岸拉回现实，转而信任人的理性，从人的理性出发去认识和理解所处的这个世界。于是世界被当成认识客体，人被提升为认识主体，主客体的认识关系成了近代西方早期哲学研究的主要对象。哲学家们从这一认识关系的层面出发去把握和解释世界，去论证人的理性自由。近代生产力和科学技术的进一步发展，尤其是英国工业革命和法国大革命的爆发，充分显示了人的主体性及其本质力量，从而引起了人与世界关系的根本改变。与此相应，在德国古典唯心主义哲学中，康德在认识论意义上，提出了人是自然的立法者的主张。黑格尔则更为彻底，他从本体论角度把主体人的理性精神膨胀、绝对化为世界的主宰、世界的本质，整个世界被看做是精神本质的实存和显现。因此，在德国古典哲学中，以唯心主义的抽象化形式把人的主体性思想置于十分突出的地位。

费尔巴哈批判了关于自然和人的这种唯心主义的抽象化理解，在感性存在的意义上，他把人视为哲学研究的中心，把自己的哲学称为人本主义。

马克思继承了费尔巴哈，又进一步超越了费尔巴哈，在感性活动的意义上，宣称自己是实践的唯物主义者，不仅要正确地说明和解释世界，而且更重要的是要有效地改造世界。在这种实践唯物主义哲学中，人不仅是认识主体，而且是实践主体，不仅有理性能动性，而且有实践能动性。在人类历史上，马克思第一次把人看作是从事实践活动的社会的人，或者把人看作是在一定社会关系中进行实践活动的人。马克思主义哲学不仅是对当代人主体地位和作用的反映，而且更为重要的是对当代的历史主体——无产阶级的地位和作用的理论反映。

从上面的简略考察可知，哲学的发展进程，是与人类存在状况的变化发展，即人类的主体性和自由度的提高进程相一致的，是受人类的现实存在状况决定的。在这个意义上说，哲学是人类的现实存在状况的最一般的理论反映，或者说，人类的存在状况是哲学理论的现实根据。

（三）哲学是对人类现实性终极关怀的理论

人为什么要研究哲学，或者说哲学有什么用，在归根到底的意义上，人们研究哲学是为了实现对人类的终极关怀。

人的关怀有多个层次，其中包含有物质关怀，即满足人的生命存在所需要的物质生活方面的关怀，其中包括衣、食、住、行等诸方面；精神关怀，即满足人的精神生活需要的各种关怀，其中包括精神文化财富的创造和享用两个方面；终极关怀，什么是终极关怀？不少人说得比较玄虚，在我看来，终极关怀就是人与自然、人与社会、人与自身的各种矛盾的探求和不断解决，所实现的是对人类存在的终极意义的关怀，即对人的能力的发展和发挥的关怀。或曰对人的自由全面发展的关怀。

哲学和宗教都是对人的终极关怀，都力图给人展示一个理想的、美好的境界。然而终极关怀作为一种对于终极意义、终极理想的追求，只有基于现实世界才可能是有意义的。而这一点，正是宗教的终极关怀与哲学的终极关怀的区别所在。宗教的终极关怀是虚假的，无法实现的，在宗教生活里，终极关怀只是一种情感满足的心理感受。哲学的终极关怀是一种包含具体情景在内的具体的终极关怀，它基于现实问题，依靠辩证理性，穿越眼前，追向未来，而不是脱离尘世的玄思妙想，不是为尘世寻找什么“终极的始因”；哲学的终极关怀也不是为人类找到一劳永逸的灵丹妙方，而是强调哲学理性对历史问题的穿透力，对现实的批判性思考和对未来的超前性预见。它是以理性的方式弘扬人的主体性，关切人之主体性的增强，从而提高人之自由度的一种现实性的关怀。

哲学何以能实现对人的终极关怀，这可以从以下两个方面来加以说明。

1. 哲学以其“终极解释”，提供人类“安身立命”之本

哲学是关于世界观的学说，它以追求宇宙人生的最高智慧为己任。它在说明问题的广度上，具有“至大无外”的完全性、广袤性；在说明问题的深度上，具有“至深究底”的终极性、高深性。所以，哲学总是力图占领那些绝对而又不能直接把握的一切领域，透过千变万化的直观现象抓住最为根本的东西，这就是哲学对世界的终极解释。

这种对世界的终极解释，既是世界观，又是方法论，是世界观与方法论的统一。哲学作为世界观是对客观世界之道的反映；哲学作为方法论，是运用这个道对客观世界的认识和改造。无论作为世界观，还是作为方法论，其“道”是一个，或者说是同一个道。这个道从客体世界的角度说，是世界的普遍之道；从主体角度说，是人的活动的根本之道。所以，哲学对于世界的终极解释，能为人提供精神依归，即根本信念，为人的活动提供根本之点，即普遍法则，为人之主体性和自由度的提高提供最普遍的根据。一句话，为人提供“安身立命”之本。“安身”一语见于《易传·系辞下》：“精义入神，以致用也。利用安身，以崇德也。”安身即安定生活，没有忧虑。“立命”见于《孟子》：“夭寿不贰，修身以俟之，所以立命也。”立命即主动地掌握自己的命运。所谓为人提供安身立命之本，也就是为人们安定生活、掌握自己的命运提供根本原则。比如，辩证唯物主义关于世界的物质性和辩证性的终极解释就为人的活动、人之主体性的正确发挥提供了最根本的科学原则。这就是一切从实际出发，按照世界的本来面目来认识和改造世界的原则；以及以联系、发展和矛盾等的辩证观点为指导对世界进行认识和改造的原则。离开了这两条根本的科学原则，人之主体性的发挥和人之自由度的提高，都只能陷于虚妄。

那么，是不是任何哲学对世界的终极解释都能给人提供“安身立命”之本呢？如果从哲学的科学性意义上说，这应该是肯定的。哲学所反映的是关于世界普遍联系的规律。任何一种学说只有反映关于世界普遍联系的规律才能称之为哲学学说，因而它总是多多少少含有科学的成分，对人来说，总是有或大或小的价值。例如，黑格尔哲学，它的特征是以绝对观念作为自己哲学阐述的对象和立论的依据。但是使黑格尔哲学成为人类宝贵精神财富的不是绝对观念，而是它通过绝对观念自身运动的方式猜测到的世界和社会运动的辩证规律。这就是黑格尔哲学中科学性的东西，是对人类有着巨大的根本价值的东西。

2. 哲学以其“终极理想”，指引人类走上自由之路

理想是人立足于现实，在意识中对未来进行的美好的、圆满的想象。

理想有其客观基础，它总是源于生活，具有现实的内容，不然就是不着边际的空想。但同时，理想又是对现实的超越，对自我的挑战，是人类精神的自由创造。正是在这种创造中，体现了人的最主要的本质力量，体现了人生价值的新的追求，并从而显示了人生的最高意义和真实性。因此，理想立足于现实，又照亮和指引着现实，它塑造着命运，又改变着命运。

理想意味着进步，意味着希望。没有理想或丧失理想，就是满足于现状，这也就意味着停滞、沉沦、死亡。

理想有这样两个层次：一是作为具体生活目标的理想，可称之为具体理想；二是关于人类命运的理想，可称作为终极理想。

哲学所提供给人的理想是一种具有终极意味的理想。

如前所说，哲学世界观所把握的世界，是以人与世界总体关系为主要内容的世界，是以人为出发点和归宿点的世界。这并不是说，人是整个宇宙的中心或人是整个宇宙的目的，而是说，人通过自己的活动（即认识和改造活动）所表现出来的对世界的关系来说，是为了人的，即为了人的生存和发展，也可以说是为了建立一个以人为中心，符合人的目的的世界。因此，从哲学世界观的高度来说，为了改造这个世界以适应人的需要，哲学无疑要描述、反映人与世界的现实关系，还要以一种批判的态度对这种关系作出评价，并在此基础上追求和建构一种关于人与世界的理想关系，这种理想关系是通过理想社会和理想人格的设立表现出来的。

中国古代哲学（以儒家为例）认为，人应该有崇高的社会理想。并认为，为实现崇高理想而奋斗的人就是"仁人"。这种崇高的社会理想就是天下太平、大同世界。最早为这一理想勾画出蓝图的是《礼记·礼运》："大道之行也，天下为公"。这种原始社会式的大同社会理想，是中国文化中表现最鲜明，影响最广大，至今仍有强大生命力的一个传统。

在西方哲学史上，文艺复兴时期提倡的人性、人道、人权、个性自由，启蒙运动时期提倡的普遍理性、永恒正义、自由、平等、博爱等等，也体现了当时哲人们对社会理想和人格理想的一种追求。

马克思主义哲学的理想人格是"自由的人"，其理想社会是"自由人联合体"。马克思恩格斯在《共产党宣言》中曾经这样指出："代替那存在着阶级和阶级对立的资产阶级旧社会的，将是这样一个联合体，在那里，每个人的自由发展是一切人的自由发展的条件。"①

对理想目标的设立，这是哲学批判功能的前提性根据。哲学家以其设立的理想目标观照现实，以敏捷的哲学思维提出问题。哲学对现实的批判，不是着眼于一时一事的是非得失，而是对事关人生前途、民族命运乃至人类未来的重大问题所进行的探讨、追问。它根源于对缺失、限制、痛苦的突破，是对力量、热情、价值和意义的追求，是从未来的立场，真、善、美统一的立场对现实和过去的叛逆，从而不断构筑人类思维的新坐标，开拓世界的新视野，促进人的思想解放，提高人的自觉意识和能动作用，以推动社会的发展、时代的进步和人类幸福的增进。

总之，哲学作为对宇宙、人生关系的总体把握，说到底是为了实现对人的终极关怀，因而总是要从一定的社会理想和人生境界出发去求真。同样，哲学也总是要借助于当时人们所能达到的对宇宙、人生

---

① 《马克思恩格斯文集》第2卷，53页，北京：人民出版社，2009年。

关系的终极解释去论证自己理想的真实性和可能性。正是在这种对真、善、美的相互论证和不断追求中，哲学才使自身富有了人性的魅力和光辉。

二、人学是关于人本身一般本性的理论

如上所说，在世界观层面上，哲学是以人为中心的世界观理论；在人学观层面上，人学是哲学视野中的人自身的理论。当然这两个层次不是截然分开，而是相互联系、互为补充的。

这表现在：一方面，对人的世界的研究，对人与世界总体关系的研究，总是以对人自身的研究，以对人自身的一定认识和理解为前提、为基础的。另一方面，对人自身的研究，即人的存在、人性和人的本质、人的活动和发展的一般规律以及人生价值、目的、道路等的基本原则的研究，又是以一定的世界观、历史观为指导进行的，或者说是以一定的世界观、历史观为根据和支持的。

可是，有的论者对哲学与人的关系不作这样两个层次的划分，而是把两者混淆起来。他们认为人是哲学研究的中心，人是全部哲学理论的出发点和归宿点，因此，哲学就是人学。实际上，这种推论是不能成立的。

（一）哲学不能片面地归结为人学

1. 把哲学归结为人学是一种以偏概全的片面观点

哲学以人为中心，人是全部哲学理论的出发点和归宿点。这些无疑都是正确的见解。但不能由此认为，哲学就是人学。因为中心只是中心，它本身并不是整体；同样，出发点和归宿点也只是整个行程的起点和终点，并不能代表整个行程。也就是说，不能因为人是哲学的中心，人是哲学研究的出发点和归宿点，就径直地认为，哲学就是研究人，就是研究人自身，因而就是人学。这里的思维跳跃是不能允许的，是违背逻辑的。因为以人为中心展开研究，与对人自身进行研究，其间的区别是明显的，是不能等同的。哲学作为世界观，是以人为中心对人与世界的关系展开研究，而不是就人自身进行研究，其研究的根本目的，是探求人的活动的根本法则，进而去改造这个世界以适合

人的需要。哲学除了开展这种世界观层次上的研究以外，还要从人与世界的总体关系去把握自然、社会、人的认识和思维，以及人自身。这种把握的理论成果分别就是自然观、历史观、认识论、逻辑学和人学。由此可见，人学只是哲学世界观统属下的哲学的一个分支，一个组成部分。它并不能包括和涵盖哲学的丰富内容。所以，如果把哲学归结为人学，那就犯了以偏概全的错误。

2. 把哲学归结为人学否定了哲学的世界观本性

哲学的本性是世界观理论，它所研究的是人的世界，是人与世界的总体关系。人作为哲学研究的中心，以及出发点和归宿点等等，只是就人与世界的相互关系中，人是主体，环境世界是客体的意义上而言的。正是基于上述认识，所以我们说，离开人，离开人与世界的关系来谈哲学，这种观点是不对的，不符合哲学发展的实际，因而是对哲学的一种曲解。同样，在人与世界的相互关系中，把人与世界平行、同等看待，也不对。因为人是主体，环境世界是客体，所以在对人与世界关系的哲学研究中，必须体现和突出人的主体地位和作用，必须以人为中心、为根本、为归宿。

但是，能否因此而走向另一个极端，离开人与世界的关系，离开客体的环境世界来谈人自身，来谈哲学呢？不能。在我看来，把哲学归结为人学，就是这种极端的观点。在这种观点看来，哲学只是关于人自身的理论，并不是世界观的理论。其实，人总是在世界中生活的，离开世界的存在，哪有人的存在？离开作为客体的环境世界，又哪有作为主体的人？

就二者的关系来说，宇宙（世界）是人的无机的身体，人是宇宙生命的人格化身。宇宙人生因此成为一切哲学“一而二，二而一”的主题。韦伯说，哲学是对宇宙人生的“普遍性解释”。张岱年先生说：“哲学为天人之学。天者广大自然，人者最优异之生物。”① 应该说，这种观点在中国古已有之。例如，司马迁说，其《史记》是一部“究天人之际”的书。也就是说，《史记》是一部上升到哲学高度，饱含哲学意味的史书。董仲舒在答汉武帝策问时说，他讲的是“天人相与之际”的学问。何晏称王弼是一位“始于与言天人之际”的哲学家。陶弘景

① 张岱年：《天人简论——人与自然》，《孔子研究》，1987（3）。

说，只有顾欢了解他，“心理所得”是“天人之际”的问题。由此可见，把哲学理解为天人之学，理解为人与世界关系的总体性说明，是符合哲学的世界观本性的，那种用哲学就是人学来排斥和否定哲学是世界观理论的观点，并不是对哲学本性的科学说明，相反，是对哲学的世界观本性的否定或消解。

3. 把哲学归结为人学否定了人学的世界观基础

对人自身一般本性的认识即人学，是以对整个世界的认识（即世界观理论）为前提的。因为地球上自从有了人和人类社会以后，单一的物质世界变为包括人和社会在内的世界。自然、社会、人处于一种辩证的联系之中。人不能离开自然，自然界既是人类生存和发展的物质前提，又是认识和改造的对象；人也不能离开社会，社会是人的集合，但是作为客观化了的社会存在，它既是人们生存的社会环境，也是认识和改造的对象。于是，人类的社会实践活动处于三种关系之中：一是人与自然的关系；二是人与社会的关系；三是人与自身的关系。这三种关系客观上是相互渗透的。人与自然的关系不可能离开人与社会的关系，人是以社会为中介而不是作为孤立的人与自然发生关系的。人与社会的关系也离不开人与自然的关系，没有人与自然的关系，就不可能存在人与社会的关系。同样，人与自我的关系也离不开人与自然、人与社会的关系，如果孤立地就自我研究自我，不可能真正认识人自身。因此，探讨人与自我的关系，离不开研究人在自然界的位置、人在社会中的位置，以及人如何正确对待自然和社会的问题。这就决定了对人自身的理解，必然受到世界观、历史观的制约。那种把哲学归结为人学的观点，也就抽去了人学研究的世界观基础。这样的人学研究，当然也就谈不上是对人自身的哲学研究。那么到底什么是人学，在我看来，它是以一定哲学世界观为指导的关于人自身一般本性的理论。或者说，人学是关于人本身的哲学理论。

（二）人学是关于人本身的哲学理论

对于什么是人学？目前有不同的解释。

1. 关于几种观点的辨析

一种观点认为，人学是以人为对象的学说。顾名思义，人学的研究对象是人。这个说法不能说错，但很笼统。因为人是一个具有多方面属性的存在，因而以人为对象的学科不是一门学科，而是一个学科群。比如人体生理学、生理心理学、人口学、人种学等等都是以人为对象的科学。它们虽然都是以人为对象，但分别所研究的是人的生理、心理、人口、人种等问题。因此，不能说，以人为对象的学说都是人学。这种对人学的泛化理解，没有多少实际意义，而且无助于厘清人学的本质规定。

另有一种观点认为，人学就是关于人的问题的哲学。这一观点的优点在于，它明确主张人学研究是属于哲学层面的活动，人学是哲学层面的学问，人学不同于人的科学。那么人学运用哲学思维去研究什么呢？这个定义告诉我们，是研究关于人的问题。我认为，这样来定义人学，仍然很笼统。因为关于人的问题实在是太多了。一般说来，问题之作为问题总是相对于人而言的，或者说，总是以这种方式或那种方式与人发生关系的。也就是说，对于自然物而言，并无所谓问题。比如，动物与生态环境的矛盾，对动物来说，并不是作为问题而表现的。因此，把人学定义为关于人的问题的哲学，这个定义仍然很泛，甚至比上述定义，即人学是以人为对象的学说这一定义还要泛。

还有一种观点，把人学理解为从人的实践出发去理解人和世界关系的一种哲学范式，即一种以人的实践活动为现实基础的，以主客体统一为宗旨的主体思维范式。这里所说的“哲学范式”，或“思维范式”，实际所指谓的就是“人学视角”，即要从“人学视角”来研究人与世界的关系、主客体关系。应该说，这没有什么不对。但问题在于，不能把人学视角混同于人学，或者说，不能把人学归结为人学视角。因为人学视角所指谓的，是依据人学所提供的理论和方法来看待问题。换句话说，人学视角只是人学的一个方面的功能，即人学的认识功能。一门学科当然可以从其功能的角度去加以说明，但因为一门学科的功能是多方面的，所以仅从一个方面去说明，也就显得很狭窄。另外，一门学科的功能，也只是这门学科的外在方面，而不是它的内在方面，不是它的根据。因而仅从功能的角度去说明某一学科，这种说明并不具有根本性。一门学科的对象才是这门学科存在的根据，它规定了这门学科的任务、性质和功能。因此，一门学科的定义，最根本的，还是要从其研究对象的角度来加以规定。由此看来，关于人学的这个定义，相对于前两个定义来说，似乎更不可取。

那么到底怎样来定义人学呢?

2. 关于人学的科学定义

在我看来，人学是关于人自身一般本性的理论。或者说人学是人自身的本质及其发展的一般规律的理论。如何理解这一定义呢?

(1) 人学是从哲学层次对人自身进行反思的一门学问。或者说，人学是从哲学角度对人的一种自我认识。所谓哲学角度，就是人与世界关系的角度，即要从人与世界总体关系的角度来看待人，来对人进行自我认识。否则就不是对人的哲学研究、哲学观照。以往的思想家关于人的种种理解，比如人是政治动物，人是一架精巧的机器，人为万物之灵等等，都是从人与（物的）世界的关系来理解人的。因而这些关于人的观点都是哲学视野中的人。当然由于不同的哲学家对人与世界总体关系的理解不一样，因而在不同哲学家视野中的人，也不一样。在辩证唯物主义看来，人与世界的关系是辩证统一的。其表现为两个方面：一是世界对人的制约关系；二是人对世界的改造关系。必须从这样两个方面的辩证统一来研究人。具体说来就是，研究人不能脱离人所生活于其中的世界，研究主体不能离开客体。因为在人和世界之间，本来就存在着制约和改造这样两个方面的关系，而且人自身本来也就既是主体又是客体，是主客体的统一。因此，马克思主义人学在探讨人的主体性问题时，必须注意主客体的统一，把人的主体性的实现建立在自觉认识和运用自然和社会的规律，以及人自身发展规律的基础之上。这是马克思主义哲学关于人学研究的最基本的要求。否则，就不是马克思主义哲学的人学研究。

(2) 人学所研究的人自身主要是作为社会存在物的个人自身。人的存在形态有两种：个人和群体。人学所研究的人指谓什么呢?我赞同黄楠森先生的观点，这里的人主要是个人。[①] 或如韩庆祥先生所说的重点是个人。这是因为：其一，相对于群体而言，个人是人存在的最基本形态，是群体存在的前提，舍去个人，群体就会陷入空洞抽象。其二，与第一点相联系，个人比任何一种人类群体的内容丰富、广泛，任何个人既具有人类的群体性，又具有个性。因此研究个人，才能真正是对人自身的研究。其三，人的两种存在形态中，人类的群体已有

① 参见北京大学哲学系：《马克思主义与人》，2—4 页，北京：北京大学出版社，1983 年。

专门学科在进行研究。人类学、历史唯物主义和社会学都是从不同视角对人类群体的研究。对人类群体所进行的研究，是对个人与个人之间所结成的社会关系体的研究，所以这种研究还不直接就是对人自身的研究。对个人展开研究，这正是人学的任务。[①]

人学对个人展开研究，能否脱离人类的群体形态而孤立进行呢?不能。人作为个体存在，但不是孤立的个体存在，现实的人不仅是自然存在物，而且主要是社会存在物。个人只是社会关系网络中的各种特殊的点。因而人类的个体之间除了自然生理素质基本一致外，社会素质可以有极大的差异，这也就造成了把握人性、人的本质和活动规律的复杂性。因此，必须在人类个体与群体的统合中，通过对人的全部社会实践和全部社会关系的考察，来展开对个人的研究。也就是说，人学所研究的个体人是作为社会存在物的个人。

(3) 人学所研究的人自身是整体的人。人自身是一个整体的存在，不是一个片面的存在。因此人学研究的人自身不是被片面化的、被肢解的人自身，如果是那样，人自身也就不成其为人自身了。当然研究人的某一方面也是需要的，但这不是人学的任务，而是人的具体科学的任务。人的具体科学是泛指一切以人为对象，或者确切地说，以人的某一方面为对象的各种自然科学和社会科学。而人学是从哲学这种思维的最高层次上对人自身，即作为整体的人的反思。当然这两种研究不是截然割裂的。就人学来说，它必须在概括和总结当代有关人的自然科学和社会科学成就的基础上来展开研究，不然，人学研究也就失去了自己存在的科学基础。

(4) 人学所研究的人自身，是人自身的一般本性，即人的一般属性、本质和发展的一般规律。每个人都是由多方面属性集成的特殊存在。德国哲学家莱布尼茨说，世界上没有两片相同的树叶，我们可以套用他的话说，世界上没有两个完全相同的人。对人的某一属性进行专门研究，或对某人的特殊属性或个性本质进行研究，这不是人学的任务。人学所研究的人的属性是人之为人的一般属性、一般本质。比如个体作为肉体存在物必须生活。而为了生活，首先就需要衣、食、

---

① 参见韩庆祥：《哲学的现代形态——人学》，186—188 页，哈尔滨：黑龙江教育出版社，1996 年。

住以及其他东西。因此，第一个历史活动就是生产满足这些需要的资料，即生产物质生活本身。这里的生活、消费、生产等等，就是人之为人的一般属性。仅就消费而言，张三在消费方面有什么特殊需要，李四在消费方面有什么特别嗜好，并不是人学所研究的，人学所研究的消费只是作为人的一般属性的生活消费。

人学也不研究某个人发展的历史表象，即不研究个别人发展的特殊过程、特殊经历，而是旨在透过这一表象，来揭示作为个体人的历史发展的一般规律。因为个体人是一个处在不断创造、不断生成和不断发展中的存在物，在他没有离开人世以前，总是处在未完成、未确定之中，处于不断实现其本质力量的自我生成的过程之中。人学并不研究这种特殊的人生过程，而是通过研究人的属性、本质和历史发展的内在联系来研究人的发展的一般规律。并以此为基础，来阐明如何做人的基本道理。这里包括如何满足人的需要和利益，如何实现人的价值，如何争取人的平等权利，如何履行自己的责任和义务等等，还包括人在改造世界的同时如何改造自己、发展自己。这里涉及怎样确定正确的目标、信仰和理想，怎样处理自己和他人、个人和群体（从家庭、社团、阶级到民族、国家，以及整个人类）相互之间的关系，怎样提高人的素质和能力，怎样实现人的全面和自由的发展等等一系列怎样做人的人生哲学问题。

为了科学地进行人学研究，必须坚持以科学的世界观为指导，在我们看来，这个科学的世界观就是马克思主义世界观。换句话说，我们所开展的是马克思主义人学研究。那么马克思主义人学的本质是什么呢？马克思主义人学是关于人本身一般本性的科学。

三、马克思主义人学是人本身一般本性的科学

（一）人对自身认识的逻辑行程

人对自身的认识，从有人产生以后就开始了，但是从社会实践的角度来认识人自身，这是后来的事，这是从马克思主义产生以后才开始的。

人对自身的认识，从内容来说，包括逻辑上不断递进的四个方面：

即我是人；人是什么；人从哪里来；人向哪里去。

1. “我是人”观念的确立

“我是人”，这是人关于自己的最早的观念，是人关于自己存在意识的最早表现。“我”一般说来有两种含义：一是相对于“你”“他”而言，“我”是个体的自称；二是相对于对象世界而言，“我”意味着一种主体地位。“我是人”，这里的“我”就是相对于作为对象的外物而言的，人的意识是在与对象世界的相互作用中产生的。有了“我”，就能观察对象世界。随着意识的进一步发展，人们又将意识指向自身，反观自身。“我是人”，就是自己审视自己的结果。这里的“我”，是以自己为主体，又以自己为客体，是主我和客我的统一。“我是人”，即把人与物区别开来，这是人类认识的一个巨大发展。在最初的原始社会里，人刚刚从动物中提升出来，人还处于自己的低级发展阶段，在那时的人的意识中，人与自然还处在混沌的统一状态。原始人还没有关于“我是人”的自我意识，只有模糊的“自我中心化倾向”。他们朦胧地把自我投射于外界，把自己的心灵现象“移情”于一切事物，造成主客不分，人与对象界限含混。自我意识尚不清晰的原始人，还不可能在观念中建构出“我”与“非我”、“我”与“物”的对象性关系。随着人的对象性活动的发展，经过了漫长的世纪，人类才逐渐提高了自己的主体地位，人才在意识中把自己同自然界的动物区别开来，并且意识到自己是与其他动物不同的存在物。

“我是人”，不仅是关于人的最早的观念，而且是关于人的一切观念中最基本的观念。即不能把人当动物对待，而要把人当人对待。因此，直到现代社会，“我是人”，仍然是维护人生基本权利的最根本的观念，同时也是对人身虐待者最强烈的控诉和谴责。“我是人”，这是人的尊贵、人的荣耀、人的伟大得以确立的一个基本信念。

2. “人是什么”的追问

认识到“我是人”，我不同于动物，那么，人究竟有什么不同于动物而专属于自己的东西。这个问题的追问和解答，就使人对自己的认识，逻辑地从“我是人”这个较浅的层次，进入到“人是什么”这个较深的层次。

在人类自我认识史上，对“人是什么”这个问题的回答，答案是多种多样的。这种认识开始是从人的外在特征上来规定人的。比如，在东方和西方都产生了把人定义为“二足而无毛”或“没有羽毛的两脚动物”的观点。在后来的认识发展中，人们逐渐从人的内在特性上去规定人。比如，从人的合群性，把人规定为群居的动物；从人的政治性，把人规定为政治的动物；从人的意识性，把人规定为理性的动物或智慧的动物；从人的技能性，把人规定为制造工具的动物，等等。此外，还有种种关于人的定义，比如，人是符号的动物；人是文化的动物；人是创造理想世界的动物；人是社会存在物，等等。

人对自身的认识，不仅力求发现那些人之为人的规定，而且还要进一步问，人从何处而来，即追问人何以能作为人而存在，人何以会在自己身上具有那些属人的东西。这就是关于人自身及其特性和功能的起源问题，是寻找人的存在和发展的一般规律的问题。

3. “人从哪里来”的反思

人从何处来这个问题，较之人是什么这个问题更复杂，更难回答。如果说，对人是什么的回答，不少思想家还表达了不少真知灼见的话（尽管是不全面、不系统的），那么，对人从何而来的问题，在相当长的时期内，神秘主义的回答则占据了统治地位。神或上帝有目的地创造人，并赋予人以人的特性、技能和生活本能的虚假观念，贯穿在各民族的早期神话传说和宗教意识中，甚至支配着后来形成的涉及人的种种哲学思辨中。一些哲学家往往思辨地用神学日的论来解释人的形态构造和各种特性、功能的由来。当然，历史上的一些唯物主义哲学家是反对神创论或神学目的论的，他们用朴素的自然发生论观点来解释人本身及其特性的由来。到了最近几个世纪，由于一些自然科学家的努力，这种自然发生论更是立足于生物进化论的自然科学基础之上，从而使人们关于人类从何而来的认识逐渐摆脱了宗教神学的纠缠，把它由一个宗教信仰的问题变成了一个科学探索的问题。

但是，由于达尔文派在社会历史观上仍然受着历史唯心主义的影响，仍然把人看作生物学上的人，因此，只是解决了人类从猿而来的问题，而未能解决人类是怎样从猿转化而来的问题。正如有的思想家所指出的，人的产生，大自然似乎只完成了一半就让他上路了，另一半的任务就留给人自己去完成了。人必须努力工作，他所做的就是完成他自身的创造，从而使自己更加完善。

4. “人向哪里去”的探究

人的自塑性，决定了人的自我认识，不仅要认识自己作为人从何而来，还要认识人向何处而去，即要探索人怎样进一步进行自我塑造、自我完善。也就是作为人在未来的发展中，应当是一种什么样的存在和应当怎样存在。人通过这种探索，以便能够自觉地进行自我塑造，使自己更好地生存下去。人是这样一种存在物，他并不满足于既有的生活和现实存在状况，总是力求创造新的生活，创造新的存在状况，使自己在规定性上不断地得到充实和丰富。正是人的存在的这种性质，决定了人的自我认识并不单纯是关于自己作为人存在的过去和现实状况的事后反思，而是通过这种反思以启迪关于应有的未来的探索，又以这种关于应有的未来的探索来影响现实的存在，使之趋向于新的应有的存在。所以，历史上各种关于人的哲学，总是致力于通过对于人的应有的未来的探索，提出种种理想社会和理想人格的模型，并以此来引导、鼓励人们进行自我塑造、自我奋斗。[①] 总之，“我是人”、“人是什么”、“人从哪里来”、“人向哪里去”这四个方面是人对自身认识的逻辑行程。在说明这四个问题，特别是后三个问题的过程中，形成了多种多样的人学观。

在古代和中古时期，种种人学观虽然表述了各自关于人自身的种种根本观点，但是这种种观点往往还淹没在其世界观的泛泛议论之中，还消融于关于人类群体的议论之中。就这些观点本身而言，也还只是孤立的、简单的判断，还缺少应有的说明、论证，还没有形成相关的理论体系。这种情况的存在，是与那时的人类还片面地从属于自然，人类的个体还片面地从属于人类的群体相一致的。

随着工场手工业和商品经济的发展，资本主义生产关系在封建社会内部产生和发展起来。在这样的社会背景下，人的作用，特别是个体的作用开始凸现出来，个体主体意识获得了觉醒和强化。这种觉醒的第一个重要标志，在欧洲近代历史上，就是发生于14—16世纪的文艺复兴运动。这场运动高举人文主义旗帜，以人权反对神权，以个性自由反对封建专制。这种人文主义是最早的人学理论。这种觉醒的第二个重要标志是17世纪到18世纪的欧洲启蒙运动。启蒙运动高举人道

① 参见夏甄陶：《人的自我认识》，《哲学研究》，1998（4）。

主义旗帜，用理性反对信仰（盲目的宗教信仰），把理性推崇为思想和行动的基础，用作为理性表现的自由、平等、博爱来反对封建主义的特权。

这种人学理论所主张的理性主义，即关于人的理性本质的理论在19世纪的德国古典哲学中获得了哲学的论证。在这种论证中，它发挥和突出了人的社会性和作为主体人的能动性的思想。不过这种论证，从康德到黑格尔都是在唯心主义思辨形式下进行的，到了费尔巴哈来了一个转折。他把人的问题的研究提到了一个新的高度。他认为："人是那个自然界在其中化有人格、有意识、有理性的实体的东西。"不能像黑格尔那样把人归结为抽象的自我意识，人应该是感性的、现实的人。但是费尔巴哈所理解的感性的人是感性存在的人，而不是感性活动的人，因而费尔巴哈所理解的人仍然是抽象的人。

可见，在人的漫长的自我认识史上，到马克思主义诞生以前，关于人自身的种种观念、种种理论，虽然包含有不少正确的有价值的思想内容，但在总体上还是不科学的。正如马克思恩格斯所指出的："迄今为止人们总是为自己造出关于自己本身、关于自己是何物或应当成为何物的种种虚假观念。他们按照自己关于神、关于标准人等等观念来建立自己的关系。"①

马克思恩格斯在人的自我认识史上的巨人贡献就在于，他们第一次创立了科学的人学观。他们以科学的实践观为基础，为关于人自身的一系列重要问题的研究指明了根本的方向，在人的本质、人的需要、人的权利、人的解放和人的全面发展等问题上作出了比较系统的、深刻的理论回答。

（二）马克思主义的实践论人学

马克思主义哲学是实践唯物主义，它既坚持唯物主义，又强调实践的重要地位，对人类实践给予深刻关注和科学理解，并把实践确立为马克思主义哲学的主导原则。马克思强调以唯物主义观点科学地理解实践，认为实践既是人与外部世界进行物质、能量和信息变换的基本形式，又是有意识、有目的地进行的，是人的本质力量的对象化表

① 《马克思恩格斯文集》第1卷，509页，北京：人民出版社，2009年。

现。实践是一种革命批判活动，它表现着人的创造性本质，引起外部世界的合目的性变化，是人与世界关系发展和社会文明进步的最积极力量。实践作为人的能动性表现，同时也是对自身的能动性创造。因此，人的发展过程也就是人在实践中不断改造外物，同时也改造自身的过程，是人的本质力量不断得到丰富、全面和自由发展的过程。所以马克思主义哲学不仅坚持从科学实践观的角度理解人的世界和人与世界的关系及其时代特点，而且坚持从科学实践观的角度来理解人自身。也就是说，在实践基础上理解人自身，这是马克思主义哲学的本质要求，也是马克思主义人学的首要的和基本的观点。

马克思认为，实践是主体人的"感性活动"、"客观活动"、"革命的"、"批判的"活动。这就是说，实践活动是凭人的感官可以真实感觉到的客观过程；同时，实践又不是一般的感性活动，而是具有革命和批判意义的、能动的感性活动。马克思对实践的这种理解，不仅与形形色色的唯心主义实践观划清了界限，而且与旧唯物主义实践观也作了本质的区分。

马克思把实践同人的自身存在联系起来，实践被理解为人所特有的存在方式。这可以从实践对人而言的外向性和内向性两个方面来加以理解。所谓实践的外向性方面，是指实践作为人的活动方式、存在方式，能动地作用于外界对象，使之按人的目的发生变化，从而适合于人，服务于人，并因而成为人的本质力量的直观和确证。正如马克思所说："在我个人的生命表现中，我直接创造了你的生命表现，因而在我个人的活动中，我直接证实和实现了我的真正的本质，即我的人的本质，我的社会的本质。"[①] 也就是说，实践的过程及其产物使人的本质力量以直观的方式呈现出来。所谓实践的内向性方面，是指实践作为人所特有的存在方式，人们通过实践在改造外界对象的同时，也改造人自身，不仅提高人的主体能力，而且促进了整个人的生存状态的改变。因此实践作为人的存在方式不能降低到人的动物性方面去理解，而必须提高到人之为人的根源的角度去理解，或者简单地说，要从人的生命活动的意义角度去理解。所谓从人的动物性方面来理解，是指把人的实践，特别是生产活动理解为在直接的肉体需要的支配下

---

① 《马克思恩格斯全集》第42卷，37页，北京：人民出版社，1979年。

所进行的生产。在马克思看来，这样理解的生产还不是人之为人的生产。用马克思的话说，还不是人的真正的生产。人的生产无疑要满足人的肉体的，即谋生的需要，但是人的生产又必须在这一基础上加以提升，即以人类能力的发展为最终目的。这就是恩格斯所说的：“我们必然从‘我’，从经验的、肉体的个人出发，不是为了……陷在里面，而是为了从这里上升到‘人’。”[①] 所谓上升到人，就是把实践不仅仅理解为人的谋生的活动，而是要进一步理解为促进人的主体能力的提高，并使人的片面和不自由状态逐渐变为全面而自由状态的活动。

马克思恩格斯把现实的人作为自己理论的出发点。

什么是现实的人？现实的人是在一定的人与自然和人与人的关系中，从事实际活动的、不断历史生成着的人。人作为感性活动的存在，不是既成的实体存在，而是能动的生命过程，是“对象性的、现实的、活生生的”实践活动。另外，人作为感性活动的存在是社会性的，是社会关系中的感性活动存在，或者说，是社会实践活动的存在。

从现实的人出发，这是马克思主义的社会历史理论和人学理论的出发点，这是马克思恩格斯反复强调的一个基本观点。

马克思在《德意志意识形态》第一卷，这一专门论述唯物史观基本原理和人学观的部分中，尤其是在专门批判费尔巴哈抽象人学观的论述中，一再强调人类存在的前提，人类历史的前提，同时必然也是唯物史观和人学观的前提。因为历史从那里开始，逻辑也从那里开始，那么这个起点是什么呢？那就是“有生命的个人的存在”。又说：“我们开始要谈的前提不是任意提出的，不是教条，而是一些只有在臆想中才能撇开的现实前提。这是一些现实的个人，是他们的活动和他们的物质生活条件……因此，这些前提可以用纯粹经验的方法来确认。”[②] “我们的出发点是从事实际活动的人。”[③] 恩格斯也强调：“我们必须从‘我’，从经验的、肉体的个人出发。”[④] 他批判费尔巴哈“紧紧地抓住自然界和人；但是，在他那里，自然和人都只是空话。……要从费尔巴哈的抽象的人转到现实的、活生生的人，就必须把这些人作为在历

① 《马克思恩格斯全集》第27卷，13页，北京：人民出版社，1972年。
② 《马克思恩格斯文集》第1卷，518、519页，北京：人民出版社，2009年。
③ 《马克思恩格斯文集》第1卷，525页，北京：人民出版社，2009年。
④ 《马克思恩格斯全集》第27卷，13页，北京：人民出版社，1972年。

史中行动的人去考察。……费尔巴哈没有走的一步，必定会有人走的。对抽象的人的崇拜……必定会由关于现实的人及其历史发展的科学来代替。这个超出费尔巴哈而进一步发展费尔巴哈观点的工作，是由马克思于1845年在《神圣家族》中开始的”。[①] 正是从现实的人出发，马克思认为唯物史观“是描述人们实践活动和实际发展过程的真正的实证科学”。[②] 又认为“关于人的科学本身是人自己的实践活动的产物”。[③]

马克思把现实的人作为自己人学理论的出发点，实际也就是把自己的理论的出发点规定为人的吃喝住穿及其导向的物质生活资料的生产及其他实践活动。马克思认为，千万不要忽视吃穿住这些简单的事实，不要忽视为满足这些需要，人所进行的物质生产活动。

因此，从现实的人出发来展开人学理论，换句话说，也就是要从人所从事的社会实践出发来理解人、把握人，并通过实践全面塑造人。

这种关于人的看法、人的观点，体现了方法论上的一次巨大的历史性转变，它开辟了理解人的崭新的科学的思路。

（三）人学发展全新前景的开创

从人的社会实践出发去理解人，以此为基础，才有可能把握活生生的人，才能从抽象人的彼岸王国进入具体人的现实世界，这就为当代人学的发展指明了一条广阔的道路。

从人的社会实践去理解人，这就意味着。

1. 从实践理解人的生成

要从人之为人的自身根据去理解人、把握人，确立起把人理解为自身创造者的思维形式。这就是马克思所说的：“环境的改变和人的活动或自我改变的一致，只能被看做是并合理地理解为革命的实践。”[④] 按照这种认识方式，人之为人的本性既不是什么外力的给予，也不是所谓神秘的前定，而是人在生成过程中的自己创造，是在一定的条件下，主要是由人自己左右着自己的命运。

---

① 《马克思恩格斯文集》第4卷，294、295页，北京：人民出版社，2009年。

② 《马克思恩格斯选集》第1卷，526页，北京：人民出版社，2009年。

③ ［德］马克思：《1844年经济学哲学手稿》，中央编译局译，140页，北京：人民出版社，2000年。

④ 《马克思恩格斯文集》第1卷，550页，北京：人民出版社，2009年。

2. 从实践理解人的属性

要从人的社会实践的多样性、丰富性，来全面地理解人的属性。生产劳动是人类实践的最基本形式，但“人的社会实践，不限于生产活动一种形式，还有多种其他的形式，阶级斗争，政治生活，科学和艺术的活动，总之社会实际生活的一切领域都是社会的人所参加的”。[①]在这多种多样的活动中，人们形成了日益丰富的各种各样的品格、属性。因此，人既不是单纯的肉体人，也不是纯粹的理性人，既不是单面的经济动物，也不是片面的政治动物，而是在社会实践基础上形成的多种属性于一身的完整的人。

3. 从实践理解人的本性的历史性

要从人的实践活动方式的历史变化中，去把握人的具体的、历史的本性。人的实践活动方式处于不断地变化和历史发展之中，这些变化发展有如下一些倾向，即从分散不断走向联合；从封闭不断走向开放；从依附自然不断走向依靠人为；从盲目不断走向自觉；从主要依赖硬件不断走向主要依赖软件，等等。人的实践活动方式的这种变化，是人在创造中不断重塑自己、更新自己的过程，是人的本性、人的利益、人的权利、人的价值不断变化发展的过程。因此那种离开人的实践活动方式及其历史变化，抽象地谈论人的本性、人的权利、人的价值的观点是不正确的。

4. 从实践去理解人的主导性

要从实践主客体相互作用中的人的主导性作用去理解人。人的主导作用不仅表现为在实践中主客体双方的改造上，而且还具体地体现在通过实践所联结的人—社会—自然这一动态系统改造的成果上。即人们对自然的改造，创造着社会的物质文明；人们对社会改造的成果，主要凝结为社会的制度文明；人们对自身主观世界改造的成果，则结晶为社会的精神文明。物质文明、制度文明、精神文明构成社会文明的三维结构。而这三维文明始终根植于人类创造性的活动之中，是人自身文明进步的表现和动力。

5. 从实践去说明人走向解放和自由的途径

社会实践是人的解放与自由发展的根本途径。解放和自由是同等

---

① 《毛泽东选集》第1卷，283页，北京：人民出版社，1991年。

意义的概念。解放意味着人的本质力量的弘扬，摆脱束缚和压抑，获得人类生存发展的合理条件和组织结构，从而进入较为自由的创造历史的状态；自由则是人类对必然性的认识和利用，并从而实现自由个性的发展。因此，解放和自由都意味着人与世界关系的和谐统一。如何实现人与世界关系的和谐统一，靠人的社会实践。因为人的实践进程就是人与世界关系的调控过程，是人通过实践，充分发挥作为主体的本质力量，去改造自然、社会和人自身，从根本上变革人与世界关系的过程。这个过程既表现为世界的完善化，也表现为人自身的完善化，是这两个完善化的统一。这种通过实践所实现的人与世界关系的和谐统一，就是人的自由境界的实现。因此，人的解放问题，并不是像某些空想家所认为的是纯粹道德完善的过程，而主要是人类主体能力，特别是生产力的历史发展所促成的消灭现存状况的现实运动。

马克思主义实践人学观所包含的上述内容是极为深刻的，它为我们全面地、历史地、科学地理解人，为在实践中全面塑造人，提供了根本的指导原则，为马克思主义人学在当代中国的发展指明了前进的方向。

这个方向就是要立足于当代实践，特别是立足于中国人民所进行的改革开放和中国特色社会主义建设的伟大实践，在对时代精神的把握中，在对中西文化精神的吸取中，在对人的科学的综合研究中，提升出当代中国人学的核心理念，为人的现代化、完善化和充分发挥人的作用提供具体的人道关怀。

第二章 人的存在形态的理解

研究人，首先要研究人的存在。人的存在不仅是一种独立个体的生命运动形态，而且是以一定的群体展开的社会运动形态。在对人类自身的认识中，人类的个体与群体或社会的关系是一个疑难问题和焦点问题。所谓“疑难”，是指这个问题长期争论不休，至今依然；所谓“焦点”，是指这个问题，在当今世界，特别是当代中国已经不仅仅是一个哲学性质的学术问题、认识问题，而且也是一个关系到按什么原则处理人的个体与群体的关系，从而对现实人生和社会发展进行指导的重大实践问题。

人的个体与群体的关系曾经存在这样两种片面的历史模式：一是整体主义模式，二是个体主义模式。整体主义和个体主义在不同民族的不同历史发展阶段中，都曾分别成为占优势的文化传统，并且都对人类的发展起过重大的推动作用，因而都曾具有一定的历史进步性和合理性。但是，在总体上，它们又都是片面的。因为，人类的个体与群体在根本上是相互联系、相互制约和相互促进的。随着历史的前进，当人类越过了片面的整体发展和片面的个体发展之后，必然使个体和群体的和谐发展成为人类发展最有效的形式。对此，下面从三个方面来展开说明。

一、人类的个体与群体

（一）人类的个体

什么是个体，个体是一类事物的单个存在体。人类的个体是人类的单个存在体，也即我们通常所说的个人。

人是宇宙中最复杂的一种存在物，它具有丰富的规定性。大体说来，个体人既是一种动物性存在，又是一种文化性存在。

1. 个体人是一种动物性存在

从目前学术界公认的原始物质大爆炸时期开始，物质形态进化的基本线索，是从物理物质的基本粒子进化到化学物质的原子、分子，再进化到生命物质的生物体，最后进化到人。这其中的每一步进化都是物质形态的一次飞跃，是物质属性的一种新的丰富。

人作为最高的物质形态，是在物理物质、化学物质、生命物质等物质形态的基础上发展起来的。因而人具有物理属性、化学属性，并以人体的物理、化学变化参与到自然界的变化之中。人也具有生物属性，人体要不断地同外界进行物质、能量的交换。人体内的生物运动遵循着同其他生物体生命运动相同的规律。

无论人类的历史有多么悠久，无论人类的文明进步到什么程度，人来自动物这一点，决定了人永远不能摆脱动物性。或者说，人总具有动物性，总是一种动物。所有的人都具有动物性，只是在动物性的形式、程度上有所差别。没有任何动物性的人，就不是现实的人。

就整个人类而言，人来自动物，人是从森林古猿进化而来的。就每个个体而言，他刚刚诞生时也只是一个动物。如果这种动物性不在后天的环境中被超越，那他就和纯粹的动物没有多少区别。世界上发生的多起狼孩事件就是最好的证明。人类在发展过程中，应当是离动物越来越远；每个人在人生的历程中，也应当愈来愈成为一个人。也就是说，其他物类的个体，其属性是固有的，与生俱来的。比如，狗生来便是狗，也就是说，一出生它就具有了狗的全部属性。人类的个体则不同，人生来便不就是一个人，而只是一个赤裸裸的动物机体。因此，人生来就有一个学会做人的问题。即他要在进入家庭、走入学校、迈向社会的过程中，逐渐地变成一个人。人性不断地克服和超越动物性，这是人类发展和个人进步的过程。但是无论怎样克服和超越，每个人在离开人世时，他仍然具有一定的动物性。

人作为个体，其动物性主要表现在以下几个方面。当然，这些方面不是孤立地存在的，而是在相互联系、相互包含中存在的。

人和动物一样，有作为生命机体的肉体性，即人和动物都是有生命的肉体存在。

人和动物一样，都具有肉体感性，都能感知外物，并作出趋利避害的反应。

人和动物一样，都具有维护和满足安全、生存和性等方面需要的欲望。人之所以是人，在于能对这些欲望进行理性控制，但只要是人(正常的人)，这些欲望就不能被消灭。

人和动物一样，具有多种本能。这些本能对人的行为有一定影响。所谓本能，是指动物在进化过程中形成而由遗传固定下来的、对个体和种族生存有重要意义的行为。比如，人的摄食消化的本能、皮肤对外界温度变化的调适本能、人的性交生育本能等等。当然，这些本能对人而言已经是社会化了的本能。

人和动物一样，不能主观地控制自己生理上的各种物理、化学、生物学的变化。饥饿必然难忍，灼热使人难熬，病痛导致体衰等等。人虽然有意识，但不能凭意识改变人所处的上述种种状况。每个人的身体既属于自己，又属于自然界，如同每个动物一样。

人和动物一样，都具有发育、生长、衰老、生病、死亡的过程。就人类的个体而言，这个过程可以随着人类文明的进步而延缓、延长。即通常用量化方式所标示的人均预期寿命的增长，但是人作为个体其生命过程本身是客观存在的，是必然要经历的。①

人作为一种肉体存在，这是人之存在的基础，也是人的其他属性存在的前提、载体。所以对个人来说，“生命诚可贵”。

在哲学史上，有些唯心主义哲学家否定人的肉体性，这是不对的。夏甄陶先生说：“人不是无人身的灵魂、无人身的理性、无人身的思维、无人身的自我意识。”② 在对这种唯心主义观点进行批判的过程中，不少哲学家，特别是唯物主义哲学家，肯定了人是一种肉体存在的观点，应该说，这是对的。但是也有一些哲学家在肯定这一点的同时，又把这一点夸大到极端。在他们看来，人只是一种动物，一种自然存在物。比如，霍尔巴赫说：“人是一个纯粹肉体的东西；精神的人只不过是从某一个观点、亦即从某些为特殊的机体所决定的行为方式看的

---

① 参见林德宏：《人：物质精神二象性》，《自然辩证法研究》，2001 (9)。

② 夏甄陶：《人是什么》，114 页，北京：商务印书馆，2000 年。

那个肉体的东西罢了。”[①] 很显然，这是一种片面的观点。

2. 个体人是一种文化性存在

人是一种动物，但人不是一般的动物，而是以自己的活动创造了自身文化的特殊的动物。

这里的文化是广义理解的文化。它表示人类在改造自然环境、社会关系和人本身等方面所进行的各项活动，以及这些活动的对象化的积极成果。这些活动和成果完全是属人的，不同于纯自然的现象，因而从动态过程来说，文化实质上就是“人化”。

如前所说，每个人生下来时，只是一个赤裸裸的动物机体。但当他来到人间以后，也就浸润在一个文化的环境中，通过耳濡目染、教育训练、生活消费、实践交往，也就逐渐地变成一个具有文化素质的人，即成了一个复杂的肉体和文化的综合体。

在这个综合体中，人的生理部分已经不再是出生时单纯的肉体，而是经过了后天生活的训练和实践的改造。出生时爬行的四肢，逐渐训练成了会走路的双腿和抓握东西的双手，原来只能发出单调的哇哇哭声的喉管逐渐变成了能发出清晰音节的语言器官。与社会的分工相联系，人的肢体也在长期实践中获得了某种特化的发展。比如，径赛运动员善于奔跑的双腿，田赛运动员肌肉发达的双臂，印染工人那双能识别某种色质的多层次色度的眼睛，钢琴演奏家所具有的灵敏度极高的十指等等，都是经过长期实践、专门训练的产物。

人的文化对个体的作用，不仅表现在对个体生理素质的改造上，而且还表现在人所特有的心理素质和社会素质的生成上。这种生成有两个渠道：一是人的本能获得精神性和社会性的提升。比如，填饱肚子的进食本能提升到了讲究营养和美味品尝的高度；满足性欲的性本能（指男女之间本然的性关系）提升到了性爱（指因貌美而产生的男女之爱）以至情爱（指情投意合而产生的男女之爱），即爱情的境界。二是人生规范的养成。这里的规范是广义的，包括做人行事的一切习惯、准则、法规。小至饭前洗手、饭后刷牙，大至遵纪守法、卫国爱民等等，都是个体身上的文化体现。

---

① 北京大学哲学系外国哲学史教研室：《西方哲学原著选读》（下卷），204页，北京：商务印书馆，1982年。

这种文化体现在个人心理素质方面，集中地表现为个体的个性特点，在社会素质方面则集中地表现为个体的角色定位。

个性，指的是一个人比较稳定的心理特点。它是在个人生理素质的基础上，在特定的文化环境中，通过学习、陶冶和参与社会活动而形成的。个性通常是稳定的，但由于主客观因素的变化，也会发生改变。

人的个性特点表现在两个方面，即个性倾向性和个性心理特征。前者包括人的需要、动机、兴趣和信念等，决定着个人对现实的态度、趋向和选择；后者包括人的能力、气质和性格，决定着人的行为方式上的个人特征。这两方面的有机结合，使个性成为一个整体结构。由于各人的遗传因素、面临的社会环境、受到的教育，尤其是从事的社会实践活动各不相同，使各人之间在个性倾向性和个性心理特征方面也各不相同，从而形成不同的个性，即个别差异性。这种个别差异性不仅表现在人们是否具有某种特点上，而且还表现在同一特点的不同水平上。

个体的角色定位，是指个人的社会角色的扮演或扮演什么样的社会角色。社会角色是指个人与他人、与各种社会共同体打交道时的不同身份。

社会角色作为人在社会中的身份，是人在与他人和不同社会共同体发生关系过程中形成的。也就是说，人生活在一定的社会网络之中，总是拥有一定的位置，履行与这个位置相联系的权利和义务。在人的一生中，要与他人和不同社会共同体发生无数的关系，因而人的社会角色是很多的。由于人与他人和社会共同体的关系是在活动中结成的，因而我们可以从人的活动的角度对人可能具有的角色作一个大致的划分。如果我们把人的活动领域划分为家庭生活、学习生活、职业生活、社团生活、休闲生活和隐私生活这些领域的话，那么一个人承担或可能承担的社会角色就有：性别角色（或男或女）、家庭角色（或父或母，或儿子或女儿等等）、学习角色（学生或学徒）、职业角色（如工人、农民、军人、教师、干部等）、社团角色（执政党的党员、各种团体的成员、各种宗教组织的成员等）、休闲角色（如棋友、球友、酒友、网友等等）、隐私角色（如情人、性伙伴、密友等）、公民角色（如市民、省民、国民、人类成员等）、临时角色（如顾客、路人、读者、听众、观众、旅游伙伴等等)。从这些可能具有的社会角色可以看出，人的社会角色存在着十分复杂的情形。

这表现在，第一，社会角色有些是先在的，有些是后定的。比如，作为性别角色的男人和女人，作为家庭角色的儿子（女儿)、孙子（女）等就是先在的。在人的角色结构中，大多数角色是人来到世上以后在生活中选定的。当然，其中有些，可能个人的自主作用更大一些（如休闲角色)，有些更小一些（如小学生的角色)。第二，社会角色有些是不可改变的，有些是可以改变的。总体而言，具有先在性的社会角色都是不可改变的，后定性的社会角色有一些也是不可改变的。比如，学习中的师生角色、同学角色、职业生活中的同事角色就是如此。除了以上这些角色以外的角色，一般都是可以改变的。第三，社会角色有些是受法制制约的，有些是不受法制制约的。一个社会为了维护社会的秩序稳定，总要使一些重要的社会角色法制化。到今天，除休闲角色、隐私角色、部分学习角色之外，其余的角色大多已经法制化，即用法律形式和非法律的形式如制度、规章、法规、政策等，来规定和保护一定角色的身份、地位及相应的权利，规定和命令一定角色的义务。

社会角色并不只是人的社会身份的标志，更重要的，它意味着人的各种社会规定性，是人的社会规定性的体现。人充当什么样的社会角色就有什么样的社会规定性，社会角色不同，社会规定性也不同。人的社会规定性的集中体现就是人的权利和义务。而社会角色是人的权利和义务的基础。人在社会中扮演什么角色就有什么样的权利和义务，也就相应地具有了这方面的社会规定性。比如，一对结婚的男女，他或她就担当了丈夫或妻子的角色，相应地也就具有了作为丈夫或妻子的权利和义务的社会规定性。

在人的一生中，生理躯体在自然法则的支配下不断发生变化，这是不依人的意志为转移的。个人充当的社会角色也在不断地发生变化。这种变化有些是与人的生理躯体的变化有关，但在绝大部分情况下主要是由个人的文化条件的变化所造成的。比如从事一定的社会职业必须有健康的身体，但更重要的是要具有与这个社会职业岗位相适应的文化条件。因此，努力创造各种文化条件，不断丰富个人的文化素养，以便充当更加重要的社会角色，便成了个人一生中不断发展着的追求。

由于各种社会角色的功能不同，因而其在社会中的作用也不同，或大或小，或强或弱。从人生来看，追求充当更重要的社会角色，发挥更重要的作用，也就成了个人发展的动力。社会角色也就是个人与社会相联系的扭结，个人以其一定的素质，主要是社会文化素质充当某一角色，也就是把自己置于社会关系网络的某一位置上，接受社会的选择、考验、规范，同时也是利用这一角色所提供的条件作用于社会。

个人的结构虽分为生理和文化两个性质不同的层次，但二者不是截然分开，而是密切联系着的，它们相互依存，相互制约，同时又相互促进，共同构成个人的有机整体。

像任何物质形态的个体都具有独立存在的特征一样，人类的个体也是独立存在的，每个人都有独自进行生命活动的躯体。躯体的结构是独立的，它在同环境的相互作用中实现着物质、能量的代谢。每个人都有独自进行的精神活动，都有各自拥有的精神世界，即使面对同一对象，不同人的体验、感受、领悟也会各式各样。由于每个人的生理素质和心理文化素质的不同，因而每个人都拥有各自的个性特点，充当着不同的社会角色，发挥着不同的社会作用。因此，个人的相对独立性是一个客观存在，个人是人类存在的一种基本形态。只要有人类存在，就会有个人存在。没有个人的独立性，没有个人，便没有人类及人类的群体。

（二）人类的群体

人类的群体是人类存在的又一种基本形态。

人类的群体是相对于个体而言的各种社会成员的联合体。

人类的群体有多个层次。这多个层次都统属于社会这个人类群体的最大的层次。社会是一个历史性概念。“原始社会”这个概念里的社会，实际指谓的是氏族社会，以及在氏族社会发展基础上所形成的部落社会。奴隶社会和封建社会概念中的社会，所实指的是国家社会。从资本主义来到世界上以后，民族历史愈来愈变成了世界历史。但是到目前为止，我们所讲的社会系统，主要还是指国家，即把社会视为国家社会。因为，今天的人类尚未能真正建成全球社会。当然，全球社会的因素在增长着、发展着。

国家范围内的人类群体，都是比国家社会层次更小的群体层次。

这些层次主要有民族、阶级、职业团体、家庭等层次。社会内部的这些不同的群体层次，是人们生活于其中的大小不等的群体。人与人之间不是直接联系而一下子构成社会的，而是一个层次又一个层次的逐级联合，最后才在最大层次上构成社会的。

1. 家　庭

家庭，是社会的最基本的群体形式和最小的群体层次。家庭是社会所有群体中最普遍的群体。只要是男女两个人，就可以以婚姻关系组成家庭。在人类社会多种复杂关系中，男女的结合是最原始的、最基本的关系。婚姻就是被一定社会制度所确认的男女两性的结合，以及由此产生的夫妻关系。由婚姻关系及其所产生的血缘关系而形成的亲属间的社会组织，就是家庭。由此可见，婚姻是产生家庭的前提，家庭是缔结婚姻的结果，是最初的社会关系。

家庭是人口再生产的基本单位。种的繁衍，是家庭在任何社会形态都具有的职能。家庭是个人消费的基本单位。它起着衣、食、住的处所的作用。家庭是担负着社会教育和社会义务的基本单位，父母要在多方面关心子女的成长，给子女以教育和帮助。另外，当父母丧失劳动能力以至生活自理能力的时候，子女要尽到赡养的义务。这些都是家庭社会职能的一部分。在一定社会中，家庭是一个具有生产职能的单位，这是由所从事的生产的性质决定的。比如，简单的手工业劳动和农业劳动（包括传统的和现代的）都可以采用家庭经营方式。家庭还是一个伦理感情生活和精神休养的基本单位。建立在家庭成员之间特殊的伦理关系和生活上密切联系基础上的感情的结合，能给家庭成员带来精神上的安适、休息和娱乐。当然，家庭的这些基本职能，不是孤立存在的，而是相互渗透、相互制约的。

正常发挥家庭的各种职能，对社会和个人的意义是重大的。社会是在千千万万个家庭基础上形成的。如果这么多的家庭不和睦，甚至发生破裂，必然会造成许多社会问题；反之，众多家庭的和睦和幸福，就会促进社会的安定和进步。由于家庭成员之间的关系，其密切程度远远超过其他群体，因而家庭对其成员的影响，也比其他群体大得多。家庭是人生过程中最早的一种环境，父母是孩子最早的老师。幸福的家庭环境和良好的家庭教育，是家庭成员能够健康生活和成长的一个重要方面，是事业兴旺的有力保障。俗话说“家和万事兴”，讲的就是这个道理。

2. 职业团体

职业团体与家庭相比是较大层次的群体形式。人们以家庭为生活基础的社会延伸，首先发生的是职业关系。任何人都须以社会成员的身份参加一定的职业团体，进行社会职业活动，并以此作为自己生活资料的来源。由于社会活动区分为许许多多的类型，因此，形成了许许多多职业不同的社会活动群体，即所谓职业团体。

职业团体的形成是由社会分工的存在所引起的。社会分工有两个相互联系的方面：一是社会活动本身的分工，比如经济活动、政治活动、文化活动等等。它们又进一步划分为一些次一级的活动领域。例如，经济活动领域又分为生产、分配、交换、社会服务等等。单就社会生产讲，又分为农业、工业、交通运输等生产部门。社会活动的各大部门可以进一步划分，直至一个工厂、一个商店、一个机关、一个学校。二是指社会活动者之间的职业划分和活动协同。这是活动者参与活动的方式，是表示人跟活动职能之间的关系。活动本身的分工是活动者分工的客观基础，活动者分工是活动本身分工实现的前提条件。

活动者分工就是把人们划分在一个个由职业限定的集团里，彼此相互联系，协同工作，完成着特定的社会职能。职业团体的规模大小不一，小至一个工厂，大至一些联合企业，都可以列为职业团体。职业团体中的内部关系，并不都是个人与个人之间的联系，也有一些小团体之间的联系。比如一个工厂，就是通过不同车间、不同班组之间的联系而构成的。但是，职业团体不等于行业，并非属于同一行业的人们都只划为一个职业团体，行业只是前提条件。也就是说，作为职业团体中的个人，必须是操作同一行业的人。由行业而进一步组成协同的活动组织，才是职业团体。职业团体是人与人之间组成的进行职业活动的群体。

3. 阶　级

阶级是具有社会规模的群体。

阶级是一种历史存在。人类社会的最初阶段，曾经是一个漫长的无阶级的原始社会。到了原始社会末期，随着金属工具的出现、生产力的发展，出现了剩余产品，这为一部分人占有另一部分人的劳动提供了可能。氏族内个体家庭生产单位的出现，社会分工和产品交换的扩大，加速了财富的积累和集中，导致了生产资料私人占有制的出现。于是，一部分人利用自己占有的生产资料剥削另一部分人，使阶级的产生由可能变为现实。同时，人类作为创造历史的主体，为了能够加速自身的发展，需要经过自身的分裂（劳动和职能分工），这样，才有人类后来的文化繁荣和人的才能的发展。阶级就是这种分裂的直接产物和表现。

阶级是经济上处于不同地位的社会集团。这里的不同地位，主要是指经济上的剥削和被剥削地位。这是划分阶级的基本标志。这种地位的不同具体表现在：对生产资料的占有关系不同，在社会劳动组织中所处的地位和所起的作用不同，以及分得财富的方式和多寡也不同。其中最主要的是对生产资料的占有关系不同。阶级作为群体，同一阶级的人们之间不仅具有经济上的共同利害关系，而且在政治思想上具有相同的阶级倾向和阶级要求，以及其他方面的特征。一定阶级有其固有的规定性。这种规定性在一定阶级没有被消灭或消亡之前是一直存在的。但在阶级社会中，个人的阶级属性是变动的。或是经济地位的变化，或是政治倾向和思想观念的变化，都会使个人从归属于一个阶级到归属于另一个阶级。当然，在阶级社会中，不归属于一定阶级的个人是不存在的。

4. 民　族

民族，是社会中的大层次群体。民族是在作为婚姻、家庭的衍生物——氏族、部落、部落联盟发展到一定阶段的基础上产生的。原始社会末期，因战争、防御的需要，由两个以上的部落结合而成为部落联盟。在生产力进一步发展，有了剩余产品，公有制被私有制替代以后，经济的发展和交往的扩大，使生活在同一地域并操着同一种语言的同一部落联盟的各部落融合为一个民族。这里是指远古民族的形成。当然，在历史的发展中，某一民族的部分成员迁离故土，来到新的地域，在新的经济、政治条件下，经过相当长时间以后，也会形成一个新的民族。现代的民族是在资本主义时代形成的。由于资本主义商品经济的发展，打破了封建主义和封建割据的局面，使各个地区的交换日益频繁，商品流通日益畅达，各个地方市场逐渐集中成为一个统一市场，于是现代的各民族也就随之形成。

虽然世界上各民族的形成过程不尽相同，但是任何民族总是历史上形成的一个有着共同语言、共同地域、共同经济生活以及共同心理素质的稳定的共同体。共同语言是民族的一个特征。语言是人类最重要的交际工具。具有共同语言，才能共同从事生产和生活，才能在经济、政治、文化等方面通过交流和联系，形成一个民族。共同地域是民族的另一特征，它是民族形成的地理基础。民族经济和民族文化，必须在共同地域的基础上，在世世代代的共同生产和生活中，才能形成。共同的经济生活是民族的又一特征，每个民族都必须有内部的经济联系才能把本民族的各部分结合为一个整体。共同的心理素质是民族的最后一个特征，它表现在文化、艺术、风俗、习惯等方面的共同爱好。由于各个民族所处的地理环境、生产力发展水平、生活方式和文化历史传统的不同，因而每个民族形成了不同的心理素质。由此可见，民族是既包括一定的经济关系，又包括一定思想联系的社会群体，其综合性特点尤为突出。一个民族可以包括各行业的众多职业团体，也可以包含许多阶级，乃至对立的阶级。由此，一个民族的各阶级既有相同的民族特征，也会有基于不同阶级地位的不同的，甚至对立的经济、政治、文化和心理特征。

5. 国　家

国家是比民族更大的社会群体，把民族、阶级、职业团体、家庭等各层次包含在自身之中。

国家的产生是同阶级、阶级矛盾、阶级斗争的存在紧密地联系在一起的。在远古时代，人们曾经过着没有阶级、没有任何国家组织的社会生活。后来，随着私有制和阶级的产生，不同阶级之间的纷争，日益发展到了不可调和的地步。在这种情况下，原来的民主管理已经失去了效力，于是运用强制手段进行管理的机构——国家产生了。

现代人类社会尚未达到全球社会时代，群体的形式虽已开始在国与国之间建立，比如，经济全球化和区域集团化趋势的出现和发展，使得国家与国家之间的联系和交往日益紧密。但并不能由此否认较为完善的社会群体的最大层次还只能是国家。因为这些地区集团仍然是以主权国家的作用为基础的。这些主权国家在地区集团中是以平等的资格享有各项权利并承担各项义务的，这是第一。

第二，参加国际经济组织的各国之所以要在某些方面实现联合，要追求某种共同利益，说到底，是为了最大限度地实现本国利益，而不是损害其利益。当遇到这种情况的时候，成员国一般有权加以反对和进行必要的抵制，甚至退出该组织。

第三，国家作为社会共同体是广泛的社会范畴，它包括疆土、国民、主权、物质资源、财政金融、科学文化等多个方面。一国的公民在经济、政治和思想文化上的联系是较为密切和统一的。国家除了具有阶级职能，即政治统治职能以外，还有社会管理职能，这包括保卫国防、抵御外侮；维持社会秩序、捍卫国家统一；组织社会生产，提供社会服务等等。而区域经济集团的成员只是经济方面的某种程度的协作，是以协商的方式实现国家部分主权的让与，而让成员国来共同拥有、共同使用。因此，区域经济组织不是也不能替代国家行使其职能。

相对于人类的其他群体，国家的特点不仅仅在于大，而且在于它是一个完整的社会系统。社会系统在今天指的就是国家这个大群体。国家社会系统具有突出的统一性，它使不同的国家区别开来，形成不同的社会结构和社会形态。社会大厦的最基层是社会生产力层，或曰技术层，是社会与自然界的直接联系层。社会大厦的第二层是社会经济层，或曰经济关系层，是社会的经济制度和经济结构，是直接为社会生产力服务的。社会大厦的第三层是社会政治层，或曰政治关系层，是社会的政治制度和政治结构。社会大厦的第四层，也是最顶层，是社会意识层，是社会的心理、思想文化、科学层。正是国家社会的诸多层次，使它成为一个有机性突出的群体系统。

二、个体群体发展的片面历史模式

个体和群体作为人类存在的两种形态，既互相区别，又互相联系。因此，正确处理个体与群体的关系问题，以达到个人和群体的协调与和谐，就成为任何一个社会所面临的共同问题，同时也是人类发展中的一种恒久性追求。

这是因为，个人和群体作为人类的一个内部矛盾，在归根到底的意义上，要受制于和服从于人类的外部矛盾，即人与自然的矛盾，受制于和服从于解决人与自然矛盾的主体力量——生产力的现实状况和发展要求，同时还直接受制于被一定生产力所决定的一定社会中占统治地位的经济关系，在阶级社会中还要受到统治阶级利益的制约。换句话说，在不同的生产力水平和由此所决定的不同社会发展阶段上，个人与群体矛盾的性质不同，人类所面临的突出问题不同，因而解决的基本原则也不同。在这个意义上可以说，在解决个人与群体矛盾的问题上，人类历史上先后所奉行的那些基本原则，相对于一定的生产方式，都具有一定的历史进步性和合理性，而相对于改变了和发展了的生产方式，又都必然丧失其历史进步性和合理性，而要被新的基本原则所取代。这就形成了人类不同发展阶段上的上述基本原则的更替、前进的历史，亦即原始社会的平均主义、奴隶社会和封建社会的整体主义、资本主义社会的个体主义，以及社会主义社会的集体主义等依次更迭前进的历史。

从总体上说，原始社会的平均主义是个体和群体尚未分化，即个体和群体相互从属，尚处于直接同一关系下的处理人际关系的一种基本原则。从那以后，人类历史所经历的奴隶社会、封建社会和资本主义社会，都没有能正确认识和解决人类个体和群体的关系问题，没有能真正实现个人与群体的协调与和谐。在这方面存在着两种片面的历史模式，一是整体主义模式，二是个体主义或个人主义模式。前者在中国文化传统中表现得比较突出，后者在西方文化传统中，特别是西方近代以来的文化传统中表现得比较突出。之所以会产生这种偏颇，除了有认识的局限性以外，根本的和主要的，是由历史的局限性所致。对此下面来做一些具体分析。

（一）中国传统中的整体主义

1. 何谓整体主义模式

在中国人的生活和文化中，对人类群体的命运，即对家庭、家族、民族和国家的兴衰荣辱的关怀永远是中心和主题。

一般说来，这并没有什么不好，而是应该大力提倡的。因为人总是生活在一定的家庭之中、一定的国家之中，总是归属于一定民族的。关心自己所生活的群体，热爱自己所生活的群体，即爱家庭、爱家乡、爱祖国，这是人之常情，对中华民族来说，也是民族精神的瑰宝。以义为上、修己安人、仁民爱物、忠贞爱国、群体和合等文化精神，在历史上，曾哺育了一代又一代优秀中华儿女，造就了一批又一批万世景仰的民族楷模。在今天，就塑造中华民族的新文化、增强民族凝聚力而言，它仍然有着重要的现实意义。

然而这只是问题的一面，它还有另一面，即这种爱群体的文化如果走到了重群体轻个体的地步，也就具有了某种片面性的缺陷，即整体主义缺陷。

在古代和中世纪的漫长时期，无论中国还是西方，人们的制度和观念文化都是以群体本位为主的。这里的群体本位，是指个体与群体两相对置的关系中，群体是力量的源泉和价值中枢。“本位”作为哲学概念，具有“根据”、“根源”、“标准”的意思。即价值观的根据、价值评价的标准、价值追求的导向等是什么，即可简称为“某某本位”。“群体本位”，即是以群体利益作为价值观的根据、价值评价的标准和价值追求的方向。奴隶社会和封建社会的人们之所以如此，是因为那时的生产生活方式是以家长制家庭为单位的，单个人的生产和交往的能力极其微弱，不能成为独立谋生的主体，因而不得不结成以强制性的、“人的依赖关系”为特征的种种共同体以谋生存。与此相应，在较高层次的社会生活、政治生活和精神生活领域，也不得不结成同样具有人的依赖关系特征的强制性共同体。① 这样就形成了以群体本位为主的文化，而且它构成了一切处于小生产和自给自足生产生活方式中的民族的共同文化特征。②

2. 中国传统整体主义形成的原因

但是就中西比较而言，同样以群体本位为主的文化，中国人的个体对群体的依赖性相对来说比较强，近代以前西方这种依赖性就比较弱。而这种区别也来源于各自的生产生活实践活动的不同特点。就中国来说，我们的祖先最初主要是在雨量偏少而四季分布极不均匀的黄河流域耕耘生息，水旱频仍；加之肥沃开阔，易遭游牧民族的侵袭，这就使得先民唯有依靠大规模的高强度的原始协作才能维系群体的生存。古籍中的“千耦其耘”“十千维耦”，以及“益烈山泽”“禹疏九河”的记载，都表明那时不但垦劈林莽荒原、疏导河流渠道的古代工

---

① 参见《马克思恩格斯全集》第46卷（上），104页，北京：人民出版社，1979年；《马克思恩格斯全集》第23卷，94、96页，北京：人民出版社，1972年。

② 参见《文明的历史脚步》，陈水法编：《韦伯文集》，19—20页，北京：中国广播电视出版社，2000年。

程要在首领的统率下实行大规模的集体协作，就是田间阡陌沟洫的开凿，农具的制备以至耕耘收割的劳作，也是由首领指挥监督“众人”、“农夫”们集体进行的。到了春秋战国时代，随着铁器耕牛日益广泛的使用，个体家庭的耕作逐渐居于主导地位，然而大规模的抗旱防洪工程和巨大的防御外患的压力，仍然使我们的祖先不得不结成庞大的高度集中的共同体，以维系整个群体的生存和发展。

除了社会生产和社会经济生活方面的原因以外，作为一个重要原因，在中国还形成了以礼制为核心的宗法人伦，从而使群体本位在中国传统文化中获得了进一步的强化和稳定化。

中国的礼和礼制文化经过长期的历史演变，到夏、商时期已发展得相当完备。周灭殷后，周初著名政治家周公旦在“因于殷礼”又“监于二代”的基础上，结合周初的实际情况，创制了著名的周礼，把礼和礼制文化推向了鼎盛的高峰。维护和巩固宗法等级制度，周人与商人、夏人没有什么本质区别，问题只在于如何加以维护和巩固。周人在总结了夏商两代兴亡教训的基础上，深刻认识到欲达此目的，必须从对天帝和武力的盲目崇拜，转到自觉重视人事德治上来，即要把宗法和人伦结合起来。

“宗法”和“人伦”原来是不同的概念，指谓的是不同的对象。宗法指的是区别上下贵贱的等级制度，所标志的是人与人之间的不平等，是支配和服从的关系，其中还包含有剥削和压迫。而人伦是指人与人之间的自然亲密关系。如夫妻亲子结合共同生活，彼此养育互助的关系，其本义是没有压迫、剥削的。氏族时代的人们也尊老敬贤，那是因为老者、长者在维护集体生存发展上有功或有过功劳，且富有生活经验的缘故。那么，这两个有差别、有对立的东西怎么结合在一起的呢？原来，在自然人伦关怀中，讲父慈子孝、兄友弟恭、夫妇和睦。这种双向义务的关系，生活的双方是平等的。后来，愈来愈突出地强调一面，即突出子对父孝、弟恭于兄、妻顺于夫的一面，又继而把父子关系延伸、扩大为君父与子民的关系，君权便与父权互为表里，于是也就把在家尽孝与在朝尽忠关联起来，这样自然的人伦关系也就变成了维护夫权、兄权、父权，直达君权的宗法等级关系，即君君、臣臣、父父、子子。

把宗法性和人伦性包含在自身之内并加以统一，这种统一表现在两个方面：第一，宗法人伦制度中的宗法本身就包含人伦，并且始终离不开人伦。因为在中国奴隶社会和封建社会中，宗法制度本身就是借人伦关系为主干或核心来建立和划分的。如借父家长与嫡庶诸子的关系、夫与妻、兄与弟等的关系，来区分大小宗正支旁系，建立家族中上下尊卑等级名分关系、支配屈从关系。第二，宗法人伦制度中的人伦成为维护权力和财产不平等分配，维护统治者对其他人的剥削压迫并要求他们顺从的形式。

在中国传统的实际生活和思想文化中，“人”指的几乎全是或主要是由人伦（核心是亲属血缘人伦关系）来形成的家族、民族、国家这类群体和在这种人伦之网中被规定、被限制的一切人。也就是说，从来不是在“自我”的、“个体”的意义上谈人，而只是在群体的意义上，在人伦关系、人伦义务上谈人。孔子说“仁者，人也”。“仁”是人旁一个“二”字，即是说，只有在二人的对应关系中才能对人下定义，而在这种宗法人伦关系中，对个人来说首先要在人际关系中履行伦理义务。因此，在孟子看来，人区别于动物的东西，人之为人的实质乃是人伦之道，即“父子有亲，君臣有义，夫妇有别，长幼有序，朋友有信”。[1] 其基本精神乃是“荣辱相关”“休戚与共”。

3. **中国传统整体主义的历史局限**

在中国古代社会的政治文化中，个人是处于宗法关系网包围中的个人，每个社会成员都不能像西方近代社会那样独立出来，以公民的身份出现。因此，中国政治文化中的个人只能是缺少或失去主体意识的人，而家族整体和封建专制国家对个人有决定性的作用。这就叫“君叫臣死，臣不得不死”、“父叫子亡，子不得不亡”。在中国古代政治文化中的整体是以“君”、“父”为代表的。“君，国之隆也，父，家之隆也”。这里的“隆”指谓高。换言之，君是国家最高代表，父是家庭最高代表。“君”“父”就是整体。个人与整体的关系，实际就是个人隶属于“君”“父”，隶属于各级“父母”官的关系。中国古代政治文化中表现出来的这种关系在封建小农经济条件下是必要的，因为它可以集中社会力量，维护社会生存和民族的发展。但也正是在这种整体本位的政治文化中个人被消融了，使得所谓“和谐”成了毫无生

---

① 《孟子·滕文公上》。

气的“死水一潭”。梁漱溟先生曾明确指出：“宋以后所谓礼教名教者又变本加厉，此亦不能为曲讳。数千年以来，使吾人不能从种种在上的权威解放出来而得自由，个性不得伸展，社会性亦不得发达，这是我们人生中一个最大的不及西洋之处。”杜亚泉在《论社会变动之趋势与吾人处世之方针》中，也指出整体主义的流弊“以其专避危险之故，致才智不能发达，精神不能振起，遂成卑屈萎靡、畏葸苟且之习惯。我今日社会之所以对于西洋社会而情见势绌者，未始非克己的处世法之恶果”。①

诚然，中国古代政治文化中，儒家很强调人格的独立、“自律”，主张“克己”、“三军可夺帅，匹夫不可夺志”，但这种人格独立性往往是通过克制自己的个性与愿望，服务于宗法关系来实现的。即这种独立、自律并不是从个人、个人的价值来立论的，而是从人与人的关系出发的，所以其精神主旨是强调他律，即外在的道德规范力量、约束力量，如“非礼勿视，非礼勿听，非礼勿言，非礼勿动”、“君为臣纲，父为子纲，夫为妻纲”等等，都是一种他律。在这种封建伦理思想的束缚下，个体的自我创造精神，被封建伦理观念绞杀了。其实质是要求卑贱者永远为尊长者服务，不要犯上作乱。从这方面说，卑贱者只是尊长者的手段，不能有自己的独立性和目的，尊长者的利益才是真正的目的。一家如此，由家族扩大而建立的国家也是如此。这种专制主义体系使绝大多数人都在不同程度上失去了自己的目的性与主体性，其精神和物质的生产力必然很难发展，反过来整体也萎靡不振，难以得到生动蓬勃的发展。

（二）西方近现代的个体主义

1. 西方古代也曾是整体主义占优势的时期

在中西文化的比较研究中，有这样一种观点，认为西方文化从来就是以个人为本位的，也就是说，是具有个体主义特征的。其实并非如此，在古希腊和古罗马，个人作为家庭成员也是从属于家长的。在享有古典民主制盛名的雅典，家长有权将妻子儿女逐出家门，甚至有权将他们当奴隶出售。古罗马公认的罗马史权威蒙森“用‘奴隶总体’

① 转引自王元化：《杜亚泉与东西文化论战》，《新华文摘》，1994（1）。

一语来说明家庭”。由此可见，处于父系家长制权力支配下的古罗马人，也有些像处在三纲五常权威下的古代中国人，是没有独立的个人地位的。就公民个人与国家的关系来说，古代雅典达到公民年龄的人都要向国家宣誓：“一定使身后留下的祖国比我继承的祖国更大、更好，而不是更小。”古希腊民主政治极盛时期的统治者伯利克里，在阵亡将士葬礼的演说辞中说：“每个人都应当忍受一切痛苦为城邦服务。”① 封建时代的西方社会中的市民②依附在行会——行东——帮工——学徒的等级关系中；农奴依附于庄园主；自由农民依附于村庄共同体；僧侣、修女依附于教阶制，即教皇——大主教——主教——神父等逐层所统摄的共同体；封建贵族依附于领主——附庸的等级共同体；就连国王也只是凭着他作为贵族共同体一员的身份才成其为国王的。也就是说，国王也是依附于贵族共同体的。在这种情况下，任何个人都不可能成为独立自由的个体，又怎能形成以个体为本位的文化呢？

如前所说，相对于中国古代，西方近代以前的社会生活和观念文化中，也是以群体为本位的，只不过个体对群体的依赖性比较弱一些而已。这一特点也来源于古代西方人生产生活活动的特点。古代西方人生活的大多数地区雨量较为充沛，而且季节分布较为均匀，那里的原始森林极其茂密，在广泛使用铁器和耕畜以前很难大量垦辟为农田，而丰饶的草原却使他们可以在很长一段时期中以游牧或半游牧为主，由此他们经历了比我们的祖先漫长得多的野蛮时代。山山水水又把他们的栖息地分隔成一些相对零散的小块，这些条件使他们既无必要也无可能组织像我们先民那样大规模的原始协作，从而也未形成像古代中国人那样大规模的高度集中统一的国家组织。而且，当他们使用铁器、耕畜，进入农耕文明之时，个体耕作已占有重要地位，因而个体家庭拥有比中国先民较多的独立性，贫富分化也日趋显著，氏族共同体也就日趋松散而较快解体。与此同时，由于他们进入农耕文明时带有浓重的野蛮性和较强的个体家庭的独立性，这使他们在形成国家以后保持了较多的原始民主遗产。这种种历史条件的差异，使得古代西

① 周辅成：《西方伦理学名著选辑》（上卷），40—45页，北京：商务印书馆，1978年。

② 参见马克思：《摩尔根〈古代社会〉一书摘要》，32、38页，北京：人民出版社，1965年。

方人的群体本位文化具有许多不同于中国古代群体本位文化的特点。其中个体对群体的依赖程度相对较弱是一个重要表现。

2. 西方个体主义传统的形成和强化

西方大多数民族比中国较晚进入文明时代，因为他们在进入文明时代以后，个体对群体的依附程度较弱，所以各个共同体对个体的约束就较为松弛。中世纪西方农奴承受的剥削量较中国农民为轻，使他们有较大的可能性去积累自己的财富，发展物质生产力和精神生产力，从而在中世纪后期，以自己的剩余产品促进了商品交换的发展。于是手工业和农业分离，市民阶层形成。接着市民阶层同农民一起，进一步促进了自然经济的解体、封建制度的衰落和资本主义的兴起。这个历史过程也就是西方劳动者首先通过自己的物质生产和精神生产的实践能力的增长而逐渐挣脱人的依附关系，争得个人独立人格的过程，同时也是他们脱离人的依附关系下的群体本位文化，而逐渐创立个体本位文化的过程。

西方文化的个体性从古希腊时已初露端倪，到文艺复兴时得到了发扬，到了现代资本主义社会则愈演愈烈，成为体现西方世界生存竞争的一种典型的文化特点。

法国科学家昂利·贝尔在谈到古希腊的学派时曾指出："如果，对于那些最古老的学派，是'只有几个几乎是象征性的伟大的名字，从这阴暗中透露出来'，这些名字——例如那七贤的名字，就有许多不同的名单——，在我们看来，与其是总结了集体的努力，似乎倒不如说是肯定了个体性。"① 古希腊文化个体性特征的萌发和初步显示，是与其岛国的特殊地理环境和生活样式密不可分的，此外多神教的信仰以及自由民阶层的发展都是形成个体性的重要因素。

从文艺复兴开始，这种个体性获得了极大的发展，它突出表现为对个人的人格、价值、尊严等多方面的肯定，对人的个体独立性的尊重和倡导。但丁认为，一个人的高贵与低贱，不在于他的出身、他的门第，而完全取决于他自己。他说："并非家族使个人高贵，而是个人

① ［法］罗斑：《希腊思想和科学精神的起源》，陈修斋译，序言，北京：商务印书馆，1965年。

使家族高贵。”① 但丁的这一言论把过去关于家族优先于个人的位置颠倒了过来，对个人的尊严和价值做出了相当重要的肯定。

那么个人的尊严和价值选择怎样才能在社会中得到肯定呢？那时的思想家提出了自由意志的问题。皮科借上帝的口吻对人说：“我交与你的是一个自由意志，你不为任何限制所约束，可凭自己的自由意志决定你本性的界限。”② 所以对人类的价值和尊严的肯定首先是在于人类的每个个人的自我意识的觉醒。

从文艺复兴开始，直到法国资产阶级大革命，这一整个历史进程都伴随着对个人的自我意识觉醒的追求，从而形成了以人为中心、以理性为工具的整个西方的文化大趋势。所谓以人为中心，就是以人的自我为中心，于是形成了一系列的具有个体本位鲜明特征的科学体系和文学流派。马克思曾经指出：18 世纪是“产生这种孤立个人的观点的时代”。因为“只有到 18 世纪，在‘市民社会’中，社会联系的各种形式，对个人说来，才表现为只是达到他私人目的的手段，才表现为外在的必然性”。③ 可以说直到今天，上述这种大趋势并未改变其总的方向。

从哲学角度来说，笛卡尔的“我思故我在”，贝克莱的“存在即被感知”，集中体现着这种从自我出发、突出自我的特征。笛卡尔的“我思故我在”，意思是说“我能怀疑一切事物，只有一个地方万无可疑，这便是‘我’，我在这儿怀疑，故怀疑的我，是存在的。这样笛卡尔把‘我’做怀疑的基础，便产生出许多大胆的思想家，来批评一切，否定一切。这样一来，笛卡尔的哲学便变成一种以个人解放为出发点的资产阶级的革命哲学了”。④ 我们在笛卡尔以后的西方哲学中，会看到一大批与笛卡尔哲学一脉相承的哲学家，他们或者突出这一点，或者突出那一点，但其中最根本的，是没有改变以自我为基础，以自我为中心这样一个特征。

---

① 北京大学西语系资料组：《从文艺复兴到十九世纪资产阶级文学家艺术家有关人道主义人性论言论选辑》，4 页，北京：商务印书馆，1971 年。

② 周辅成：《从文艺复兴到十九世纪资产阶级哲学家政治思想家有关人道主义人性论言论选辑》，31 页，北京：商务印书馆，1966 年。

③ 《马克思恩格斯文集》第 8 卷，5 页，北京：人民出版社，2009 年。

④ 朱谦之：《中国哲学对欧洲的影响》，201 页，福州：福建人民出版社，1983 年。

第二次世界大战以后出现的存在主义思潮在这一特征的体现上更加鲜明。法国存在主义哲学家萨特认为，个人与社会的关系是一种绝对对立的关系，他提出了“他人是地狱”的名言。因此，个人要实现自己的自由，就必须保持自己的独立性，把个人当作纯粹的主体存在，而在思想上和行动上摆脱他人和社会的束缚；个人如果“沉沦”于他人和社会之中，那么也就失去了个性，失去了自由。可见存在主义最本质的东西还是个人主义，是以个人为本位的。

3. 西方近现代以来个体主义传统的得失分析

社会整体主义，强调整体的绝对优先性，片面强调个人在群体中的义务和责任。与之相反，个体本位主义，强调个人对社会的绝对优先，个人是自足的自我。

如何看待个人本位或个人主义，这需要从社会历史的发展进程来予以说明。

在资产阶级革命的早期，个人本位思想是具有一定积极的反封建意义的。资产阶级思想家们正是用个人本位思想，即个人主义思想为武器，去战胜封建阶级的。个人主义的三权分立学说，战胜了封建阶级的君权神授论；个人主义的自由放任主义，战胜了封建阶级的土地经济制；个人主义的多样化意识形态思想，战胜了封建阶级的政教合一的大一统思想的禁锢，等等。总之，个人主义在资产阶级革命早期所表现出来的积极作用，是不容抹杀的，是必须肯定的。

但是从19世纪开始，即从托克维尔开始，资产阶级的一些敏锐的思想家就已经意识到个人主义还同时具有销蚀社会的一面。托克维尔在《论美国的民主》一书中，一方面对美国的个人主义文化表示赞赏，另一方面也对这种个人主义文化深表忧虑。他认为个人主义在美国造成人与人之间平等的同时，也在毁坏社会中原本具有的保护平等的那样一个保护层。因此，托克维尔甚至认为，美国的平等民主制，必须防止个人主义的滋生，至少，美国人应当用“合理利己主义”（即利己不损人，把他人和社会作为手段，实现个人目的的主义），用平等和自由，去战胜个人主义。①

---

① 参见［法］托克维尔：《论美国的民主》（下卷），董果良译，625—631页，北京：商务印书馆，1988年。

到了20世纪上半叶，个人主义的危害性愈发严重了。以至美国实用主义哲学家约翰·杜威不得不承认“旧个人主义”已经“过时”和“破产”了，而要复兴个人主义，只能采用“新个人主义”的概念。[①]

到了20世纪七八十年代，西方社会尤其是美国社会，有一批卓有建树的思想家，更从社会发展的深层次上，反省个人主义的得与失，尤其是集中批评个人主义给美国社会文化造成的困境。美国著名的后工业社会论者丹尼尔·贝尔在其1980年所著的《资本主义文化矛盾》一书中写道：“不受束缚的自我……是一味美化猖獗的个人主义的资本主义社会的产物。”他认为，资本主义现在面临的文化困境，其症结在于由个人主义文明传统所带来的消费主义、享乐主义、自我表现主义、虚无主义及无限膨胀的、与公共利益相对抗的个人私欲等。[②] 布热津斯基也看到：“美国显然需要花一段时间，在哲学上进行反省和文化上作自我批判。在这一时期内必须认真地认识到：以相对主义的享乐至上作为生活的基本指南，是构不成任何坚实社会支柱的；一个社会没有共同遵守的绝对确定的原则，相反却助长个人的自我满足，那么，这个社会就有解体的危险。”[③] 美国哥伦比亚大学教授罗伯特·尼斯贝特认为个人主义已经将社会瓦解为一座沙砾场，这里的人们似乎重又生活在靠弱肉强食为生的热带丛莽中。[④] 美国加州大学教授罗伯特·贝拉甚至认为：“个人主义可能已经变异为癌症”，[⑤] “无论是对个人而言还是对社会而言，我们面临的一些最深层的问题，都同我们的个人主义息息相关”。“现代个人主义似乎正在向人们提供一种既不适于个人也不适于社会的生活方式”。[⑥] 西方这些学者对个人主义的批判应该说是

---

① 参见《杜威教育论著选》，286—296页，上海：华东师范大学出版社，1981年。

② 参见［美］丹尼尔·贝尔：《资本主义文化矛盾》，赵一凡等译，195、196页，北京：三联书店，1989年。

③ ［美］兹比格涅夫·布热津斯基：《大失控与大混乱》，潘嘉玢、刘瑞祥译，125页，北京：中国社会科学出版社，1995年。

④ 参见［美］尼斯贝特：《偏见：一部哲学辞典》，184—186页，哈佛大学出版社，1982年英文版。

⑤ 参见［美］贝拉：《心灵的习俗——个人主义及其在美国人生活中的表现》，3页，加州大学出版社，1985年英文版。

⑥ 参见［美］贝拉：《心灵的习俗——个人主义及其在美国人生活中的表现》，142、144页，加州大学出版社，1985年英文版。

比较有见地的。但是这种批判并不具有多少现实意义，因为只要资本主义社会还存在，在这个社会中所通行的个人本位、个人主义就会依然如故。企图用所谓合理个人主义、新个人主义取代极端个人主义的设想，也只能是一种良好的愿望。

总之，中国传统文化的整体主义特征是“重整体轻个人”，实际上是承认贵族统治者和家族尊长者所支配的宗法人伦整体和代表这种整体的贵族和家长个人，不承认摆脱和反抗宗法人伦整体的大多数个人和由这些人组合成新的社会。与之相反，近代以来西方文化传统的个体主义特征是“重个人轻整体”，确切地说，是在承认以财富为标准，以个人私有为本位的商品关系及其契约联合的社会机体，和在其中由彼此斗争所形成的发财致富的少数个人，不承认超出这一标准的人的全部社会关系和个人。这两种传统都在历史上都起过重大的进步作用，但都扭曲了人类的群体与个人之间的关系，即既扭曲了人的群体性，也扭曲了人的个体性，并且随着它们的历史作用的实现，其弊病也日益突出，成为人类进一步发展的障碍。因此，从人类的未来考虑，既不能提倡那种过了时的“整体主义”，也不能提倡那种过了时的“个体主义”，而应该坚持人类的个体与群体的辩证统一，以达于两者的和谐发展。

三、个体与群体的辩证统一关系

在人类的个体与群体之间，存在着十分复杂的关系。为了研究的方便，我们这里就个人与包含多层次群体的最大层次的“社会”之间的关系来展开研究。

个人与社会的关系是多方面的。从总体上说，二者互为前提、相互制约、互促共荣。社会主义是个人和社会的辩证统一得以充分实现的社会；社会主义的集体主义是保证个人和社会和谐发展的重要原则。

（一）个人与社会互为前提

人的存在，既以个人的形式存在，又以社会的形式存在。也就是说个人和社会是人存在的两种不同形式，两者都从属于人类。因此，不能一谈到人类就把它归结为个人；反之，也不能把人类等同于社会。

那么，在人类认识史上和现实生活中为什么会产生这种认识上的偏差呢？其中一个重要原因在于，不懂得个人与社会是互为存在前提的。

个人与社会互为存在前提，这里包含着两层含义。

1. 个人是社会赖以形成和存在的前提

社会总是人的社会。没有众多的个人就谈不上有社会。

如何理解这里所说的没有个人就没有社会呢？有的论者从结构意义上去加以理解，认为个人是社会的组成部分，社会是个人作为部分所构成的整体。在这种观点看来，没有部分就没有整体，没有个人也就没有社会。应该说，这种理解是有道理的，但是需要指明的是，这里的个人是活动着的个人，或者说是从事活动的个人构成社会。社会是表示这些个人在共同活动中彼此发生的那些联系和关系的总和。也就是说，脱离活动的个人聚在一起并不就是社会（如同一个土豆是土豆，一袋土豆仍然是土豆一样，并没有质的区别），而是个体人的共同活动创造了社会。或者用列宁的话说，“人与人间的一定的社会关系……是由个人的活动组成的”。①

因此，从马克思主义的观点来看，个人作为社会的构成部分，社会的存在要以个人的存在为前提，这只是社会依赖于个人存在的一个方面，更重要的一个方面是，社会是人的活动的产物。社会发展过程是主体的自我创造过程。马克思说：“历史不过是追求着自己目的的人的活动而已。”② 个人作为个体活动的主体，每个人都是为满足自己的需要去进行活动的。而活动本身是社会的，即人与人之间要结成一定的关系才能进行活动。在这过程中彼此配合，相互联系，从而构成了社会。

也就是说，社会形成于人的活动之中，历史不过是人的活动在时间中的展开。人类创造历史的活动是由千千万万个个人按照各自内在的价值尺度去改变历史客体的活动汇合而成的。但这些活动由于受人类价值的制约，又都有其内在的一般的联系，即共同性，从而形成了人类活动的总体运行方式，这是人的本质力量的现实表现。在这一总体的运行方式中，包含了人们改造自然的能力，即生产力；包含了人

① 《列宁全集》第1卷，368页，北京：人民出版社，1984年。

② 《马克思恩格斯全集》第2卷，118页，北京：人民出版社，1957年。

与人之间的社会物质关系，即生产关系；在这一基础上又形成了政治关系、思想关系和其他社会关系。这些社会关系是人的活动的静态表现，又是人类活动得以继续的条件，它们之间的稳定联系构成了人类社会的基本结构。社会关系作为人的活动的对象客体，在人的活动中不断获得改变。每个人的活动在交互作用中所形成的“合力”所标示的，就是社会的总体功能和发展趋势。

由此可见，必须从个人的存在特别是从个人活动的方面来理解个人是社会赖以形成和存在的前提。

2. 社会是个人赖以形成和存在的前提

人总是社会的人，个人总是在社会中形成和生存的。

个人是人类的一分子。离开人类的群体，当然也就不会有个体。从物质形态的比较来看，物理物质和化学物质的个体性强，群体性差，当生物出现后，群体特性开始突出出来，人类的群体性最强，它超过了任何其他动物。这是跟人类的存在方式相联系并被其所决定的。人是一种对象性的存在物。人与动物不同，动物一般以单个的方式用自己的自然生理器官（如牙齿、舌头、肢体等）直接获取自然界提供的现成食物或其他物质资料。而人则不同。人要通过自己的劳动，改变和创造对象，来获得自己的物质生活资料，以求得生存和发展。因此，生产劳动是人类的最基本活动，没有生产劳动人类就不能存在。马克思说过：“为了进行生产，人们相互之间便发生一定的联系和关系；只有在这些社会联系和社会关系的范围内，才会有他们对自然界的影响，才会有生产。”① 正是社会劳动使猿类变成人类，这种转化本身就是以群体的社会化形态进行的。没有人类群体的进化，也就不会有个人的产生。所以，人类的历史越向前追溯，个人的独立性越弱，单独生活的能力也就越低。

就现实的个人来说，父体和母体的自然结合生出某一个体，而个体只有在社会中才能成为个人。个体一开始只是肉体存在物，而个人就不仅是肉体存在物，而且是社会存在物。个体是产生的，个人是形成的，是通过社会而形成的。个体一经产生就处在社会之中，他首先的和主要的是被社会化，而不是创造社会。在他从婴儿到有意识这一

---

① 《马克思恩格斯文集》第1卷，724页，北京：人民出版社，2009年。

时期，他的自然肉体的发育离不开社会；在童年时代，个体对社会从根本上说，还知之甚少，当他进入学校以后，他便开始系统地吸收和掌握社会所积累的文化；在他开始从事一定的活动和交往过程中，个体逐渐形成和获得了一系列社会品质。这时，个体就形成个人。其标志是一定社会能力的形成。当个人占有和掌握社会文化而形成一定的能力时，他就开始运用社会赋予他的这种能力，进一步去发展自己的主体性质，于是形成了他作为个人的个性。一个人的个性，就是作为个体的他，置身于一定的社会关系中和所从事的社会活动中，通过其主体世界的努力，能动地对社会生活进行“吸收”“过滤”，在再反射或折射出来的过程中逐渐形成和表现出来的。

由此可见，个人的形成和发展是社会发展的结果和产物，是在社会中依赖于社会条件而实现的。马克思指出：人“不仅是一种合群的动物，而且是只有在社会中才能独立的动物。”[①] 这也就是说，人愈具有社会性，也才愈具有独立性。个人的活动同样也要依靠社会才能实现，个人是在一定社会物质生活条件的制约下从事活动而表现自己的，个人活动所需要的材料、语言、思想、工具等都是社会提供给他的。正如马克思所指出的，人的“活动和享受，无论就其内容或就其存在方式来说，都是社会的，是社会的活动和社会的享受”。[②] 不仅物质生产是这样，即使从事脑力劳动，如科学研究之类，形式上是个人的活动，实际上是社会性的活动。因为不仅活动所需要的材料，甚至进行活动的语言本身，都是社会的产物。所以马克思强调说：“个人是社会存在物。因此，他的生命表现，即使不采取共同的、同其他人一起完成的生命表现这种直接形式，也是社会生活的表现和确证。”[③]

总之，个人与社会作为人类存在的两种形式，原本就是不可分割地联系在一起的。

（二）个人与社会相互制约

个人与社会不仅互为存在前提，而且还相互制约。所谓相互制约，

① 《马克思恩格斯全集》第46卷（上），21页，北京：人民出版社，1979年。
② 《马克思恩格斯文集》第1卷，187页，北京：人民出版社，2009年。
③ 《马克思恩格斯文集》第1卷，188页，北京：人民出版社，2009年。

是指社会发展制约着个人发展，同样，个人发展也制约着社会发展。这种相互制约具体表现为，社会发展为个人发展提供活动舞台，个人发展为社会发展提供动力源泉。

1. 社会发展为个人发展提供活动舞台

这里的舞台是一个比喻的说法。舞台既意味着它是开展舞蹈活动的基础，没有舞台，舞蹈活动便无法展开，舞台也同时意味着一种限制。比如小的舞台只能跳单人舞，大一点的舞台才能跳双人舞或多人舞。社会作为个人活动的舞台，社会发展到什么程度，也就必然制约着个人的活动以及受这种活动所决定的个人发展的程度。

这种制约表现为社会发展对个人发展的条件制约、规范制约、内容制约和目标制约等四个方面。

（1）社会为个人发展提供条件。个人要生存、要发展，必须得到生产和生活资料，得到社会的关心和爱护，得到教育和工作的条件。而这一切都来自社会，来自个人与社会的交往和交换。社会满足个人的物质和精神的需要，把权益分配给个人，使每个人拥有一定的权力并得到一定的利益。一个人如果离开了社会就不可能得到自己生存的条件，也就更谈不上发展自己。另外，社会发展到什么程度也就从根本上决定了个人发展的可能幅度。

（2）社会规范为个人发展指明路径。个人通过交往获得自己发展的条件，而交往必然要受社会规范的约束。社会规范是前人经验教训的总结，是社会认识成果的积累，它传递着行为方式，是人类特有的优势和成长的捷径。文明社会的标志之一，就是人们的社会关系被社会规范维持着。合理的社会规范蕴涵某种客观规律的力量，并非随意的主观创造，因而有着顽强的生命力。比如，尊老爱幼、友爱亲朋、公平交易、忠于祖国、热爱科学等等，之所以能够历久不衰，实际是反映了人类生存和社会发展的客观需要，是社会生活规律的要求。如同规律不可抗拒一样，不遵守这些社会规范也要受到惩罚。只有遵守这些社会规范，才能在正常的交往中获得个人自身的发展。早有哲人说过，如果没有必要的社会规范的维系，人便可能是世界上最坏的动物。这样的人类恐怕也是世界上最痛苦的动物。

（3）社会发展影响着人的发展内容。单个的人是极其片面、极为脆弱的，只有通过社会联系，发展社会关系，才能使这种片面性、脆弱性得到补救，才能使个人从片面走向全面，从贫乏走向丰富。而这一发展又是以人类社会的生产力不断提高，人的平均必要劳动时间日益缩短，人的自由劳动时间日益增长为基础的。有了社会生活的丰富性，才可能以此为基础形成每一个具体人的丰富性。

（4）社会对个人发展提供导向。人们的个性是千差万别的。但是从个人与社会发展的关系角度来分析，则大体可以划分为三类：一是有益于社会发展的个性，是健康的、积极的个性；二是无害于社会发展的个性，它表现着人的个性的多样性、丰富性；三是有悖于社会发展的个性，是消极的、病态的个性。人过着双重生活，一是私人生活，二是社会生活。因此，当他坚持自己个性的同时，又总是希望被社会所接受，成为受社会欢迎的人。这个过程，既是个性发展的过程，又是受社会影响的过程。当这种影响达到一定的程度，便会推动其调整个性发展的方向，或是对自己个性的一些方面加以抑制或克服，而使另一些方面得到更好的发展。

总之，社会发展是个人发展的基础，个人发展只有在社会进步中才能真正实现。正如马克思所说："只有在共同体中，个人才能获得全面发展其才能的手段，也就是说，只有在共同体中才可能有个人自由。"①

2. 个人发展是社会发展的动力源泉

社会发展影响、制约着个人发展。同样，个人发展也影响和制约着社会发展。这是因为千千万万个个人的人生综合，构成了社会整体的存在和发展。每个人通过活动成为社会的组成部分，社会是活动着的个人的结合，每个人的一生都是社会发展过程的一个环节，各个环节联合起来形成社会发展的全过程。马克思认为，社会发展是由生产力决定的，但生产力不是别的什么东西，它是社会个人的能力或个人能力的社会组合。生产力中"人的要素"和"物的要素"是一致的。这种一致性在于它的人为基础。劳动对象和劳动资料本身是人的本质的"对象化"产物，是被人加以利用而得以发挥其作用的。总之，生产力是社会个人的现实能力，它的发展实质上是社会个人的发展，活动着的、发展着的个人是社会历史的"基石"。马克思写道："表现为

① 《马克思恩格斯文集》第1卷，571页，北京：人民出版社，2009年。

生产和财富的宏大基石的……是社会个人的发展。”[①]

马克思还指出：“社会——不管其形式如何——是什么呢？是人们交互活动的产物……人们的社会历史始终只是他们的个体发展的历史，而不管他们是否意识到这一点。他们的物质关系形成他们的一切关系的基础。这种物质关系不过是他们的物质的和个体的活动所借以实现的必然形式罢了。”[②] 既然，社会是由具体的、现实的、活生生的人组成的有机体，社会发展的历史当然就是具体的、现实的、活生生的个人所创造的历史。在这个意义上，个人发展是社会发展的动力源泉。当然这里的个人不是指某一个人，而是千千万万个个人，不是犹如散沙的千千万万个个人，而是社会地联系起来的千千万万个个人。

（1）个人的合理价值追求是社会发展的内在动力。任何个人不但是有意识的存在物，也是有需要的存在物。有需要就要获得满足，就要去追求所需要的对象，这就是人的价值追求。合理的价值追求是社会发展的内在动力，也是社会进步的内在尺度，它不但推动着社会的发展变化，也制约着社会历史的发展进程和影响社会的具体面貌。

（2）个人的努力和创造是社会发展的根本动力。个人创造包括观念创造和实践创造两个方面，观念创造是实践创造的认识前提，实践创造是观念创造的物质实现。因此，一切创造，起初表现为观念的创造。每一种观念的创新往往来自个人的努力。社会发展就是各种创新的积累过程。所以，爱因斯坦说：“要是没有能独立思考和独立判断的有创造能力的个人，社会的向上发展就不可想象。”[③]

（3）个人的合作与竞争是社会发展的综合动力。合作和竞争是人类社会生活互相联系的两个方面。只讲合作、不讲竞争，社会就是一潭死水，就不能调动个体主体的积极性、主动性、创造性；如果只讲竞争、不讲合作，那也会相互削弱、内耗垮台。只有合作与竞争相统一，才能形成相互比较、相互激励、你追我赶、相互促进的局面，从而形成历史发展的巨大合力。恩格斯关于历史发展合力的思想多有论

---

① 《马克思恩格斯全集》第46卷（下），218页，北京：人民出版社，1979年。

② 《马克思恩格斯文集》第10卷，42、43页，北京：人民出版社，2009年。

③ 转引自赵中立、许良英编译：《纪念爱因斯坦译文集》，51页，上海：上海科学技术出版社，1979年。

述，所谓合力就是许许多多社会个人所具有的对社会历史的参与力在客观上所形成的综合动力。

个人是社会发展的动力源泉的思想，揭示了一条很重要的社会规律，即社会发展速度与个体活跃程度成正比。人类社会越往前追溯，由于种种限制，社会个人的活跃程度愈低，或只有上层统治者活跃，而绝大多数人不活跃，所以社会发展的节奏十分缓慢。而现代社会，由于社会个人的活跃程度大为提高，并从以往的少数人活跃，日益转变为大多数人活跃，因而现代社会的发展速度日益加快。

（三）个人与社会互促共荣

既然在存在论意义上个人和社会同源共创，在功能论意义上相互制约，那么，二者在价值论意义上也不可能是根本分离和永久冲突的。在私有制和阶级社会里，个人与个人之间、个人与社会之间存在着根本的价值冲突，这是不争的事实。但是这种冲突和对抗只是历史的阶段性现象，不是人类社会的命运。而且这种冲突和对抗，也为最终消灭冲突和对抗创造了条件。也就是说，个人和社会的互促共荣，表现为一个复杂曲折的历史生成过程，是个人和社会最终所达到的一种良性互动、和谐发展的状态。

1. 个人与社会良性互动是一个历史生成过程

在原始社会，最初从自然界分离出来的人，是以特定的血缘关系为基础的人群共同体的附属物。“每一个单个的人，只有作为这个共同体的一个肢体，作为这个共同体的成员，才能把自己看成所有者或占有者。”[①] 在共同体中，他们每个人的独立思维和意识都能够立刻转化为群体的意志和意识，而群体的意志和意识也会立刻转为每个个体的自觉意识。因此每一个个人的意识也就是群体的意识，二者直接同一地存在于每一个人的大脑之中，每一个体的大脑同时也就是群体的大脑。在这种原始的共同体中，不仅个体从属于群体，而且群体也从属于每个个体。在这种个人和社会的天然的原始的统一中，“无论个人还是社会，都不能想象会有自由而充分的发展，因为这样的发展是同

① 《马克思恩格斯全集》第46卷（上），472页，北京：人民出版社，1979年。

（个人和社会之间的）原始关系相矛盾的。”①

在原始社会末期，随着生产力一定程度的发展，产生了社会分工和扩大了社会交往，私有制和阶级也随之产生，原始的共同体瓦解了，个人和社会的分化和对立代替了它们的原始统一。在以后的奴隶社会、封建社会和资本主义社会中，个人和社会的关系是历史地变化的，不能一概而论。但有一点是共同的，即在以生产资料私有制为基础的阶级社会中，个人“是经济范畴的人格化，是一定的阶级关系和利益的承担者”。也就是说，原始共同体的个人已经分化成为，或是奴隶或是奴隶主；或是平民或是贵族。这些个人作为一定阶级的成员，他们的个人利益一般的是服从整个阶级的利益，个人的个性也必然带有阶级的烙印。人们所生活的国家社会，也不同于作为个人共同利益代表者的真正的共同体，而是经济和政治上占统治地位的阶级以社会的名义发号施令，实质是把国家政权作为谋取本阶级私利的手段。因此，私有制和阶级的产生不仅造成了人与人之间的分裂对抗，而且与此相联系也造成了个人与社会之间的分裂对抗。所以，整个社会难以形成基于共同利益一致的稳定的集体，对于被剥削、被压迫的劳动群众来说，剥削阶级所统治的社会对于自己主要是一种异己的力量，这也就是马克思所称之为的“虚幻的共同体”。

在社会主义社会中，剥削制度和剥削阶级已经消灭，整个社会生活建立在以社会主义公有制为主体的经济基础之上，人民的根本利益是一致的。因而，个人与社会的价值关系同旧社会相比也发生了巨大变化，即从过去的分裂、对抗走向了相互统一、互相促进、共同繁荣。具体说来，一方面，社会主义社会的总体价值增长，有赖于每个社会成员的价值创造和增殖，这是因为在社会主义条件下，每个公民都是社会的真正主人，社会主义事业是亿万人民群众的事业，作为“分子”和“细胞”，他们的能动作用、他们的努力和创造，是社会主义社会总体价值的源泉。形象地说，也就是百川充盈，汇成浩荡江河。因此，社会主义社会的基本价值生产，应当是以“充分调动广大人民群众的生产积极性”为根本前提和条件。也就是说，社会主义社会要充分激活每一个社会成员的进取精神和创造力，鼓励他们最大限度地为社会

① 《马克思恩格斯全集》第46卷（上），485页，北京：人民出版社，1979年。

贡献价值和财富。另一方面，社会主义社会的发展，并不是为发展而发展，为增殖而增殖，其根本的价值目标在于，以先进的现代科学技术手段创造丰富的社会财富，最大限度地满足广大人民群众日益增长的物质和文化需要。就个人与社会的价值联系来说，个人是实现社会价值目的的手段，同样，社会也是实现个人价值目的的手段。个人和社会互为目的、互为手段，在这样的互为中，实现二者的共同发展。对此，马克思指出："人对自身的任何关系，只有通过人对他人的关系才得到实现和表现"。[①] 因此，"每个人是手段同时又是目的，而且只有成为手段才能达到自己的目的，只有把自己当作自我目的才能成为手段"。[②]

2. 社会主义集体原则是个人和社会统一的原则

实践证明，一个健康的可持续发展的社会应该是社会整体和作为它的成员的个体之间保持着动态平衡的和谐统一。社会主义社会就是个人和社会的辩证统一得以充分实现的社会，是以坚持个人利益和社会利益相统一的集体主义原则为根本价值导向的社会。

要坚持集体主义原则，关键在于要摆脱个人本位和社会本位两极对立的思维框架。如前所说，这种两极对立的思维框架，是生产力发展到一定阶段的产物，是由私有制及其社会生活的局限性所造成的片面性缺陷。社会本位，以整体淹没个体，以整体的名义抑制个人，压抑个人的主动性和积极性，这样做的结果不仅使个人得不到发展，而且社会也因此失去发展动力；反之，个人本位，以个体否定社会整体，以个人利益取代社会利益，这样做的结果不仅削弱和销蚀了社会整体力量，使社会不能发展，而且也因此失去个人发展的应有社会环境和条件。因此，社会本位和个人本位从两个极端互相反对，实则殊途同归。社会主义集体主义既反对个人本位，也反对社会本位，它是从融合个人利益和社会利益的层面上来正确对待和处理二者出现的矛盾。

有人从否定的角度，把集体主义理解为社会本位，认为集体主义否定个体价值，压抑个体积极性和创造性，有碍个性全面发展。于是有人公然要为个人主义正名。另有人从肯定的角度，把集体主义理解

---

① 《马克思恩格斯文集》第1卷，164页，北京：人民出版社，2009年。

② 《马克思恩格斯全集》第46卷（上），196页，北京：人民出版社，1979年。

为社会本位，认为坚持集体主义，就是要坚持个人完全服从集体，从属于集体。其实，这两种观点都是片面的，不正确的。在旧的经济体制下，的确存在着对集体主义原则的某种片面理解和错误运用，出现了忽视乃至否定个人正当利益的现象。这种现象必须加以克服，并且已经得到相当程度的克服。因此固守和肯定这种片面理解无疑是错误的，但是由此把这种对集体主义原则片面理解的错误说成是集体主义原则本身的错误，这种认识也是错误的。忽视和否定个人正当利益并不是集体主义原则的题中应有之义。在社会主义社会中，在根本利益上，个人利益和社会利益是一致的，双方互为对方发展的条件和手段，也就是说，两者在大多数情况下是“双赢”的。只是在少数特殊的和万不得已的情况下，才考虑牺牲一部分的个人利益来保全社会利益，或者相反，在特殊情况下社会利益向一部分人的个人利益倾斜和让步。然而在这两种情况下，或是让少数人利益牺牲，或是对少数人利益的倾斜都是为了从整体上保护和发展多数人的利益，都是社会主义集体主义原则的题中应有之义。

在兼顾个人利益和社会利益的前提下，从总体的角度说，社会主义集体主义强调集体利益优先于个人利益的原则。这是因为在社会主义社会中，集体代表了每一个人的根本的、共同的利益。从更彻底的意义上说，是因为社会比个人更根本，社会不是个人的简单相加，而是在无数个人活动中形成的一种结构、一种组织。这种组织结构具有任何个人所不具有的力量。因而只有在“真正的共同体”中才能实现个人的发展和自由。《白毛女》中的喜儿、《红色娘子军》中的吴琼花，离开了人民军队这个“真正的共同体”，是无法改变被奴役的命运的。

另外，“真正的共同体”不仅代表着共同体内众多个人的根本利益，而且通过联合，在质和量上形成超越众多个人利益和力量简单相加之和的更高、更大的利益和实现这种利益的更强大的力量。如无产阶级的阶级利益和阶级力量，社会主义国家的国家利益和综合国力。所以马克思既反对把个人与集体对立起来，反对处理个人与集体关系上的片面性，也反对貌似辩证而实则折中的观点。恩格斯在《英国状况·十八世纪》中批评葛德文关于“把功利原则完全一般地理解为：公民的义务就是应当轻视个人的利益，只为普遍福利而生活”的观点。恩格斯也批评边沁“把单个利益当着普遍利益的基础”的观点。他说：

“边沁在自己的经验中犯了黑格尔在理论上犯过的同样错误；他没有认真地克服二者的对立，他使主语从属于谓语，使整体从属于部分，因此把一切都颠倒了。”[①] 可见，恩格斯既反对忽视个人利益、片面强调公共利益的观点，也反对使集体从属于个人、整体从属于部分的观点，因为这种观点完全颠倒了个人与集体的关系。当然，也不能走向另一个极端，要个人完全从属于集体，这也是不对的，这在现实中也是做不到的。

我们要坚持个人的独立性，要尊重个人的正当利益，但不要以个人主义为主导的资本主义式的独立的个人；要集体主义，要坚持集体利益优先，但不要个人对集体的完全从属。这种个人独立性和集体主义的结合，就是社会主义的新人。坚持个人利益和集体利益的统一就是社会主义集体主义原则。坚持这种统一就是要大力倡导融入集体合力的丰富个性和自觉创造精神。只有靠以丰富个性和自觉创造精神为支持的集体合力，才能实现集体的目标。而丰富个性和自觉创造精神只有融入集体合力之中才能充分实现。融入集体，使集体发展得更快、更好，个人的长处、作用才能得到发展、发挥。比如，如果离开了乒乓球队这个先进的集体，那么中国也就不可能涌现出一代又一代乒乓球世界冠军，没有集体目标的成功，没有整体的配合，没有好的教练、陪练和其他服务，球星的个人价值是不可能真正实现的。

革命战争年代，我们党动员人民、组织人民，形成整体的革命力量，推翻了压在人民头上的三座大山，使人民翻身得解放。进入和平建设年代，特别是改革开放以来，我们党以扩大个人的生存权利和基本自由为价值取向，以经济建设为中心，大力发展生产力，建构民主的、法治的政治、经济、文化和社会生活体制，从而使马克思主义关于个人与社会、个体与整体之间良性互动的哲学理念不仅仅是一种伟大原则，而且日益成为有物质力量为基础、以强有力的政治经济制度作根本保障的社会生活现实。当然，要完全实现这一目标，还是一个相当长期、相当艰巨的过程。这不仅因为压抑个性独立和个体自由的封建主义的整体主义还在深刻地影响着我们的社会生活，资本主义的个人主义、无政府主义在我国社会生活中也在相当程度上发生着作用，

① 《马克思恩格斯文集》第1卷，106页，北京：人民出版社，2009年。

而且主要还因为，我国社会生活本身的改造、完善是不可能一蹴而就、一步到位的，而是要经过不少代人的艰苦努力才能实现。不过，不管会遇到多少困难和曲折，它作为历史发展的一种趋势是不可逆转的。

第三章　人对自身本质的认识

研究人的存在，从认识指向来说，根本的，是为了揭示人的本质。什么是人的本质？这是人的研究中的一个最基本的问题。对它的解答，也是解决关于人的其他理论问题的前提和基础。

对我们人来说，人的本质是什么，原本是一个最普通、最常见、最切近的问题，然而，真正弄懂它却不容易。正如法国哲学家卢梭所说的那样："人类的各种知识中，最有用而又最不完备的就是关于'人'的知识。"[①] 面对人自身的这个难解之谜，哲学史上，无数哲学家进行了认真的探讨并展开了热烈的争鸣。

在马克思主义哲学创立以前，许多哲学家在人的本质问题上提出了不少有价值的见解，但从总体上说，这些见解还是肤浅的、片面的。马克思主义哲学的创立，实现了人的本质观上的巨大变革，把对人的本质的研究第一次奠定在科学基础之上，并且从不同角度对人的本质进行了多方面的规定。这在我国哲学界是人所共知的。但是如何理解马克思的人的本质观，及其与以往哲学家的人的本质观的关系，如何理解马克思关于人的本质的不同规定之间的联系，等等，人们在认识上还存在种种分歧。因此，如何全面地、系统地说明人的本质，仍然是一个需要继续加以探讨和弄清的问题。

在人的本质问题上，我认为，第一，人的本质是由人的生理本质特性、心理本质特性和社会实践本质特性等三方面所构成的整体。第二，社会实践是人的主要本质特性，是人的本质的生成根据。第三，社会实践作为人的本质的主要方面，在这个意义上说，人的本质是人在社会关系中所从事的一切实践活动，或者说，是人在实践活动中所

---

① ［法］卢梭：《论人类不平等的起源和基础》，李常山译，62页，北京：商务印书馆，1962年。

结成的一切社会关系的总和。第四，人性是人的本质及其具体表现。下面就上述四个方面的观点来加以具体的说明。

一、人的本质的整体存在

在哲学史上和现代生活中，存在着用人的某一种本质特性来界定人的本质的倾向，这是很不妥的。正如现代哲学家鲍勒诺夫所言："带有全部丰富性的世界历史一点也没有进入这些哲学人类学所建立的人的形象中……这里只是在人的本质特征和属性的森林中砍出一条小道。虽然建立了一些特定的人的形象，但他们都是片面的，只是一些被扭曲的画面，因而也就没有确定的达到整体定义。"① 人本身不是片面的存在，而是具有多种本质特性的、统一的、活动着的整体。马克思早在《1844 年经济学哲学手稿》中就指出："人以一种全面的方式，就是说，作为一个完整的人，占有自己的全面的本质。"② 马克思关于人的本质的整体存在的观点，是十分正确的。

人的本质是通过人的多方面的本质特性获得具体存在和通过人的种种活动而获得现实表现的。

人的活动大体包括人的生理活动、心理活动和社会实践活动。人的这三个层面的活动与高等动物的生理活动、心理活动和行为活动，既有共性的方面，也有个性的方面，即人与高等动物相区别的方面。这种区别也就表现为人的生理本质特性、心理本质特性和社会实践本质特性。

（一）人的生理本质特性

就人而言，人的生理活动是人的活动的最基础的部分，没有生理活动的人，就是非人，人的生理活动是人的重要条件。任何缺乏这一规定的实体都没有成为"人"的资格。因此，这一规定排除了所有非人类的"人"，包括超自然的人、机器人和植物人。

关于超自然的人，所指谓的是按照"人"的形象由"人"创造的，

---

① ［德］鲍勒诺夫：《哲学人类学方法论原则》，30 页，德文版。

② 《马克思恩格斯文集》第 1 卷，189 页，北京：人民出版社，2009 年。

没有肉体的，不食人间烟火的，想象中比人更有力量的天使、上帝、神之类。实际上，天使、上帝、神并不是人。因而根本不存在超自然的人，它们只是人的幻想的产物。

关于机器人或计算机“人”，这也只是一种比喻的说法。并不是说，机器“人”是人。有人论证说，也许有一天能够将一个“人”具有的所有信念、愿望、兴趣和感情联系编成程序输入到计算机内，这样，这种计算机就是“人”。首先，在原则上能不能这样做，仍是一个有争议的问题，即这一主张并未得到科学上的充分支持。其次，即使我们能够做到这一点，那么这种计算机也不是“人”，而是类似“人”的计算机或类似“人”的机器人。

关于植物人，是指一个不可逆昏迷的人，或者脑死人，或者处于永久性植物状态的人。他们虽然具有所有的人类基因组，并且有一个人体，但也不是“人”，因为作为人的生理结构主要部分的人脑已经死亡，与此相联系，作为人的绝大部分生理活动，或主要的生理活动已经停止了。所以他作为“人”已经死了。

那么什么是人的生理活动？人的生理活动指人的个体的自然基质的结构和动态过程。其中，首先是指独特的人类基因组或独特的人类基因结构。从这个基因组发育出独特的人体和人脑，具有独特的结构和功能，即将身体作为一个整体整合起来，并使体内及其与环境保持着动态平衡，这就是人的生理活动表现。生理活动的直接过程方面包括：人体的新陈代谢，身体的生理性调节控制，遗传变异的种系繁衍、个体发育、生理欲望，人体组织、器官、系统的生理性运动等等。

现代分子生物学认为，人类基因组的总数有6—8万个。人之所以为人，就其生理基础来讲，就是其基因组与猿猴的基因组的差别。这些不同的基因约占其基因总数的2%。当然，仅有人的基因，不从人的基因发育成人体和人脑，他不是人，比如，无脑儿没有发育出一个人脑，也就不是人。另外，具有人体和人脑的婴儿如果不生存和发展于社会中，婴儿也不会成为人。因此，仅仅具有人类基因组的一个实体不能称之为一个“人”。“人”不能归结为一连串基因。将人归结为一堆基因是一种生物学决定论，即基因决定论或基因本质主义。我们反对基因本质主义，但也不能由此走向另一个极端，而否认人类基因在人的本质存在中的一个方面的意义，并由此否认人的生理本质特性的存在。因为如果没有人的基因，则人不能成为人。科学家们正在绘制全部人类基因组，如果成功，就破译了全部人类遗传密码。人与人之间的差别只有0.1%，99.9%都是相同的。别小看了这0.1%，以为它可以忽略不计。现代科学已经证明，人的寿命的长短、身体的高矮、长相的美丑、智力的高低、有人有某种疾病或缺陷等，都与这0.1%的基因有关，即提供了潜在的某种可能性根据，那么这种可能性能否变成现实，还取决于一定的社会环境、条件。因此，我们虽然不赞成那种关于基因组是人的本质的观点，但人之作为人有自己独特的基因方面的规定，有自己的生理本质特性，则是不能否定的。

马克思曾经多次强调指出："人直接地是自然存在物"，是"自然的、肉体的、感性的，对象性的存在物"。① 并且认为：人相对于动物，有"人们自身的生理特性"。②

但他又认为，人的生理本质特性和作为其载体的人的生理活动，不是孤立存在的，它离不开作为人的其他本质特性及其载体的其他方面的活动。人的个体的生理是人的种系遗传进化的产物，它首先直接就是人与人之间的一种现实的、客观的社会关系的存在形式。正如恩格斯所指出："母腹内的人的胚胎发展史，仅仅是我们的动物祖先从虫豸开始的几百万年的肉体发展史的一个缩影"，而"孩童的精神发展是我们的动物祖先，至少是比较近的动物祖先的智力发展的一个缩影"。③ 就是说，人在其漫长的进化历程中，人的个体以其存在的特定生理结构形式和活动方式，直接反映着人的种族产生和发展的自然和社会的历史渊源。所以，马克思指出："只有在社会中，人的自然的存在对他来说才是自己的人的存在。"④

人除了有生理本质特性以外，还有其心理本质特性及作为其载体的心理活动。

（二）人的心理本质特性

人的心理活动是人的生命表现的又一个层面，作为人的心理活动

① 《马克思恩格斯文集》第1卷，209页，北京：人民出版社，2009年。

② 《马克思恩格斯文集》第1卷，519页，北京：人民出版社，2009年。

③ ［德］恩格斯：《自然辩证法》，中央编译局译，158页，北京：人民出版社，1971年。

④ ［德］马克思：《1844年经济学哲学手稿》，中央编译局译，83页，北京：人民出版社，2000年。

根据的人的心理本质特性，是人的本质表现的又一方面。

人的心理活动是指精神领域的活动，它是由感知、记忆、思维、意志、情感等活动组成的一种高级、复杂的对外界和体内的客观信息进行识辨、储存、评价、加工改造、选择结构，并创造出新的主观信息的过程。心理活动是人对人与自然、人与人、人与自身关系的主观反映，也是基于这种反映之上的人的自由、自主的主观信息的创造。通过这种心理活动，人不仅对客观事物和现象进行认识，而且也对人自身的心理活动本身进行某种把握。心理活动直接构成了人的一个内部的精神信息活动的世界。这种活动表现了人的本质的一个重要方面，即心理本质特性。

古代和现代的不少哲学家从心理活动层面，以各自的方式来说明人的心理本质特性。一些当代的心理哲学家和生命伦理学家也提出了界定人的多重标准。比如：合理性、意识、自我意识、立场、交互性和言语交往能力、好奇心、在理智与感情之间的平衡等等。但所有这些标准都是以自我意识为前提，或者都可以以某种方式归结为自我意识。

什么是自我意识，即人关于自己的生命活动本身的意识。

人和高等动物的生命活动都是渗透着意识的生命活动，这一点是共同的。不同之处在于，人能把这种渗透着意识的生命活动本身作为意识的对象，对这种活动本身进行认知、评价、选择和设计。因而自我意识是“人”所独有的，是人区别于动物的一个本质特点。

承认人有心理本质，人有区别于动物的自我意识特性，这是马克思一贯的观点。马克思在《1844年经济学哲学手稿》中指出：“动物不把自己同自己的生命活动区别开来。它就是自己的生命活动。人则使自己的生命活动本身变成自己的意志和自己意识的对象。他具有意识的生命活动。”① 马克思紧接着又明确指出：“有意识的生命活动把人同动物的生命活动直接区别开来。正是由于这一点，人才是类存在物。或者说，正因为人是类存在物，他才是有意识的存在物，也就是说，他自己的生活对他来说是对象。仅仅由于这一点，他的活动才是自由的活动。”② 也就是说，人的活动的意识性的提高，是人的活动自由度

---

① 《马克思恩格斯文集》第1卷，162页，北京：人民出版社，2009年。

② 《马克思恩格斯文集》第1卷，162页，北京：人民出版社，2009年。

提高的前提。马克思的这一思想在恩格斯下面一段论述中得到了进一步的说明。恩格斯说："人离开动物愈远，他们对自然界的作用就愈带有经过思考的、有计划的、向着一定的和事先知道的目标前进的特征。"① 所谓"经过思考的、有计划的"，"一定的和事先知道的目标"就是人的活动的自我意识性或自觉意识性，这是人区别于动物的重要特征。马克思在后来写作的《资本论》中，在谈到人与动物生产的不同时，也指出："蜘蛛的活动与织工的活动相似，蜜蜂建筑蜂房的本领使人间的许多建筑师感到惭愧。但是，最蹩脚的建筑师从一开始就比最灵巧的蜜蜂高明的地方，是他在用蜂蜡建蜂房以前，已经在自己的头脑中把它建成了。劳动过程结束时得到的结果，在这个过程开始时就已经在劳动者的表象中存在着，即已经观念地存在着。"② 人与动物的生产的不同，就在于人在生产前，已有了关于劳动成果的"观念形式"，已有了"意识到的目的"。一句话，自觉意识把人与动物的生产区别开来了。

但是，马克思在承认人有心理本质特性，人有区别于动物的自我意识特点的同时，也反对关于人的自我意识本质特性的抽象理解，即反对脱离人的生理活动和社会实践活动，脱离人的生理本质特性和社会实践本质特性把自我意识看作人的唯一本质的观点。

马克思认为，人的心理活动不是外在于人的什么异己力量从外部赋予的，它必须以人的生理活动为基础，是物质固有的本质力量在作为"自然存在物"的人身上的特殊形式。③ 人的生命活动固然是"有意识的生命活动"，但是这个意识是生命的意识，而生命绝不是意识的生命。马克思在阐述唯心史观和唯物史观的区别时指出："前一种观察方法从意识出发，把意识看做是有生命的个人。后一种符合现实生活的观察方法则是从现实的、有生命的个人本身出发，把意识仅仅看作是他们的意识。"④ 人的任何一种心理活动都是和人的生理活动相对应的人的活动。

早在1894年，列宁就曾鼓励心理学家摒弃关于灵魂的哲学理论，

① ［德］恩格斯：《自然辩证法》，中央编译局译，157页，北京：人民出版社，1971年。

② 《马克思恩格斯全集》第23卷，202页，北京：人民出版社，1972年。

③ 参见《马克思恩格斯文集》第1卷，209页，北京：人民出版社，2009年。

④ 《马克思恩格斯文集》第1卷，525页，北京：人民出版社，2009年。

径直研究心理现象的物质本体（神经过程）。[①] 现在这一研究已经取得了重大成果，其中原苏联脑科学家A·P·鲁利亚取得的成果尤为杰出。他通过研究，发现人的大脑皮质包含有三个机能联合区。第一机能联合区是一般高等动物也具有的；第二机能联合区是指大脑皮质各感觉区的不同层次；第三机能联合区是指大脑皮层运动区的不同层次。鲁利亚指出"分类和记录感觉信息"，"组织信息，给它编码"，"不同来源的材料重叠交错，并且联合成为行为组织的基础"，以至"形成行为目的和程序"，都是大脑皮质第二和第三机能联合区的机能。也就是说，大脑皮质的第二和第三机能联合区是产生人的心理现象的物质基础。

马克思认为人的心理活动也不是脱离人的社会实践而孤立进行的活动。马克思说："观念的东西不外是移入人的头脑并在人的头脑中改造过的物质的东西而已。"[②] 而作为意识现实对象的感性事物只能是人自身的感性活动。马克思并不否认人的感性活动之外的无限自然的存在，但在纳入人的活动之前，它们只是单纯的自然存在，不是人的意识的现实对象。所以马克思说："意识……在任何时候都只能是被意识到了的存在……而人们的存在就是他们的现实生活过程。"[③] 也即他们的社会实践活动过程。这就是说，人的心理活动不过是对人的实践活动的反映过程。当然，人的心理活动又是指向和服务于人的社会实践活动的。

在了解了人的生理活动、生理本质特性，和心理活动、心理本质特性之后，我们还必须进一步了解人的社会实践活动和人的社会实践本质特性。

（三）人的社会实践本质特性

人的实践活动必须以人的生理活动和心理活动为基础，它是人的外化着的生理活动（它表现为动作和运动）和心理活动（它表现为目的、价值追求、计划制定，以及对生理性活动和运动着的有信息指令

① 参见《列宁全集》第1卷，121页，北京：人民出版社，1984年。

② 《马克思恩格斯文集》第5卷，52页，北京：人民出版社，2009年。

③ 《马克思恩格斯文集》第1卷，525页，北京：人民出版社，2009年。

的调控）的有机的统一。社会实践活动是人的生理和心理的直接外化着的形式，它一方面表现着心理活动的自觉能动性，另一方面又表现着生理和心理活动的统一性。人的社会实践活动直接实现着人对自然的既适应又能动改造的人与自然的关系，又直接实现着人与人交往的人的社会关系。人的社会实践活动是人的又一个方面的本质特性的表现。

一般地说，行为活动动物也有。那么作为人的行为活动与动物行为活动的根本区别何在呢？马克思认为："全部人的活动迄今都是劳动。"[①] 这里的劳动，从广义去理解，就是指人的实践活动。就是说，全部人的活动都是实践活动。从狭义去理解，所指谓的是人的生产劳动，也就是说，全部人的活动都是以生产劳动为基础并从中分化出来的活动。生产劳动是普照之光，使全部人类活动获得人的色彩，从而以区别于动物的行为活动。正是在这个意义上恩格斯说："动物所能做到的最多是收集，而人则从事生产。"[②]

劳动过程的构成要素有多个方面。其中主要有劳动主体、劳动工具、劳动对象。马克思曾经从这样三个不同的角度分别给劳动以规定。

劳动从主体角度来说，它是人类劳动力的耗费。马克思说："如果把生产活动的特定性质撇开，从而把劳动的有用性质撇开，劳动就只剩下一点：它是人类劳动力的耗费。"[③] 那么，什么是劳动力呢？马克思说："我们把劳动力或劳动能力，理解为一个人的身体即活的人体中存在的、每当他生产某种使用价值时就运用的体力和智力的总和。"[④] 但是只从劳动主体的角度来定义劳动是不充分的。因为劳动主体之作为劳动主体是通过创造和使用工具，并使劳动对象得到改造而变成现实的劳动主体的，不然，体力和智力耗费再多，也不是劳动。

从劳动工具的角度说，劳动是制造和使用工具的活动。恩格斯说："劳动是从制造工具开始的。"又说："工具意味着人所特有的活动，意

① 《马克思恩格斯全集》第42卷，127页，北京：人民出版社，1979年。
② 《马克思恩格斯文集》第9卷，548页，北京：人民出版社，2009年。
③ 《马克思恩格斯文集》第5卷，57页，北京：人民出版社，2009年。
④ 《马克思恩格斯文集》第5卷，195页，北京：人民出版社，2009年。

味着人对自然界进行改造的反作用，意味着生产。”① 制造和使用工具是人类的特性。这个事实表明，生产劳动不能单单依赖于人的机体（肉体）而存在，它必须依赖于人的肉体与工具的有机统一而存在，离开这个统一，便不会有劳动的存在。

从劳动的对象角度说，劳动是创造价值或创造财富的活动。马克思恩格斯指出：人类劳动能“在地球上打下自己的意志的印记”，能“通过他所作出的改变来使自然界为自己的目的服务，来支配自然界”。② 又说：“劳动作为使用价值的创造者，作为有用劳动，是不以一切社会形式为转移的人类生存条件”。③ 劳动就是“以某种形式（即价值形式——引者注）占有自然物的有目的的活动”。④

以上从三个不同角度分别对劳动所作的规定都是不充分的。只有把它们综合起来，劳动才能获得具体的说明。劳动的完整意义应该是：劳动是结成一定社会关系的劳动主体耗费劳动力，使用工具改造外在对象和人自身，从而创造财富的活动。

如何理解劳动这种人的行为活动与动物行为活动的根本区别呢。

第一，人类劳动具有能动性。即人的劳动是人以自身的能动或主动活动来引起、调整和控制人与自然关系的物质变换过程。这里是指人为满足自身的需要，能动地改造着自然，同时也改造着人自身。人是劳动活动的发动者、操作者、调节者，人是一个主体。自然是客体，是被改造者，是被利用者。因此，人类能涉足全世界各个角度，甚至雄心勃勃地登上月球，遨游太空。而动物最多不过是达尔文所说的被动地适应环境而进行的活动。在热带，大象比比皆是，却不见老虎的踪影，企鹅骄傲地伫立于南极洲，其他鸟类却不敢去分享那里的严寒。这一切都说明，它们仅仅是适应自然。

第二，人类劳动具有目的性。即人的劳动是有目的的、自觉的活动，而动物的行为活动不过是一种本能，是先天就有的，它是一种受到特殊刺激而反射出来的、相对不变的能力表现。人的劳动不同于动

① ［德］恩格斯：《自然辩证法》，中央编译局译，18 页，北京：人民出版社，1971 年。

② 《马克思恩格斯文集》第 9 卷，559 页，北京：人民出版社，2009 年。

③ 《马克思恩格斯全集》第 23 卷，56 页，北京：人民出版社，1972 年。

④ 《马克思恩格斯全集》第 13 卷，25 页，北京：人民出版社，1998 年。

物本能活动的目的性、自觉性在于，劳动得到的结果，在其开始时就已经在劳动者的观念中存在了。这个目的是他预先所知道的，是作为规律决定着他的活动的方式和方法的。也就是说目的规定着劳动活动的起点，又规定着活动的过程和归宿。人的劳动活动的目的性越正确、越明确，实践中成功的把握就越大，实践的结果就越能达到人的要求。

第三，人的劳动具有创造性。即在量上具有增殖特点，在质上具有前进飞跃的特点。比如，从古代的手工劳动到近代的普通机器（包括动力机、传动机和工作机）劳动，再发展到现代的自动化机器劳动；从一种简单的直接劳动派生出多层次的、多门类的劳动。比如，原先种植粮食的直接劳动，后来派生出建立农机厂、化肥厂、兴办水利、培育良种这样一些生产劳动部门，从而又派生出诸如开矿、建筑、发电等劳动部门。而“动物和自己的活动是直接同一的。动物不把自己和自己的生命活动区别开来。它就是自己的生命活动”。[①] 它单纯以自己的存在使自然界发生改变。在其量上，纵然天然条件丰裕，也不会超出自身的需要；而在其行为质上，也只是一种简单的重复。

第四，人类劳动具有社会性。即人类劳动从一开始就存在着各种形式之间的互相依存性，并且人们一直交换着各自的劳动。也就是说，人类劳动是社会地进行的。而动物的谋生活动，一开始就是“各自为战”，即使在一群集体生活的蜜蜂或蚂蚁“家庭”中，它们只生产着同一种东西，也不存在与同类或别类相互交换其活动的现象。马克思指出：“不可能发生大象为老虎生产，或者一些动物为另一些动物生产的情况。例如，一窝蜜蜂实质上只是一只蜜蜂，它们都生产同一种东西。”[②]

总之，人之所以区别于动物，是因为人有作为人的生理本质特性、心理本质特性和社会实践本质特性。人的本质就是人的生理本质特性、心理本质特性和社会实践本质特性的有机统一。对于这三个方面的本质特性，脱离其他两个方面而抽取其中任何一方面来作为人的本质规定，都是片面的，都是对人的本质的肢解，因而都是不可取的。

---

① ［德］马克思：《1844年经济学哲学手稿》，中央编译局译，57页，北京：人民出版社，2000年。

② 《马克思恩格斯全集》第46卷（上），195页，北京：人民出版社，1979年。

当然，人的生理本质特性、心理本质特性和社会实践本质特性，在人的本质系统中的地位不是等同的、平列的。其中，有主要和次要之别，有根据与派生之分。关于这一点，我们将在下一部分作详细说明。

二、人的本质的生成根据

唯物辩证法认为，事物的本质规定是多方面的，或者说有多方面的本质特性，但是这多方面的本质特性在事物存在和发展中的作用毕竟不是完全相同的。它们之间也存在着规定与被规定，制约与被制约的关系。在黑格尔看来，事物的本质特性除了有相对于事物现象而言的这一层涵义以外，还有另一层涵义，即从事物多方面本质规定的比较关系中，相对于其他规定说来，作为其根据的规定是主要的本质特性，是事物本质的主要方面，因而相对于其他本质特性，它是更深刻的本质特性。黑格尔说："这一规定，对另一规定来说，是本质的规定，而且是作为建立起来的另一规定的根据。"① 又说："根据就是内在存在着的本质，而本质实质上即是根据。"② 由于参照系和对比物的变化，原来那些相对于现象而言的本质特性的规定，现在相对于作为根据的主要本质特性的规定，也就转化为次要的本质特性的规定。黑格尔的上述论述启示我们，认识事物的本质，不仅要从多层面去把握其本质的整体，而且还要从对诸多本质特性的比较中，去把握事物本质特性的根本方面，起决定作用的方面。

在对事物本质的把握中，认识上的这两步是相互依赖，相互补充，缺一不可的。

首先，对事物更深刻本质的认识是以认识事物本质特性的多方面性、完整性为前提和基础的。只有多方面地把握事物本质的规定性及在对它们的比较研究中，才能更准确地把握其中的决定性方面，从而确立一事物区别于他事物的更深刻的本质特征。反之，如果不从整体上把握事物本质的多个方面，不从对它们的具体比较研究中把握更本

① ［德］黑格尔：《逻辑学》（下卷），杨一之译，102 页，北京：商务印书馆，1976 年。

② ［德］黑格尔：《小逻辑》，贺麟译，259 页，北京：商务印书馆，1980 年。

质的方面，而仅仅从对事物的某些现象的研究中，就简单地、孤立地把本质的某一方面的规定性视作为区别于他物的根本特征，这样所做出的结论往往是不科学的。比如，一些唯心主义者把人的本质归结为或是“意志”，或是“自由”，应该说，这些都是人区别于动物的本质特性表现，但都不是人的最本质特性，即根据。黑格尔把这种非根据性的本质特性称作为“形式的根据”、“片面的根据”是有道理的。

其次，对事物本质的全面性、完整性的认识，必须深化到对事物本质的主要方面，即事物更深本质层次的认识。研究事物的本质不能停留在简单地罗列本质特性的多方面规定，更主要的，还是要揭示出多方面本质特性的内在有机联系。它们之间的最根本的联系也就是根据与派生、决定与被决定之间的关系。离开了对事物更深本质层次的研究，就不可能正确揭示它们之间的这种关系。因此，对事物更深本质层次的研究，有利于揭示事物本质特性多方面规定的内在有机联系，有利于更全面更深刻地把握事物本质的整体性，进而有利于对事物纷繁复杂的现象做出全面而科学的说明和解释。

对人们关于事物本质的认识过程，列宁曾给予了科学的总结。他说，这是一个从现象到本质，从不甚深刻的本质到更深刻的本质的认识深化的无限过程。

遵循列宁所指示的方向，我们在上文的第一部分中做了第一步的工作，即对人的本质特性的多方面规定，也就是人的生理本质特性、心理本质特性和社会实践本质特性进行了说明。现在接下来要做的第二步工作，是要在对上述三个方面的比较研究中，揭示出其中决定性的方面，即作为人的本质的生成根据的方面，这个关于人的本质的生成根据的方面，就是人的本质特性的主要方面，或人的更深刻的本质。

那么，这个关于人的更深刻的本质是什么呢？马克思在批判继承了前人，特别是黑格尔和费尔巴哈关于人的本质生成根据的理论的基础上，第一次明确指出：人的更深刻的本质是社会实践。

（一）马克思以前人的本质的生成根据论

在马克思以前，黑格尔和费尔巴哈分别是当时欧洲哲学史上唯心主义和唯物主义关于人的本质理论发展的最优秀的代表。他们关于人的本质概念都是一个多层次的整体概念。

1. 黑格尔关于人的本质的生成根据论

在黑格尔哲学中，“绝对理念”至高无上，它是万物之本、之源、之主宰，一切现实的感性存在都不过是绝对理念的外化。人作为一个感性的现实，在黑格尔看来，和万物一样是理念的外在表现，是理念的一个阶段和环节。但人又是理念的最后一个阶段和环节，因此，人又高于万物。人在黑格尔哲学体系中有着不同层次的规定。可以这么说，如果把人放在黑格尔的逻辑学里，人只是一个理念的载体；而在黑格尔的自然哲学中，人则是一个自然的超越者；到了精神哲学，黑格尔的哲学就俨然是“人学”，因为“只有人类才是精神”。① “人类的本质就是‘精神’”。②

所谓人是理念的载体，是指黑格尔哲学为人与万物设立了一个最初的先在前提，即绝对理念，绝对理念是完全的，人与万物是它的产物，是它的分有。黑格尔说：“逻辑须要作为纯粹理性的体系，作为纯粹思维的王国来把握。这个王国就是真理，正如真理本身是毫无蔽障、自在自为的那样。人们因此可以说，这个内容就是上帝的展示，展示出永恒本质中的上帝在创造自然和一个有限的精神以前是怎样的。”③这里所说的“一个有限的精神”指的是人，也就是说，人作为一个有限的精神存在是由“上帝”“创造”出来的。这个上帝不是别的，正是“绝对理念”。所谓“上帝创造”就是理念外化。所以，理念就是最终的前提和本原，而人作为一个“有限”仅仅是理念的承担者和过渡。即便是人在改造自然，越超自然，创造“世界”的时候，人也只是“世界精神”的使者或“活的工具”，“侍立在世界精神王座的周围，作为它的现实化的执行者、和它的庄严的见证和饰物而出现”，④ 而不可能充当历史的主体。

所谓人是自然的超越者，是指黑格尔在自然哲学中承认人作为自然界发展的最高产物，通过否定性活动，即劳动，扬弃自身的“自然存在”，而成长为人。在黑格尔看来，人作为“感性东西”和“自然实在”，并没有达到人的本质，由孤立的自然人所结合起来的状态只是一

---

① ［德］黑格尔：《历史哲学》，王造时译，366 页，北京：三联书店，1956 年。

② ［德］黑格尔：《历史哲学》，王造时译，373 页，北京：三联书店，1956 年。

③ ［德］黑格尔：《逻辑学》（上卷），杨一之译，31 页，北京：商务印书馆，1966 年。

④ ［德］黑格尔：《法哲学原理》，范扬、张企泰译，356 页，北京：商务印书馆，1961 年。

种动物世界。人如果停滞于自然阶段，人就会沦为自然的奴隶。他说真正体现人的本质的是人的活动和行为，人是通过行为来展示自己的本质的。它对客体的关系不像动物那样通过“欲望”直接吃掉和消灭自然界的现成对象，而是一种劳动创造，使物成为“物化劳动”，通过劳动产物认识自身，实现主体和客体的统一。正是在为了满足需要，而对自然进行加工的流汗劳动中，人逐渐“抛弃自然存在”，即“抛弃自然界把他造成的状态”，而成为人。他说：“个体在通过行动把自己变成现实以前，不可能知道它是什么。”[①] “人的真正的存在是他的行为”,[②] 即劳动。

所谓人的本质就是精神，就是自由，是指黑格尔在其精神哲学中指出，人之所以能在改造自然中扬弃自然，“超出他的自然存在，即由于作为一个有自我意识的存在，区别于外部的自然界”。[③] 所以，人变成了“精神”。这里的精神不是别的，就是理念在自我意识中达到了主客体的统一。换句话说，理念发展到自我意识阶段，在完成了对他物即自然的占有，克服了外在的异化和限定之后，从而达到了自由。因此，黑格尔又说：“精神——之所以为人的本质——是自由的”，“‘精神’的实体或者‘本质’就是‘自由’”，“‘自由’是‘精神’的唯一的真理”。[④] 看来，人在超出自然，变成精神之后，终于摆脱自然的“奴隶”的地位，而成为自由的“贵族”了。

从以上关于黑格尔的人的本质学说的叙述中，不难看出，在其唯心主义的形式下，包含着不少现实的深刻的内容。

就其主要点来说，黑格尔发现了“劳动”，并试图在劳动中阐释人的自我生成。正如马克思所指出的，黑格尔的伟大之处在于：“黑格尔把人的自我产生看做一个过程，把对象化看做非对象化，看做外化和这种外化的扬弃；可见，他抓住了劳动的本质，把对象性的人、现实的因而是真正的人理解为人自己的劳动的结果。”[⑤] 黑格尔关于劳动创造现实的人的这一历史唯物主义萌芽被马克思所吸取和继承。当然是

---

① ［德］黑格尔：《精神现象学》（上卷），贺麟等译，265页，北京：商务印书馆，1979年。
② ［德］黑格尔：《精神现象学》（上卷），贺麟等译，275页，北京：商务印书馆，1979年。
③ ［德］黑格尔：《小逻辑》，贺麟译，92页，北京：商务印书馆，1980年。
④ ［德］黑格尔：《历史哲学》，王造时译，55—56页，北京：三联书店，1956年。
⑤ 《马克思恩格斯文集》第1卷，205页，北京：人民出版社，2009年。

批判地加以继承。

在马克思眼中，黑格尔的《哲学全书》以纯粹思辨的思想开始，以绝对知识，以自我意识的、理解自身的、超人的绝对精神结束，所以整整一部全书不过是哲学精神的展开的本质，是哲学精神的自我对象化。当然，精神的外化曾赋予黑格尔哲学以现实感，但马克思一针见血地指出："全部外化历史和外化的全面消除，不过是抽象的、绝对的……思维的生产史，即逻辑的思辨的思维的生产史。"[①] 所以，尽管黑格尔抓住了劳动的本质，把劳动看作人的自我生成和确证的依据，但"黑格尔唯一知道并承认的劳动是抽象的精神的劳动"。[②] 这样，人与其说是劳动的结果，不如说是精神的产物。在黑格尔那里劳动不是现实的人的物质活动，而是理念的逻辑行为，是纯精神的过程。

总之，黑格尔在论述人的本质时，尽管谈到了人的自然存在（当然，他是在动物性意义上，而不是从人的意义上谈论人的自然存在）、人对自身的劳动创造，以及人的精神特征，但是作为这一切的根据和本原的是理念、精神。理念、精神是人的最本质的规定。因此，马克思认为，思辨的哲学家除了把人当作"观念的具体对象"之外，"在其他一切场合谈到人的时候，指的都不是具体的东西，而是抽象的东西，即理念、精神等等"。[③]

2. 费尔巴哈关于人的本质的生成根据论

在批判基督教人学观和黑格尔思辨人学观的过程中，费尔巴哈阐发了其人本主义的人学观。

费尔巴哈认为，人的本质是人的自然本质、类本质和精神本质的统一。

所谓人的自然本质，在费尔巴哈看来，自然界是人类的母亲，人是自然的产物，人本身是一种自然存在物，在自然之外没有人的本质，人为了维持自己的生命，必须从自然界中索取生存资料。衣食住行，样样离不开自然。人通过吃喝把食物和水转化为自己的血肉，使之成为身体的组成部分。他说："在我之外的水是在我之内的我的本质的组

---

① 《马克思恩格斯文集》第1卷，203页，北京：人民出版社，2009年。

② 《马克思恩格斯全集》第42卷，163页，北京：人民出版社，1979年。

③ 《马克思恩格斯全集》第2卷，49页，北京：人民出版社，1957年。

成部分，是我的存在和感觉本身的基础或条件。”以至费尔巴哈说“人就是他所吃的那种东西”。[①] 费尔巴哈把维持人的生存的外部条件当着人的本质是不恰当的。费尔巴哈关于人的自然本质还指谓人的生理活动。他说：“生命就是人的最高的宝物，人的最高的本质”，“人里面的这个至高本质”就是“人的一切本能的需要和才质之总和，一般说来，这就是人的存在，人的生命，因为存在和生命是包揽一切的”。[②]

所谓人的类本质，在费尔巴哈看来，人虽然来自自然界，“但直接从自然界产生的人，只是纯粹自然的本质，而不是人。人是人的作品，是文化、历史的产物”。[③] 就是说，人不但是自然的产物，也是社会的产物。人的生活条件、活动对象、文化和历史对人的本质的形成有着重要的作用。他认为“孤立的，个别的人，不管是作为道德实体或作为思维实体，都未具备人的本质，人的本质只是包含在团体之中，包含在人与人的统一之中”。[④] 因此，人的本质离开了“人对人的关系即一个人对另一个人的关系，我对你的关系加以考察”，就是“毫无内容的虚构”，“只有社会的人才是人”。[⑤] 费尔巴哈的这一认识是以人的“类”为前提的。费尔巴哈认为，人作为个体要依赖于“类”。费尔巴哈所说的“类”就是人与人的统一，人与人的关系。但是他所谓的关系，并不是指人们在生产劳动基础上所形成的社会关系，而是从他的关于人的自然实在性的区别出发，所指谓的被个人肉体的自然需要所决定的、个人之间的感情和性欲关系。用费尔巴哈的话说，“这个统一只是建立在‘自我’和‘你’的区别的实在性上面”。[⑥] 比如，费尔巴哈经常提到的女人和男人的区别，双方只有结合、统一起来，才能达到完满。

所谓人的精神本质，在费尔巴哈看来，人的类存在决定了人的类意识，真正把人和动物区别开来的、使人提高到人的地位的，是“类”

---

① 转引自［苏］加巴拉耶夫：《费尔巴哈的唯物主义》，余纪高、余传金译，111页，北京：科学出版社，1959年。

② 《费尔巴哈哲学著作选集》（下卷），553—554页，北京：商务印书馆，1984年。

③ 《费尔巴哈哲学著作选集》（上卷），第247页，北京：商务印书馆，1984年。

④ 《费尔巴哈哲学著作选集》（上卷），185页，北京：商务印书馆，1984年。

⑤ 《费尔巴哈哲学著作选集》（上卷），571、572页，北京：商务印书馆，1984年。

⑥ 《费尔巴哈哲学著作选集》（上卷），185页，北京：商务印书馆，1984年。

的概念。动物只是个体的凑合，而人则是群体的产物。动物不能意识到自己所属的类，人不仅能意识到自己所属的类，而且能意识到其他各种事物的类。之所以如此，是因为人有理性，所以能认识到自己的类本质。人有意志，所以人是自为的、自决的。人还有情感，因而懂得爱与被爱。因此理性、意志、心（爱）就构成了人的精神本质。[①]

那么，在费尔巴哈哲学中，人的自然本质、类本质和人的精神本质的关系如何呢？

费尔巴哈认为："精神上的生存，如果同时也是现实的，那末，这就是指有着脑袋的生存了。有精神，也就意味着有脑袋。"[②] 因此，在费尔巴哈看来，"不思想的人当然不是人"，但思想不能脱离感性存在的人。脱离了"类"的孤立的个别的人当然也不是真正的人，但作为人与人统一的类也是建立在人的存在的自然实在性的差别之上的。因而人作为肉体与精神、个体与"类"的统一，最终都来自同一个源泉——大自然。因此，在费尔巴哈看来，自然界是"人的前提，为人的原因或根据，为人的产生和生存所依赖的东西"。[③] "所以，自然是人的根据"[④] 这是费尔巴哈解说人的本质时所坚持的最基本的原则。换句话说，在费尔巴哈看来，自然本质是人的本质的最根本的方面。

（二）马克思关于人的本质的生成根据论

马克思在批判继承黑格尔和费尔巴哈的人的本质观的过程中，汲取了其中有价值的某些方面，但在总体上或根本点上，是持否定态度的。在马克思看来，作为人的本质根据的，既不是黑格尔所说的理念，也不是费尔巴哈所说的自然，而是人的社会实践。

在《德意志意识形态》中，马克思指出："可以根据意识、宗教或随便别的什么来区别人和动物。一当人开始生产自己的生活资料，即迈出由他们的肉体组织所决定的这一步的时候，人本身就开始把自己

① 参见《费尔巴哈哲学著作选集》（下卷），28页，北京：商务印书馆，1984年。

② 《费尔巴哈哲学著作选集》（上卷），291页，北京：商务印书馆，1984年。

③ 《费尔巴哈哲学著作选集》（下卷），523页，北京：商务印书馆，1984年。

④ 《费尔巴哈哲学著作选集》（上卷），116页，北京：商务印书馆，1984年。

和动物区别开来。"[①] 恩格斯也指出："动物仅仅利用外部自然界，简单地通过自身的存在在自然界中引起变化；而人则通过他所作出的改变来使自然界为自己的目的服务，来支配自然界。这便是人同其他动物的最终的本质的差别，而造成这一差别的又是劳动。"[②] 这是因为：人类改造世界的劳动实践才是真正的人的活动，"正是在改造对象世界的过程中，人才真正地证明自己是类存在物"。[③] "通过实践创造对象世界，改造无机界，人证明自己是有意识的类存在物"。[④] 从这里我们可以看出，把人与动物区别开来，作为人之为人的内在根据的，就是人的社会劳动或社会实践。

劳动之所以成为人的本质的最根本方面，其理由在于：

1. 劳动是人从自然界提升出来的手段

在生物进化史上，人类的祖先之所以能进化为人类，作为一个前提条件，是生物的遗传物质的变异引起了人类祖先的生存矛盾。原来比较适应环境的那些特定化的东西在退化和消失。这种退化和消失表现在多个方面，他没有了对付恶劣气候的天然毛发层，没有天然的攻击性武器，没有适宜奔跑的肌肉组织，由于生物变异所造成的人类祖先的这些生理上的"缺陷"，使人类祖先无法仅仅靠自然本能去适应周围的环境。这一生理上的"缺陷"，使人类祖先和环境的关系，与其他动物和环境的关系产生了最早的区别，即动物与环境之间是一种强本能性的关系，也就是特定化的关系。与其他动物相比，人类祖先与环境的关系是一种弱本能性关系，人类祖先的器官是非特定化的。从人的动物属性看，人不如动物。那么是什么力量使人类这样一种弱小的生命能够在野性的动物世界中生存下来，并发展为今天这样一个壮观的人类社会？这是因为人形成了完全不同于动物的生存策略。即人类祖先不适应环境的非特定化器官又为人类祖先带来了更多的可变性、可塑性，从而为开辟非本能的进化途径和适应模式提供了可能。也就是说，人类祖先为了克服极为不利的生理性"缺陷"，为解决自己的生

① 《马克思恩格斯文集》第1卷，519页，北京：人民出版社，2009年。
② 《马克思恩格斯文集》第9卷，559页，北京：人民出版社，2009年。
③ 《马克思恩格斯文集》第1卷，163页，北京：人民出版社，2009年。
④ 《马克思恩格斯文集》第1卷，162页，北京：人民出版社，2009年。

存矛盾，才使他们不得不去寻找和开辟新的生存方式和活动方式。这种新的生存方式和活动方式就是进行劳动，通过劳动去适应和改变环境。用著名人本主义心理学家弗洛姆的话说，“人是一切动物中最无能为力的，但这种生物上的弱点恰是人类力量的基础，是人发展自己独特的人类特性的大前提”。[①] 也就是说，人类祖先在本能上是一种相对弱化的生物，因而人类祖先无法凭本能生存，只能依靠自己的努力、自己的劳动去创造自己的生存环境。

换句话说，人类祖先非特定化的“本能”，是人的生存方式和活动方式的遗传学前提，是人类祖先进化为人类的生物学基础。人类劳动则是在这个基础上使这种可能转化为现实的根本途径。劳动是从制造工具开始的。工具的制造使手脚真正分开，于是直立行走由过去的偶然，变成了必然。手的形成和不断运用，由生物的生长相关律所决定，人的身体的各部分都逐渐与手的形成和发达相适应。因此，劳动使人的形体和结构功能与动物区别开来。这表现在，人的器官得到协调发展，而动物器官的发达是片面的，有的运动器官特别发达，从而善于奔跑，有的听觉器官特别发达，有的触觉器官特别发达，有的味觉器官特别发达，只有人的各种器官全面发达；人的器官专门化程度高，手操作，脚奔跑，喉管发出声音；功能发达化，特别是手和脑的发达化，使人具有创造性、能动性。在劳动中，人的种种本质力量才被唤醒起来，激发起来，从而使人远远超出动物之上，并且通过劳动，使人的本质力量现实化为一个人化的世界。这个世界成为人的本质力量的现实肯定。马克思指出：“随着对象性的现实在社会中对人来说到处成为人的本质力量的现实，成为人的现实，因而成为人自己的本质力量的现实”。[②] 所以，马克思在继承了费尔巴哈关于“人直接地是自然存在物”这一思想时，又特别强调“人不仅仅是自然存在物，而且是人的自然存在物”。[③] 人是通过劳动改造外界自然，并改造自身自然而成为人的。

---

① 参见［美］马斯洛：《人的潜能和价值》，林方等译，104页，北京：华夏出版社，1987年。

② ［德］马克思：《1844年经济学哲学手稿》，中央编译局译，86页，北京：人民出版社，2000年。

③ ［德］马克思：《1844年经济学哲学手稿》，中央编译局译，107页，北京：人民出版社，2000年。

2. 劳动是维持人的肉体生存需要的手段

人要生存，就要吃、住、穿等等。要满足这些需要，就要进行生产。离开生产，人就不能生存。费尔巴哈只看到人作为肉体组织，要饮食男女，在他看来，这样的人就是有血有肉的现实的人。他不懂得不能抽象地谈论人的需要。因为人的这些需要是通过生产出来的物品获得满足的，并且在这种满足中产生了新的需要。马克思指出："吃、喝、生殖等等固然也是真正的人的机能。但是，如果加以抽象，把这些机能脱离人的其他活动领域并使成为最后的和惟一的终极目的，那它就是动物的机能。"① 马克思这里所说的人类活动，主要是指生产劳动。在马克思看来，人的需要离不开生产，人的最本质特征不在于人要消费，而在于人要生产。另外，仅就消费本身而言，由于人的消费是受生产以及以此为基础的文明的发展制约的，所以人的消费，与动物的同类活动相比，也有着天壤之别，正如马克思所说：饥饿总是饥饿，但是用刀叉吃熟肉来解除的饥饿不同于用指甲和牙齿啃生肉来解除的饥饿。因此，生产不仅是消费的前提，而且还决定着消费的方式。

3. 劳动促进人的"五官感觉"的形成

马克思认为，人的"五官感觉"的形成，是劳动的产物，是"迄今为止全部世界历史的产物"。② 动物也有感觉，但动物的感觉没有层次性，人的感觉有层次性、丰富性。人不仅能感觉第一信号，而且能感觉第二信号。广播里播放音乐，一只猫只会有声感，没有音乐美感。而人有这两种感觉。人的感觉具有特殊分辨性，动物没有。面对多种黑色，动物只能感觉黑，不能分辨不同的黑，而能够这样做的只有人。因为人能创造不同的黑，比如黑布，所以他就能在劳动实践中分辨不同的黑。人的感觉具有理解性，即是说人的感觉不是单纯的感觉，而是渗透着理解的感觉。那么，人的感官和感觉是怎样形成与动物感觉不同的特点的呢？说到底是因为劳动。马克思说："一方面为了使人的感觉成为人的，而另一方面为了创造同人的本质和自然界的本质的全部丰富性相适应的人的感觉，无论从理论方面来说还是从实践方面来

---

① ［德］马克思：《1844年经济学哲学手稿》，中央编译局译，55页，北京：人民出版社，2000年。

② ［德］马克思：《1844年经济学哲学手稿》，中央编译局译，87页，北京：人民出版社，2000年。

说，人的本质的对象化都是必要的。”[①] 也就是说，人通过劳动把自己的本质对象化，创造了各种感觉对象，在这一过程中，动物的感觉才提升为人的感觉，才提高了人的感觉能力，才形成了人的感觉的丰富性。

4. 人的意识也是劳动的产物

动物只有意识的萌芽，而人有意识。人具有抽象思维能力，人能透过现象认识事物的本质和规律，人能按外在尺度和内在尺度的统一，即按照美的规律设计和创造外物。那么，人为什么会有意识呢？这是因为人在劳动基础上创造了语言，语言本身就是一种抽象物。因此，语言的产生为人们的抽象思维提供了工具；劳动本身具有重复性、常规性。人们从这种带有重复性、常规性的劳动中逐渐体悟到一种共同的、普遍的东西，就逐渐形成和发展了自己的抽象能力；劳动实践为人类意识的产生提供了反映的对象和内容。马克思认为，“宗教……法、道德、科学、艺术等等，都不过是生产的一些特殊的方式，并且受生产的普遍规律的支配”。[②] 又说：“普遍意识是现实生活的抽象”，“我的普遍意识的活动——作为一种活动——也是我作为社会存在物的理论存在”。[③]

总之，人不是一个孤立的存在物，人的全部本质特性，不是孤立地在自身内部生长起来和单独地以自己的存在表现出来的，而是通过社会实践处理人与外部世界的关系和在这种关系中得以形成和获得表现的。而实践正是人与世界的关系实际展开的最基本最现实的形式，是人的存在的根本方式，也是人的全部本质特性形成的根源和基础，又是它的对象性的实现、表现和确证。正是通过劳动，人类祖先的身体和大脑逐渐变为人的身体和大脑，使动物水平的自然属性提升到人的自然属性，从而具有了人之为人的自然本质；通过劳动，在分工与合作中产生了语言符号，及以其为载体的文化，这就为意识的进化提

① ［德］马克思：《1844年经济学哲学手稿》，中央编译局译，88页，北京：人民出版社，2000年。

② ［德］马克思：《1844年经济学哲学手稿》，中央编译局译，82页，北京：人民出版社，2000年。

③ ［德］马克思：《1844年经济学哲学手稿》，中央编译局译，84页，北京：人民出版社，2000年。

供了有力的支撑点和推进器，从而使动物处于萌芽水平的智能跃进到人的意识、思维和理性，使人具有了人之为人的心理本质；另外，还有一点，即通过劳动，人们形成了一定的生产关系并在此基础上形成了丰富多彩的人际交往，使动物的群体性提升到人的社会性，使人具有了人之为人的社会本质。关于这一点，我们将留待后文作详细的说明。因此，人固然有多种本质属性，有许多不同于动物的特征，但人的最本质特性，是人的社会实践。社会实践特性是人的其他一切特性的根据，是人的深刻的本质方面。

三、人的本质的现实内容

（一）关于人的劳动特性与社会特性割裂理解的局限

社会实践是人的本质的最根本方面。但是在如何理解这个最根本方面的问题上，认识并不是一致的。有的论者单纯地从人的实践能动性（“自由自觉的活动”），另有的论者往往从人的社会关系总和去理解人的这个最根本的本质方面，应该说，这两种理解都是抽象的。

人的劳动、人的实践活动本来就是具体地社会历史地展开的。因此，要对人的本质的现实内容，或者说，要对人的现实本质进行说明，就必须对人的实践活动进行具体的社会历史的说明。即要把人的劳动特性和人的社会特性有机地结合起来对人的本质进行现实的说明。当然，要实现这一点不是轻而易举的。

1. 抽象理解的“社会性”是非社会的

在人类思想史上，把社会性看作人的特性，并不乏其人。中国古代哲学家荀子就曾认为，人“力不若牛，走不若马，而牛马为用，何也？曰：人能群，彼不能群也”。[①] 这里的“群”就是“合群”，指人能按一定的等级和分工关系组织起来。荀子在这里所说的“群”，主要是从社会政治等级意义上说的。在古希腊，亚里士多德也曾说过：“人是社会的动物”、“人是政治的动物”。如前所说，费尔巴哈也认为，只有社会的人才是人。这些思想家看到人的社会性，应该说，这是可贵

---

① 《荀子·王制》。

的。但是都脱离了人的生产劳动，离开了生产劳动中所形成的生产关系，而往往是从人的政治关系、自然关系、情感关系等来理解人的社会性的。应该说，这种理解既不能说明人的社会性何由产生，也不能说明人的社会性如何发展，更不能说明人的社会性在人的存在和发展中的巨大作用。作这种理解的人的社会性，也就不是在人的实践活动中所产生和发展的社会性，而是成为人的一种先天的、永恒不变的属性。这样来看待人的社会性显然是错误的。

费尔巴哈虽然也承认“只有社会的人才是人”，但费尔巴哈是一个直观唯物主义者，他只是把人理解为感性存在物，而没有从“感性的活动”去理解人。因而他“从来没有看到现实存在着的、活动的人，而是停留于抽象的‘人’，并且仅仅限于在感情范围内承认‘现实的、单个的、肉体的人’，也就是说，除了爱与友情，而且是观念化了的爱与友情以外，他不知道‘人与人之间’还有什么其他的‘人的关系’”。[①] 因此，费尔巴哈所说的人的社会性本质，只是一种“内在的、无声的、把许多个人自然地联系起来的普遍性”。[②] 由此，马克思引出的结论是：“直观的唯物主义，即不是把感性理解为实践活动的唯物主义，至多也只能达到对单个人和‘市民社会’的直观。”[③] 也就是说，费尔巴哈脱离人的感性活动的所谓人的社会本质的理论，说到底仍然是一种“非社会”的观点。这里的“非社会”，是指费尔巴哈把人的社会性视之为人的先天属性，而不是在人的社会活动中历史地生成的社会性。

另外，抽象地讲人的社会性，或者仅就社会性而言，动物也有。恩斯特·卡西尔就曾指出，对人来说，社会性并不是唯一特性，它也不是人独有的特性，在所有的动物世界中，在蜜蜂和蚂蚁中间，我们都可以看到明确的社会分工和极为复杂的社会组织。如果把动物的某些行为如保护后代、利他、合群分工等也称作社会性，那么，应该说，动物的社会性和人的社会性是不可同日而语的，二者不仅在规模、程度，而且在内容上有质的区别。造成这种区别的是劳动。对此马克思

---

① 《马克思恩格斯文集》第1卷，530页，北京：人民出版社，2009年。
② 《马克思恩格斯文集》第1卷，501页，北京：人民出版社，2009年。
③ 《马克思恩格斯文集》第1卷，502页，北京：人民出版社，2009年。

说："人是最名副其实的政治动物，不仅是一种合群的动物，而且是只有在社会中……才能独立的动物。孤立的一个人在社会之外进行生产——这是罕见的事，在已经内在地具有社会力量的文明人偶然落到荒野时，可能会发生这种事情——就像许多个人不在一起生活和彼此交谈而竟有语言发展一样，是不可思议的。"① 恩格斯也说："人，一切动物中最爱群居的动物。"这是因为："劳动的发展必然促使社会成员更紧密地互相结合起来，因为劳动的发展使互相支持和共同协作的场合增多了，并且使每个人都清楚地意识到这种共同协作的好处。"② 总之，动物的社会性仍然是一种本能性，是本能性的一种表现，而人的社会性是建立在劳动、实践基础上的，是以人的共同实践活动为根据的。因此，如果脱离人的劳动、人的实践，一般地讲人的社会性、讲人的社会本质，就不能划清人的社会性与动物社会性的本质区别，不能说清楚人之为人的社会特质。

2. 抽象理解的劳动是非社会人的劳动

在人类思想史上，把劳动看作人的本质特性，应该说，也不乏其人。中国古代哲学家墨子就认为人类跟自然界其他动物的区别在于人能用劳动养活自己。他说，禽兽依靠自然界而生存，"衣食之财，固已具矣。今人与此异者也，赖其力者生，不赖其力者不生"。③ 这里的所谓力，即指劳动。荀子也指出，只有人能"裁其非类，以养其类"。④ 意思是说，人能够改造、利用与人相异的万物，以养育人类自身。近代历史上，美国科学家富兰克林认为"人是能制造工具的动物"。黑格尔也在某种意义上把劳动视作人的本质属性，这在前文已经说过了。但是所有这些思想家，包括近代以来的经济学家，却只是对劳动进行了自然、技术、工艺学方面的考察，而没有进行社会关系方面的考察。正如马克思对黑格尔劳动观进行分析时所指出的，黑格尔"只看到劳动的积极的方面，而没有看到它的消极的方面"。⑤ 所谓只看到劳动的积极方面，是指他只看到通过劳动所实现的物质形态的变化，社会财

---

① 《马克思恩格斯文集》第 8 卷，6 页，北京：人民出版社，2009 年。

② 《马克思恩格斯文集》第 9 卷，553 页，北京：人民出版社，2009 年。

③ 《墨子 · 非乐上》。

④ 《荀子 · 天论》。

⑤ 《马克思恩格斯全集》第 42 卷，163 页，北京：人民出版社，1979 年。

富的增加，人的劳动目的的实现。而没有看到它的消极方面，是指看不到劳动中人与人之间的关系和联系，看不到人的劳动的异化，即看不到阶级社会中，人在生产方式中的矛盾和对抗。因此，马克思说："让我们先指出一点：黑格尔站在现代国民经济学家的立场上"① 考察劳动，而资产阶级经济学家恰恰是以"不考察工人（即劳动）同产品的直接关系来掩盖劳动本质的异化"。② 黑格尔仅仅把劳动看作实现人的目的的对象化而进行的征服和改造自然的活动的观点是不科学的、片面的。黑格尔所理解的作为人的本质的劳动仍然是抽象的，或者说，是抽象的劳动。用马克思的话说："只是一个幽灵——劳动，这只不过是一个抽象，就它本身来说，是根本不存在；或者，如果我们就……［这里字迹不清］来说，只是指人借以实现人和自然之间的物质变换的人类一般的生产活动，它不仅已经脱掉一切社会形式和性质规定，而且甚至在它的单纯的自然存在上，不以社会为转移，超越一切社会之上，并且作为生命的表现和证实，是尚属非社会的人和已经有某种社会规定的人所共同具有的。"③

3. 人的劳动特性和社会特性作片面理解的原因

由上可见，以往的思想家在论述人的本质时，不是脱离人的社会特性，把人的本质归结为单纯的实践；就是脱离人的劳动特性，把人的本质归结为单纯的社会性。那么，为什么把作为人的本质规定的人的劳动特性和社会特性做统一的理解是如此困难呢？

（1）对人的劳动特性和社会特性作统一的理解受到历史本身发展的局限。也就是说，在古代漫长的历史中，人类劳动的社会性方面或社会性在人类劳动发展中的作用还没有能得到充分展示。这就影响了人们对它们作统一的理解。

前资本主义社会，由于生产力极为低下，因而人们之间的社会关系和社会联系极其简单。人们之间更多的是自然的而非社会的联系，即使是简单的社会联系也带有自然的烙印。人类从产生那一天起，甚至在他造出第一把石刀，第一次收获庄稼时，他就与自然界对立，是

---

① 《马克思恩格斯文集》第1卷，205页，北京：人民出版社，2009年。
② 《马克思恩格斯文集》第1卷，158页，北京：人民出版社，2009年。
③ 《马克思恩格斯文集》第7卷，923页，北京：人民出版社，2009年。

以自然的改造者的身份出现的。然而这种关系还极其微弱，虽然任何动物都做不到这一点，但人这时还谈不上对自然的驾驭和控制，在这时的人类看来，人不是自然的主人，而自然、超自然的东西倒是人类的主人。“自然界起初是作为一种完全异己的、有无限威力和不可制服的力量与人们对立的，人们同自然界的关系完全像动物同自然界的关系一样，人们就像牲畜一样慑服于自然界”。[①] 人们对自然关系的狭隘，即生产力的低下，导致了人的社会性的不发展，社会联系的贫乏，反之亦然。小农经济是一个恰当的例子，它说明封闭与落后是恶性循环，互为因果的。正如马克思所指出的：“人们对自然界的狭隘的关系决定着他们之间的狭隘的关系，而他们之间的狭隘的关系又决定着他们对自然界的狭隘的关系。这正是因为自然界几乎还没有被历史的进程所改变。”[②]

由于前资本主义社会人们之间的联系单调，交往贫乏，使得生产力极易受偶然性因素的影响，生产力的发展具有保守性、重复性、易损性。在历史发展的最初阶段，由于缺少交往，每天都在重新发明而且每个地方都是单独进行的。并且由于纯粹偶然的事件，比如某个师傅的突然病故，某次战争的降临都可能使既有的某种发明失传，从而不得不面临从头开始的境地。

资本主义来到世界上以后，它极大地促进了生产力的发展。资本主义冲破了人们之间的宗法和血缘的关系，创造了可以而且必须出卖劳动力的雇佣劳动者，人们被抛入日益广泛的社会联系中。资本把工人汇集在一起，人与人之间的这种新的联系形式使生产力不断发生着量和质的变化。资本主义工业发展史证明，商品交换，不是单纯的物的交换，而是人的劳动、才能、需要的交换，是人际联系和关系的发展，其意义是不可估量的。

马克思恩格斯在《共产党宣言》中曾经热情歌颂和评价资本主义的伟大作用，说资产阶级在不到一百年的阶级统治中所创造的生产力，比过去一切世代中所创造的生产力还要多，还要大。那么资本主义生产力如此迅猛发展的动力何在？显然不能从人类之外去寻找，也不能

---

① 《马克思恩格斯文集》第 1 卷，534 页，北京：人民出版社，2009 年。

② 《马克思恩格斯文集》第 1 卷，534 页，北京：人民出版社，2009 年。

从人的自然特性的生理本质的变化中去寻找，而只能从人的社会性、社会联合、社会地组织起来的人的力量的变化来说明。

正是由于资本主义社会中，人的劳动的社会性，或社会性在劳动中的作用得到了极大发挥，这样才为人们把作为人的本质的劳动特性和社会特性统一起来进行说明提供了可能。

（2）对人的劳动特性和社会特性作统一的理解还要受到理解者的阶级立场的制约。具体地说就是，资产阶级思想家只可能对劳动进行自然、技术、工艺学方面的考察。因为这种考察有助于以科技的发明、工艺的进步、经济的发展、财富的增加来证明资本主义繁荣的永续性，资本主义制度的永恒性。另外，这也有助于促使资产阶级努力去发展科学技术以促进生产的发展和自身财富的增加。同样，为了论证资本主义的永恒性，它不可能对劳动的社会关系进行深入考察，不可能对劳动中资产阶级与无产阶级之间的剥削与被剥削关系进行考察，不可能承认资本主义生产过程中的矛盾以及这个矛盾的不可调和，不可能承认资本主义社会也终将有一天会灭亡，并被社会主义社会所取代。

从马克思主义的观点看来，资本主义的生产过程是工人劳动过程和资本价值增殖过程的统一，后者是其本质的方面，资本主义的盛衰兴亡都是由它决定的。马克思说："生产过程是劳动过程和价值增殖过程的直接统一，正像生产过程的直接结果即商品，是使用价值和交换价值的直接统一一样。可是劳动过程只是价值增殖过程的手段，价值增殖过程本身实质上就是剩余价值的生产，即无酬劳动的物化过程。生产过程的整个性质就是由这一点专门规定的。"① "在资本主义生产过程中，劳动过程只表现为手段，价值增殖过程或剩余价值的生产才表现为目的"。② "对资本来说，只有价值才作为有用的东西存在"，"劳动过程便只是作为资本价值增殖过程的一个环节而被包括进价值增殖过程"。③ 就劳动过程而言，在资产阶级眼中，工人只是劳动力，工人使用机器，改造劳动对象，生产着物质财富。劳动的生产技术本身的进步决定了机器大生产的先进性和劳动组织的科学性，因而这种生产

① 《马克思恩格斯全集》第49卷，50页，北京：人民出版社，1982年。

② 《马克思恩格斯全集》第49卷，60页，北京：人民出版社，1982年。

③ 《马克思恩格斯全集》第46卷（下），209页，北京：人民出版社，1980年。

具有无限的生命力。而从劳动的能动性来考察，工人就不仅是劳动力，“而是一个主体，这种主体不是以纯粹自然的，自然形成的形式出现在生产过程中，而是作为支配一切自然力的那种活动出现在生产过程中”。[①] 不仅如此，资本家的“资本包括原料、劳动工具和各种生活资料……资本的所有这些组成部分都是劳动的创造物，劳动的产品，积累起来的劳动”。[②] 然而作为价值增殖过程，情况就不同了，生产的主体是资本家或人格化的资本，是机器使用工人，生产资料推动着工人，工人的劳动是真正的受奴役，是为他人生产财富而为自己制造贫穷，资本主义的生产方式是血汗雇佣制度，剩余价值的积累终将导致资本主义为社会主义所取代，人的片面发展将为人的自由而全面的发展所取代。

从上面的叙述可知，要做到对作为人的本质的劳动特性和社会特性作统一的理解，除了要具有社会历史比较充分的发展这一前提以外，还要具有工人阶级革命立场这样一个关键性的因素。

（二）马克思对人的劳动特性与社会特性的统一理解

在马克思主义哲学的形成过程中，《〈黑格尔法哲学批判〉导言》是一篇有着重要意义的著作。它和同时发表的《论犹太人问题》一起，标志着马克思经过《莱茵报》时期的实践和对黑格尔法哲学的批判，已经从唯心主义转变到唯物主义，从革命民主主义转为共产主义。

1. 马克思对人的本质认识不断深化的过程

在《〈黑格尔法哲学批判〉导言》中，马克思已经试图联系社会来对人进行考察。认为：“人不是抽象的蛰居于世界之外的存在物。人就是人的世界，就是国家，社会。”[③] 虽然马克思这时对人，对社会的理解都还是抽象的，但这里的论述表明，青年马克思从这时起，已经不赞成那种把人类个体看作孤立的个人的观点。后来通过政治经济学的研究，上述认识有了深化。他在对詹姆斯·穆勒《政治经济学原理》一书的摘要中指出：“因为人的本质是人的真正的社会联系，所以人在

---

① 《马克思恩格斯全集》第46卷（下），113页，北京：人民出版社，1980年。

② 《马克思恩格斯全集》第6卷，486页，北京：人民出版社，1961年。

③ 《马克思恩格斯文集》第1卷，3页，北京：人民出版社，2009年。

积极实现自己本质的过程中创造、生产人的社会联系、社会本质。”[①]在这里，马克思不仅明确指出人的本质是人的社会联系，而且把人的活动与人的社会联系，即社会本质第一次联系起来加以理解。

马克思在《1844年经济学哲学手稿》中，对人的活动中的社会联系、社会关系的认识进一步走向具体化。他把社会关系分为：表现在共同活动中人与人之间的直接联系，以及通过物所表现的人与人之间的间接联系。无论是共同活动还是个人的活动都是在社会关系中进行的，因而人“自己是社会存在物”。[②]

把人看成进行活动的社会存在物，这是马克思通过政治经济学的研究，在人的本质观上所获得的一个新的理论成果。但是这时马克思对人的活动的社会性的认识，在总体上还较为抽象，还较少具体规定。尔后在马克思写作的《神圣家族》中，第一次接近了生产的社会关系这个思想。马克思指出：“对象作为为了人的存在，作为人的对象性存在，同时也就是人为了他人的定在，是他同他人的人的关系，是人同人的社会关系。”[③] 这里的实物指人的劳动产品，是说劳动产品是为了满足人的需要而创造出来的，但劳动产品本身既是作为劳动者的人的本质的确证，同时又是人对人的社会关系的表现。很显然，这里强调实物是人相互联系的纽带，是通过物的形式所表现的人与人之间的社会关系，这个思想是很深刻的。列宁认为：“这一段话极富代表性，因为它表明马克思是如何接近自己的整个‘体系’（如果可以用这个词的话）的基本思想的——即如何接近生产的社会关系这个思想的。”[④] 正是基于对生产的社会关系这个思想的认识，马克思认为：“人的特性……利益把市民社会的成员彼此连接起来。他们之间的现实的联系不是政治生活，而是市民生活。”[⑤] 这就是说，建立在物质生产基础上的经济生活（市民生活）是现实的社会关系，是人的最本质的方面。

但是到此为止，马克思还没有说明生产的社会关系是如何产生、发展的。也就是说，还没有能联系生产力来加以说明。到1845年3月

① 《马克思恩格斯全集》第42卷，24页，北京：人民出版社，1979年。
② 《马克思恩格斯文集》第1卷，88页，北京：人民出版社，2009年。
③ 《马克思恩格斯文集》第1卷，268页，北京：人民出版社，2009年。
④ ［苏］列宁：《哲学笔记》，中央编译局译，13页，北京：人民出版社，1974年。
⑤ 《马克思恩格斯全集》第2卷，154页，北京：人民出版社，1957年。

马克思写的《评弗里德里希·李斯特的著作〈政治经济学的国民体系〉》中才初步掌握了生产力与生产关系辩证联系的思想。他在论述资本主义必然灭亡时，所运用的就是生产力与生产关系的辩证关系原理。马克思指出：资本主义制度下发展起来的新的生产力，是“由无产阶级所体现的新的社会制度的力量”。这一力量就是“工业无意识地并违反自己意志而造成的”。[①] 因此，“工业用符咒招引出来（唤起）的自然力量和社会力量对工业的关系，同无产阶级对工业的关系完全一样。今天，这些力量仍然是资产者的奴隶，资产者无非把它们看做是实现他的自私的（肮脏的）利润欲的工具（承担者）；明天，它们将砸碎自身的锁链，表明自己是会把资产者连同只有肮脏外壳（资产者把这个外壳看成是工业的本质）的工业一起炸毁的人类发展的承担者，这时人类的核心也就赢得了足够的力量来炸毁这个外壳并以它自己的形式表现出来。明天，这些力量将炸毁资产者用以把它们同人分开并因此把它们从一种真正的社会联系变为（歪曲为）社会桎梏的那种锁链”。[②] 这里的思想表明，马克思已经把人及其本质纳入到生产力与生产关系中去理解。他怀着对“人的解放”的赤诚之心，控诉了资本主义对人这种生产力的扭曲。因此，马克思看到了人这种生产力与资本主义社会制度之间这种不可调和的矛盾。

2. 人的本质是人在实践中所结成的一切社会关系的总和

从上面的叙述可知，马克思对现实的人的理解，从社会的人到社会活动的人、社会生产劳动的人，进而又进展到生产力与生产关系的矛盾运动中的人。这是马克思对人的本质认识的不断深化的过程。这个认识深化的最终成果集中表现在《关于费尔巴哈的提纲》中。

《提纲》指出：“人的本质……在其现实性上，它是一切社会关系的总和。”[③] 什么是社会关系？马克思恩格斯指出：社会关系的含义是指许多人的合作。“各个人借以进行生产的社会关系，即社会生产关系，是随着物质生产资料、生产力的变化和发展而变化和改变的。生产关系总和起来就构成所谓社会关系，构成所谓社会，并且是构成一

---

① 《马克思恩格斯全集》第 42 卷，258 页，北京：人民出版社，1979 年。

② 《马克思恩格斯全集》第 42 卷，258—259 页，北京：人民出版社，1979 年。

③ 《马克思恩格斯文集》第 1 卷，501 页，北京：人民出版社，2009 年。

个处于一定历史发展阶段上的社会，具有独特的特征的社会。”① 从社会关系的外延来说，它包括了人们之间的一切关系，比如生产关系、政治关系、法律关系、情感关系和其他交往关系等。从社会关系的内涵来说，生产关系是基础性的关系，其他一切社会关系都是生产关系的派生和表现。因此，社会关系是以生产关系为基础的人们之间相互关系的总体。

马克思在上述关于人的本质的论述中，还有“在其现实性上”一语。这里的现实性指的是人的现实性或现实性的人。也就是指作为人的本质的生产关系、社会关系的现实性。所谓现实性的生产关系、社会关系是指在人的实践活动中所创造的、被一定生产力所决定的生产关系、社会关系。所以马克思恩格斯指出：“这里所说的人们是现实的、从事活动的人们，他们受着自己的生产力和与之相适应的交往的一定发展——直到交往的最遥远的形态——所制约。”② 又说：“历史的每一阶段都遇到一定的物质结果，一定的生产力总和，人对自然以及个人之间历史地形成的关系，都遇到前一代传给后一代的大量生产力、资金和环境，尽管一方面这些生产力、资金和环境为新的一代所改变，但另一方面，它们也预先规定新的一代本身的生活条件，使它得到一定的发展和具有特殊的性质。由此可见，这种观点表明：人创造环境，同样，环境也创造人。每个个人和每一代所遇到的现成的东西：生产力、资金和社会交往形式的总和，是哲学家们想象为‘实体’和‘人的本质’的东西的现实基础。”③

由此可见，对于人的本质的考察既不能从单纯的劳动，即单从生产力，从生产中人与自然的关系去考察，如果是那样，是一种片面性，所得出的关于人的本质的结论必然是抽象的，不现实的。对于人的本质的考察也不能只从生产关系和社会关系的角度去考察，如果是那样，也是一种片面性，所得出的关于人的本质的结论也必然是抽象的，不现实的。这两种抽象在某种意义上是重蹈了以往思想家在人的本质理解上把人的劳动特性和社会特性割裂开来的覆辙。这是理论上的一种

---

① 《马克思恩格斯文集》第1卷，723、724页，北京：人民出版社，2009年。

② 《马克思恩格斯文集》第1卷，524、525页，北京：人民出版社，2009年。

③ 《马克思恩格斯文集》第1卷，544、545页，北京：人民出版社，2009年。

倒退，是必须加以纠正的。正如马克思所指出的："劳动首先是人和自然之间的过程"，但"又是一个在特殊的、历史的经济的生产关系中进行的过程。是生产和再生产着这些关系本身……即他们的一定的经济的社会形式的过程"。[①] 这两个过程是相互作用、相互规定的。一方面，人与自然的关系，实质上是人与人之间关系的中介，因为人是在对自然的改造关系中与他人相联系的。另一方面只有在人与人的关系中，才可能有人与自然的关系，因为劳动的诸要素是在一定的社会关系中组合起来和发生作用的。"人对自然的关系直接就是人对人的关系，正像人对人的关系直接就是人对自然的关系……"[②] 因此，没有脱离生产关系、社会关系孤立存在的生产力，也没有脱离生产力而孤立存在的生产关系、社会关系。所以，马克思说："生产力和社会关系——这二者是社会的个人发展的不同方面。"[③]

由此，我们不难理解《关于费尔巴哈的提纲》中所说的，人的本质在其现实性上是"一切社会关系的总和"，其意思是说，人的本质是人在实践活动中所结成的一切社会关系的总和。这里是侧重从社会关系的角度来说明人的本质。如果侧重从实践角度来说明人的本质，那么也可以说，人的本质是人在社会关系中所从事的一切实践活动。这种侧重从人的活动或从人的关系对人的本质的表述仅仅具有认识论上的意义，是一个认识层次先后的问题。在本体论上，人的活动与人的关系是统一不可分的。比如，恋爱是一种活动，同时也是恋爱者之间的一种情感关系；足球比赛是一种活动，同时也是球员之间的协同和竞赛关系；生产活动是一种活动，同时也是生产过程中人们之间的关系。

以往，在论述人的本质时，常常出现这样的情况，有的论者引用《1844年经济学哲学手稿》中有关的论述，认为"自由自觉的活动"是人的本质，另有的论者则引用《关于费尔巴哈的提纲》中的有关论述，但又置"在其现实性上"一语于不顾，径直把人的本质说成就是

---

① 《马克思恩格斯文集》第5卷，207页，北京：人民出版社，2009年；《马克思恩格斯文集》第7卷，927页，北京：人民出版社，2009年。

② ［德］马克思：《1844年经济学哲学手稿》，中央编译局译，80页，北京：人民出版社，2000年。

③ 《马克思恩格斯全集》第46卷（下），219页，北京：人民出版社，1979年。

“一切社会关系的总和”。应该说，这两种理解都过于简单化，都是片面的，是必须加以纠正的。

（三）马克思对人的本质现实规定的重要方法论意义

把人的主要本质规定为人在实践活动中所结成的一切社会关系的总和，这一规定对人的本质的理解具有重要的方法论意义。

1. 人的本质是作为人的活动前提和活动结果的社会关系的总和

以往有这样一种观点，把社会关系仅仅看成是一种既成的力量，认为这种力量决定了人的本质。在这种理解中，人成了某种被动的存在，人受这种既成社会关系的决定，似乎成了不可改变的命运。这种理解的不妥之处在于，它脱离人的活动来理解社会关系，它不懂得社会关系既是人的活动的产物，又是人的活动延续的前提。一方面，后一代人不能选择先前已经形成的社会关系；另一方面，后一代人又可以通过实践改变旧的社会关系，创造新的社会关系。因此，“社会关系总和”中的社会关系，不仅指作为人的活动前提的既成的社会关系，而且还包括作为人的活动产物的改变了的或新产生的社会关系。诚然，如果不承认前者，就不是唯物论，但是仅仅承认前者，也不是马克思主义的历史唯物论，而是退回到先前旧唯物主义的水平上去了。马克思在创立自己新世界观的初期，就已经超越了这种静止的，把人看成被动物质的直观唯物论。在马克思看来，环境作用于人，人也改变环境，每一代人活动的“环境”（包括社会关系），都是前一代人实践活动的结果，这一代人又通过实践创造着下一代人借以生活的环境。历史不外是各种世代的依次更替。这样，人们在历史的活动中，“在改造环境的同时也改变着自己”。[①] “在再生产行为本身中，不但客观条件改变着……而且生产者改变着，炼出新的品质，通过生产而发展和改造着自身，造成新的力量和新的观念，造成新的交往方式，新的需要和新的语言。”[②] 因此，只看到社会关系作为既成的力量作用于人，而看不到人也通过实践改变社会关系，并在这个过程中练就人的自我本质的观点是片面的、形而上学的。

---

① 《马克思恩格斯全集》第3卷，234页，北京：人民出版社，1960年。

② 《马克思恩格斯全集》第46卷（上），494页，北京：人民出版社，1979年。

2. 人的本质是人在实践中所形成的多方面社会关系的总和

生产劳动是人的最基本的活动，生产关系是人与人之间最基本的关系，它是人的其他社会关系的基础。也就是说，在生产关系以外，人们还在其他活动中，比如政治的、宗教的、文化的、科学技术的、婚姻和家庭活动和休闲活动中形成多种多样、丰富多彩的社会关系，正是这些多方面的关系表现了人的社会本质的活生生的、不断丰富的内容，马克思在1844年上半年所写的詹姆斯·穆勒《政治经济学原理》一书摘要中，在谈到人的各种社会关系时，就已经从社会性意义提出人是一个“总体的存在物”思想。马克思关于人的本质在其现实性上是一切社会关系总和的理论，正是对这一思想的具体化和发展。懂得这一思想，有助于我们全面地认识人的社会本质，即不能以他处于其中的某一方面或某几方面的社会关系为依据，比如不能以人的阶级出身和阶级成分为依据，或者完全以他在经济关系中的地位为依据（尽管人在经济关系中的地位，对人的本质是具有稳定的、最根本意义的规定）；而应从社会关系的多层面上去全面把握人的社会本质。因此，在这里要防止机械论、简单化的做法。

3. 人的本质是历史地变化的

马克思说：“整个历史也无非是人类本性的不断改变而已。”① 因为人类本性是不断改变的，所以研究人的本性或人的本质不能停留于一般的研究，而必须进一步研究“每个时代历史地发生了变化的人的本性”。② 人的本质为什么会改变？这是因为人们的实践活动不会永远停留在一个水平上，由于人的需要及其满足和新的需要的不断产生，促使人们不断地解决自身与世界的矛盾，从而不断推动生产力的发展，又必然引起生产关系和整个社会关系的变革和改变。诚如马克思所指出的：“社会关系和生产力密切相联。随着新生产力的获得，人们改变自己的生产方式，随着生产方式即谋生的方式的改变，人们也就会改变自己的一切社会关系。”③ 社会关系的变化，必然引起人的本质的历史发展。因此，不同时代的人、不同阶级的人、不同的个人，由于所

① 《马克思恩格斯文集》第1卷，632页，北京：人民出版社，2009年。
② 《马克思恩格斯全集》第23卷，669页脚注，北京：人民出版社，1972年。
③ 《马克思恩格斯文集》第1卷，602页，北京：人民出版社，2009年。

从事的实践活动不同，在实践中的地位和作用、交往方式、获取信息的手段，以及家庭影响、社会影响等的不同，在这个基础上所形成的社会关系总和是不一样的，因而不同时代的人、不同阶级的人、不同的个人的本质也就各不相同。另外，就个人一生中的不同时期来说，其社会关系的总和也是变动的，因而在人生的不同时期，其本质也是不同的、变化的。可见，不仅超时代、超阶级的永恒人性不存在，而且就具体的个人来说，认为其本质一经确立就至死不变的观点，也是错误的、形而上学的。当然，这并不否认在一定时期内，人的本质具有相对稳定的方面。

资产阶级曾经宣扬“人的本性是自私的”谬论。这是把资产阶级的本性普遍化的一种荒唐理论，因为在人类发展史上，曾经有过不知“私有”、“自私”为何物的阶段。自私只是私有制产生以后，社会分裂为阶级的产物。把它作为普遍的、永恒不变的人性是错误的。

另外，我们还经常听到这样一些说法，比如，“爱美是人的天性”、“自由是人的天性”、“爱是人的天性”等等，似乎人有一种内在的永恒的对美的追求；对自由的追求；对爱的追求。其实并非如此，这些东西说到底都是实践的产物、历史的产物。拿对美的追求来说，很大程度上来源于人们交往实践的需要。一间房子的主人平常很马虎，房间被弄得凌乱不堪。可一天有客人要来，他就不得不收拾一下。男女找对象时，特别爱美，不仅着意修饰，精心打扮，而且尽可能把自己好的一面、美的一面鲜明地表现出来。可在结婚以后，特别是有了孩子以后，就不像找对象时那样讲究美，因为没有这种性质的人际交往或关系。自由也并不就是人生来如此的状态，如果离开了对必然性的认识和对客观世界的改造，人就无自由可言。小孩子刚来到世上时，也并非就知道爱父母，爱并不是天生的本能。儿女对父母的感情来自于父母对他（她）的抚爱，来自接触。特别是儿女自己有了孩子以后，他们通过自己的亲身体验，从而对父母的感情也会更加挚爱。

4. 人的个体本质是人的本质共性和自身个性的统一

就人类个体与人类社会的关系而言，个人既是社会关系的客体和产物，又是利用这种社会关系提供的条件，创造新的社会关系的主体。社会关系作为既有的力量是人的个体本质形成的一般前提和基础，而作为他的活动及其产物的现实社会关系和他在其中所处的地位，则是他的个体本质的体现和实现。也可以说，一个人的本质就是作为个体的他，在其从事活动的社会关系总和中所处的地位。人的个体本质是作为人的本质共性和他自身个性的统一。人的共性从根本上说就是社会的共性，因为生活于同一社会形态中的人，他们所处于的社会关系中有基本相同的方面，所以总会具有某些共性。即使是不同社会形态的人，由于都是作为社会存在物，从而也会具有某些共同性。同时，人不仅是社会存在物，而且是特殊的社会存在物。这种特殊根源于他们在社会关系和社会环境中各自特定的地位，因而形成了各自本质的差异性。有的人当奴隶主，有的人当奴隶，有的人当资本家，有的人当无产者，个人状况取决于他在现存社会关系和体系中的地位。马克思说："黑人就是黑人。只有在一定的关系下，他才成为奴隶。"[①] 也就是说，使黑人成为奴隶，不是黑人作为人的所谓本性，而是黑人所处的人压迫人、人奴役人的社会关系，是在这种关系中他所处的被压迫、被奴役的地位。可见，要研究不同时代、不同社会、不同的个人个体本质，除了要研究这个时代、这个社会中的人们的共同本质即社会关系的共性以外，还要研究各个个人的本质个性，即在一定社会关系体系中地位的差异性。只有把此二者结合起来，才能科学把握人的个体本质。

四、人性的一般与特殊

人性问题是众多人学问题之一，是一个与人的本质密切相关的问题。古今中外的哲学家们为之殚思竭虑，苦苦探索，提出了各自的人性主张。这个争论，直到今天也没有了结。下面，按照马克思主义的观点也来谈一些认识。

（一）什么是人性

1. 人有人性

物有物性。不同的物有不同的物性。大体而言，物理物质有物理性，化学物质有化学性，生物有生物性。不具有某种物性的物是不存

① 《马克思恩格斯文集》第1卷，721页，北京：人民出版社，2009年。

在的。

相对于物及物性而言，人有人性。也就是说，人性是与人同在的。没有脱离人而单独存在的人性，也没有不具有一定人性的人的存在。这里需要说明的，人一生下来只是一个生命体，一个个体，而并非人。只有生下来以后，个体才逐渐变成了个人，才逐渐形成了人的人性。

承认人性的存在，这是古今中外一切大思想家的共同之点，也是他们各自的人性理论得以展开的一个前提。然而在“左”倾错误盛行的年代，人们为了和资产阶级人性论划清界限，人性问题成了研究的禁区，似乎一讲人性就是资产阶级人性论，就是否定阶级论。因此，人性这个东西有没有，这个不成问题的问题，似乎也成了问题。人有人性这是一个必然之理。不要说古代，就是马克思主义经典作家也都是承认这个必然之理的。马克思在《资本论》中在批判资本家完全不顾工人死活时曾经指出，在资本主义企业中，“缺乏一切对工人来说能使生产过程合乎人性、舒适或至少可以忍受的设备”。① 马克思恩格斯又指出，在取代资本主义社会的共产主义社会中，“社会化的人，联合起来的生产者，将合理地调节他们和自然之间的物质变换，把它置于他们的共同控制之下……靠消耗最小的力量，在最无愧于和最适合于他们的人类本性的条件下来进行这种物质变换”。② 列宁说：“发展人类的生产力也就是发展人类天性的财富这种目的本身。”③ 毛泽东也提出过关于人性的观点，他说：“有没有人性这种东西？当然有的。”④ 他还说，“一切人，作为人来说，相互之间都有一些共同之点”，“各个阶级也有共同美”。⑤ 马克思主义经典作家的这些论述都说明人性是客观存在的。

2. 从什么角度看待人性

那么，人们是从什么角度去规定人性的呢？这里大体有以下几种情形。

一是从人的属性角度去规定人性。从这个角度规定的人性，不仅

---

① 《马克思恩格斯全集》第25卷，102页，北京：人民出版社，1974年。

② 《马克思恩格斯全集》第25卷，926页，北京：人民出版社，1974年。

③ 《列宁全集》第2卷，176页，北京：人民出版社，1984年。

④ 《毛泽东选集》第3卷，870页，北京：人民出版社，1991年。

⑤ 转引自何其芳：《毛泽东之歌》，《人民文学》，1977（9）。

包括人的社会属性、意识属性，而且包括人的自然属性。所谓自然属性，即人的肉体组织和由此产生的种种本能或生理上的欲求。当然，不能离开人的其他属性，特别是社会属性，孤立地讲人的自然属性。比如中国古人讲的“食色，性也”，就是单纯讲人的自然属性，并且是从孤立的自然属性角度去规定人的。把人的生物学上的本能、欲求，当做人性的一个方面，甚至是基本的方面，应该说是不科学的。

二是从人的本质的角度去规定人性，或者说，在人的本质意义上使用人性概念。应该说，这在一定意义上是允许的，因为人的本质是人性的本质方面，是人性的根本内容。但是又不能把人性等同于人的本质，因为人性既包括人的本质，还包括由本质所派生和决定的，作为本质特性具体表现的非根本的特性，是人的根本特性和非根本特性的总体。人的本质只是部分的人性，尽管是其主要的部分。由此看来，人性与人的本质不是等同关系，而是整体与部分的关系。

三是从人与动物相区别的意义上去规定人性。人性就是人区别于动物的、人之为人的性质。我们认为，只有从这个角度来理解人性，才是一种正确的选择。因为这样来理解人性，既不会如上文的第一种角度失之过宽，以至混淆了人性与物性的区别和界限，也不会如上文的第二种角度失之过窄，把人性的丰富内容片面化、贫乏化。

3. 关于“人性”的词性分析

人性这一概念的词性如何？

这里的词性是指价值论意义上的词性，即是褒义词、中性词还是贬义词。人性从来没有作为贬义词被使用，而总是作为褒义词或中性词来使用的。

就人与物的关系而言，人性相对于物性、相对于兽性，是人优越于动物的东西，它是人的高贵所在，伟大所在，力量所在。所以，古今中外不少思想家歌颂人性、赞美人性。也就是说，在人类与物类的关系意义上，人性是褒义词。

就人与人的关系而言，有这样两种情形：一是不预设任何前提的意义上，人性是中性词，比如优美的人性，丑恶的人性等等；二是在预设某种肯定性前提的意义上，人性也是作为褒义词使用的。比如，有人把人性理解为平等，赋予其平等的肯定性内涵，即平等是善。与此相联系，也就把不平等视为非人性，视为恶。有人把人性理解为自由，自由为善，因而专制被谴责为非人性，是恶。有人把人性理解为道德，把符合道德称之为人性，把违背道德称之为非人性，比如，“灭绝人性”或“兽性发作”。比如人们说法西斯分子“灭绝人性”，是指他们的暴行违背了最起码的人类共同道德准则。在马克思的早期著作中，也是对人性作了这种肯定性的预设，有的地方提到“人的”“非人的”“丧失符合人性的东西”等词句，也是在上述意义上使用的。

不过，在人与人的关系意义上，对人性作类似上述的种种肯定性预设，严格说来是不科学的。因为这种预设，把人性看成生来的，这是一种唯心主义先验论。孟子说：“仁、义、礼、智非由外铄我也，我固有之也。”[①] 荀子也说：人性“生而有好利焉”，“生而有疾恶焉”。[②] 在西方，亚里士多德说：“我们的天赋在一切点上都一律平等。”[③] 狄德罗说，人是生而自由的，“自由是天赐的东西”，[④] 如此等等。如果把某种肯定性的东西说成先天固有的人性，那么也就没有办法从根本上解释人间的不平等、不自由，人的恶行的存在。如果把这些说成是“非人性”，归结为人的“动物性”、“人的兽性”也是不科学的。

有人会说，恩格斯不是曾经指出过：“人来源于动物界这一事实已经决定人永远不能完全摆脱兽性”[⑤] 吗？是的，恩格斯承认人有兽性，这里的兽性是指人的生物本能性。但是不能从这里引申出可以用人的生物本能来说明人的东西，说明人类社会的一些现象。如果用这种观点来解释德国法西斯屠杀犹太人，日本侵略者屠杀中国人，把这一切都推给兽性，推给生物本能，这在客观上也就掩盖了恶的根源，只能起着为杀人者开脱罪责的作用。德国法西斯和日本侵略者的暴行，说到底，也是一种人性，是垄断资产阶级中极腐朽极反动的部分所表现出的一种侵略的、野蛮的人性。之所以会形成这种人性，不能从所谓人的先天的动物性、兽性去加以说明，而必须从人与人之间的、阶级与阶级之间的、国家与国家之间的特定利益关系去加以说明。人是社会的存在物，人的思想、道德、行为都有社会原因。人们之间的相互

---

① 《孟子·告子上》。

② 《荀子·性恶》。

③ 周辅成：《西方伦理学名著选辑》（上卷），33页，北京：商务印书馆，1964年。

④ 《十八世纪法国哲学》，北京大学哲学系编译，427页，北京：商务印书馆，1979年。

⑤ 《马克思恩格斯文集》第9卷，106页，北京：人民出版社，2009年。

关系，由于利益的冲突，可以使人比动物还野蛮。人与人之间的残杀、尔虞我诈，为了达到目的可以不择手段，这是动物界所没有的。所以，不能用人的兽性来说明人的行为，也没有天生的永恒不变的人性，人性是后天形成的，是随着人们的利益的变化而变化的。因此，把相对于一定社会主体而言的人性，加以普遍化、永恒化、本体化是不对的，当然，这并不否认相对于一定的主体有其具体的人性。比如说自私是人的本性，这不对，但说自私是资产阶级的人性则是对的。

从上面的分析可知，相对于物性，人性是一个褒义词，所标示的是人的类特性。相对于人与人的关系而言，人性是一个中性词，用以说明不同群体的、不同个体的特殊的人性。下面就此来做一些具体说明。

（二）一般的人性

人的类特性意义上的人性，就是相对于动物而言的人类特性，或相对于人的特殊群体、个体的人性而言的一般的人性。这种一般人性是特殊人性的共性。

就一般人性而言，从根本方面来说就是人的社会实践性。这在前文分析人的本质时已经论述过了。除了这一根本人性以外，还有由这一根本人性所派生的，作为这一根本人性表现的其他种种一般的人性。具体说来主要有以下几个方面的内容。

1. 人的社会性与自然性的统一

人的实践是社会地进行的。生产劳动是从制造工具开始的。工具是人的社会性的一种表现、一种载体。工具是许多人劳动智慧的物质表现，工具作为超个体的物质存在可以为我用，也可以为他所用，可以这一代人用，也可以传给下一代人用，工具现实了人们之间的社会联系、历史联系。除工具以外，语言作为交流的工具、作为共识符号，也是人的社会性的一种表现和载体。另外，人类所创造的一切都是人的社会性的表现和载体。以上是从劳动工具和劳动产品讲的，劳动过程本身也是社会地进行的。它表现为人与人之间在活动中所形成的联系性、相互依赖性、合作性和集体性。与此相联系，人的自然性也不同于动物的纯自然性而是社会性的自然性，或社会化的自然性，人的自然性是人的社会性产生的生理基础，而社会性则是人的自然性得以存在和发展的社会形式。马克思指出："只有在社会中，自然界才是人自己的人的存在的基础，才是人的现实的生活要素。只有在社会中，人的自然的存在对他来说才是自己的人的存在，并且自然界对人来说才成为人。"[①] 所以，人的自然性是人性，不是动物性。不能把人的自然性与社会性割裂开来，把人的自然性单纯理解为生物学、生理学意义上的生理需求、自然欲望和身体结构。在这里必须划清两种界限，一是否认人性中有人的自然性方面的内容，把人的自然性排除在人性之外，只讲人的社会性，这样一来人的社会性岂不是失去了人的自然前提、自然基础，也就无所依托了。所以，这种观点是不可取的。二是肯定人性中有人的自然性方面的内容，但是把人身上的自然性与人的社会性脱离开来、平列起来，作这样理解的自然性，也就不是作为人性的自然性，而是一种动物性了。所以这种观点也是不可取的。正确的观点是坚持社会实践基础上的人的社会性与人的自然性的统一。

2. 人的能动性与受动性的统一

人在社会实践中同时具有两重性，即表现为"人的能动和人的受动"。[②] 所谓人的能动性是指人具有认识和改造客观世界的能力，这种能动性包括认识能动性和实践能动性两个方面；人的受动性是指人在认识和实践过程中环境对人的制约性，这种制约包括活动的条件、手段、对象及规律等方面的制约。

在人与环境、主体与客体的关系问题上，承认人的能动性，这是从康德以来许多哲学家共有的观点，但是在承认人的能动性时，是否也承认人的受动性，就成为辩证唯物主义和唯心主义在这个问题上的根本分歧之所在。唯心主义只讲人的能动性，不讲人的受动性，结果把人变成了绝对能动的抽象精神，因而它所讲的能动性实际是抽象精神的能动性。费尔巴哈在批判唯心主义这种抽象能动性的过程中，虽然讲到了"自我不仅是某种能动的东西，而且也是受动的东西"。[③] 但是费尔巴哈关于人的能动性和受动性的思想是局限于单纯的认识领域而言的。而不是指实践基础上的人的能动性和受动性。在费尔巴哈看

---

① ［德］马克思：《1844年经济学哲学手稿》，中央编译局译，83页，北京：人民出版社，2000年。

② 《马克思恩格斯全集》第42卷，124页，北京：人民出版社，1979年。

③ 《费尔巴哈哲学著作选集》（上卷），91页，北京：商务印书馆，1984年。

来，在认识过程中，客体作用于主体，制约着主体的认识，引起主体的反应，同时主体也作用于客体，能动地形成对客体的认识。由于费尔巴哈脱离人的实践，仅仅肯定人的认识的能动性和受动性，因而他并没有能揭示出人的能动性和受动性的本质含义及其二者的辩证关系。他的关于人的认识能动性思想也是不彻底的，与此相联系，他所理解的人的认识受动性也就具有了一种外在的、消极被动的特征。

在马克思主义看来，人作为感性的、具有生命力的自然存在物，"同动植物一样，是受动的、受制约的和受限制的存在物"。[①] 但人的受动性不同于动物的受动性，不是纯粹的受动，而是能动中的受动。用马克思的话说，是"按人的方式来理解的受动，是人的一种自我享受"。[②] 所谓按人的方式来理解的受动，是指人的受动性不是动物的消极的、适应环境的外在被动性，而是能动中的受动，即在改造环境的实践过程中表现出来的受动性，这种受动性不是纯粹外在的，而是通过实践自身的认识环节获得了内化形式的规律性，即人的实践的合规律性。在这个意义上，实践过程是人类将外在规律同化于自身的能动过程。

同样，人的能动也不是单纯的能动，而是受动中的能动，是说人在进行能动的活动时，已经内在地受到客体的制约和规定。他的活动就是在这种客观制约性和规定性的范围内和前提下进行的，并不是随心所欲的。不然，这种能动性就是一种盲目的能动性，而不是自觉的能动性。毛泽东曾经指出："'自觉的能动性'，是人之所以区别于动物的特点。一切根据和符合于客观事实的思想是正确的思想，一切根据于正确思想的做和行动是正确的行动。我们必须发扬这样的思想和行动，必须发扬这种自觉的能动性。"[③]

总之，在人的认识和实践活动中既有能动性又有受动性。一方面，人的受动性是人的自觉能动性的内在前提和根据，人的受动性的主体状况即人按照条件和规律办事的状况决定能动性的状况，即能动性的自觉程度；另一方面，能动性是受动性的主导，能动性的发挥能改变

① 《马克思恩格斯文集》第1卷，209页，北京：人民出版社，2009年。
② 《马克思恩格斯文集》第1卷，189页，北京：人民出版社，2009年。
③ 《毛泽东选集》第2卷，477页，北京：人民出版社，1991年。

人的受动性的主体状况，即改变人对规律的认识和掌握状况。此二者相互联系、相互作用、相互促进。

3. 人的现实性与理想性的统一

在实践基础上的人的受动与能动的统一，进一步引申出了人的现实性与理想性的统一。

实践具有双重品格，既具有现实的品格，又具有超越现实的品格。实践具有现实的品格，是因为实践是一种感性活动，是人在既定条件下借助于一定的物质手段来改变既存事物的物质性活动，从这方面看，人离不开现存的这一切。因此，人的实践依赖于现实，以现实为前提、为基础，不然就不能成功，就没有成效，就要失败。实践又具有超越现实的品格，是因为实践活动是人的有目的的创造价值的活动。因此人的活动既要立足现实，又要指向理想，即改变既有的现实，创造理想的现实，或者说要把理想变成现实。这双重品格使奠基于实践之上的人性也就具有了现实性和理想性。人的现实性，是指人总是从现有的客观条件和主观条件出发，进行思想，提出任务，进行活动，来满足自己的现实需要。人的理想性，是指人总是要在现实需要获得满足的基础上形成和提出新的需要，通过发挥实践的创造性，超越既成的客观现实，包括人自身的现实，促进人类的进步和个人的发展。这种进步表现在生产力上，是其质的上升和量的扩展；表现在生产关系和社会关系上，则是人的越来越大、越来越多的自由。

4. 人的自觉性与自发性的统一

人的活动相对于动物的活动而言，是有意识的活动。而就人的活动本身而言，则是自觉性与自发性的统一。人的活动的自觉性，是指人的活动的清醒意识性，或称显意识性，是说他的活动是他所为的，是为着一定目的，受一定目的自觉控制的活动。换句话说，自觉性的活动是主体有明确认知的有意识的活动。人的活动的自发性，是指人的活动的潜意识性，不知不觉性。在潜意识的作用下，人的认识和行为通常表现为“不由自主”、“情不自禁”、“不能自制”等的特征。换句话说，自发性活动，是不易为主体认知的有意识活动。

潜意识是人潜在的心理指向，或心理冲动，它不是弗洛伊德所谓的主要是性本能的表现，事实上，它既是人的根本需要在心理上的抽象反映，也有来自经验的潜移默化所形成的心理指向，或心理定势。

人的自觉性与自发性既相互对立，又相辅相成。人的自发性相对于社会进步和人的发展而言，有两种不同性质的区别：一是消极的自发性；二是积极的自发性。消极的自发性要靠积极的自发性，特别是要靠发挥自觉性加以限制、控制、调适；积极的自发性要通过发挥自觉性加以肯定、扶植、利用、完善和强化，加以升华。在积极的自发性这个意义上说，"'自发因素'实质上无非是自觉性的萌芽状态"。[①] 诚然，我们不能崇拜人的自发性，人的自发性要靠人的自觉性加以调适和引导。列宁曾从社会的角度指出，无产阶级政党要"领导自发的历史过程"。[②] 就个人来说，就是要通过加强学习，加强自我修养，提高自身的素质，特别是思想文化素质，将先进的社会思想体系内化、积淀为自身的潜意识，优化自我的潜意识并提高升华为显意识。另外，人的自觉性也不能脱离人的自发性而孤立地发生作用。它要以自发机制为基础，这里用得上"顺其自然"、"因势利导"这样两句老话，自发性不能压，只能调；不能堵，只能导。人的自觉性的作用，从一个方面来说，就在于对自发性的调适、引导和利用。

5. 人的理性与非理性的统一

人的思想意识、精神观念，一般分为理性因素和非理性因素。理性因素是以自觉的思虑、清晰的思维逻辑为基础的思想观念。作为思维成果，它是规范性的认识，如思想、理论、知识、科技、计划、目的等等。因而有实践理性、科学理性、道德理性、价值理性等等之说。理性作为一种人性是指人的思维能力。非理性因素是以非深思熟虑、非逻辑思维为基础的心境情态，如本能、动机、欲求、情感、情绪、兴趣、意志、信念、信仰、习惯、态度、决心等等。它们的基本特征是诉诸人们的心理体验。如果就行为活动的临场态势而言，人的非理性因素主要表现为一种渗透在整个活动过程始终的精神状态、心理状态。这种精神状态和心理状态主要可以概括为两个方面：情感和意志。

情感是人们在活动过程中，由一定的活动目的和环境氛围而诱发的对外界客体和自我行为的一种心境、态度和体验，是一种心理反应

---

① 《列宁选集》第1卷，317页，北京：人民出版社，2012年。

② 参见［苏］格列则尔曼：《历史唯物主义和社会主义社会的发展》，汤侠声等译，50页，北京：三联书店，1978年。

和活动过程，它通常表现为欲求或厌弃、喜悦或悲哀、欢乐或忧愁、热爱或憎恨、满意或不满意、肯定或否定等。上述对应的双方，前者可称之为正态情感，后者可称之为负态情感。正态情感是一定价值主体对价值对象的肯定性反映；负态情感是一定价值主体对价值对象的否定性反映。

意志是高层次的非理性因素，也可以看作是情感心境的升华和现实的行为化，是人们的思想、欲望、要求的集中体现和确定行为目标及调控实现目标的行为的能力。意志也有正态意志和负态意志两大类。正态意志是坚强的意志，表现为活动中的主体自制力、顽强力和拼搏力等等。负态意志是软弱的意志，表现为活动中的主体怯懦性、柔弱性、懈怠性等等。

人的精神力量是思维力、情感力和意志力的统一，人的活动是这三者共同作用的过程。人有思维力、有理性，人的活动才是有自觉目的的活动。人的欲望、激情才可能经过理性的疏导，才能借着文明的形式合理地释放，从而具有建设性。人的软弱的意志才可能因理性的自觉指导而坚强起来；坚强的意志也才能沿着理性的轨道发挥作用，而不至陷入一意孤行、独断专行、为所欲为的境地。人如果缺乏理性，就会陷于盲目、盲从，就会被各种物欲、情欲牵着鼻子走，就会被各种流行时尚的迷信所蛊惑，走到丢失自我的地步。所以，人应该提高自己的思维力，提高自己的理性自觉。

当然，仅有思维力，有理性还不行，还要有情感力。不仅因为情感是一种特殊的认知方式，而且还因为它是人的有目的的追求。即是一种占有外界对象和实现自身价值的强大精神动力。马克思说："激情、热情是人强烈追求自己的对象的本质力量。"[①] 爱因斯坦也说："感情和愿望是人类一切努力和创造背后的动力。"他甚至认为，科学家们"每天的努力并非来自深思熟虑的意向或计划，而是直接来自激情"。[②]另外，情感力是意志的情感基础、精神支柱。科学家百折不回地探寻真理，是因为他们对真理有着挚爱的情怀，革命家之所以义无反顾，前仆后继，是因为他们憧憬着祖国和民族的美好未来。

---

① 《马克思恩格斯全集》第42卷，169页，北京：人民出版社，1979年。

② 《爱因斯坦文集》第1卷，10、397页，北京：商务印书馆，1979年。

有思维力、情感力，还需要有意志力。黑格尔说：“理智的工作仅仅在于认识这世界是如此，反之，意志的努力即在于使得这世界成为应如此。”[①] 原苏联教育家苏霍姆林斯基有一句名言：“思想不是它们被记住的时候就会成为神圣而牢不可破的，而是在它们生存于充满朝气的情感波澜之中，生存于创造和行动之中的时候，才成为神圣而牢不可破的。”也就是说思维必须获得自己的情感形式和意志形式才能具有力量。意志力在实践过程中主要体现在两个方面，一是选择和确定行为模式，二是实施和执行既定的模式，努力克服障碍和困难，以实现实践目的。因此，积极的、坚强的意志是保证实践活动取得成功的基本条件。法国细菌学家巴斯德说：“告诉你使我达到目标的奥秘吧，我的唯一的力量就是我的坚持精神。”“大凡有价值的成就，在面临反复挫折的时候，都需要毅力和勇气。”[②] 没有意志力，就会一事无成。

上文，以社会实践这一根本人性为基础，从人的社会性与自然性、能动性与受动性、现实性与理想性、自觉性与自发性、理性与非理性的统一等五个方面，论述了一般的人性，即人之为人的共性。人除了有共同的人性以外，还有特殊的人性，即共同人性的具体表现。

（三）特殊的人性

特殊的人性，即每个时代历史地发生了变化的人性。马克思说：“首先要研究人的一般本性，然后要研究在每个时代历史地发生了变化的人的本性。”[③] 这种历史地变化了的人性，在三个层面上展开：一是历史地变化着的类的人性；二是历史地形成和变化着的群体人性；三是从属于“类”和“群”的个人所表现的个人人性。

1. 历史地变化着的类的人性

社会实践作为根本的人性，是在具体的时空架构中，由具体的主体使用具体的手段作用于具体的对象的有始有终的实践，在具体实践中，形成具体的人同自然的关系，构成人的特定性质，又在具体的实践中，形成具体的人与人之间的关系，展开出现实的人性。就人从动

① ［德］黑格尔：《小逻辑》，贺麟译，420页，北京：商务印书馆，1980年。

② ［英］贝弗里奇：《科学研究的艺术》，陈捷译，144页，北京：科学出版社，1979年。

③ 《马克思恩格斯全集》第23卷，669页脚注，北京：人民出版社，1972年。

物的提升过程来说，经历了蒙昧、野蛮、文明三个时代。与此相联系，也就形成了蒙昧时代的人性、野蛮时代的人性、文明时代的人性。就人从束缚自己的社会关系的提升而言，人经历了人的依赖关系的人、以物的依赖性为基础的独立性的人，以及将发展到自由个性的人等三个阶段。与这三个阶段相适应，也就有以人的依赖关系为基础的人性，以物的依赖性为基础的独立性的人性和自由个性的人性。以上每个阶段的类的人性，都有自己多方面的规定，在人的社会性与自然性、能动性与受动性、现实性与理想性、自觉性与自发性、理性与非理性等的性质、比重、程度、具体内容和表现形式等方面，都有各自的随时代历史地变化的特点。

2. 历史地形成和变化着的群体人性

随着社会生产力的发展，生产关系和其他社会关系的发展和变革，人类的不少旧群体走向解体，又有大量的新群体涌现出来。不同的群体主体有着不同的人性。即使是同一群体主体既有着相对稳定的人性方面，也有随历史变化而变化的人性方面。群体人性是对群体的社会地位、社会活动、社会作用的人格表现。在原始社会末期，由于生产力的发展，剩余产品的出现，分工和交换的发展，产生了私有制，产生了阶级。不同的阶级在经济结构中处于不同的地位，它们之间有着剥削与被剥削、压迫与被压迫的阶级利益上的对立。因而剥削阶级有剥削阶级的人性，被剥削阶级有被剥削阶级的人性。

中国封建社会，统治阶级所讲的人性就是以封建等级制度为基础的，以“三纲”、“五常”为其基本内容的地主阶级人性。不过，它把这种人性说成是普遍的人性，甚至是万古不变的“天理”。这样做的目的，从根本上说，是为了对地主阶级人性做合法性论证，是为了维护封建所有制，叫人去做封建主义的忠臣、孝子。到了资本主义社会，物欲横流，金钱统治一切，正如马克思所揭示的：“人和人之间除了赤裸裸的利害关系，除了冷酷无情的‘现金交易’，就再也没有任何别的联系了。”① 在这种思想的统治下，人间一切美好的东西几乎都淹没在资产阶级利己主义的冰水之中。自私自利、唯利是图就是资产阶级的人性。

---

① 《马克思恩格斯文集》第2卷，34页，北京：人民出版社，2009年。

当然，在人类社会中，群体是多种多样，又是处于不断产生和不断替代之中的。每一个群体都有区别于其他群体的群体人性。

3. 个人的人性

个人是在一定社会、一定群体、一定阶级中（指阶级社会）生活的个人，因此，不能脱离人的社会性、群体性和阶级性来谈个人的人性。当然也不能把人的社会性、群体性、阶级性绝对化，从而来排斥个人的人性。过去有人持有这样一种观点，即把阶级社会中的人性等同于阶级性，并援引毛泽东讲的“在阶级社会里就是只有带着阶级性的人性，而没有什么超阶级的人性”① 这段话来加以论证。其实，这种引用是对毛泽东这句话的误解。毛泽东用的是“带着”，有人把“带着”理解为“等于”，显然不妥。正如把某人脸上带着疤痕，说成满脸都是疤痕一样，是不妥的。

个人的人性是个人的社会关系、社会角色及与此相联系的独特的社会活动、生活道路的人格表现。由于个人生活的家庭、受的教育、具体的工作环境和人际交往关系，以及人生经历等的不一样，因而每个人都有各具特色的人性。

有人重功利，以利为先，有人重伦理，以义为上。有人个人至上，拔一毛而利天下不为；有人热爱祖国，先天下之忧而忧，后天下之乐而乐。有人损人利己，不择手段，对人像狼一样；有人与人为善，己欲立而立人，己欲达而达人。个人人性的这种差别和对立，只能到个人所处的种种社会关系和特殊的人生经历中去求得说明。

青年马克思从波恩大学转到柏林大学，那里是老年黑格尔派和青年黑格尔派激烈斗争的中心，马克思处在这样的环境中，经受了黑格尔哲学的洗礼和费尔巴哈哲学的熏陶，作为一个重要原因，他才成为马克思主义者的。鲁迅出身于一个没落的仕宦家庭，如他自己所说，正因为来自旧营垒，看得较为真切，因而反戈一击，能击中其要害。因为这个重要原因，所以鲁迅先生对旧世界的批判酣畅淋漓，入木三分。读尼采的书，很明显地感到他那忧郁、多愁、孤独的心境。为什么会这样，因为他处于资本主义文明矛盾比较充分暴露的时代，他受到叔本华具有悲观色彩的唯意志论的影响，另外，与他那痛楚的，即

① 《毛泽东选集》第3卷，870页，北京：人民出版社，1991年。

缺少欢乐、爱情和友谊的人生经历，也不无关系。

总之，一方面，要看到人相对于物，有人之为人的一般本性；另一方面，又要看到随着时代历史地变化了的人性，即具体的人性、特殊的人性。任何具体的人性都是具体人在具体实践活动中所形成的一定的社会关系总和的折射和表现。因而，具体的人性具有复杂性和变动性。

第四章　人的需要与利益激励

社会实践作为人的本质的根本内容，是与人的需要相联系，是以满足人的需要为前提的。人活着就有种种需要，有需要就会产生种种欲求和希望，就要进行满足需要的种种社会实践活动。人的需要是形成人的利益要求、价值取向、自由向往和理想追求的内在根据，也是人的活动的内在动力。因此，人的需要是研究人的本质所必须弄清的一个深层次理论问题，也是开展人的其他种种问题的研究所必须弄清的一个前提性理论问题。

另外，人的需要有正当与非正当之分、有合理与不合理之别，所以，有必要对人的需要加以规范和引导。这里有两个方面：一是要肯定和满足人的正当的、合理的需要，以调动人民群众的积极性，这是社会主义事业发展的不竭动力。在这里，要与禁欲主义划清界限。二是要排斥和抵制那些不正当、不合理的需要，以防止和克服其消极的社会影响。在这里，要与纵欲主义划清界限。因此，对人的需要进行深入系统的研究，并用科学的需要观指导人们的行动，是有重要现实意义的。

一、人的需要的层次结构

（一）人的需要的特点

1. 需要的含义

“需要”和“利益”是两个含义相近的概念，但二者又有区别。这表现在，“需要”是一个较“利益”更为广泛的概念，它不仅标示着主体人，而且标示着一切生物系统的生存、发展与外部环境的选择关系；而“利益”仅仅是相对于人而言的。或者说，只有人的需要才可能表现为利益。

那么什么是需要呢?

有一种观点认为:“需要,由未满足的欲望、要求或由剥夺所引起的内部紧张状态。是有机体对一定客观事物需求的表现。”①

还有一种观点认为:“需要作为一般范畴,是包括人在内的一切生物有机体所共有的一种特性,这是有机体为了维持正常运转(生存、发展)必须与外部世界进行物质、能量、信息交换而产生的一种摄取状态。这种状态,一方面表示了有机体对周围环境、外部世界的依赖和需求;另一方面又表示了有机体具有获取和享用一定对象的机能。反映在心理上就是欲望、希望、愿望和需求。”②

这两种定义有一致的地方,即都认为需要是生物有机体的一种状态。那么到底是一种什么状态呢?前一个定义认为,需要是有机体因为缺失而引起的内部紧张状态;后一个定义认为,需要是有机体对外界事物的一种摄取状态。

怎样看待这样两种观点呢?

把“需要”定义为有机体对外界事物的一种摄取状态,恐怕不妥。因为摄取是由需要引起的、满足需要的一种活动状态。这种状态不仅不能用它来说明需要,而且它本身也只有从需要才能获得说明。

至于把“需要”定义为有机体因缺失而引起的内部紧张状态,这一个定义比前一个定义要好,但在用词上仍不够妥帖。因为,缺失所引起的紧张状态,对有机体而言只是一种既成状态,并不包含有消除缺失的倾向状态。另外,用紧张状态来对人的需要进行描述是可以的,用它来描述人以外的其他生物体的需要则比较牵强。

总起来说,需要是有机体的内在缺失所引发的力求获得满足的一种倾向性状态。它既区别于缺失,因为有时候缺失并不必然形成消除缺失的倾向性;更不等同于满足,而是消除内在缺失、追求满足的一种倾向性。

2. 需要与欲望

需要与欲望的关系如何。这里有三个问题。一是,需要是不是有

---

① 《辞海》,2245页,上海:上海辞书出版社,1989年。

② 陈志尚、张维祥:《关于人的需要的几个问题》,《人文杂志》,1998(1)。

机体的一种客观存在的属性；二是，需要与欲望是否等同；三是，如果需要与欲望不能等同，那么，到底是需要引起欲望，还是欲望引起需要。对于这样三个问题，上述两个定义在说明上是有区别的。

在总体上说，第二种观点是可取的。它认为，需要是有机体的客观存在的一种属性。生物体之作为生物体必须与外界进行物质、能量和信息的交换，这也就必然要通过它的需要表现出来。换句话说，需要是生物体维持自身的生存和发展所固有的规律性表现。因此，那种把需要说成是一种主观心理状态，而否认它的客观实在性的观点，是不对的。需要不等于欲望，欲望是主观的。欲望是以需要为基础，是需要在心理上的反映。或者说，反映在心理上的需要就是欲望。比如，与物质需要相对应的是物欲，与性生活需要相对应的是性欲，与精神需要相对应的就是爱欲、情欲、求知欲等等。既然欲望是需要在心理上的反映，那么，也只能是需要引起欲望，而不是反过来欲望引起需要。

当然，这不是说，欲望对需要没有反作用。需要一旦被心理所反映，一旦形成欲望，反过来也会使需要变得更为强烈、更加显在。因此，需要与欲望的关系，不仅是需要引起欲望，而且欲望也会反转过来强化需要。欲望总是由需要引起的。但需要能否引起欲望，受到两个方面的影响：一是受到客观条件的影响，即受到社会发展水平、社会文化观念、社会意识形态、流行时尚等的制约，使某种需要极难满足或者受到某种极强的压抑，人们往往连想都不敢想，所以也就不会表现为明确的欲望。相反，一个从深山里出来的、到繁华都市的打工仔，受到新环境的刺激，原来某些“隐在”的需要，就会一下子通过欲望表现出来。二是受主体自身条件的影响，或是认识方面，或是其他方面的限制，使某种需要并不通过欲望表现出来。比如，两个相同状况的人，有某种共同的需要，其中一个人明确感到有这样需要，因而通过欲望表现出来，另一个人可能对此种需要还糊里糊涂，自然也就不可能表现为欲望。由此可见，需要要在心理上反映为或表现为欲望是有条件的。

3. 人的需要及其特性

上面，我们从一般意义上考察了需要。那么，什么是人的需要呢？

人是地球上生命物质的最高形态，人的需要与其他生命物质的需要既有共性的方面，也有个性的方面，即有本质区别的方面。

如果从一般意义来说，人的需要是人的内在缺失所引起的一种追求满足的倾向性状态。

何谓人的？即区别于动物的，亦即不限于动物的直接的肉体需要，而是在人的实践活动中不断得到提升和丰富的、社会性的、自觉的需要。

具体说来，人的需要有以下几个方面的特点。

(1) 人的需要的自觉性。如上所说，人和一切生物体的需要都是客观的，在这一点上，人和其他生物有共性的方面。就人而言，需要的客观性，包括两个方面的内容。其一，人作为肉体的、社会的和精神的存在物，必然产生各种需要，不然就不能生存和发展。比如，人饿了要吃食物；人作为社会存在物，最怕孤独，所以要相互交流、沟通等等，也就是说，人的需要不是纯粹主观自生的。其二，人的需要总是在一定的客观现实条件下产生的，正因为如此，生活于不同环境（自然环境和社会环境）中的人会产生不同的需要。比如，农民有掌握农业科学技术的需要，工人就没有这种需要；古代人不会产生欣赏电视的需要，只有现代人才会产生这种需要，如此等等。

人的需要不仅有客观性，而且有区别于动物需要的自觉性，或者说是从自发性上升到自觉性的需要。动物的需要是本能的、自发的。经过长期演化、发展，人的需要早已超越了动物的这种低层次的范围，而上升到了自觉的高度。换句话说，人的需要是已经“被意识到的”需要。所谓“被意识”，在这里，不仅指人的需要一般地要表现为人的欲望和要求，即不仅意识到自己有什么需要，而且意识到为什么需要，以及如何去满足这种需要。正因为人的需要是自觉的需要，人才有自觉能动性，才会有目的地去认识世界和改造世界。

(2) 人的需要的社会性。人和动物一样，都是个体性的存在，人的需要和动物的需要都有个体性，在这一点上人的需要和动物的需要有共性的方面。就人而言，人的需要的个体性，是指个人需要的特殊性，人与人之间在需要上的差异性。这种差异性是由每个人的特殊的生理、心理，特别是社会活动、社会环境所产生的。比如个人所处的地位、家庭出身、个人经历、文化素质、工作性质等等的不同，就会造成需要的内容、方式以及满足需要的手段等等的差别、不同，甚至对立。因此，人的需要的个体性，也必须从人的社会性方面来理解。

人的需要具有社会性，因为任何个人都是社会的人，都是生活于一定的社会关系之中，并从事社会活动的人，所以，任何个人的需要都不能不具有社会性，而且人的需要，从根本上说，是具有社会性的需要。

人的需要的社会性表现在以下几个方面：其一，人的需要是由社会产生的，是在社会生活中形成的，是具有社会性内容的需要。团结协作的需要、交往的需要，本身就是对社会性需要的直接表现；由摄取食物的需要提升到人的营养的需要，到品尝、品味的需要，是渗透着社会文化的需要，是人作为社会存在物的社会性需要的间接表现。其二，人的需要的合理性是以社会的尺度来衡量的，而不是由个人来认定的。关于人的需要的合理性这个问题，我们在后文还将谈到，故在这里从略。其三，任何个人的需要都同他所处的那个时代、那个群体中的其他人的需要有着某种共性的方面。处于同一社会经济发展水平上的人们，处于同一社会制度中的人们，处于同一民族、同一阶级、信奉同一宗教的人们，会造成需要方面的某些共同之处。因此，需要具有时代色彩、社会制度色彩、民族色彩、阶级色彩，或某些宗教方面的色彩（对信教群众而言）。其四，个人需要的满足，依赖于社会，个人需要的满足程度取决于社会的性质和发展水平，并且是随着社会的前进而不断发展和提高的。在 20 世纪 50 年代，年轻人结婚要求置办“三转（手表、自行车、缝纫机）一响（收音机）”，到了 80 年代情况变化了，“三转一响”变成了“三机（电视机、洗衣机、冰箱）一房（新房）”，这反映了我国生产力的发展、经济的繁荣所带来的人们需求的变化和人们生活水平的提高。

（3）人的需要的发展性。人和其他动物一样，为了维持生命和延续种族都具有某些天然需要，如对营养、自卫、繁殖后代的需要。但在这方面，人与动物又有根本区别。动物的天然需要是固定不变的，或者说，即使为适应环境而有所变化，也是极其缓慢、微不足道的。因此说，动物的需要具有单纯的确定性，而人的需要则既有历史的确定性，又具有历史的发展性。所谓“历史的确定性”，这里是说，人的需要的确定性不是动物那种以肉体为根据的天然需要的确定性，而是以历史为根据的人的需要的确定性。即是说，在一定历史条件下，人的需要是确定的。任何个人的需要都不能超出他所处的特定的历史条件，不能超越当时生产力的发展水平。比如，古代人们的出行方式或步行，或骑马，或驱车（牛车或马车），或驾舟，但不会产生骑自行车或坐汽车这种在现代人看来十分普遍的需要；而现代人的某些比较高级的物质文化需要，在未来的人看来，也可能是十分平常的。

人的需要具有历史发展性的一面。这是因为人的需要和人的生产是一种相互联系、相互促进的关系。需要引起生产，生产的产品满足人的需要，这种原有需要的满足，又会引发人的新的需要，如此不断循环，不断提高，因而人的需要也就具有了历史的发展性。正是在这个意义上，马克思指出："人以其需要的无限性和广泛性区别于其他一切动物。"①

人的需要的历史发展表现为纵向和横向两个方面：在纵向上，表现为人的需要由低级到高级的发展；在横向上，表现为人的需要由片面到全面的发展。这两个方面的统一，构成了人的需要的多方面内容和多层次的结构。

（二）人的需要的分类

人的需要的多方面内容，可以从不同角度来加以分类，和加以理性把握。

1. 按需要的起源分类

人有自然性需要和社会性需要。自然性需要是人作为生物有机体为了自己的生存和种的繁衍所具有的生理需要。社会性需要是社会地生产出来的需要，即人们在通过社会生产活动来满足生理性需要的过程中所产生的需要。这正如普列汉诺夫所说的："什么是实际的需要呢？在我们的哲学家看来，首先是生理的需要。但我们为了满足生理的需要，必须生产某些物品，这种生产的进步又使另一些需要发生，这些需要和原有的那些需要同样的实际，不过它们的性质不再是生理的，它们是经济的，因为这些需要是生产发展所引起的后果，是人们在生产进步中必须进入的相互联系所引起的后果。"② 普列汉诺夫在这

① 《马克思恩格斯全集》第 49 卷，130 页，北京：人民出版社，1982 年。

② 《普列汉诺夫哲学著作选集》第 2 卷，129、130 页，北京：三联书店，1961 年。

里所说的，生产发展所引起的经济的需要，就是一种社会性需要。当然，人的社会性需要不限于经济需要一种，还有社会交往的、政治的、认知的、审美的、情感的需要等，都是社会性需要。从需要的起源角度说，人的需要主要是社会性需要。

2. 按需要的主体分类

人有个体的特殊需要和群体的普遍需要。个体和群体是人类存在的两种相互联系的形态。个体的需要有其特殊性、个别性，这是显而易见的。群体作为个体的结合体，其成员在需要上有共同的方面，其原因有二，一是人有相同的形体构造和生理机能，二是不管什么群体总是以某种共同性为基础的人类存在体。因而作为群体，其成员的需要总有某些方面的共性、普遍性。个体需要和群体需要互为存在前提。群体需要是这个群体中个体需要的集中和综合，因而高于个体需要。但是，真正的群体需要也不是外在于个体需要的抽象存在，它存在于个体需要之中。

3. 按需要的对象分类

人有物质需要、政治需要和精神需要。物质需要是以物的使用价值来满足人的需要。这里的物不仅指吃饭、穿衣、住房、交通等方面的物品的需要，还包括大自然恩赐给我们的阳光、空气、水等自然物质方面的需要，以及医疗保健等方面的物品的需要。物质需要是人们对物质生活条件直接依赖关系的反映，是作为肉体存在物的人不可或缺的需要。或者说，是人的最基本的需要。政治需要是指社会地位、人身自由、社会权利等方面的需要。每个人都是作为一定的社会角色而存在的，人扮演什么样的社会角色，也就具有了这种角色所包含的社会地位的要求、社会权利的要求，包括人身自由的要求。只有满足了这些要求，他才能完成社会角色所承担的责任和义务。精神需要是指人自身生存和发展的精神文化的需要。它包括认知、审美、道德、情感、信仰和社会评价等方面的要求。为了满足这些需要，人们要交友，要求知，要欣赏文学艺术作品，要过有道德的生活，要追求心灵的净化和美好。

无论是物质需要、政治需要，还是精神需要，都是相互联系的。一个人不可能只有其中一个方面的需要，而没有另外两个方面的需要。但是，一些论者在论及人的物质需要和精神需要时，往往或基本不谈人的政治需要，这是不全面的。为什么会这样，一是对政治需要做了狭隘的理解，把它等同于当官的需要，这是不准确的。二是说明我们中国人受发展水平的局限，个人的政治权利意识还比较淡薄，还没有作为一种明显的需要获得表现。但是不管怎么说，否认人的政治需要总是不对的。当然，这些需要的谋求和获得总是有先有后、有急有缓、有深有浅、有多有少的。也就是说，在社会发展和人生发展的不同时空中，人的物质需要、政治需要和精神需要不是平行的，而是存在着相对而言的优势需要。如果不就个体，而从历史发展过程来看，随着生产力的发展，人们在温饱解决以后，政治的，特别是精神的需要往往会相对突出地表现出来。

为什么会出现这种发展趋势，其中一个重要原因，就是物质需求和精神需求的性质不同。从时空角度来说，物质需求（直接的）是比较有限的，而精神需求则相对要广阔一些；从人的生活质量来说，物质需求是基础层次的，精神需求则是提高层次的。

物质需要的有限性有两个方面的原因，一是作为需求主体的人类，不可能永远存在下去，它的需求也就不可能是无限性需求。作为需求主体的个人是一个有限的生命存在，他的物质本性，规定了他的需要也是有限的。即古人所说的，一日三餐，夜卧七尺，足矣。当然，在质上可以不断加以提高。二是作为需要客体也总是有限的。这里是说，人生存的物质世界在总体上是无限的，但生命依赖于特定的自然环境，真正适合人类生存的自然环境实际上是有限的。到目前为止，只有我们的地球，而且地球也只有一部分地区较适合人类的生存。

精神需求也是有限的，但相对于物质需求，要广阔得多。之所以如此，也有两个方面的原因，一是作为需求主体的人类和个人对精神的需求可以不断超越一定时空的限制。人可以幻想、想象，在不断扩大的广阔的领域内驰骋、飞翔，如天马行空。二是精神需求的对象可以在一定意义上永续利用，常用常新。如中华典籍、世界名著、戏剧国粹，都能比较长久地满足人们的精神需要，这叫百看不厌，百听不烦，留恋其中，温故知新。

物质需要的基础性是指人要生存、发展，没有物质不行，但仅仅停留在这个基础层次也不行。因为人不仅是一种肉体性存在，还是以肉体为载体的精神性存在。不然，若满足于物质需要，就会近于禽兽。

孟子曾主张，个体要“食之以时，用之以礼”[①]，以高级需要制约低级需要。在饮食需要上，“一箪食，一豆羹”对饥渴者来说“得之则生，弗之则死”，但若不讲究礼仪和尊重其人格，“呼尔”、“蹴尔”而与之，即使走路的饥渴者和乞丐也不屑于取得。[②]

在人们的生存需求基本得到满足的基础上，会不断提升和突出精神的需求，这是人的需求发展的一个总趋势。与此相联系，物质需求与精神需求的主次地位也会发生变化。正如舒马赫所言：“不消说，对任何文明世界来说，财富、教育、科研以及许多其他事物，都是必要的。但是，今天最需要的，是修正这些手段为之服务的目的。这意味着，首先要发展这样一种生活方式，给予物质的东西以应有的合理地位，即次要的而不是主要的地位。”因为“‘生产的逻辑’既不是生活的逻辑，也不是社会的逻辑。它是从属于两者的一个小的部分”。[③] 虽然对于处于社会主义初级阶段的我国来说，还必须把“生产的逻辑”放在首位，还必须以经济建设为中心，但是，随着从温饱到小康的实现，人们的精神需求也在提高，必须坚持物质文明和精神文明两手抓，两手都要硬，以满足人们日益增长的物质文化生活的需要。

4. **按需要的功能来分类**

人有目的性需要和手段性需要。“目的”和“手段”是相互联系的两个概念。目的是人们从事活动所期望达到的结果；手段是置于有目的的对象性活动的主体和客体之间的一切中介性、运作性因素的总和，是实现目的的方法、措施、条件。目的性需要是主体人的头脑中以观念形态预设的关于活动结果的需要。手段性需要是为了实现目的，而关于手段的谋求。从目的性需要和手段性需要的关系来说，自然性需要和社会性需要；个体需要和群体需要；物质需要、政治需要、精神需要等，都可以互相作为目的性需要，相应地互相作为手段性需要。比如，看电视是精神性需要，但实现这种精神需要就需要电视机这种手段性的物质需要。又比如，要消灭敌人，保存自己，这是作为目的性的政治需求，为了实现这一需要，就需要通过宣传教育工作，鼓励

① 《孟子·尽心上》。

② 《孟子·告子上》。

③ ［英］舒马赫：《小的是美好的》，虞鸿钧、郑关林译，208页，北京：商务印书馆，1984年。

官兵的士气，提高必胜的信心和决心，在这里，精神需要就成了实现上述目的性需要的手段性需要。这说明，各种需要不是孤立存在的，或是作为目的，或是作为手段，它们都是在相互联系、相互作用、相互转化中存在的。这样有助于我们全面地、辩证地理解各种需要之间的关系。另外，从根本上说，在我国社会主义社会中，人自身的生存和发展的需要永远是目的性需要，其余的一切，包括发展生产力、发展科学技术、改造旧的体制和创立新的体制、发展文化教育事业等等，都是手段性需要。在这里，目的性需要和手段性需要的关系不能搞错，不能为生产而生产、为科学而科学，更不能颠倒过来。如果颠倒过来那就是马克思所说的物支配人、统治人的异化现象，马克思一生所追求的就是为克服这种异化现象寻找道路。

5. 按需要的性质来分类

人有正当的、合理的需要和非正当、非合理的需要，这里也可以从需要主体和需要客体两个方面来说。

（1）正当需要是有益于身心健康的需要。从需要主体的角度说，一切有利于人自身的生存和发展的需要都是正当的、合理的需要，一切不利于人自身的生存和发展的需要都是不正当、不合理的需要。古人说，对于声、色、滋、味是“利于生则为之，害于生则止之”。即有利于身心健康则去做，不利于身心健康的则不去做。这种对人身心健康有害的需要有两类，一类是过度的物质享乐，比如大吃大喝、暴饮暴食。另一类从根本上说就是对人有害的东西，就是亏生、迫生的东西，比如，赌博、吸毒、观看黄色录像等的需要。对于第一类有害人生的需要要通过教育，要提倡“适欲”，或“节欲”来加以调节。中国古代哲学家孟子、荀子，都是主张用道德来节制欲望的。[①] 对于第二类有害人生的需要则要通过强制手段来予以打击、取消。人的欲望作为人的需要的反映，但是需要和欲望并不一一对应。一是，一种需要并不必然表现为欲望，这在前文已说过了；二是，一个人想要的，并不是人真正需要的，并不是真正有利于人身心健康的。人的欲望也可能偏离或越来越远离人的真正需要，这在实际生活中常常表现为贪心不足，欲壑难平。在古代社会，具有最大的物质支配权的莫过于封建帝

① 参见《孟子·尽心下》，《荀子·正名》。

王，“普天之下莫非王土，率土之滨莫非王臣”。他可以倾全国之力，建宫殿、修陵寝，挥金如土，穷奢极欲；他搜罗天下美女，三宫六院，声色犬马，纸醉金迷，然而历朝历代，长寿的、善终的帝王又有几人？

（2）正当需要是与现实生产力水平相适应的需要。从需要客体的角度来说，一定社会、一定历史时期人们需要的满足，归根到底取决于人们所赖以生存的物质生活条件和精神生活条件，而这一切又最终取决于社会生产力所实际达到的水平。因此，人们的需要如果是现实生产力水平所能满足的，则是正当的、合理的需要，如果超出了生产力实际达到的水平，这样的需要则是非正当、非合理的。当然，这并不否认，原来那些不正当、不合理的需要在生产力发展了的将来，有可能变成正当的、合理的需要。这就是说，在需要主体意义上是正当、合理的需要，在需要客体意义上，在相对于一定生产力现实水平的意义上，既有可能是正当的、合理的，也有可能是不正当、不合理的，但这里的正当与不正当、合理与不合理只具有相对的意义。也就是说，在需要主体意义上的正当、合理的需要，在需要客体意义上，随着生产力的发展和社会的进步，也终将变成正当、合理的需要。但是，不管社会将来富裕到什么程度，对需要主体而言，那些不健康的、病态的需要和欲望永远是必须要反对的。在现代市场经济条件下，那些富裕起来的人们，手头的钱多了，但有钱并不意味着可以随便浪费资源。奢侈浪费的行为不应该受到人们的羡慕，而应该作为不文明的行为受到人们的鄙视、抵制和反对。挥霍无度、坐吃山空，对个人、对社会来说都是衰败的象征。在物欲方面，既要反对禁欲主义，也要反对纵欲主义，而提倡相对的节制，即提倡“适欲主义”，这是个人和社会健康发展的正途。

（3）反对禁欲主义。禁欲主义，一般泛指极端克制个人的物质需求，以期达到道德理想和宗教理想的生活方式或行为方式，又称“禁欲论”或“苦行主义”。其代表为古希腊罗马的犬儒学派、斯多葛派等。他们鄙视物质生活，认为应该克制欲望，发展理性。在宗教和宗教哲学中，禁欲主义是婆罗门教、佛教、基督教等的重要内容。它们把肉体看作一切罪恶和痛苦之本，要人们放弃真实的世俗需要和利益，而追求虚幻的天国利益。在古代社会，禁欲主义是一种主导的欲望调节方式。这是因为古代社会的生产力落后，满足需要的物品短缺，所以要大众禁欲。而对于广大衣食无着的贫苦民众来说，生存尚且艰难，还要禁欲，实际是要民众把生活需求压低到最低限度，并不发出怨声，以保证上层少数人挥霍无度的生活。因此，禁欲主义在实际上往往成为上层贵族驾驭民众的一种工具。这种禁欲主义主张在欧洲启蒙运动中，早已遭到了批判，被视为对人性的一种扼杀。在启蒙主义者看来，追求幸福、欢乐、高尚、美好的生活是人类的本性。启蒙主义者对人的合理需要的肯定有极大的进步意义，它焕发了人的生命力和巨大的创造精神。在今天，提倡和满足广大人民群众的合理的、正当的需要是我们党为人民服务的宗旨所在，也是调动广大人民群众建设社会主义积极性的根本途径。

（4）反对纵欲主义。纵欲主义，一般指放任个人的物质欲望，对物质财富的无止境的追求，近于疯狂的消费和浪费。如果说在古代社会，在物质财富比较匮乏的情况下，只有剥削阶级中的极少数昏庸荒唐者奉行纵欲主义，过着荒诞无耻的生活，那么在物质产品日益丰富的现代资本主义社会，启蒙运动所提出的人的解放，是人性的解放，也是人欲的解放，已经变成了实际上的纵欲主义。资本主义的发展，不仅依赖于解放了的从业者，而且更有赖于解放了的消费者，正是消费者构成了资本主义经济赖以生存和发展的“市场”。因此，通过种种途径，特别是商业广告，制造某种时尚，刺激、诱惑人的消费欲望，成为经常使用的一种重要方法。正是经营者的利润欲望和消费者的消费欲望的结合和攀升，促使资本主义经济的不断发展。资本主义使人性中消极的一面，即虚荣、贪婪等等膨胀起来，作为某种时尚、新潮的东西获得肯定，引人追逐。于是，人人争当弄潮儿，相互攀比，你追我赶。看到邻居买了一辆新汽车，于是马上到市场上去买一辆更新的汽车。买回一件时装还没有来得及穿上一次，已经过时，于是有人干脆把它当垃圾扔掉，另买新的。在一些人眼中，物质财富就是一切，“挣钱+花钱”就是生活。人陷入了物欲的横流，横流淹没了人的生活，淹没了人自身。这就不难理解，在当今富甲天下的美国，到20世纪末为什么还会有70%的人认为自己的生活处于不幸之中。[①]

如何抑制那些病态的需要，如何提倡和满足人的正当的、合理的、

① 参见刘传广：《从人的欲望与需要的关系引起的反思》，《社会科学》，2001（10）。

健康的需要，如何使人的低层次的需要提高或升华到高层次的需要，就必须确立科学的需要观，并用以指导自己的行动，这是人类，也是逐渐富裕起来的中国人所面临的和必须解决的一个问题。

（三）人的需要的提升

人的需要除了可以从横向的角度，按不同的标准进行分类和把握以外，还可以从纵向的角度，进行系统结构和层次提升方面的分析。

在这方面，国内外许多心理学家和行为科学家都对人的需要进行了比较系统的研究。这种研究有两种路向，一是从单纯个体人的角度进行的，其中最有代表性的是美国著名心理学家亚伯拉罕·马斯洛的层次需要理论。二是从人的个体与群体统一的角度进行的，其中以陈志尚、张维祥两先生的研究较有代表性。下面分别对他们的观点作一些介绍。

1. 马斯洛的需要层次论

马斯洛把人的需要分为七个层次：（1）生理需要。即对食物、饮料、住所、男女、睡眠和氧气的需要。（2）安全需要。要求生活有保障而无危险，如对生活秩序和稳定的需要。（3）归属需要。与他人亲近，建立友谊，相互依赖，“在自己的团体里求得一席之地”，有所依归。（4）尊重的需要。马斯洛认为人们对尊重的需要有两类，一是自尊，包括对获得信心、能力、本领、成就、独立和自由的愿望，二是来自他人的尊重，包括威望、承认、接受、关心、地位、名誉和赏识。（5）认知需要。即对认识和理解的欲望，或者按照通俗的说法就是好奇心。马斯洛认为：“应该假设人有一种对理解、组织、分析事物、使事物系统化的欲望，一种寻找诸事物之间的关系和意义的欲望，一种建立价值体系的欲望。”① （6）审美需要。即人们对美的需要，如对对称、秩序、和谐等的需要。（7）自我实现的需要。这是人的成长、发展、发挥和潜力的需要。马斯洛把这种需要描述为“一种想要变得越来越像人的本来样子，实现人的全部潜力的欲望”。② 马斯洛指出，当

---

① 转引自［美］弗兰克·戈布尔：《第三思潮——马斯洛心理学》，吕明、陈红雯译，46—47页，上海：上海译文出版社，1987年。

② 转引自［美］弗兰克·戈布尔：《第三思潮——马斯洛心理学》，吕明、陈红雯译，45页，上海：上海译文出版社，1987年。

低级需要得到满足以后，“其他（高一级的）需要就立刻出现了，而且主宰生物体的是它们，而不是生理上的饥饿。而当这些需要也得到了满足，新的（更高一级的）需要就又会出现。以此类推。我们所说的人类基本需要组织在一个有相对优势关系的等级体系中就是这个意思”。① 马斯洛还认为，不要过于拘泥他理解诸需要的顺序，不能以为只有人们对食物的欲望得到满足，才会出现对安全的需要；或者只有充分地满足了对安全的需要后，才会滋生出对爱的需要。②

2. 陈志尚的需要层次论

与马斯洛的需要层次论有别，陈志尚、张维祥两先生主张将人的需要分为生存需要、情感需要、服务需要、社会需要、享受需要、发展需要等六个层次。（1）生存需要是指生活在社会中的人，为了维持生命，过正常社会生活所不可缺少的基本的物质和精神的生活条件。包括：生命安全、人身自由、人格尊严，吃饱、穿暖、有房子住，有必要的交通工具，适应的生活环境，生病能得到治疗，接受基本教育，有工作做，为了延续后代而生儿育女等等。其中最基本的是获得衣、食、住等物质生活资料。（2）情感需要是人们在社会实践和社会交往过程中，对客观对象产生的强烈的心理反应和要求。如爱、憎、喜、怒、哀、乐等。人的情感需要从原始的简单的性爱、母爱，演变发展到现代的男女爱情，父母子女之间、兄弟姊妹之间、亲戚之间的亲情，朋友之间的友情，同志之间的道义之情，经历了从简单到复杂、从低级到高级，不断丰富多样的过程。（3）服务需要也可以称作“互助需要”。每个人一方面需要得到别人和社会对自己的服务和帮助，另一方面又需要为他人和社会服务，这就是工作的需要、贡献的需要。这正体现了人的社会本质。服务需要体现了人的自我实现的需要和满足他人和社会需要的统一，是人作为个体和类的统一。（4）社会生活需要是指参与社会生活的需要，或者说参加社会活动的需要，这里包括社会经济活动、社会政治活动、社会文化活动。（5）享受需要是指人们在满足生存需要的同时，并在此基础上进一步改善和提高生活质量，

---

① 转引自［美］弗兰克·戈布尔：《第三思潮——马斯洛心理学》，吕明、陈红雯译，41—42页，上海：上海译文出版社，1987年。

② 参见王伟光：《需要的类别与体系》，《北京社会科学》，2000（4）。

过舒适、幸福和美好生活的要求。（6）发展需要是在生存、享受等需要得以满足的基础上产生的更高层次的需要。从人类来说，人类总是在后代人继承前代人所创造的文明成果的基础上，不断超越现实，追求理想，争取更多的自由。从个体来说，每个人都有一种培养自己的能力，使自己在德、智、体、美、技各方面得到全面发展，为社会多做贡献，更多地实现自己的社会价值，即达到所谓“自我实现”的要求。

3. 关于马氏陈氏需要层次论的分析

如何看待关于人的需要层次的上述两种不同的观点呢？

在评价这两种观点以前，我认为有这样两点是必须明确的。一是，人的基本需要是指人作为需要主体而言的目的性需要，而不是实现这种目的的手段性需要，比如，物质生产对人而言是极为重要的，但是它只是人实现物质生活需要的手段性需要，因此，物质生产不能作为人的基本需要的内容。二是，人的需要的层次性须按上升性、发展性的要求来展开。这里的上升性、发展性，不能理解为一种宝塔式的图形，不是说，愈向塔基的层级愈低级，愈向塔顶的层级愈高级。把需要的层次性理解为是愈来愈高的层次以低层次为基础的叠加，这种理解是不对的。不同层次的需要是可以同时并存的。但是这些不同层次的需要在不同时期的人的需要体系中所处的地位和对人的活动的支配作用并不一样。其中有一种处于主导地位发挥主要作用的需要，即主要需要，或如马斯洛所说的“优势需要”，那些处于次要地位，甚至还处于萌芽状态，从属于主要需要的需要，则是非优势需要，或次要需要。但是随着社会发展和个人状况的变化，这种相对意义上的比较优势是可以变化的、替代的。需要的上升性、发展性主要是指优势需要在替代过程中所体现的上升性、发展性，即高层次的优势需要替代低层次的优势需要，而不是指高层次需要对低层次需要的取代。

马斯洛的需要层次论，如果从历史观上说，是有严重缺陷的。这表现在两个方面：第一，他把人的需要看做是先天存在于人身上的类似本能的需求，即所谓“潜能”，在某种程度上是由人的遗传决定的，但它的表现和发展却是后天的。他不了解人的需要并不是纯粹先天的，而是随着实践的发展、历史的发展而分化、提升和发展的。第二，他脱离人的社会，脱离个人与社会的关系，主要是从个人的角度来研究人的需要，也是有失妥当的。

但马斯洛的需要层次论具有合理的因素。他批评行为主义心理学主要讲人和动物相同的部分，也批评弗洛伊德心理学主要讲病态人的心理，他主张应该重点研究健康人的心理，这是非常对的。他的作为心理学中相对完整详细的关于需要发展的理论含有不少现实的内容。主要说来有三点：第一，他把人的基本生存需要置于需要层次的最底层，认为这一需要的满足，是其他需要发展的基础，这是正确的。可以说，它从关于人的需要的微观心理学角度体现了宏观的历史唯物论。因为在马克思主义的历史唯物论看来，人们首先必须吃喝住穿，然后才能从事政治、科学、艺术、宗教等等活动。第二，他把自我实现作为人最高层次的基本需要，这是有道理的。在中国传统哲学中也有类似的思想。比如“中庸”讲的“尽己之性”，即把自己心理的善良本性都实现出来，就是“自我实现”。王夫之讲“尽性”、颜元讲“践形”，都是讲的“自我实现”。王夫之认为人生来就包含有许多可能性，自己反省把自己的可能性尽量发挥出来，这就是“尽性”。颜元认为，“心”会思想、“手”会做很多事情、足会走路，作为一个人应把人的本性和各部分的机能都正常发挥出来，这才是圣人的境界。当然，把自我实现说成是人的先天潜能的实现，正像一棵橡树籽可以说迫切要求成为一棵橡树、一只虎仔的胚胎可以说是正像老虎的样子推进一样，一个艺术家、科学家无非是他内在的艺术才能和科学才能的实现。这样来理解自我实现，是马斯洛的不对，应该把自我实现正确理解为，人在特定的外部条件下通过实践活动实现自身价值，使自身获得发展的过程。第三，他把低层次的需要上升到高层次的需要看作一个有规律的过程，并指出需要越高级，便越具有人的特性，这也是有价值的见解。至于从最低层次需要经过那些中间层次上升到最高层次的需要，其中的关于需要的分类和次序排列是否完全恰当，这是可以讨论的。

陈志尚、张维祥两先生的需要六层次论比较强调需要的实践性、社会性和历史性，从历史观上避免和克服了马斯洛需要层次论的缺陷。这是应该肯定的。但是关于需要层次的分类和展开是否完全恰当，也是可以讨论的。下面从需要层次的分类和展开角度综合马斯洛的七层次论和陈志尚、张维祥的六层次论，来谈一些具体认识。

4. 人的需要层次新论

在我看来，可以把人的需要分为七个层次，第一是生理需要，第二是安全需要，第三是精神需要，第四是交往需要，第五是角色需要，第六是享受需要，第七是发展需要。

陈志尚、张维祥先生把马斯洛的生理需要和安全需要统合称为“生存需要”，这样做当然可以，但是我认为这种统合无法体现生理需要比安全需要的更基本性。因为人作为一个生命体只有满足了其生理需要，他才能活着，才有可能产生一个安全保障的问题。因此，把生理需要与安全需要分开，把前者作为第一层次，把后者作为第二层次是适当的。

第三个层次是精神需要。有了生理需要、安全需要的满足，精神的需要就凸现了出来。马斯洛的需要层次论中，归属的需要、尊重的需要、认知的需要、审美的需要等，都是从精神需要的不同方面立论的。这样显得很分散。而陈志尚、张维祥的需要论，在精神需要方面，只讲情感需要，而根本没有涉及认知、信仰、审美等方面的精神需要，因而显得很狭窄。我认为把精神需要的某一个或某几个方面提升出来作为人的需要的一个或几个基本层次都不尽妥当，还是总括这多方面的内容，用精神需要来表述较为合适。

第四个层次是交往需要。人们要生存，要求生活有保障，得到受教育的机会，得到他人和社会的关心和爱护，而满足这一切的条件来自社会，来自个人和社会的交往，包括交换。交往是人类特有的存在方式和活动方式，是人与人之间发生社会关系的中介，是以物质交往为基础的全部经济、政治、思想文化交往的总和。马斯洛没有反映人的需要的这样一个层次，陈志尚、张维祥讲到互助需要，又讲到社会生活需要，而这两者在内容上有重叠之处。另外，社会交往与社会生活这个概念相比较，用社会交往来表达作为人的基本需要的一个层次更好。因为人们是通过社会交往过上社会生活的，因而社会交往比社会生活更具有基本性。

第五个层次是角色需要。是指个人的社会角色扮演或扮演什么样社会角色的需要。在社会交往中，人都需要充当一定的社会角色。社会角色是个人与他人、与各种共同体打交道时的不同身份。社会角色是人的社会规定性的体现，包括人的社会地位、社会权利和义务等。

由于各种社会角色的功能不同，在社会中的作用不同，因而从人生来看，追求充当更重要的社会角色，发挥更重要的作用，也就成为个人发展的需要和动力。社会角色需要包含了马斯洛所说的归属需要，但马斯洛的归属需要，主要是从情感角色，即归属感角度立论的。而我们这里所说的角色需要，是从人是社会存在物的意义上立论的。人作为社会角色总是相对人与人的一定关系体而言。或者说，人作为某种社会角色总是归属于某一社会关系体的，总是在这种关系体中发挥角色作用的。在这种关系体中人才有了归属性。社会角色需要也包括了陈志尚、张维祥所说的服务需要或互助需要。因为社会角色是权利和义务的基础。人在社会中扮演什么角色，那他就有什么样的权利和义务。这其中既包含着服务，又包含着被服务的内容。

第六个层次是享受需要；第七个层次是发展需要。这里，都是吸收和肯定了陈志尚、张维祥先生的见解。至于发展需要与自我实现需要的关系，如上所说，如果把自我实现仅仅理解为某种先天的潜能的发挥，这就很片面。如果把自我实现理解为获得发展和获得全面发展的过程，理解为实现自身价值的不断追求，这样理解的自我实现需要与人的全面发展的需要也就一致起来了。但是话说回来，“自我实现”是一个容易引起歧义的概念，比如，有人可能把某一方面的发展理解为自我实现，这样理解的自我实现也就不包含人的全面发展的意思。另外，有人可能脱离对民族和国家的贡献，而把自我实现理解为为自我的“名利”而自我“实现”，即使能“实现”一些，这种自我实现也不可能是充分的、彻底的，甚至还可能是有害的。因此，为了避免歧义，还是用“发展需要”来表述人的需要的最高层次为好。

当然，我们对人的需要的以上七个层次的划分，也是相对的。这是因为在现实生活中不同层次的需要是相互渗透的，也是在一定条件下相互转化的。比如交往需要包括精神交往，精神交往满足着精神需要，而精神需要的满足，也是一种享受需要，即精神享受需要的满足。这样，交往需要、精神需要和享受需要就有部分内容相互贯穿起来了。二是每一种基本需要本身也是分层次的。当某种低层次的基本需要达到了其本身的高层次，也就与另一种高层次的基本需要联系起来了。比如穿衣作为一种生理需要，是为了满足保暖、遮阳的需要。如果穿衣还可以防弹，比如防弹背心，那么也就体现了安全的需要。如果穿衣还是某种身份的标志，比如校服、警服，那么这就是角色需要。如果穿衣是为了给人美好的印象，那么这就是交往的需要。如果穿衣是为求得别人的赞许和自我心理的愉悦，那么这就体现了精神需要。甚至人们在求偶方面也是如此，最低层次是异性；其次是相貌；然后是性格、气质、能力；最高层次为志同道合。这样也就把求偶与实现理想、成就事业、实现自己的社会价值联系了起来，这就是人的发展需要的体现。对人的结构层次的分析，说到底，是为了揭示和掌握人的需要层次提升的规律。那么，这其中到底有哪些规律呢？对此，需要进行深入的研究。在这里，我们只能进行一些概括性的说明。

5. 人的需要层次提升的规律

（1）人类的需要层次的提升是一个过程，个人需要的提升也是这样。初生婴儿随着年龄的增长和社会活动的逐步开展，使其从一个自然人逐渐变成一个社会人，变成一个社会性愈来愈丰富的社会人。在人生旅途中，其生长发育的需要，安全成长的需要，以及求学、觅友的需要，追求充当社会重要角色、成就事业等的需要，就会依次成为优势需要而表现出来。

（2）人的需要层次的提升说到底是依靠社会条件的不断改善和不断丰富来实现的。因此，要提升人的需要层次，就必须大力发展社会生产力，发展科学技术，不断提高教育水平，不断进行社会制度方面的公平性改革与创新。

（3）人的低层次优势需要得到相对满足以后，以此为基础，高层次的需要才会作为优势需要而被提升起来；另外，高层次需求的追求和相对满足也会促进低层次需要提高水平和质量。比如，人们追求食品的色、香、味，说到底不仅是为了欣赏，也为了吃得更好。志同道合的婚姻不仅使婚姻双方情投意合，也可以使其性生活更加和谐。

（4）随着生产力的不断发展和人的实践能力的不断提高，人的平均劳动时间的日益缩短和人的自由时间的日益增长，人的享受需要和发展需要，特别是人的全面发展的需要，对人类来说，才能真正成为现实的需要和在愈来愈大的程度上得以实现。

（5）随着人类社会的发展，随着人民群众作用的扩大和加强，以往更多地表现为少数人需要层次的提升，而将更多地表现为广大人民群众需要层次的提升。

（6）随着各地交往的发展，全球化进程的加快，人的需要的内容愈来愈丰富多彩，同时人的需要层次的提升也会愈来愈具有全球性、加速性特点。

总之，认识人的需要结构，科学把握人的需要层次提升的规律，对我国坚持以人为本，树立全面协调可持续的发展观，全方位、充分地调动广大人民群众建设社会主义的积极性，促进中国社会主义事业的发展和中国人的全面发展，都具有重大而深远的意义。这是因为：人的需要是形成人的利益追求的根据，是人的活动的内在动力。

二、人的需要与利益追求

（一）利益是人对需要满足的实现和维护

人的利益与人的需要相联系，被人的需要所决定。

1. 利益是人的需要的体现

利益，从词义上解释是“好处”。从深层次说，是指人的需要满足的实现和维护。或者说，实现和维护人的需要的满足，都是利益所在。

可见，利益是以需要主体与需要对象的矛盾为前提的，需要对象的缺乏或既有对象的丧失都是这种矛盾的表现。利益就是以克服或防止需要对象的缺失为根本内容，是以满足需要为归宿的。

比如，我国现在还处于社会主义初级阶段，与世界上一些发达国家和比较富裕的发展中国家相比，我国人民的物质文化生活还处于比较低的水平上。广大人民群众热切期望过上愈来愈幸福、美满的生活。但是我国的生产力水平还不高，于是这就形成了我国现阶段的主要矛盾，即人民日益增长的物质文化需要同落后的社会生产之间的矛盾。解决这个矛盾就是我国现阶段广大人民群众的利益所在。为了解决这个矛盾，就要以经济建设为中心，大力发展生产力，在此基础上，使我国的物质产品和精神产品日益丰富起来。所以，我们党坚持以经济建设为中心，大力发展生产力，既是解决我国现阶段主要矛盾的必需，同时也是我国广大人民群众根本利益的体现。

2. 利益转化为利益追求的条件

利益之作为利益，一旦获得确认，那么，就利益主体而言，也就意味着或必然表现为利益追求，即意味着要为实现这种利益而斗争，意味着这是主体的一种能动的行为过程。

人的需要作为主体内在缺失所引起的一种追求满足的倾向性状态如何才能转化为利益追求这种能动的行为过程呢？这里必须具备两个前提：

一是利益主体必须认识到自己的利益。也就是说，利益主体必须通过认识，形成利益需求意识，这样才谈得上利益追求，才谈得上为实现这种利益而斗争。毛泽东曾经指出："马克思列宁主义的基本原则，就是要使群众认识自己的利益，并且团结起来，为自己的利益而奋斗。"① 如果利益主体根本不清楚自己的利益所在，还处于盲目的、糊里糊涂的情况，那么他就还不是现实的利益主体，而只能是潜在的利益主体，他就不可能形成利益目标，更不可能为这个目标的实现而奋斗。

二是利益主体对利益追求必须获得肯定性预估。也就是说，利益主体在认识到自己的利益以后，还必须对实现这种利益的条件，主要是对象和手段的选择或创造的可能性获得肯定性预估。在这样一个条件具备的情况下，主体的需要才可能转化为利益追求。如果一个利益主体虽然意识到自己的利益所在，但是在他的预估中，如果认为无论经过怎样的努力，也难以实现利益目标，或因缺乏实现利益的手段，或因代价太大，或因惧怕与别人、与社会的利益发生冲突等等，那么，他就不可能形成相应的利益追求目标，自然也就不可能形成实现这种目标的信心、决心和精神动力。当然这种预估可能正确，也可能不正确。但是不管这种预估是正确或是不正确，获得肯定性预估是利益需要转化为利益追求的前提条件，是实现利益的活动目的得以确立的前提条件。

3. 利益是在人与人关系中实现的

由上可见，利益不仅仅是一个反映需要主体与需要对象的关系的范畴，而且还是一个反映不同需要主体之间关系的范畴。因为人是社会的人，人的需要的满足是通过社会实现的。利益是人们实现社会结合的根据，也就是说，人们为追求各自的或共同的利益走到一起，进

---

① 《毛泽东选集》第4卷，1318页，北京：人民出版社，1991年。

行活动，并在实践活动中结成一定的社会关系，其中最基本的是经济关系。社会关系，特别是经济关系是人们满足自身需要，即实现利益的组织形式，因而它是现实的利益关系。一方面，人们在发挥主体能动性，通过实践创造需要对象时，他们是在一定的社会生产关系中进行的，他们的组织方式是满足自身需要的社会方式。另一方面，人们在创获需要对象到满足自身需要之前还要经历一个按一定分配方式分配劳动产品到每一个社会成员手中的过程。而分配方式从来都是与生产资料的占有方式相一致的。它从根本上决定了分配方式，决定了人们在分配中所得利益的多寡。所以恩格斯说："每一既定社会的经济关系首先表现为利益。"① 经济关系体现着一定的物质利益，在经济关系基础上建立起来的其他社会关系，实质上也体现着人们的政治和文化等的利益。因此，社会关系是利益的社会本质规定，利益是受社会关系的性质制约的。

社会关系既然是人们实现利益的组织形式，那么讲利益，就总是在人与人关系中所实现的利益，比如，地主阶级的利益是在地主剥削农民的关系中实现的，资产阶级利益是在资产阶级剥削无产阶级的关系中实现的，个人利益也必然是在个人与他人、与国家、与集体的关系中实现的。在社会主义社会中，正确处理国家、集体和个人三者的利益关系是人们之间利益关系的核心问题，是利益关系的基本矛盾。

4. 关于利益的正当性

由于利益是在人与人关系中实现的，所以利益本身也就包含有一个正当与否的问题。这里的正当，非但不是单纯从个人欲望出发的，也不完全等同于合法利益。正当利益是真正反映了社会整体与社会成员个人的正当关系的利益。合法利益是相对于统治阶级的法律规范而言的。在以往阶级对立的社会中，由于法律是居于社会统治地位的剥削阶级的利益和意志的表现，利益的正当性与合法性，从根本上说，处于尖锐的对立之中。这时，对于被统治的广大人民来说，他们的正当利益往往被看做是非法的，而对于统治阶级来说，他们以社会的名义，或以社会为手段所谋取的权利是合法的，但往往是极不正当的。对社会主义社会来说，利益的正当性与合法性也不是完全等同的，既

① 《马克思恩格斯文集》第 3 卷，320 页，北京：人民出版社，2009 年。

有一致的一面，又有区别的一面。一般地说，凡正当的利益，都是合乎社会主义之法的，都是合法的利益，但合社会主义之法的利益也并非都是正当的。主要有两个方面的原因：一是法律上所规定的合法与非法，只限于现实社会关系中最基本的、最起码的要求，而道德上的正当与不正当，所涉及范围更广，要求也更高。二是法律规定难免有不完善的地方，或不能正确反映个人和社会之间关系的地方。所以无论是阶级对立的社会，还是社会主义社会，都不应该或不能仅仅依据法律规范来判断人们利益的正当与否。只能依据它是否真正反映了社会与个人的正当关系来判断。按照这样一个标准，在社会主义社会中个人利益有一个正当与否的问题，国家利益和集体利益也有一个正当与否的问题。过去我们只讲个人利益有一个正当与否的问题，似乎国家利益和集体利益就是天然正当的，根本不存在不正当的问题。这种理解是不全面的。它不利于维护个人的正当利益，而只能助长对个人利益的侵害。在社会主义社会中，国家、集体和个人三者利益在根本上是一致的，这是没有疑义的，为了实现这种根本一致，就要求在具体利益的处理上，必须如毛泽东所指出的，要兼顾国家、集体和个人三者利益。如果不兼顾，而只顾一头，或国家一头，或集体一头，或个人一头，都无从体现根本一致。这种超出一定限度，只顾一头的利益都是不正当利益，都必须加以调整。

5. 关于个人利益的正当性

如果仅就个人而言，那么什么是个人的正当利益呢？应该说，这个问题不是一两句话就能说清楚的。因为人们的社会生活和社会关系是广泛而错综复杂的，不同的人有不同的个人利益，同一个人在不同时期、不同领域和不同的条件下，在不同的关系和不同的事情上，其个人利益也是各式各样的。因此，如果仅仅着眼于个人，那么确定和判断个人利益正当与不正当的具体标准，也必然是因人、因时、因事而异的。这并不是说，在个人利益正当与否的判断上，不存在统一的社会标准。如果我们着眼于整个社会，把人们的各种不同的个人利益加以综合概括，那么还是有判断个人利益正当与否的统一的社会标准的。

这个标准可以体现在这样几个方面：一是，满足的需要是否是正当的、正常的、健康的需要。凡属于在当时社会条件下，维持其正常生活和工作的物质文化需要，都应视为正常的、健康的需要。满足这种需要，都应视为正当的个人利益。这一点，上文在论述需要的分类时已经作了详细的论述，这里不再重复。二是，满足正当需要的手段是否也是正当的。也就是说，需要正当是前提，手段正当是关键。如果是通过诚实劳动和合法经营获得利益，这种利益就是个人的正当利益。相反，通过弄虚作假、巧取豪夺、化公为私、剽窃他人成果等途径和方式所获得的利益，即使是满足个人必需的物质文化需要，也应视为不正当的个人利益。也就是说，个人正当利益的取得，是不能损害他人和社会的利益的。三是，个人正当利益是应在社会整体利益需要时，能够自觉地加以调节和做出自我牺牲的个人利益。也就是说，个人正当利益，是以保全和发展多数人的共同利益为前提的。比如，洪水来了，一个身强力壮的青年干部不是响应组织号召，积极投身于抗洪斗争之中，而是整个身心放在保全个人的生命和财产上，那么，他所维护的这种个人利益，就不能认为是正当的。在外敌入侵时，如果一个人不愿舍弃个人原有的生活条件和物质利益，投入反侵略斗争，这也不能认为是正当的。

由此可见，在社会主义社会，所谓个人正当利益，就是人们通过正当手段，满足个人正常生活和工作的物质文化需要，并为了社会整体利益而能自我调节和牺牲的个人利益。[①] 上面我们从主体与对象的关系和不同主体之间的关系这样两个角度对利益分别作了说明，总起来说，利益是在人与人关系中实现的需要主体与需要对象的矛盾的解决。

如何解决这一矛盾，是通过实践活动。因此，为了实现利益就必须付诸行动、付诸实践。

（二）利益追求是人一切活动的内在动力

人是进行能动活动的存在物，这是哲学史上许多思想家的共识。但如何说明人进行活动的内在动力，是各有不同的。人们曾分别用“情欲”、“快乐”、“理念”、“生命冲动”、“潜意识”等来加以说明。这些说明不能说一点道理没有，但是没有抓住根本。在马克思主义看

① 以上参见马博宣：《论个人正当利益》，《光明日报》，1981—11—15。

来，精神动力只是人们行为的动力之一，而不是人们行为的最终动因。唯心主义历史观的一个根本缺陷就在于，他们“不去研究隐藏在这些动力后面的是什么，这些动力的动力是什么”。[①] 恩格斯说：“人们已经习惯于用他们的思维而不是用他们的需要来解释他们的行为（当然，这些需要是反映在头脑中，是进入意识的）。这样，随着时间的推移，便产生了唯心主义的世界观。”[②]

因此，是否以需要的满足即利益来解释人的行为，是区别唯心史观和唯物史观的一个重要标志。这里需要指出的是，在马克思主义产生以前，有些唯物主义思想家虽然在一定程度上认识到利益在社会历史发展中的作用。但是，由于历史和阶级的局限使他们离开了人的社会性和历史发展，主要是从生物学意义上对利益进行考察，从人的“感性需要”和“生理本能”的意义上来解释利益的本质，这种解释必然是直观的、抽象的，因而也就不能科学说明利益的历史作用，最后只能陷入历史唯心主义。

唯物史观认为，需要和需要的满足，即利益是人类行为的推动力。马克思曾经指出：“任何人如果不同时为了自己的某种需要的器官而做事，他就什么也不能做。”[③] 马克思还指出：“人们奋斗所争取的一切，都同他们的利益有关。”[④] 普列汉诺夫也说：“利益——这就是一切创造性活动的源泉和动力。”[⑤] 列宁在十月革命后也明确指出：“我国的对内和对外政策归根结底是由我国统治阶级的经济利益和经济地位决定的。这个原理是马克思主义者整个世界观的基础。”[⑥] 总之，离开了利益，一切就无从谈起。

利益支配着人们的思想和行动。为了解决吃、穿、住等问题，决定了人们必须进行物质生活资料的生产。马克思曾经指出，生活在孤岛上的鲁滨逊不管他生活怎样简朴，他终究要满足各种需要，因而要从事各种有用劳动。“像野蛮人为了满足自己的需要，为了维持和再生

① 《马克思恩格斯文集》第4卷，303页，北京：人民出版社，2009年。

② 《马克思恩格斯文集》第4卷，557、558页，北京：人民出版社，2009年。

③ 《马克思恩格斯全集》第3卷，286页，北京：人民出版社，1982年。

④ 《马克思恩格斯全集》第1卷，82页，北京：人民出版社，1956年。

⑤ 《普列汉诺夫哲学著作选集》第1卷，北京：三联书店，649页，1959年。

⑥ 《列宁全集》第34卷，306页，北京：人民出版社，1985年。

产自己的生命，必然与自然搏斗一样，文明人也必须这样做”。[1] 在人类为了实现生存和发展所进行的物质资料的生产过程中，必然产生对物品的占有、支配和使用问题，从而形成生产、交换、分配、消费的方式和关系，产生错综复杂的物质利益关系，并经常发生利益冲突。这种冲突不仅表现为经济领域的斗争，而且表现为政治领域和思想文化领域的斗争。尽管政治斗争和思想斗争往往给人以超功利的外观，或者故意打出某种冠冕堂皇的旗号，而实际上，在这一切的背后，都隐藏着实实在在的利益，搞骗人把戏，也只是为了更多地、更隐蔽地攫取这种利益。二战中，日本帝国主义出兵侵略中国，所鼓吹的“大东亚共荣”的论调；以及某些西方势力不愿看到中国稳步前进、日益强大，所打出的“关心中国的民主和人权”的旗号等等，都是这类骗人的把戏。人们为利益而活动，为利益而斗争，获取利益是人们的一切活动为之旋转的轴心。可见，坚持用利益的观点、用利益分析的方法来看待错综复杂的社会现象，是人们把握其本质的一个重要方法。利益推动着民族的生活，是人们从事各种活动的内在动力。

那么，利益为什么能成为人的活动的推动力呢？这是因为利益作为实现过程就是对需要对象的创造和占有，就是人的活动过程。

人的需要在观念上首先表现为自我意识，需要的自我意识必然要进一步发展为需要的对象意识，并进而要发展到需要的活动意识。比如，人不仅意识到自己有吃的需要，而且还意识到，这个需要的满足，必须有吃的对象——粮食；进而又意识到必须生产粮食。这样，生产和获得粮食就成为人类的一种利益追求，成为活动的目的。

可见利益追求，或活动目的是一个有着丰富内涵的概念。它把主体的客观需要反映为需求意识；把客体的本质反映为客体意识；在此基础上加以综合，把凭借手段如何改造客体使之成为需要对象反映为目的意识。从而把主体和客体、需要和需要对象、需要匮乏和需要满足在观念上联系起来。这种联系的观念性产物就是实践活动所创造的未来事物在人脑中形成的主观形象。或者说，目的就是在主体人头脑中以观念形态预设的实践活动的理想结果。

人们对这种理想结果的期望值愈大，活动的积极性就会愈高。佛

① 《马克思恩格斯文集》第7卷，928页，北京：人民出版社，2009年。

隆认为："人的行为的动力，取决于他本人所期望的力量。"他提出了一个著名的公式：MF=E·V（激发力量=效价·期望），效价即目标价值，即达到目标对于满足主体需要的价值；期望是主体对目标实现可能的预估。这个公式导出了一个真理，即主体从自我需要出发引发的目标价值愈大，估计能实现的概率愈高，那么激发力愈大，表现出来的积极性就愈大。因此，通过实践活动，人们在多大程度上看到自己的需要和利益的存在，并有可能进一步实现它，人们就能在多大程度上产生活动的积极性。十一届三中全会以来，我国在城乡实行的生产责任制之所以能调动人的积极性，关键在于责、权、利的有机联系，使人们在积极活动中能够实现与其贡献相适应的利益，于是人们就越干劲越足。我们党在改革中所实施的一系列措施，在归根到底的意义上，都是为了正确调整人们的利益关系，都是为了激励人们追求正当利益的需要和动机，并把这种追求转化为对集体和社会做贡献的动力，转化为推动生产力发展的动力。

这样，人的需要和利益反映在人的意识中，首先产生对满足这些需要的生活资料的渴求。这种渴求"作为动力和目的""是生产的前提",[①] 它激发人的劳动创造热情，选择和创造劳动工具和劳动方式，实现对客观世界的改造，创造出劳动产品，通过消费满足人的需要。可以说，需要的满足过程，是人们进行能动活动的过程，也就是创造生产力内在动力的过程。

这是因为被主体人所创造出来的生活物品在消费过程中，不仅扬弃了客体的外在性，满足了主体原先的需要，而且更主要的，消费还开发了人的潜力，从而创造了人的新的素质。具有这种新素质的主体，随之也就产生了新的需要。正如马克思所说："已经得到满足的第一个需要本身、满足需要的活动和已经获得的为满足需要而用的工具又引起新的需要"。[②] 这是一方面。另一方面，消费对主体素质的提高和丰富，反过来又为人的活动能力的发展、为新的需要的满足，提供了条件。因为人本身是进行各种活动的内在基础。"因此，所有对人这个生产主体发生影响的情况，都会在或大或小的程度上改变人的各种职能

---

① 《马克思恩格斯文集》第8卷，15页，北京：人民出版社，2009年。

② 《马克思恩格斯文集》第1卷，531页，北京：人民出版社，2009年。

和活动，从而也会改变人作为物质财富、商品的创造者所执行的各种职能和活动”。[①] 可见，需要随着生产力和人的其他主体力量的提高而不断发展，需要的满足，即对主体素质的开发和积极性的调动，又为促进生产力和人的其他主体能力的进一步发展提供了可能。在这一过程中，主体的需要与满足的矛盾的不断产生和不断解决，也就构成了社会发展和人的发展的内在永恒的动力。

（三）不同利益对不同主体的激励作用不同

上文说明了正当的利益追求，对人和社会发展的意义。另外，还应指出的是，仅就正当利益而言，不同性质的利益对不同利益主体的推动作用是不一样的。这里有以下三种情况需要提出来加以说明。

1. 关于物质利益和精神利益的推动作用

物质利益和精神利益对于利益主体的行为都具有推动作用，但各自的推动作用在人类社会发展的不同时期是不一样的。在人们的温饱尚未得到满足的情况下，物质利益对主体行为的推动作用是基本的、主要的。从历史发展的趋势看，随着社会物质文明和精神文明的不断发展，随着人们从温饱走向小康、从小康进一步走向富裕的过程，随着物质饥渴得到愈来愈大的满足，精神饥渴也就愈来愈凸现出来。与此相联系，精神利益的推动作用将日见显著。但是，精神利益的推动作用又不能脱离物质利益的推动作用而孤立存在，特别是社会主义初级阶段更是如此。邓小平曾经指出：“不讲多劳多得，不重视物质利益，对少数先进分子可以，对广大群众不行，一段时间可以，长期不行。”又说：“革命是在物质利益的基础上产生的，如果只讲牺牲精神，不讲物质利益，那就是唯心论。”[②] 邓小平在这里所表述的是对社会主义物质利益原则的唯物主义态度。另外，从发生学角度看，精神利益及其推动作用是在物质利益及其推动作用发展到一定程度的基础上才产生的。离开了物质利益的作用，精神利益的作用就无所寄托和傍依；当然，离开了精神利益的作用，社会发展的推动力也会十分有限，人的发展也会陷于一种片面性。

---

① 《马克思恩格斯全集》第 26 卷（Ⅰ），300 页，北京：人民出版社，1972 年。

② 《邓小平文选》第 2 卷，146 页，北京：人民出版社，1994 年。

西方发达资本主义文明的发展，提供了人们日益丰裕的物质生活，但是它无法给人们提供高尚的、健康的精神生活，它所鼓吹的是那种诱导人性中的庸俗、卑劣方面的消费文化、性文化和暴力文化。因而在他们那里，物质的富有和精神的空虚形成了鲜明的对照。资本主义制度本身的性质决定了它无法发挥健康精神的推动作用，而不健康精神的销蚀作用则不可避免。这已经使一些西方发达国家自食恶果。我们在发展社会主义商品经济、在进行现代化建设的过程中，一定要吸取西方一些国家的教训，要坚持物质文明和精神文明两手抓，既要充分发挥物质利益的推动作用，也要充分发挥精神利益的推动作用。我国优越的社会主义制度决定了我们必须这样做，而且能够这样做。

2. 关于眼前利益与长远利益的推动作用

眼前利益和长远利益对于利益主体的行为都具有推动作用，但是这种作用对不同层次的利益主体是不一样的。我们这里讲的眼前利益和长远利益，指的是人民的眼前利益和长远利益。人民的眼前利益是人民群众现实生活需要的满足，人民的长远利益就是人民群众未来生活需要的满足。从根本上说，人民的眼前利益和长远利益是一致的，因此，在满足人民眼前利益的时候，应以不损害人民的长远利益为前提；在为实现长远利益而斗争时，又不要忘记以满足人民的眼前利益为基础。在人民群众中有先进分子，也有一般群众。就先进分子来说，由于其对于社会发展规律的深刻了解，因而在为人民群众的长远利益而奋斗时，能够自觉地牺牲个人的眼前利益，甚至不惜献出自己的生命。而对一般群众来说，他们首先还是以能否得到直接的现实利益来考虑问题、来决定行动的，因而他们更看重的是眼前利益。对他们来说，眼前利益的推动作用大于长远利益的推动作用。因此，共产党人制定政策，应该从满足人民群众的现实需要出发，从人民的眼前利益出发。这不是一项任意的规定，而是历史唯物主义的基本观点所要求的。其次，也只有从人民的眼前利益出发，才能调动群众为实现长远利益而奋斗的积极性。早在第二次国内革命战争时期，毛泽东就曾正确指出："要得到群众的拥护吗？要群众拿出他们的全力放到战线上去吗？那末……就得关心群众的痛痒，就得真心实意地为群众谋利益，解决群众的生产和生活的问题，盐的问题，米的问题，房子的问题，衣的问题，生小孩子的问题，解决群众的一切问题。”① 我们的党和军队在革命战争年代正是这样做的，因而广大群众从切身的感受中真正认识到共产党是代表他们利益的，是和他们呼吸相通的，他们把革命当做自己无上光荣的旗帜，踊跃参军参战，组成了真正的铜墙铁壁，所以才取得了民主革命的胜利。进入和平建国时期，特别是改革开放以来，我们党一直强调要给群众办好事、办实事，要给群众以实惠。为此，党中央制定了一系列正确的方针政策，极大地调动了广大人民群众的积极性，从而受到了广大群众的热烈欢迎。究其原因可以总结好几条，但最根本的一条，是这一系列方针政策都是从广大人民群众的眼前利益出发制定的，同时也为广大人民群众开辟了过上更美好生活的道路。因此可以说，谁热衷于群众的长远利益，谁就必须首先热衷于群众的眼前利益，从群众的眼前利益出发，切实解决群众的实际困难，并引导群众从眼前利益的满足中，认识自己的长远利益，团结起来为实现长远利益而奋斗。

3. 关于个人利益与集体利益的推动作用

个人利益和集体利益对利益主体的行为都具有推动作用，但是这种作用对不同层次的利益主体也是不同的。就先进分子而言，他们首先关心的是集体利益、社会的共同利益；而对一般群众来说，他们首先看到的是个人利益。对他们来说，个人利益的推动作用大于集体利益的推动作用。因此，党和政府制定政策应该从维护群众正当的个人利益出发。当然这不是一项任意的规定，因为从马克思主义的观点看来，“人们的社会始终只是他们的个体发展的历史”。各个历史时期的“物质的和个体的活动”是推动着和创造着社会历史的根本力量（马克思语）。所以列宁在总结苏联社会主义建设经验时指出：“必须把国民经济的一切大部门建立在同个人利益的结合上面。共同讨论，专人负责。由于不善于实行这个原则，我们每走一步都吃到苦头。”② 列宁还说过：“如果不提出经济要求，不直接而迅速地改善劳动群众的状况，劳动群众是永远也不会同意去考虑什么全国的共同‘进步’的。”③ 这

---

① 《毛泽东选集》第 1 卷，138—139 页，北京：人民出版社，1991 年。

② 《列宁选集》第 4 卷，582 页，北京：人民出版社，2012 年。

③ 《列宁全集》第 21 卷，325 页，北京：人民出版社，1990 年。

就是说，忽视群众的个人利益，也就会使整体利益落空。那么，这样说，是不是可以看轻或忽视人民群众的整体利益呢？不能。人民群众的个人利益和整体利益是一致的。因此，这里的关键在于，必须把代表整体利益的整体目标与代表人民群众个人利益的个人目标有机地统一起来。使整体目标寓含于个人目标之中，或者说，在实现整体目标的过程中实现个人目标。比如，实现个人富裕是我国人民在当今的个人目标，实现共同富裕是我国人民的整体目标。个人的富裕有先富和后富之分。我们党允许一部分人、一部分地区通过诚实劳动和合法经营先富裕起来，并用先富带后富、后富赶先富的方法来逐步实现共同富裕。这样就把个人的富裕与共同富裕统一起来，因而也就获得了广大人民群众心悦诚服的拥护。

三、主体活力的利益激励

（一）社会活力是社会主体人的活力

什么是活力，早在远古时代，人们在对支配自然界生命体的某种神秘力量的猜测中，就提出了“活力”一词。后来，随着人类认识和实践能力的提高，特别是生物学研究的兴起和发展，活力较多地在一般生物学意义上被使用，指生物有机体旺盛的生命力。马克思主义产生以后，在对社会有机体的研究中，也常常指称社会是一个活生生的有机体。马克思说，社会是“一个能够变化并且经常处于变化过程中的机体”①。列宁也不止一次地说过：“我们把社会看做活动着和发展着的活的机体。”②

很显然，社会不是一个纯自然的物质实体，它是“活”的，不是“死”的。但社会机体的“活”与生物机体的“活”又有着本质区别。生物机体的“活”是在生物本能活动中按照生物规律运行的“活”，社会机体的“活”则是在人的实践活动中，特别是人的物质生产活动中，按人的活动规律，即社会规律运行的“活”。

---

① 《马克思恩格斯全集》第23卷，12页，北京：人民出版社，1972年。

② 《列宁选集》第1卷，55页，北京：人民出版社，2012年。

因此，社会活力是指社会有机体生命力和发展力的旺盛。其实质是人的活力，是以个人活力为基础社会地组织起来的活力，或者说，是社会主体人的活力。因为社会是人的社会，人是社会的主体，人的实践活动推动了社会的运动和前进。在社会主义国家中，人民群众是社会的主人，因此，社会主义社会的活力，说到底是广大人民群众的主体活力。所以，邓小平认为："社会主义现代化建设的极其艰巨复杂的任务摆在我们的面前。很多旧问题需要继续解决，新问题更是层出不穷。党只有紧紧地依靠群众，密切地联系群众，随时听取群众的呼声，了解群众的情绪，代表群众的利益，才能形成强大的力量，顺利地完成自己的各项任务。"① 只有依靠工人、农民、知识分子，依靠我们的人民军队，维护和加强各民族的团结，巩固和发展新时期的统一战线，激发全中国人民的主体活力，才能实现社会主义现代化。

人的主体活力是召唤到社会实践中去的一种现实的主体能动力量。它是劳动者生命力旺盛的具体表征。从它的构成来说，主要包括三个方面，即劳动者的体力、智力和激活力。体力是主体活力的生理物质基础；智力是主体活力的知识才智基础；激活力是主体的精神心理基础，激活力也就是人们通常所说的积极性及作为其表现的主动性、竞争性、创造性等。这三者相互联系，相互作用，构成了主体的活力系统。

主体的激活力是主体活力的最重要的方面。如果没有激活力，主体自身所潜在的体能和智能，就不能激发出来，就不能在现实中表现为现实地发生作用的力量，特别是现代社会中，激活力的作用愈来愈突出，甚至到了举足轻重的地步。

激活力作为人的一种精神状态，包括情感、情绪、意志、注意力、紧张度等等。如果人的精神处于激活状态，那就表现为精神振奋、心情愉快、热情高涨、精力充沛、注意力集中，主动性、竞争性和创造性活跃。反之，如果缺乏激活力，则表现为精神不振、情绪不佳、缺乏热情，注意力分散，主动性、竞争性和创造性消退等等。可见，激活力是人的能动性的一种最基本的表现形式，是人从事任何活动所必不可少的前提条件。劳动者激活力的有无或大小，直接决定着劳动者

① 《邓小平文选》第2卷，342页，北京：人民出版社，1994年。

的体力和智力的发挥以及发挥作用的程度。据现代行为科学研究，一个人如果积极性很高，他就可以发挥出他的80%-90%的才能。反之，如果没有积极性和主动性他就只能发挥出他的才能的20%-30%，相差悬殊。

人的主体激活力来自于他对自身利益、集体利益和国家利益乃至人类利益的深刻认识和理性自觉，换句话说，主体激活力是人的世界观、人生观、价值观等思想政治素质的外在表现。劳动者的思想政治素质决定了劳动者以什么样的状态投入生产过程，决定了劳动者有无劳动自觉性以及自觉程度之高低。毛泽东曾提出“应该使受教育者在德育、智育、体育几个方面都得到发展，成为有社会主义觉悟有文化的劳动者”的教育方针。在新时期，邓小平也一再强调要培养“有理想、有道德、有文化、有纪律”的一代新人。这里说的主要是劳动者的思想政治素质问题。只有具有良好的思想政治素质，才能使劳动者形成内在的激活力，从而充分激发劳动者的主体活力。因此，我们在进行物质文明建设的同时，还必须加强全社会的精神文明建设，提高劳动者的思想政治素质。

马克思认为，人的活力是人的本质力量在对象化活动过程中的积极实现和表现。在现代化生产条件下，发挥劳动者的主体活力，尤其有重要的意义。一是因为企业中的脑力劳动的比例不断提高，脑力劳动主要是运用知识和思维，而知识和思维是不能像体力劳动的成果那样，用工时和定额等硬指标来加以评价和考核的。这样也就在相当程度上要依靠劳动者自身的主动性、责任心。二是在现代化生产中，传送带流水线组织形式，反映了大生产一定阶段的特点。它一方面提高了劳动生产率，保证了产品的质量，但同时又带来了工作的单调和紧张。因而这就需要劳动者激发更大的热情和表现坚强的意志。又比如，随着工业生产的高度自动化的发展，在装配性流水线生产中，大量的操作由机械手代替，使工人从传送带的紧张劳动中解放出来，使工人处于监视、调整和检查的岗位上，为了适应现代生产的这一要求，也需要劳动者具有更负责任的态度和稳定的情绪。三是现代科学日新月异，市场行情变化多端，在不断深化的世界性联系和激烈的竞争中，提出了众多的挑战，也提供了众多的机遇，保持积极进取的精神状态，就有助于适时抓住机遇，从而带来成功的希望；反之，消极被动的精神状态，就会使良机坐失，从而也就可能陷于失败的境地。

在现代化生产中，劳动者主体活力的重要作用，已经被越来越多的人所认识。经济学家们呼吁，不要忽视人，要把人当成目的。认为只有尊重人、关心人，企业才会产生永恒的推动力。一些管理学家通过对管理实践的研究也认识到，调动劳动者的积极性是企业成功的秘诀，是企业管理的核心，是一门高超的艺术。并且认为，能否掌握这门艺术，这是评价和考核现代企业管理人员是否称职的一个重要标准。在资本主义企业管理的发展史上，资本家起初重视对物的管理，并用对物的管理方式来实施对人的管理。随着生产力的发展，工人在生产中地位和作用的上升，这一套管理方式越来越不灵了，它只能引起工人的消极和懈怠，并不断激起工人的不满和反抗。这就迫使资本家不得不更换管理方式，注意调动人的积极性。管理方式的这种改变，一方面表明了资本家千方百计地促使工人为他们卖命，但另一方面也应该看到，其中透露出一种客观的趋势，即劳动者主体活力的激发，已经愈来愈成为现代生产力发展的关键。特别是在当代这样一个世界规模的寻求高速发展的角逐和竞争中，谁的活力大，谁就可能在竞争中取胜。

诚然，在资本主义社会中，资本家是不可能“把人真正当人”来看待的，是不可能充分调动人的积极性的。在社会主义社会中，情况就根本不同了，社会主义根本制度和社会主义生产的根本目的，为劳动者发挥积极性提供了根本保障。相对于资本主义来说，它具有先天的优势。当然，如何把这种优势发挥出来，这里需要加以研究和按科学精神办事。所谓按科学精神办事，就是要科学运用利益激励机制，充分调动广大人民群众的主体活力。

（二）保障正当利益，激发主体活力

如上所说，人们所争取的一切，都同他们的利益有关。离开了利益的推动，离开了人的主体活力，社会就不能发展和进步。但并非任何人在任何时空条件下，对任何利益的追求，都对社会发展起推动作用。只有当人们追求一定利益的方式、手段和途径顺应了社会的发展，即其利益取向与社会发展的方向一致时，才能对社会发展起推动作用。否则，就会对社会发展起阻碍作用。这里提出了一个如何使人们追求

正当利益，摒弃非正当利益的问题。这也是科学运用利益机制，激励人的主体活力所必须要解决的首要问题。为了有效地解决这个问题，必须依靠道德自律、舆论导向、法制规范等的综合作用。

众所周知，物质利益驱动成为支配人的行为的重要动机。这种因素有时强烈到冲破人类一切道德准则的程度。在这种情况下，利益主体的道德修养和道德观念必然参与其行为动机的形成。拿经济行为来说，一方面，作为经济人，他不得不遵循经济规律，谋求经济利益；另一方面，他作为道德人又不能不考虑这样一种选择：是为了追求自身最大物质利益而不顾任何道德准则，还是在尊重这些道德准则的前提下取得适当的物质利益。应该说，采取这两种选择的可能性都有。如果利益主体的道德水平比较高，那么做后一种选择的可能性就比较大；如果利益主体的道德水平很低，那么做前一种选择的可能性就比较大或很大。

如果利益主体的道德自律性很低，如何使追求不合理利益的可能性选择，不变为现实性选择，这里有一个重要因素就是要发挥正确舆论的导向作用。利益主体的个体道德观念如何固然首先靠自己，但社会舆论导向对此有很大影响。在激烈的市场竞争与物质利益驱动面前，个体的道德选择往往被社会舆论所左右。良好的道德环境和道德舆论，使弃恶扬善成为大势所趋，人心所向，那些消极、腐败、丑恶的东西就会成为过街老鼠，人人喊打，极少数不稳定分子，迫于道德压力，也就不敢轻举妄动。反之，错误的舆论导向，比如前一段时期盛行的“一切向钱看”、“有权不用过期作废”等等就是把利益主体驱动引向追求不正当利益的重要因素之一。对某些人而言，如果个体道德自律失效，正确的社会舆论也不起作用，那么保障正当利益，取缔和打击非法利益的另一道防线就是法制。

法制具有普遍性的特点。在法律所涉及的范围内，任何利益主体都必须服从法律规范。法律对于所有公民都是适用的。法律面前人人平等。不论公民的民族、性别、职业、出身、信仰、教育状况、居住期有什么不同，都平等地享有国家宪法和法律所赋予的各项权利和利益。公民的权利和利益遭到侵犯时，一律平等地受到国家司法机关的保护；同时所有公民都要履行宪法和法律所规定的各项义务，遵守宪法和法律的规定，不允许做法律所不允许的事。任何人只要触犯了法律，都要依法受到制裁。一些人靠走私、贩私、贪污受贿、欺行霸市、造假卖假等手段谋取非法利益，就要绳之以法，加以打击、取缔。如果法律失效，那么社会上各种谋取非法利益的行为就会大量发生。法律失效的一个主要原因是执法者有法不依，执法不严。近若干年来，社会上“假冒伪劣”盛行，主要也是执法之手太软。

(三）发挥系统利益原则的综合效应

在解决了保障正当利益、打击非法利益的前提下，对如何坚持利益原则，也必须做全面的理解，即必须明确，我们所坚持的不是片面的物质利益原则，而是以物质利益为基础的系统利益原则，即包括物质的、政治的和精神等在内的协调并进的综合利益原则。①

在改革开放以前，由于“左”的错误的危害，人们不敢坚持物质利益原则，总是把物质利益与个人主义联系起来加以批判，因此极大地伤害了人民群众的感情，挫伤了人民群众的积极性和创造性。十一届三中全会以来，党中央号召大力发展生产力，在经济体制改革中，首先确立了人民群众的物质利益的合理地位，从而极大地调动了人民群众的积极性，使我国社会主义事业获得了巨大的发展。那么能否由此认为，坚持利益原则，就是坚持物质利益原则，因而只讲物质刺激，就万事如意了呢？许多事实证明，单靠物质利益调动起来的积极性是有限的、不能持久的。在一些企业中，由于单纯实行物质利益原则，处处以钱开路，有时不但会碰壁，而且还会产生副作用。比如，有些人就是甘愿经济上受罚，而不积极工作；又比如，某些工作条件艰苦的工种，尽管岗位津贴很高，但还是人心思走。这些事实告诉人们，物质刺激不可少，但物质刺激也不是万能的。

这里说到底涉及对人的正确理解。人固然不是没有需求的机械人，但也不是只有物质需求的“单向度”的经济人，而是一个扮演多重社会角色、具有多层次需要和利益的社会人。特别是当人的生存需要得到相当程度的满足，即实现温饱并逐步进入小康和富裕阶段以后，不仅物质需要获得了新的内容，而且精神的、政治的需要也强烈地表现出来。对应这三种需要，也就有了三种利益，即物质利益、政治利益

① 参见张丽英：《综合利益机制及其作用》，《争鸣》，1987（4）。

和文化利益。

物质利益可以引发人们的行为动机，政治的和文化的利益也可以引发人们的行为动机。亚当·斯密早在200多年前就认识到，人的行为动机并不都是经济的，还有身份、受人尊敬、尊重、道德完善、品格锻造等方面的动机。恩格斯说得更生动，“无论历史的结局如何，人们总是通过每一个人追求他自己的、自觉预期的目的来创造他们的历史……因此，问题也在于，这许多单个的人所预期的是什么。愿望是由激情或思虑来决定的。而直接决定激情或思虑的杠杆是各式各样的。有的可能是外界的事物，有的可能是精神方面的动机，如功名心、‘对真理和正义的热忱’、个人的憎恶，或者甚至是各种纯粹个人的怪想”。[①] 恩格斯的这一段话，不用举例，对于任何一个普通人来说，都是能够理解的。

既然人的利益是多方面的，而且这多重利益都可以引发人的行为动机，因此，对于社会主义事业的发展来说，就必须兼顾劳动者多方面的需要，坚持系统利益原则，从而全方位地调动劳动者的社会主义积极性。

要调动广大劳动者进行社会主义建设的积极性，这是一个涉及很广的、有多种因素交织其间的复杂问题。一个社会主义国家民主建设的程度、经济关系的合理程度、思想文化的发展程度、道德和社会风尚是否良好等等，都能够在这个问题上有所反映。可以说，劳动者的积极性是整个社会关系的一个综合的、灵敏的显示仪。一般说来，社会关系中的生产关系对劳动者积极性的影响又是最基本、最直接的。因此，研究如何发挥劳动者的社会主义积极性这个问题，必须首先将其置于生产关系以至全部社会关系的高度，从总体上加以把握。十一届三中全会以来，我们党领导的思想解放运动，所实施的政治进一步民主化、制度化的一系列措施，所进行的从乡村到城市的经济体制改革，其目的都在于从思想、政治、经济等多方面改善社会关系，满足人民多方面的利益需要，以激发亿万人民群众的积极性，加速我国现代化事业的发展。这是从宏观角度说的。

从企业微观角度来说，要调动劳动者的积极性，就必须坚持以人

---

① 《马克思恩格斯文集》第4卷，301页，北京：人民出版社，2009年。

为中心或“以人为本”的理念，来进行经营。企业经营就其指向来说包括：①劳动者的个体意识与行为；②劳动者的群体意识与行为（个人和组织间的相互评价和相互作用、群体中的人际关系、信息传递方式等）；③领导的意识与行为（领导者和被领导者，以及环境在内的整体）；④企业的观念改变与应变行为，等等。对劳动者管理的目的，在于调节劳动者的意识和他们之间的关系，以便为劳动者发挥工作积极性提供可能的条件。就劳动者的意识来说，其中包括劳动者的理想、人生态度、情趣、劳动动机、需要、达到目标等等。劳动者之间的关系包括这一部分工人与那一部分工人；直接操作人员与管理人员、技术人员之间的关系，等等。对于劳动者个人来说，可以利用多种激励手段，从而创造一种引导劳动者努力前进的文化氛围。这些手段包括：目标激励（目标指导激励，比如争当先进生产者、操作能手）、形象激励（通过摄影、电视等手段，展示劳动者的美好形象）、内在激励（让每个劳动者从内心深处认识到自我工作的价值和自我存在的价值）、荣誉激励（满足劳动者对荣誉的追求）、兴趣激励（满足职工的多种兴趣、爱好）、物质激励（发挥工资、奖金等各种物质手段的刺激作用）。总之，只有坚持以物质利益为基础的综合利益原则，运用多种手段，才能构成较为完整的动力机制，产生强大的效应力，从而大大调动劳动者的积极性。

（四）坚持效率公平统一原则，激发群众主体活力

要很好地发挥利益激励机制对促进社会主义现代化事业的推动作用，在我国现阶段坚持效率优先、兼顾公平的价值原则是十分重要的。

效率是投入与产出的比例问题，它是生产力发展水平的标志。我国现阶段的中心任务是提高效率，大力发展生产力，增加社会物质财富的总量。人们提高效率说到底是为了满足或更好地满足自己的需要。如果没有效率，或效率低下，那么人们的需要就难以得到满足，或难以得到很好的满足。由此，效率原则成为经济领域的最高原则。

为了提高效率，就要充分调动劳动者的积极性，就要关心劳动者的利益实现，就必须坚持利益与劳动的正比原则。所谓“正比原则”，就是利益的获得与劳动的贡献成正比的原则。正如马克思所说：“生产

者的权利是同他们提供的劳动成比例的。"[①] 也就是说，必须坚持按劳分配，多劳多得的原则。只有把劳动者所提供的劳动的数量和质量的差别与劳动者个人之间在分配和生活上的差别联系起来，才能借助劳动者对获利多少的关心，调动他们的生产积极性，去认真进行劳动，努力学习技术，从而促进效率的提高，促进生产力的发展，为社会做出尽可能多的贡献。过去那种大锅饭式的分配制度和铁饭碗式的用人制度之所以很难调动人的劳动积极性，就是因为劳动者的个人利益不为他付出的劳动所决定。对他个人来说，生产与不生产、生产的多与少、好与坏都是无关紧要的。劳动活动与利益享受的这种分离，必然窒息劳动者的生产积极性。因此，那种收入分配上的平均主义，不是鼓励先进，而且鼓励落后；不是鼓励干社会主义，而是鼓励吃社会主义。这样势必助长偷懒、消极、自私、不劳而获等不良风气的滋长。所幸我们通过改革，已经从根本上改变了这种状况。

人们发展生产力，提高效率是在一定社会结构、一定生产关系中实现的，确切地说，是在一定的公平合理的关系中实现的。什么是公平？公平是同一社会规则对其适用范围的不同社会成员所体现的普遍规范性。在不同时代、不同社会、不同领域中，公平的规则或标准不同，因而公平具有历史性、相对性。与此相联系，公平在阶级社会中也就具有了阶级性。我国现阶段的公平，从经济领域的目标来说，就是全中国人的共同富裕。为了实现这一理想的价值目标，我们就要逐步实现参与经济活动机会的公平，即每个社会成员都应有大致相同的基本发展机会（事前原则）；经济活动过程的公平，指不同的经济主体在经济活动中的竞赛规则、竞争条件等方面的公平（事中原则）；经济活动成果分配的公平，是指每个社会成员应根据其贡献来获得因他提供的服务而应得的一份收入。这种贡献，包括提供的劳动创造和生产要素两个方面，因此，按劳分配与按生产要素分配是经济利益分配的首要选择（事后原则）。但是，在我国现阶段，事前的公平还很难达到，事中的公平也还存在相当距离。事后的公平也只是效益意义上的公平，而不是社会意义上的公平。不仅如此，按劳分配与按生产要素分配还会形成穷者愈穷、富者愈富的马太效应，从而与共同富裕的实

① 《马克思恩格斯文集》第3卷，435页，北京：人民出版社，2009年。

现产生矛盾，而且两极分化的形成，还势必会引起生产过剩、价格低落、经济停滞和层出不穷的社会动乱。

为了避免这种情况的发生，社会主义收入分配强调效率优先的原则，同时又必须高度关注公平，这样才能调动广大群众的主体活力。改革开放以来，我们党开辟了一条通向效率优先、兼顾公平的收入分配之路。这条道路就是，效率优先通过充分发挥市场机制的决定性作用来体现，兼顾公平则主要通过加强政府宏观调控来保障。

市场经济是以市场为基础分配社会财富的，政府一般不直接干预国民收入的这种初次分配过程，不影响效率优先原则在初次分配过程中的贯彻，但市场化收入分配并不排斥政府通过宏观调控对收入进行调控，即进行二次分配。市场经济发达的国家越来越重视政府在调控收入分配差距中的作用，社会主义国家更要强化政府对两极分化的防范功能和共同富裕的保障功能。

市场经济强调公开、平等竞争，但由于自然的、社会的原因，不发达地区的技术、人才、基础设施等条件不可能与发达地区相提并论，因而在市场竞争中处于不利地位，造成不同区域之间收入差距的拉大。政府调控的一个重要任务就是要缩小地区收入差距，以实现共同富裕。我国在21世纪初实施的西部大开发战略，就是逐步缩小东西部发展差距的一个重大举措，一个最大的共同致富工程。这是其一。其二，财政转移支付是缩小地区差距的重要手段。为了实现社会公平，政府利用所得税等税收形式把高收入者的一部分收入转到国家手里，作为收入保障基金的来源，再通过财政转移支付，为低收入地区和低收入者提供收入保障。其三，优先在西部地区安排资源开发和基础设施建设项目，如目前安排的西电东送、西气东输工程，对于全国性的其他西部资源开发项目，国家也实行了投资倾斜。

共同富裕的最终实现有赖于个人收入差距的缩小。由于市场难以防止个人收入的过分悬殊和非合理因素参与收入分配，因而政府宏观调控的一个重要使命，就是对个人收入分配的调控。

个人收入差距的拉大，既有合法的也有不合法的，既有合理的也有不合理的，既有公平的也有不公平的。政府调控个人收入要实现公平分配的目标，就必须保护合法收入，取缔非法收入；规范合理收入，整顿不合理收入；调节过高收入，保障低收入者生活，以解决收入过分悬殊的问题。

当然，市场调节的一次分配、政府调节的二次分配在实现公平分配方面还会存在空白点，即当市场调节分配产生较大的收入差距，而政府调控的公平原则未覆盖社会的每一个家庭、每一个人时，家庭内部的收入转移就是通过亲情维系的，社会上人们之间的互助共济也是靠思想道德调节的。我国学者把社会领域中思想道德对个人收入分配的调节称为“第三次分配”。[①] 第三次分配的实质就是要发扬互济互助、促进共同发展、共同富裕的集体主义和社会主义精神，关心左邻右舍，热心扶贫济困，支持公益事业，回报社会，奉献人民，以求互助之利、长远之利、共同之利。

在承认一次分配收入差距的前提下，通过二次分配、三次分配对利益关系进行调整，使社会成员普遍得到由社会发展所带来的收益。这样，承认收入差距的存在，以利于生产效率的提高，又不使差距过大，引发种种抵触和冲突，从而使整个社会实现一种相对稳定的正常运转，这就有利于调动全国广大人民群众的积极性、创造性。因此，二次、三次分配所体现的社会公平并不影响效率，而且在更大范围、更长时期内促进效率的提高。当然，也不能搞公平至上，损害效益。只有坚定不移地实践效率优先、兼顾公平的原则，我们才能实现共同富裕的目标。

---

① 参见厉以宁：《股份制与现代市场经济》，77 页，南京：江苏人民出版社，1994 年。

第五章　人的价值及人生选择

研究人的种种问题，从价值指向来说，都是为了人，是服务于人的价值实现的。因此，人的价值及其实现也就成为人学研究中的一个根本问题。人的价值是指人有什么意义，或者说人活着有什么意义。换句话也可以说，人怎样活才有意义。其核心就是人的幸福问题，也即是如何生活得更好的问题。幸福是人生所追求的价值得到圆满实现的理想状态，因而幸福就成为人生价值追求的总体目标，同时也是人生价值追求的最后目标。人的价值问题的研究，其目的就是为人的生活，包括为个人生活和社会生活提供一般的价值原则和基本行为规范，以引导人们求得真正的幸福。

一、人的价值

（一）价值是客体对主体的效应

1. 关于价值主体

价值主体是什么？迄今为止，哲学界尚未形成统一的认识。

目前学术界在这个问题上有以下三种观点：

一是认为，任何物都可以充当价值主体。也就是说，不仅人，不仅一切生命体，而且一切无生命体都可以充当价值主体。比如，风吹云散，雨过山青，在这里，风对云就有价值，云充当了价值主体；同样，雨对山就有价值，山充当了价值主体。

二是认为，一切生物都可以充当价值主体。一切生物都有需要，满足需要的就有价值。比如，水对植物有价值，氧气对动物有价值。在这里，植物、动物就充当了价值主体。那种强调“自然权利”及“自然与人是平等主体”的生态中心主义，所持有的就是这种观点。

三是认为，价值主体是人，包括人类的个体和群体。

怎样看待这三种观点呢？

那种认为无生物也可以充当价值主体的观点是没有根据的。因此，上述第一种观点不能成立。诚然，无生物之间存在着普遍的相互作用。这种相互作用，就一物引起另一物的关系而言，表现为因果之间的联系。如风吹云散、雨过山青，以及水滴石穿等等。但是这种无生命物质之间的因果联系，是纯粹自在的、物理的、化学的联系。这种联系的双方只有因果之别，而无主次之分。对引起了某种结果的非生命物质而言，无所谓价值，无所谓好与坏、善与恶等等。谁能说清楚水滴石穿，对石头而言有什么价值，谁也说不清楚。这不是人的无能，而是无生命物质根本就不能作为价值主体而存在。也就是说，这个问题提出的本身就是错误的，是一个假问题。当然，这样说，并不排斥非生命物质相互作用的结果对作为主体人而言的意义。

那种认为生物体可以充当价值主体的观点，似乎有某种可取之处，但细加分析，也是不能成立的。因而这第二种观点也不可取。一切生物体都有自己的需要，当然也就相应有满足需要的对象。有的论者把需要对象满足需要者的关系理解为价值关系，因而需要者就是价值主体。比如牛吃草，牛就是价值主体。这个推论是牵强的。因为在牛吃草的这种关系中，只是萌生了主次之别，而无主客之分。所谓主次之别，是指作为需要者的生物体在觅取需要对象的过程中具有一定程度的趋向性、选择性。相对而言，需要对象则处于被觅取、猎获、消费的被动地位。但是生物体的这种趋向性和选择性，是以生物体对需要对象的绝对依赖为前提和根据的。诚然，人作为主体也依赖客体，但那是一种相对的依赖，是具有主体自由度的依赖。这里的自由度是指，主体在改造和创造客体的过程中，是对作为一个前提条件的客体的依赖。可见，作为需要者的生物体与需要对象的关系，在总体上还是本能的、自发的，适应环境（包括需要对象在内）的关系。也就是说，在这种关系中，生物体还不是创造和支配需要对象的主体，需要对象也不是被创造、被支配意义上的客体。需要对象与生物体之间的关系仍然是一种纯粹自然的关系，对生物体需要的满足还只是一种生物效应。当然，这也不排斥这种生物效应对作为主体人而言的意义。

第三种观点是可取的、正确的。即价值主体只能是进行社会实践的人。人作为能动的社会存在物，其本质特征就在于，能进行有目的的社会实践活动，从适应环境发展到能动地改造环境。在人和人类社会诞生以前，整个宇宙是一片混沌，自然只是一种自在的存在，无所谓主体与客体之分。而只有到了人与人类社会诞生，即有了人的实践活动，才有了人从现实世界中作为主体的提升，也才有了作为人的活动对象的客体。这时也才有了主客体的分化。

在实践基础上，主体人和客体对象之间才形成了互相联系的三重关系，即改造关系、认识关系和价值关系。在这三重关系中，首先的基本的关系是改造关系。主体在能动地改造客体的活动中，一方面客体以其固有的本质和规律制约着主体的活动，并引起主体的反映；另一方面，主体根据自身对客体的反映，以符合自身需要的形式，占有客体，使客体服从自己的利益和目的。于是便在这样一种改造关系中，产生了认识关系和价值关系。改造关系、认识关系、价值关系相互依存、相互包含。这三种关系存在于人与自然、人与社会、人与人的关系之中，形成了一种对立统一的关系体系。人类生活的进程表明，价值关系的发展与改造关系、认识关系的发展是同步进行的。就价值关系与改造关系来说，价值关系始终存在于实践改造活动之中，价值的选择，目标的确立，主体对这种目标的追求，对结果的评价，一步步推动着实践的发展和认识的升华，并构成了实践的内在灵魂。倘若价值关系不确立，那么特定的实践改造关系和具体的认识关系也无法确定。另外，就价值关系与认识关系来说，认识过程中始终存在着认知性因素和评价性因素。前者由客体自身的性质所规定，后者由客体自身的性质中那些与主体的需要相契合的方面所规定。价值便是通过选择性程序使二者相统一的“中介”。从认知性因素分析，它属于主体对客体对象的本质联系的反映，这种反映也不能脱离明确的或潜在的价值目标的影响。因此，认识过程中的不同阶段，都存在着与该阶段相适应的价值关系。

不难看出，人们为了创造价值而认识世界和改造世界。另外，人们只有在实践中科学地认识世界，才能有效地改造世界，也才能实现人类的利益。因此，人作为价值主体，不仅指人是价值的享用者、消费者，而且还指人是价值关系的主动建构者，是价值的创造者、实现者。由此看来，价值主体只能是人，而不可能是人以外的物或其他生命体。正如马克思所说，只有“当物按人的方式同人发生关系时，我才能在实践上按人的方式同物发生关系”。[①] 价值关系本质上说，是实践中形成的客体属性与促进主体人生存和发展的契合或统一的效应关系。总之，满足需要是实践活动的动因，是实践活动的一个内在要素。实践活动是需要满足的手段，效应是满足需要的结果体现。

2. 关于价值存在于何处

在这个问题上存在着以下三种观点的分歧：

一是唯客体主义价值论认为，价值是事物本身固有的属性，完全不取决于人是否需要、追求、享受和消费。由于把价值看成是独立自存的客体性质，因而这种观点被认为是客体主义的。这种价值客体主义通常具有价值绝对主义的倾向，认为世界上存在着某种终极价值，事物所具有的价值是这种终极价值的体现。

二是唯主体主义价值论认为，价值取决于人，是人的需要和欲望所指向的对象，是主体单方面赋予客体的一种属性。在这种观点看来，事物本身不具有价值，某物之所以有价值，只在于它为人所追求、享受和消费。因而价值是主体对它的肯定性“态度”。文德尔班说：“每种价值首先意味着满足某种需要或引起某种快感的东西”[②] 瓦托夫斯基也说：相对不同的评价者，价值是不同的，甚至相反，因此“除了实际的评价过程以外，并不存在任何独特的价值领域”。[③] 价值的来源和根据只在于人的需要。这种观点被认为是主观主义的。需要指出的是，这种观点并不认为主观需求就是价值，而是认为主观需求所指向的对象才具有价值。

三是主客体关系价值论认为，价值存在于主体与客体的关系之中，是客体对主体生存和发展的效应。也就是说，价值既不是主体的单纯设定，也不是客体的某种固有属性，它既不单纯来源于主体，也不单纯来源于客体，而是来源于主客体的价值关系中。即来源于客体的属性或功能等与主体生存和发展的一致性关系之中。离开构成价值关系

---

① 《马克思恩格斯文集》第 1 卷，190 页，北京：人民出版社，2009 年。

② 转引自杜任之主编：《现代西方著名哲学家述评》续集，35 页，北京：生活·读书·新知三联书店，1983 年。

③ ［美］瓦托夫斯基：《科学思想的概念基础——科学哲学导论》，范岱年、林夏水、金吾伦等译，576 页，北京：求实出版社，1982 年。

的两极（主体、客体）中的任何一极，都形成不了价值关系，都不会有价值。

以上三种观点，坚持第一种观点的人已经不多了。因为它无法说明同一价值客体为什么对不同的价值主体会有不同的价值。由此看来，价值是不能脱离价值主体而存在的。坚持第二种观点的人，还有相当一部分，但是它无法说明客体何以能对主体有价值，何以可能对主体有这样而非那样的价值。比如，人可以选择某种野菜充饥，而不能选择某种野草充饥。由此看来，价值也是不能脱离价值客体而存在的。

绝大多数论者坚持第三种观点，这种观点也是我所赞同的。但是需要指出的是，在坚持这种观点的论者中，有一种相当广泛的见解，即认为价值不是一种属性，而是一种关系。其实这一见解并不正确。我们认为价值是一种关系，但同时价值也是价值客体的一种属性，当然这种属性不是事物的本体属性，不是固有的，而是在主客体价值关系中，主体“赋予”的，或者说新形成的客体属性。

事物的本体属性是事物的质的内在规定性表现于外的属性。马克思说：“一物的属性不是由该物同他物的关系产生，而只是在这种关系中表现出来。”[①] 这里是说本体属性是事物本身固有的，不依赖他物或人而存在的，但是这种本体属性也必须通过此物与他物的关系来获得表现。

事物的价值属性，是事物满足人的需要的属性，它并非事物所固有的，也不是主体人单纯的设定。马克思认为，“物被赋予价值”，即价值离不开客体事物，价值总是客体事物的价值；也离不开人，价值总是对人而言的价值。因此，马克思认为，价值“是从人们对待满足他们需要的外界物的关系中产生的”。[②] 这就是说，价值不仅依赖于作为价值属性载体的客体，而且也依赖于作为价值“赋予”者的主体。

由此看来，事物的属性有两类：一类是事物固有的，在与他物的关系中获得表现的；另一类是一物与他物关系中产生并获得表现的。价值就属于后一种情况，即客体的价值属性是客体与价值主体的关系中产生并获得表现的属性，所以价值既是一种关系范畴，也是一个属

---

① 《马克思恩格斯全集》第 23 卷，72 页，北京：人民出版社，1972 年。

② 《马克思恩格斯全集》第 19 卷，406 页，北京：人民出版社，1963 年。

性范畴，比如，牛的机体具有脂肪、蛋白质等本体属性，这种属性是牛所固有的。正因为它有这种本体属性，所以它才被人食用；而当这一属性同人的食用需要发生关系时，本体属性通过满足人的食用就派生出了价值属性，即这里所指的食用价值。同样，在食用过程中，牛肉作为食品以其色、香、味俱全，被人品味、欣赏，也就相应获得了审美价值。

由上可见，价值作为客体对主体的有用性，也就是客体的固有属性、结构对主体的需要或满足主体需要的过程中所产生的积极意义。客体对主体具有积极肯定的意义，那么，客体对主体就有价值。相反，一种事物的存在、固有属性、结构不能满足一定主体的需要，对主体不具有积极的肯定的作用，或具有副作用，这种事物对一定主体就无价值或只有负价值。一事物对主体有用性程度高，满足主体的需要多、范围大，这种事物的价值就大；反之，它满足主体的需要少，其价值就小。

3. 价值的两重属性

价值作为主体与客体之间的一种正效应关系，那么它就必然具有主体性和客体性两重属性。

（1）价值的主体属性。价值的主体属性是指价值对主体的归属性。具体说来有三点。

第一，价值是主体的能动创造。从根本上说，人不是依靠自然物的现成形式直接满足自己的需要，而是通过实践活动创造出自己所需要的物质生活和精神生活用品、生活环境。人的需要是社会性需要，是通过实践活动不断产生和实现的，并随着社会实践的发展而日益增长的。因此，主体和客体之间的价值关系不是自然的、现成的关系，而是主体在实践中确立的，对客体的一种创造性关系。人们发现客体具有的潜在功能，发现获得客体价值的方法，直到改造客体，实现价值目标，都贯穿着主体的创造性活动。

第二，价值是以主体现实需要为尺度的。价值虽然要以某物的本体属性为客观物质基础，要体现在具有某种属性、结构的物质身上，但某物是否有价值，不是以某物的属性、结构为尺度，而是以作为主体的人的现实需要为尺度的。主体的现实需要是衡量客体是否有价值以及价值大小的客观尺度。

第三，价值具有因主体而异的相对性和时效性。与此相联系，这表现在同一客体对不同主体具有不同的价值，因为不同主体的需要不同，所以同一客体对不同主体而言的价值不同。比如一碗稀饭对一个饥肠辘辘之人可以救他一命；对一个饱食终日之人，则毫无价值。这表现出价值的相对性。另外，同一客体对处于不同情况下的同一主体，价值也会不同。因为随着主体需要的变化，同一客体对同一主体的价值也会发生性质或程度的变化。这表现出价值的时效性。例如，“雪中送炭”会给主体带来温暖，而对同一主体，如果热天送炭，则会没有什么价值，或会带来负价值。

价值除了具有主体属性以外，还具有客体属性。

（2）价值的客体属性。价值的客体属性是指价值内容所具有的客体规定性。这表现在如下三个方面。

第一，客体是价值产生的客观前提。客体的属性及其功能本身并不直接就是价值。因为离开主体和主体特定需要的独立存在的事物及其属性，只是单纯的本体属性，对人而言只是一种非价值形态的存在物，一件衣服不被穿，就不会形成保暖或遮阳等使用价值，它还会在自然状态下损坏。但是，一块石头不能被用来穿，而一件衣服之所以能被用来穿，可又不能被用来吃，这又是以衣服本身的性质和功能为前提的。

第二，客体是形成价值稳定性和绝对性的客观基础。同一个客体对不同的主体而言有不同的价值，对处于不同状况下的同一主体也会有不同的价值，这里都体现了价值的变动性和相对性，但是变动性中含有稳定性，相对性中含有绝对性。比如煤炭具有可燃性的属性，张三可以利用这种属性来取暖，李四可以利用这种属性来烧饭，王五可以利用这种属性给蔬菜大棚提高温度，以防冻害等等。相对于不同的主体，这些都是对煤炭可燃性的利用。这里就表现了价值的稳定性和绝对性。换句话说，如果没有煤炭的可燃性，那么上述以不同形式实现的使用价值，也就成为不可能的事。

第三，客体的多样性、客体属性和功能的丰富性，以及它们发展的无限性是形成价值多样性、丰富性和发展无限性的可能性根据。不同的客体有不同的属性和功能，同一客体也有多方面的属性和功能，客体在人类实践中不断被创造，不断在发展，这就为人们日益多方面、多层次的利用提供了可能，从而也才能在这种利用中，形成价值的多样性、丰富性和发展的无限性。

总之，价值具有属人性。在主客体的价值关系中，价值主体是价值关系的中心，主体的现实需要是价值的内在尺度；价值又具有客体性。客体的属性和功能是价值得以形成的前提性基础和可能性根据。价值的客体性和属人性统一于人的实践活动。实践既是把主体需要、能力，与客体属性、功能相联系、相统一的桥梁，也是价值形成的现实基础。

（二）人的价值的目的性手段性

所谓人的价值，乃是价值的一般含义运用于人的一种引申和转移，因而它是以价值的一般含义为逻辑根据的。就是说，既然价值是表示客体对主体的效应性，那么，当我们把人作为客体，就必然产生客体的人对作为某种主体的人有什么积极意义的问题，也即人的价值问题。

有的论者不赞成这种关于人的价值的理解。在他们看来，按照这样的理解，人的意义就是人作为客体对他人、社会和自身的效应性，而这样一来，人就由主体性变成了客体性，由目的性变成为手段性、工具性，也就是把人降格为物。而马克思是反对把人手段化、工具化的。在这些论者看来，如果把人视为客体，而从其对他人、社会和自身意义的角度来理解人的价值，恰恰是人作为“物性”、“东西性”所显示的价值，而不是作为有人格尊严的主体人所显示的人的价值。

怎样看待这一观点呢？我们认为：

第一，在实践基础上形成的人与物之间的主客体价值关系中，人始终是主体，物始终是客体。所以马克思反对古典经济学家贬低生产中劳动者的主体作用的观点。认为人不只是他们眼中的劳动力，如同水力、蒸气力、马力一样，都是增加财富的手段。因此，马克思责备“国民经济学把工人只当做劳动的动物，当做仅仅有最必要的肉体需要的牲畜”。[①] 与之相反，马克思认为，工人不是一般的自然力，“而是一个主体，这种主体不是以纯粹自然的，自然形成的形式出现在生产过程中，而是作为支配一切自然力的那种活动出现在生产过程中”。[②] 即

① 《马克思恩格斯文集》第1卷，125页，北京：人民出版社，2009年。
② 《马克思恩格斯全集》第46卷（下），113页，北京：人民出版社，1980年。

作为能动因素和发展因素出现在生产过程中的。生产过程中包括人的因素和物的因素。物质对象性因素只有被人的活劳动抓住，在生产过程中加以运用，才能使“它们由死复生，使它们从仅仅是可能的使用价值变为现实的和起作用的使用价值”。[①] 所以，必须把物质对象性因素和劳动本身，和作为劳动过程的设计者、发动者、组织者和承担者的劳动者联系起来，才能从根本上揭示和理解这些因素的形成和在生产中所具有的作用。另外，马克思认为，在生产过程中，生产资料不会创造价值。“生产资料转给产品的价值决不会大于它在劳动过程中因本身的使用价值的消灭而丧失的价值。”[②] 而活劳动却不是这样。“当劳动通过它的有目的的形式把生产资料的价值转移到产品上并保存下来的时候，它的运动的每时每刻都形成追加的价值，形成新价值。”[③] 所以，在马克思看来，在人与物的关系中，在生产劳动中，作为劳动者的人是主体，生产资料是客体，二者的地位是不容变化的。

那么，为什么国民经济学家把劳动者只是作为工具，作为增加财富的手段呢？这是由他们的资产阶级局限性所必然造成的。这种局限性说到底，不过是资本主义生产关系的特性在国民经济学家身上的一种人格体现。在资本主义生产关系中，工人只是资本家剥削的对象，是为资本家创造剩余价值的工具。因此，工人在生产中丧失了主体性，被手段化、工具化，甚至被物所统治。这种人与物关系的颠倒，不过是工人和资本家之间的这种人与人关系的，即劳而不获与不劳而获的这种颠倒关系的体现。所以，马克思得出结论说：“工人的活动……属于别人，这种活动是他自身的丧失。”[④] “劳动为富人生产了奇迹般的东西，但是为工人生产了赤贫。劳动生产了宫殿，但是给工人生产了棚舍。劳动生产了美，但是使工人变成畸形。劳动用机器代替了手工劳动，但是使一部分工人回到野蛮的劳动，并使另一部分工人变成机器。劳动生产了智慧，但是给工人生产了愚钝和痴呆。”[⑤] 在这里，马克思用生动形象的语言，鲜明地描述工人和资本家的阶级对立，揭示了资

---

① 《马克思恩格斯全集》第 23 卷，207—208 页，北京：人民出版社，1972 年。

② 《马克思恩格斯全集》第 23 卷，230 页，北京：人民出版社，1972 年。

③ 《马克思恩格斯全集》第 23 卷，234 页，北京：人民出版社，1972 年。

④ ［德］马克思：《1844 年经济学哲学手稿》，中央编译局译，55 页，北京：人民出版社，2000 年。

⑤ ［德］马克思：《1844 年经济学哲学手稿》，中央编译局译，54 页，北京：人民出版社，2000 年。

本主义私有制的不合理之处。这也是社会主义取代资本主义的现实根据之所在。

由此可见，马克思不仅反对在人与物的关系中，把人贬低为物，贬低为工具的观点，也反对在人与人的关系中，把绝大多数人仅仅作为客体，作为手段，而少数人作为纯粹的主体、作为目的的不合理制度安排。但是能否由此认为，在人与人的关系中，人只能是主体，不能是客体，具体地说，不能互为主客体或自为主客体呢？不能。

第二，在实践基础上形成的人与人的主客体关系中，人既是互为主客体，又是自为主客体的。如前所说，人的本质在其现实性上是一切社会关系的总和。人的生存和发展，离不开与他人与社会的关系。作为主体的个人的生存需要，必须有他人、社会提供的最低限度的生活资料，以解决吃、喝、住、穿等问题；作为主体个人的享受和发展的需要，必须有他人、社会提供足够的物质生活和精神生活资料。这就是说，个人的需要和满足都是由作为价值客体的他人和社会提供的。因此，没有作为价值客体的他人和社会，就不可能有作为价值主体的个人的存在。但是，作为社会的个人，又不同于一般的物，人能够制造工具，能够劳动，即能够创造物质财富和精神财富。个人所创造的物质财富和精神财富，一部分供自己享用。在这种自我创造并供自我享用的关系中，个人是自为主客体。即作为价值提供者的自我是进行价值享用者的自我的客体，而进行价值享用的自我是作为价值提供者的自我的主体。个人所创造的物质财富和精神财富除了供自己享用外，主要是奉献给他人、社会，以满足他人和社会的需要。在这种场合，作为社会的个人，又是提供价值的客体，他人和社会又成了享用价值的主体。这就是说，作为价值主体的个人，需要作为价值客体的他人、社会为自己提供服务；作为价值客体的个人，又创造物质财富和精神财富以满足作为价值主体的自我及他人和社会的需要。由此可见，人既是自为价值主客体，同时人们之间又是互为价值主客体的。

不难看出，在人与人的关系中，人只能作为主体，不能作为客体的观点是不能成立的。而且这种观点也难以和实用主义以及利己主义价值观划清界限。因为这类价值观，都把价值视为纯主体范畴，这样的唯心主义价值观贯彻到人与人的价值关系中，也就必然把自我视为唯一主体，把他人和社会视为自我价值实现的手段。因而他们把价值看成仅仅是对个人的“愿望”、“情感”和“需要”的满足，自我是一切价值的核心，否认了个人是服务于他人和社会的价值提供者。这是很不妥当的观点。

当然，我们在承认价值一般含义对理解人的价值的意义以外，还须指出的是，对人的价值的理解又不能仅仅限于这种一般层次的理解。因为人作为客体的价值相对于一般客体的价值，有其特殊性。

第三，人作为客体的价值，在归根到底的意义上，仍然是主体人的价值。只有坚持人的价值的主体性，才能把人作为客体的价值与一般客体的价值区别开来，从而科学地说明人的价值的本质。

人作为客体的价值，与一般客体的价值具有某种共同的本质。客体的价值就在于它满足主体需要的属性。当客体能够满足主体的某种需要时，这一客体就具有某种价值；反之，则无价值。人作为一种客体，人的价值同样在于它满足主体需要的价值。在这一点上，它与一般客体价值是相同的。同时，人是主体。人的满足主体需要的属性，实质上是人满足自身需要的属性，而不是满足人自身之外的某种存在物需要的属性。这说明，人的价值与一般客体的价值又具有根本不同的性质：一般客体的价值在于能否满足在它之外的主体的价值，评价它的尺度不是客体本身，而是客体之外的主体需要，具有“为他性”；而人的价值却在于它是满足人自身的需要，评价它的尺度是人本身。即是否有利于提高和增进人自身的主体性，而不在于某种外在的存在物。在这个意义上说，人作为客体的价值是相对于主体人而言的价值，人的价值具有自为性。这是其一。

其二，人作为价值客体，是因为人是劳动主体。一般客体的价值是由物之外的人创造的，是人的劳动的产物；而人的价值是人自己创造的，人是一切价值的创造者、主体。人的价值就是人的劳动创造，是创造价值的价值，是一切价值中最有价值的价值，是最高的价值。正如毛泽东所说，“世间一切事物中，人是第一个可宝贵的”。因为“只要有了人，什么人间奇迹也可以造出来”。[①] 因此，人作为客体的价值说到底是人作为主体能动创造的价值。另外，人提供手段价值最终是为了把人作为目的，人履行义务最终是为了使人获得权利。总之，

① 《毛泽东选集》第4卷，1512页，北京：人民出版社，1991年。

人的价值是人的自我实现的活动和享受。

其三，人作为客体的价值说到底是为了提高和增进自身的主体性价值。一般客体的价值表现在提供和增进客体以外的人的主体性价值；而人作为客体的价值则表现为提高和增进人自身的主体性价值。这里包括互相联系的几个方面的内容：一是个人对自身主体性提高的意义。凡是能体现和促进个人自身主体性的思想和行动，就是有价值的，反之，就是无价值的。二是个人对他人和社会的主体性提高的意义。即他能否满足及在多大程度上满足别人和社会增强其主体性的需要。三是社会对自身主体性提高的意义，凡是能体现和促进社会自身主体性的社会活动和社会意识，都是有意义的，反之，就是无意义的。四是社会对个人主体性提高的意义，即社会能否满足及在多大程度上满足个人增强其主体性的需要。

其四，人的价值在本质上是一种社会关系，具有人之为人的社会历史的性质。这是人的价值区别于物的价值的又一特点。物的价值也是历史地变化的，但物的价值只是人的社会关系的一种体现，不直接具有社会历史的性质。经济学意义上商品价值之所以是一种社会关系，并不是商品作为物本身有什么神秘的性质，而是人的生产关系的物化；它所以能反过来决定人的关系，是因为它本身是一般人类劳动的凝结。从哲学意义上说，商品价值不过是人的价值通过物的价值表现出来，是物的外壳下掩盖着的一种人的关系。而人的价值则不同，它本身就直接是一种社会关系。它存在于与其他社会关系的相互联系、相互作用中。而一切社会关系都是随着人的实践活动变化发展而变化发展的。因此，人的价值不是永恒不变的抽象存在，而是一种社会的存在、历史的存在。即处于不同社会形态中的人的价值不同，处于不同历史发展阶段中的人的价值也不同。包括人的需要、人的活动能力、人的价值追求、人的价值实现的外部条件和实现方式都有其特殊性。因此，在规定人的价值时，必须坚持人的价值的社会历史性原则。

总之，作为客体的物的价值只有一重性，即仅仅具有对人而言的有用性、手段性；而作为客体的人的价值有二重性，即除了有对人而言的有用性、手段性这一重性以外，还具有另一重性，即主体性。人作为客体的价值说到底是人作为主体的价值的自我创造、自我服务、自我实现，是主体人社会历史发展的标志。

二、人生价值

如上所说，人的价值是人对人的意义，是人与人的一种社会关系。如果把人分为个人、群体两种形式，那么人的价值就具体表现为作为价值客体的个人、群体对作为价值主体的个人、群体的价值。无论是个人，还是群体，既是自为主客体，又是互为主客体的，这样人的价值就有诸多不同的表现形式。为了研究方便起见，我们就群体中最大层次的社会来展开研究。这样人的价值就表现为两大类，一类是社会对自身、对个人的价值，二是个人对自身、对社会的价值。如果从个体的角度来说，人生价值就是个人的活动对个人自身的价值即人生的自我价值与个人活动对社会的价值即人生的社会价值的统一。

（一）人生的自我价值与社会价值的辩证关系

人们经常把活得有意义或活得有价值的内容概括为，身体健康、心情愉快、享受权利、获得尊严、生活幸福、爱情美满、学业长进，以及事业有成、成就巨大、贡献突出等等。把这些看作人生价值或人生价值的实现。或者用一句流行的话说，不枉在世上走了一遭。透过这一系列个人价值的表现，我们可以发现，其中存在着两种不同的价值指向。个人的健康、愉快、权利、尊严、爱情、博学等，是指向自我的，是自我需要的满足；个人的事业、贡献、成就等，是指向社会的，是满足社会的需要。前者是人生的自我价值，后者是人生的社会价值。

因此，人生价值在于个人的自由自觉的发展，与造福人类的创造的统一。从个人的自我价值来确定，其内涵可以规定为幸福、自由和全面发展；从个人的社会价值来确定，其内涵可以规定为劳动、创造和贡献。

人生的自我价值所满足的是个人的内在需要，有的论者把它称之为人生的内在价值；人生的社会价值所满足的是社会需要，即个体的外在需要，有的论者把它称之为人生的外在价值。社会需要不过是每个社会成员内在需要的外在化、综合化。如果只有内在需要，而没有外在需要，那么内在需要就会变得不可设想。因为个体和社会是统一的，社会是个体的任何需要赖以产生、发展和满足的前提条件。但是如果只承认外在需要而否定内在需要，或者说，只承认人生的社会价值，而不承认人生的自我价值，也是片面的。人的劳动、创造、贡献是个人的社会价值之所在；但如果人的幸福、自由、全面发展的需要得不到满足，就必然造成劳动热情的低落和创造才能的压抑和萎缩，因而也不可能实现个人的社会价值。因此，个人的自我价值的实现制约着个人的社会价值的实现；同样，个人的社会价值的实现也制约着个人的自我价值的实现。人不去贡献社会，那么他也就不可能从社会获得回报。换句话说，他也就不可能从社会获得生存和发展的资料，获得自我的尊重和肯定，这样也就不可能实现个体的自我价值。

总之，割裂人生的自我价值和社会价值，片面承认其中一个方面，其结果都必然导致人生价值的破坏。片面强调以个人幸福为价值，则会导致个人幸福条件的丧失；片面强调以贡献为价值，则会导致贡献能力受到削弱。有人把人生价值等同于自我价值，借研究自我价值而鼓吹个人主义，或在自我价值的名义下搞个人主义；还有人把人生价值等同于人生的社会价值，认为批评个人主义就是要批评自我价值，或在否认个人主义名义下否认自我价值，这些都是不对的。因此，无论是人生的自我价值，还是人生的社会价值，都是人的本质力量的表现。即都是人的知识、智慧、才能和品质的提高和对象化的结果。人生价值都是自我价值和社会价值的统一。

当然人生的自我价值和社会价值不是平列的。也就是说，人生的自我价值和社会价值虽然都很重要，但是人生的社会价值却是人生价值的最重要方面。如果说，研究人的价值时，忽略“人生的自我价值”是一种片面性的话，那么忽略“人生的社会价值”则是一种更大的片面性了。

1. 个人的社会价值优先于个人的自我价值

个体的自我价值的实现过程，实际是占有和享用一定的社会价值成果的过程，是一个消费的过程。个体的社会价值的实现过程，实际是一个创造和贡献社会价值成果的过程，是一个广义的生产过程。

在生产和消费的二者关系中，生产处于优先地位，因为社会价值成果只有被生产出来，才能被消费。生产是消费的前提和基础。这对整个社会是这样，对个人来说也是这样。只有当个人通过劳动为社会创造了必要的物质财富和精神财富，社会才可能满足个人的自我需要；也只有当个人为社会的生存和发展做出了贡献，社会才能依据个人对社会贡献的大小——社会价值的大小给个人的自我需要以相应的满足。比如在物质待遇、社会地位、精神需要方面予以满足。这就是说，只有当人生的自我需要上升为社会需要，自我价值从属于社会价值，才能使自我价值获得实现的手段。

而且从人生价值的创造和实现机制看，人生的社会价值和自我价值的创造和实现有着共同的机制，这就是个人的创造性劳动。这种劳动既直接为社会做贡献，创造着个人的社会价值，又创造着自我价值实现的前提和依据。而且个人的劳动创造本身直接就是自我潜能的发挥，是人的力量、人的理性、情感、人格、尊严等主体性因素的外化、对象化，同时也是自我发展需要的一种实现和满足，即改造、深化、提升自己的人格层次、人生境界、自由自觉性的过程。正如马克思所说，人在创造社会价值时，“生产者改变着，炼出新的品质，通过生产而发展和改造着自身，造成新的力量和新的观念，造成新的交往方式，新的需要和新的语言”。[①] 因此，个人的劳动创造，本身也就是自我价值的实现。

马克思曾经说：“在选择职业时，我们应该遵循的主要指针是人类的幸福和我们自身的完美。”他又说：“人们只有为同时代人的完美、为他们的幸福而工作，自己才能达到完美。”[②] 列宁也从哲学的高度指出，人有“想实现自己的趋向，是想在客观世界中通过自己给自己提供客观性和实现（完成）自己的趋向”。[③] 这就是说，在人生的社会价值的实现中同时包含着人生的自我价值的实现，而且只有通过人生的社会价值的实现，才能实现人生的自我价值。所以，对个人来说：“你若喜爱自己的价值，你就得给世界创造价值。”[④]

从这里也可以看出存在主义人生价值观的虚妄。存在主义者不仅把人生的自我价值和社会价值割裂开来，而且把人生的自我价值看成人生的惟一价值，而根本否认人生的社会价值。他们强调个人至上、

---

① 《马克思恩格斯全集》第46卷（上），494页，北京：人民出版社，1979年。

② 《马克思恩格斯全集》第1卷，459页，北京：人民出版社，1995年。

③ ［俄］列宁：《哲学笔记》，中央编译局译，228页，北京：人民出版社，1960年。

④ 转引自吴灿华、詹万山主编：《人生哲学》序，3页，北京：首都师范大学出版社，1990年。

个人绝对自由。他们认为只有个人才是真实的存在，集体和社会都是不真实的存在。抓住自己的存在，体验到此时此刻存在，是把握人生价值的唯一方法。在存在主义看来，社会存在扼杀了人的真实性，为了回复到自己的真正的存在，根本的道路是摆脱他人、集体和社会的束缚。因此，对他人、集体、社会都应采取鄙视的态度。萨特说："我们要求的是以自己为目的的自由，是在各种特殊环境下均有的自由。"又说："每个人仅仅在他反对别人的时候，才是绝对自由的。"[①] 存在主义把人生价值禁锢在个人至上的极端片面性之中，这不仅否定了人生的社会价值，而且也就从根本上否定了人生的自我价值。

2. 人的社会价值的总量必然大于社会成员自我价值的总量

也就是说，人的劳动所做的贡献必然大于劳动者对自身的物质和精神需要的满足。从社会运行机制看，只有人的社会价值总量大于社会成员自我价值的总量，社会才能良性运行并向前发展。社会是由不同类型的成员组成的，其中既包括具有创造力的成员，也包括尚未具有创造力的成员和已经丧失创造力的成员。老年人曾经创造了社会价值，因而晚年以其积累的社会价值来继续实现其自我价值，而未成年人则不能自己满足自己，需要成年人的抚育。所以，具有劳动能力的社会成员必须从自己的劳动中拿出相当部分提供给尚未成年的社会成员。同时，社会发展需要积累，只有依赖一定的积累，社会才能扩大再生产。在社会生产不断扩大的基础上，社会才能得到前进、发展，而社会积累只能从社会成员创造的价值中提取。因此，任何社会中，人的社会价值的总量都必须大于个人自我价值的总量，这是从社会总体的意义上讲的。就每个社会成员个人而言，情况则比较复杂。对有的人来说，他对社会的贡献大于他从社会的所取。对有的人来说，他对社会的贡献小于他从社会的所取，甚至他对社会谈不上贡献，还会有损害。从理论上来说，贡献大于回报，他对社会才具有正价值，如果一个人将自己的全部创造消耗殆尽，那么他对社会就谈不上有什么正价值。因此，从这个意义上说，"人生的价值在于奉献，在于创造，而不在索取"的看法，无疑是正确的。它正确反映了人生的社会价值在人生中、在历史发展中的重要作用。在这方面，大科学家爱因斯坦

① 转引自刘放桐等编著：《西方现代哲学》，565页，北京：人民出版社，1982年。

和大发明家爱迪生不仅以自己的创造性劳动改变了人类的生活，而且以他们对人生经验的深刻总结，给后人以重要启迪。爱因斯坦说，一个人的价值，应该看他贡献什么，而不应该看他取得什么。爱迪生也说，我的人生哲学是工作，我要揭示大自然的奥秘，并以此为人类造福。我们在世的短暂的一生中，我不知道还有什么比这种服务更好的了。只有为人类做出了巨大贡献的人生，才是最光辉、最值得自豪、最受人尊敬，从而也是最有价值的、最幸福的人生。

3. 人生的社会价值相对于人生的自我价值是一种更崇高更恒久的价值

人生的社会价值所追求的是以包含众多个体的社会整体的完善为目标的。人生的自我价值则是以个体自我的完善为目标的。这两种目标都是正当的、有意义的。但是，前者所担负的历史责任和具有的历史意义是后者所不可比拟的。这也是前者相对于后者的崇高和伟大之处。

马克思说："如果一个人只为自己劳动，他也许能够成为著名学者、大哲人、卓越诗人，然而他永远不能成为完美无疵的伟大人物。"历史承认那些为共同目标劳动因而自己变得高尚的人是伟大人物；经验赞美那些为大多数人带来幸福的人是最幸福的人。马克思又说："如果我们选择了最能为人类而工作的职业，那么，重担就不能把我们压倒，因为这是为大家作出的牺牲；那时我们所享受的就不是可怜的、有限的、自私的乐趣，我们的幸福将属于千百万人，我们的事业将悄然无声存在下去，但是它会永远发挥作用。"①

追求永恒是人的一种向往。因为人作为自然存在物和其他生命一样是非永恒的、短暂的。俗话说，人总是要死的。"死亡"剥夺了人生的价值创造，同时也赋予了人生的一切魅力。这魅力就在于人区别于动物的创造性，在于在有限的生命中发挥创造作用为社会做贡献。人的一生虽然短暂，但由个人组成的社会却是恒久的。短暂的人生通过与永恒的人类相沟通，短暂也就获得了永恒。个人的自我价值是非永恒价值，个人的社会价值是永恒价值。"人生自古谁无死，留取丹心照汗青"。中国历史上，许多志士仁人为民族、为祖国不怕牺牲、杀身成

---

① 《马克思恩格斯全集》第1卷，459页，北京：人民出版社，1995年。

仁、舍生取义，他们为之奋斗的进步事业永恒，他们的伟大精神光照千古。

（二）人生社会价值与自我价值的统一过程

如上所说，个人的社会价值和自我价值是统一的。但这种统一不是直接实现的，而是以一定社会条件为中介的。其中主要的中介是社会制度。社会制度合理与否以及合理性的程度，直接制约着个人的社会价值与自我价值的统一能否实现以及实现的程度。由此，在人类历史的发展过程中，个人的社会价值和自我价值的统一经历着一个辩证的演化过程。

1. 二者的原始统一

在原始社会，生产力低下，只有自然分工，实行的是原始共产主义公有制。人们共同劳动，平均分配，个人尚未从共同体中分化出来，只是有机整体的一个肢体。社会活动的目的是直接为满足氏族全体成员的需要服务的，个人的生存和发展就是社会的生存和发展，反之亦然。个人的自我价值与社会价值尚未分化，二者融为一体，这是个人的自我价值与社会价值的原始同一。

2. 二者的对立背离

在阶级社会中，社会成员分裂为不同的阶级，旧式分工出现，剥削阶级的私有制决定着一切社会关系。在这种剥削制度下，剥削阶级生产的最终目的是为了最大限度地从劳动者身上榨取血汗，剥削阶级的财富积累是以牺牲劳动人民的自我需要为代价的。在奴隶社会，“奴隶主享有一切权利，而奴隶按法律规定却是一种物品，对他们不仅可以随便使用暴力，就是杀死奴隶，也不算犯罪”。[①] 到了封建社会，尽管“农民已不算是地主的直接私有物”，“他在某种程度上是属于他自己了”，但“农奴制的基本特征，就是农民……被禁锢在土地上”，“只有地主才能有充分的权利，农民是没有权利的”。[②] 在资本主义社会，对无产阶级和广大人民群众来说，人的价值不过是劳动力的价值，即劳动力作为商品的价值。马克思揭露说，工人被“降低为商品，而且

---

① 《列宁选集》第4卷，32—33页，北京：人民出版社，2012年。

② 《列宁选集》第4卷，33页，北京：人民出版社，2012年。

是最贱的商品”。[①] 无产阶级“创造价值越多，他自己越没有价值、越低贱”。[②] 总之，在阶级社会中，广大劳动人民的艰苦劳动客观上为社会创造了物质文明和精神文明，推动了人类社会的发展，表现了劳动人民的巨大社会价值；但这些财富却被剥削阶级所占有，劳动人民个人的自我需要并没有得到相应的满足。

因此，在阶级社会中，介于个人的社会价值和自我价值之间的剥削制度构成了二者之间的反向机制。一方面，劳动人民个人创造的社会财富越多，客观上对社会发展的贡献越大，他的社会价值就越大；但另一方面，他的自我需要却越难于满足，自我价值越遭扼杀。社会的剥削制度导致了个人的社会价值与自我价值的严重背离。劳动者创造的社会价值不仅不能确证和提高劳动者的自我价值，反而成为贬低和扭曲其自我价值的手段。也即是说，劳动者创造的财富被剥削者所占有，剥削者所占有的财富越多越是上等人，越高贵，劳动者被剥削得越残酷，除了双手以外，一无所有，那么他的劳动力越不值钱，越没有价值。这种以牺牲劳动者个人的自我价值为结果的背离，反过来也势必阻滞个人的社会价值的创造。所以，对于个人的生存和发展以及社会的生存和发展来说，剥削制度在根本上是不合理的。正因如此，马克思主义指出，只有通过消灭私有制社会，代之以合理的社会制度，才能消除人生的自我价值与社会价值的背离，才能使二者实现同一。社会主义以及未来的共产主义制度就是这种合理的社会制度。

3. **二者在更高阶段的统一**

我国社会主义制度的建立，为个人的社会价值和自我价值的统一创造了比以往任何社会都优越的条件。社会主义由于消灭了剥削阶级，实行了生产资料公有制为主体，社会生产的最终目的是为了满足全体人民的物质文化生活的需要。因此，作为手段价值的人和作为目的价值的人统一了起来。人民是目的，又是手段。就是说社会主义社会的一切劳动者都是为了人民的利益，都是为人民服务的。从这个意义上说，人是目的。但是人民的利益是不会自动实现的，为了实现人是目的这个目的，人人需要劳动、人人需要充当手段。人们越充分发挥作

① 《马克思恩格斯全集》第42卷，89页，北京：人民出版社，1979年。

② 《马克思恩格斯全集》第42卷，92页，北京：人民出版社，1979年。

为手段的作用，为社会多作贡献，他的自我价值就越能实现。但是由于社会主义社会的生产力还没有得到充分发展，旧式分工尚未消除，社会和个人这两个方面都还没有达到自由自觉的程度。尤其是我国的社会主义还处于初级阶段，这就不但使个人还不能达到充分的自由全面的发展，而且社会的客观可能与个人的自我需要的满足之间还会存在矛盾，社会需要与个人需要之间还会有矛盾，个人的社会价值和自我价值的实现程度也还会存在着不同步的情况。也就是说，由于社会历史条件的限制，在社会主义社会中，人作为目的和手段的矛盾尚未完全解决，仍存在着非对抗性矛盾。但是，既然社会主义社会的需要从根本上包含了个人的需要，那么，在现实生活中，当个人的自我价值的实现同社会价值的创造发生矛盾时，个人对于自我价值的追求应当服从于社会价值的追求。由此也就必须坚持社会主义集体主义原则。只有到了未来的共产主义社会，当社会的物质财富和精神财富获得充分高度的发展，旧式的劳动分工最终消除，社会是自由人的联合体，个人是自由自觉的个人，个人和社会重新获得统一，才能最终扬弃个人的社会价值与自我价值的背离。

（三）劳动是人生价值的核心和集中表现

人生价值包含若干因素。这些因素相互联系，相互制约，形成一个有机的整体。因此，研究人生价值，不得不分析它的层次结构。人生价值的结构有三个层次，也可以说有三个层次的价值，即生命价值、能力价值、劳动价值。

1. 生命价值

人的生命即人的存在。在人生价值中首先的和最一般的价值就是人的生命价值。因为生命是人的存在和活动的前提。人活着，就能与社会、与周围保持密切的联系，就能进行正常的社会活动。人活着，然后才能有理想和奋斗，才能有自由和创造，才能有爱情和幸福。总之，才有了人的一切。人一旦失去生命，那就意味着从根本上脱离了与社会、与周围的一切联系，停止了一切正常的生命活动，特别是社会活动，这也就意味着被动与无奈，意味着黑暗与孤寂，意味着毁灭与消解，就丧失了一切。从历史的角度看，生命的价值还在于，它是人类得以进化和延续的载体。每个人都会死，但人类生命之流绵延不绝。正在于每一个体的生命中保留着人类的基因，寄托着人类的希望。诚然，初生婴儿既不会做工，也不会种地，但谁会说婴儿没有价值?婴儿向社会贡献的就是他自身，就是人类的未来。婴儿所具有的价值就是一种生命的价值、种的保存的价值。平常人们所说的“生命诚可贵”和“留得青山在，不怕无柴烧”，都是讲生命的价值。

所以，就人生价值来说，生命是人生的前提，一切贡献的条件。因此，对人的尊重首先是对人的生命存在权利的尊重，对人的满足首先是对其衣、食、住等生存需要的满足。除非是为了保全更多人的生命，否则杀人是不允许的。

生命权作为最基本的公民权利，须臾不可淡漠。无论贫穷，还是富有，无论强势还是弱势，每一个生命都是等值的，都是美好的，都需要全社会去善待，去尊重，去热爱，去敬畏。“时刻把人民健康和生命安全放在第一位”，这是人民政府的神圣职责，是全社会神圣的道德底线。

2. 能力价值

这是一种潜在价值，人有多大能力，才会有多大贡献。什么是能力?能力是在人的综合素质基础上形成的，正确驾驭某种活动的实际本领、能量和熟练水平。它是左右社会发展和人生命运的一种积极力量。包括体力、智力、思想道德能力、实践操作能力等一般能力，从事某种事业活动的特殊专业才能和为社会而奉献的创造能力。①

人要为社会多做贡献，必须凭借自己能力的充分正确的发挥，否则就会心有余而力不足。因此，能力是一种最宝贵的人生财富，它是帮助个人实现其人生价值的内在基础和根据。有了能力才能事半功倍，有效地为社会工作；有了能力，才能在激烈的竞争中立于不败之地；有了能力才能在逆境中奋发有为，化被动为主动；有了能力，有了一技之长，才能敢闯、敢干、敢为天下先；有了能力，才能开拓进取，拼搏向上，勇于创造。因此，提高和充分正确地发挥自己的能力，是每个人终生的追求，是每个人心中的“太阳”。每个关心自己价值的人都应该关心自己能力的提高和充分正确的发挥。每个尊重他人价值的人，都应该尊重他人的能力的提高和充分正确的发挥。要逐步形成一种理解人（充分认识每个人的能力、能力的独特性及其重要价值），善

---

① 参见韩庆祥：《能力本位》，81 页，北京：中国发展出版社，1999 年。

用人（人尽其才），尊重人（充分发挥每个人的兴趣、爱好、特长和个性）的良好社会风气。

3. 劳动价值

这也就是广义理解的实践价值。如上所说，价值作为客体对主体需要的有用性，都必须通过主体活动，特别是通过主体的劳动活动才能实现。因而，价值是人的劳动的产物，劳动是价值的唯一源泉。

劳动价值，首先表现在人按照自己的价值尺度，通过劳动改造既有客体，创造符合人需要的客体，即价值客体，或客体价值。

劳动价值还在于，它创造主体价值，是主体价值的源泉。这表现在两个方面，一是人的实践活动在改造着外物，创造着客体价值的同时，也改造着自身，塑造着自己的本质力量。即人的主体性、人的内在世界的丰富性和完美性，创造着主体自身的价值。二是人创造客体价值的过程本身，也显示着、证实着和实现着人作为主体对世界有着怎样肯定的意义。因此人的劳动及其成果是衡量人生价值大小的砝码。也就是说，劳动是人生价值中的决定性因素，是人生价值的集中体现，因为人只有在劳动中才能创造价值、获得价值。

在以往的社会中，以人的出身门第的高低、职位和权力的大小，或拥有的金钱的多寡来作为衡量人的价值的尺度。马克思的一个重要功绩就在于批判了上述不正确的价值观，发现了劳动是人的价值的真正源泉和真正尺度。人的劳动价值除劳动过程本身是直接对人的主体能动性、创造性和自主性的提高、增进和证实、实现这一点以外，还包括人的劳动产品的价值。谁向社会奉献的劳动产品多，谁的价值就大。劳动产品有两个方面：一是物质产品；二是精神产品。也就是说，劳动的外化价值成果有两种，一是劳动的物质价值，二是劳动的精神价值。毛泽东曾经赞扬白求恩具有“毫无自私自利之心的精神”。认为：“一个人能力有大小，但只要有这点精神，就是一个高尚的人，一个纯粹的人，一个有道德的人，一个脱离了低级趣味的人，一个有益于人民的人。”[①] 这里就是从劳动的精神价值说的。爱因斯坦也曾高度评价劳动的高尚道德价值。他说：“现代这代人往往注意我们这代人发明了什么，有哪些著作，实际上我们这些人的道德行为对世界的影响

---

① 《毛泽东选集》第2卷，660页，北京：人民出版社，1991年。

从某种意义上来讲更大。”又说，像居里夫人这些“第一流人物对于时代和历史进程的意义，在其道德品质方面，也许比单纯的才智成就方面还要大”。[①] 在社会主义社会，必须坚持物质文明建设和精神文明建设两手抓的方针。因此，不管是对物质文明建设做出了贡献的人，还是对精神文明建设做出了贡献的人，都应受到社会的尊重。因为崇高的思想境界和高尚的道德情操是推动社会前进的巨大精神力量。

相对于人的生命价值和能力价值，人的劳动价值是人的价值的综合表现。

生命价值是一种基础性价值。但仅仅是一种基础，它有待通过劳动锻炼和能力培养而加以塑造和充实，有待通过劳动和能力发挥而获得自己存在的前提和发展的基础。不然也就丧失了作为人的生命的意义。如果认为“人吃饭只是为了活着”，那就必然会导致一种活命哲学。我们说，人吃饭才能活着，活着才能劳动创造，才能为社会做贡献。因此生命的价值就在于它是劳动的前提性支撑价值。因此，在归根到底的意义上，它还要通过劳动来实现和体现，来发展和丰富。

能力价值是一种潜在价值，而不是现实价值。能力要在劳动中发挥出来，并表现为实绩，这样，其价值才能从潜在转化为现实。另外，能力不是先天的，而是通过后天的学习和实践逐渐形成和提高的。因此，一个人如果在取得某些成绩以后，不再认真学习和深入实践，那么他就难免有一天要江郎才尽。另外，一个人具有了一些能力，但如果自视清高，或摆架子，不投身于社会实践去报效祖国和人民，这种人能力再强，也没有什么价值，是社会所不欢迎的。所以，能力价值就在于它是劳动价值的潜在形式，如果它只是停止于这种潜在形式，不转化为劳动的流动形态，即劳动者在积极的劳动态度支配下和劳动纪律规范下的活劳动的消耗和支出，即能力的发挥，不进一步转化为劳动的物化形态，指凝结在一定成果上的劳动，也即劳动者的实绩，空谈能力是没有多少意义的。

总之，劳动价值是现实的价值，是人生的一切价值的核心和集中表现。

---

① 《爱因斯坦文集》第1卷，339页，北京：商务印书馆，1976年。

三、人生价值选择

什么是选择？选择是主体人基于多义可能性，而力求取其较优者，并使之变为现实性的行为过程。

人生选择，指的是关于人生道路的选择。人的一生，是各有不同的。有的成功，有的失败；有的多彩，有的贫乏；有的幸福，有的痛苦；有的事业有成，有的碌碌无为。不同的人之所以会产生上述种种不同的人生结局，是因为人们所走过的人生道路不同。

一个人走什么样的人生道路，这是一个由多种多样的主客观因素的综合作用所决定的复杂问题。对此不可一概而论。这里需要指明的是，面对一定的客观条件，和由此所规定的多义可能性，主体的选择是关键的因素。

这里包含两层意思。一是，人生价值的实现是有条件的。或者说，人生价值的实现是有历史局限性的。二是，在既定的条件下，在多种可能性面前，人们又可以通过选择和实践，来实现不同的人生价值。这是可以由自己决定的。或者说，在这个范围内，人有自己的自由，即有选择的自由。在这个意义上，主体的选择关系着人生价值的能否实现，以及实现的程度。比如，面对敌人的严刑拷打，许多革命志士宁死不屈，血染刑场，谱写了人生的壮丽篇章；也有人贪生怕死，卖身求荣，不惜出卖组织和往昔的战友，落得可耻的下场。同样，面对困难，有人知难而进，奋力拼搏，变被动为主动，取得突出成绩，成为生活的强者；也有人怕苦畏难，庸庸碌碌，无所作为，成为生活的懦夫。如此等等。

面对人生的十字路口，人们为什么会做出不同的、甚至截然相反的选择，这里的原因甚为复杂。但是不管怎么复杂，说到底，是一个以什么样人生价值观，和人生价值目标作为尺度，进行利害权衡的问题。这里包含有三个互相联系的方面：一是人生价值观，二是人生价值目标，三是人生道路选择。

就上述三者的关系来说，人生价值观是关于人怎样活着才有价值的根本观点；人生价值目标，是在一定的人生价值观指导下，关于希望成为什么样人的一种追求；人生道路选择，是在一定的人生价值观和人生价值目标规定下的主体的行为指向。因而，人生价值观实际上决定着主体人的整个思想意识和行为方式。与此相联系，人们的人生价值观不一样，人生价值目标就会不一样，因而实现人生价值目标的人生道路的选择也就会不一样。

人生价值观是一个人长期价值生活的积淀。这一积淀的过程既是认识的过程，也是实践的过程，是在实践基础上认识的积累过程。这里既包括思维过程中理性认识的积聚，也包括对实际生活过程的主体体验，是在二者综合基础上所形成的关于人生价值的基本观点。这种基本观点作为对自我与他人、与社会、与自身的价值关系的一种反映，可能正确，也可能不那么正确，甚至可能是错误的。由此可知，人生价值观的正确与否，对人的一生是至关重要的。因此，我们要树立正确的人生价值观，摒弃错误的人生价值观，以正确的人生价值观作为人生的向导，使自己的一生过得更有意义、更丰富、更幸福。

（一）树立正确的人生价值观

这里的正确是指，要实现人生价值必须符合人生价值实现的规律。其中主要包括：（1）满足个人需要与历史发展方向相一致的规律；（2）满足个人需要与为人民服务相统一的规律；（3）满足个人需要与个人努力奋斗相统一的规律。下面就此分别来做一些具体说明。

1. 树立符合历史发展方向的人生价值观

人生价值能否实现，总是与时代发展相联系的。回顾人类发展的历史，我们不难看到，由于人们的价值观与时代发展的方向或是一致，或是相反，那么其结果也迥然有别。历史上，许多杰出人物都是顺应了历史发展的潮流，而成就了杰出事业的。相反，希特勒为了实现《我的奋斗》中的人生目标，发动了罪及世界的第二次世界大战，遭到了可耻的失败，成了遗臭万年的战争狂人。其根本原因在于，他逆历史潮流而动。无可辩驳的历史事实告诉人们，一个人的价值观只有建立在符合历史发展方向的前提下，才可能是正确的，才能享有成功的人生。

刘少奇早在新民主主义革命时期就曾说过："我们的责任，就是要遵循人类社会发展的规律，推动社会主义和共产主义事业不断前进，使社会主义和共产主义社会更快地实现。这就是我们的理想。”[①] 历史的画卷已经翻到21世纪，为社会主义祖国争光，为实现社会主义现代化做贡献，已经成为我们的时代精神。我国人民正是在这种时代精神鼓舞下，在各自的工作岗位上克服困难，奋力进取。在当今中华民族伟大复兴的事业中，一切个人的人生价值观都要以时代的这个大目标来拨正、校准。只有这样，个人作为整个社会大系统的一分子，作为现代化建设浪潮中的一朵浪花，才能充满生机，永不干涸。

树立符合历史发展方向的人生价值观，从根本内容来说，也就是要树立为人民服务的人生价值观。因为人民群众是历史的创造者，代表了历史前进的方向。

2. 树立为人民服务的人生价值观

为人民服务就是为人民谋利益，谋幸福。树立为人民服务的人生价值观，就是要把人民的幸福与自身的完美结合起来，即通过为人民服务来达到自身完美。

有人以为为人民服务的人生价值观，只是共产主义者、领导干部才应具有的人生价值观，而与普通人没有什么关系。其实，这是一种误解。为人民服务的人生价值观，不只是具有政治意义的人生价值观，也是具有普遍意义的人生价值观。换句话说，这是普通人、每个公民都应具有的，符合生活逻辑的人生价值观和人生态度。

为人民服务有两种具体实现形式：一是通过为他人服务而为人民服务；二是通过为国家服务而实现为人民服务。与这两种具体实现形式相联系，人生价值的实现也就表现为两种途径，一是通过为他人服务获得他人给予自己的服务；二是通过为国家服务获得国家给予的报酬和恩惠。下面分别来进行一些具体说明。

就第一种途径而言，为他人服务或通常所说的“为您服务”。这是为人民服务的一种实现形式。过去曾发生过这样一种情况，有人口头上承认要为人民服务，可在实际工作中却拒绝“为他人服务”或“为您服务”。在他看来，你并不代表人民，因而为人民服务并不等于要为你服务。这种观点听起来振振有词，但实际上是错误的。这种错误在

---

① 《刘少奇选集》（上卷），123页，北京：人民出版社，1981年。

于离开了你、我、他，来谈人民，实际上也就把人民空洞化了。因此，脱离了为您服务，为他人服务，来谈为人民服务，在这里的为人民服务也就变成了一句空洞的口号，成了一句不为任何人服务的托辞。这是很不对的。

那么我为什么要为您服务，为他人服务呢？首先，这是人生的必然。人作为个体有着天然的局限性，不可能自己完全满足自己的生存需要。因此，必然有分工、有合作，必然要有你、我、他之间的相互服务，通过满足他人的需要而得到自己需要的东西。其次，这是生活的必要。人是相互需要的，你不去做对人有用的事，你就不能满足自己的需要。大家都不去做对别人有用的事，人类就不能生存。所以，各种职业的设立和职责，都体现着人们相互服务的必要性。在这样的关系中，为他人服务就是为自己服务，也只有在为他人服务中，才能得到他人给予自己的服务。现在流行一句话，叫做“今天工作不努力，明天努力找工作”。这意思是说，你如果今天不努力工作，就得不到大家和单位的信任，就会被炒鱿鱼，就要丧失收入的来源；只有好好工作，才能得到你想要得到并应当得到的回报。这就是生活的逻辑，生活的常规，这是任何一个普通人、任何公民都不能违背的。

就第二种途径而言，通过为国家服务而实现为人民服务，这是为人民服务的另一种实现形式。国家和政府的各级干部都是在为政府做事，为国家效力。不仅如此，每个公民也在各种职业和事业中服务于国家。为发展祖国的经济、政治、文化等各项事业而奋斗，为发展社会主义国家的生产力、提高综合国力，和提高人民的物质文化生活水平而努力。每个公民通过自己的劳动服务于国家，同时也接受国家和政府的报酬和恩惠。

就上述两种途径而言，都是为人民服务，都是实现人生价值的形式。但二者相比较，还有层次上的区别，通过为您服务实现人生价值的观念是相对的低层次，通过为国家服务实现人生价值的观念是高层次、高境界。人生的实践要求人应该往高处走。人不但要懂得互相服务，还应该在更大范围和更高层次上实现为人民服务，提升自己的人格，即不能只是在劳动工作，挣钱养家的小范围内，还应该在为国家、社会这样更高、更广的层次上，理解并实践为人民服务，从而实现自己的人生价值。树立这样的人生价值观，才可能有完美的人生。[①]

3. 树立奋斗进取的人生价值观

人生价值的实现，选准目标固然重要，但更重要的是去行动，去实践，要通过奋斗去获得成功。奋斗是人们为实现一定的价值理想而自强不息、坚忍不拔、顽强拼搏、开创业绩等行为的总称。就人生价值的实现来说，所谓奋斗主要包括两个方面：一是勤奋学习，二是勤奋工作。

实现个人价值要有丰富的科学文化知识。随着时代的进步，社会生产的发展不断地从主要依赖体力向主要依赖智力转化。有人估计，在生产机械化的初级阶段，体力劳动与智力劳动消耗的比例为 9∶1；中等机械化程度两者的比例为 6∶4；在全盘自动化情况下，两者的比例为 1∶9。与这一点相联系，掌握科学文化的劳动者在生产中的地位越来越重要。大量统计研究表明，教育水平的高度与劳动生产率的提高成正比。国外有人做过这样的计算：小学毕业生可提高劳动率 43%，中学毕业生可提高 108%，大学毕业生可提高 300%。因此，在一定意义上可以说，个人贡献的大小，即个人价值的高低，是与知识量成正比的。不用现代化的科学技术武装自己，就不能很好地为社会的进步和发展做出更大的贡献。

要掌握丰富的科学文化知识，就要勤奋学习。古人云："书山有路勤为径，学海无涯苦作舟。"马克思也说过："在科学上没有平坦的大道，只有不畏劳苦沿着陡峭山路攀登的人，才有希望达到光辉的顶点。"[②] 现代科学技术正在发生一次新的革命，知识飞速增长。据有关资料说明，人类的知识量在 19 世纪是 50 年增加一倍，20 世纪中期是每 10 年增加一倍，70 年代是每 5 年增加一倍，进入 80 年代后，则每 3 年增加一倍。因而西方人士说，这是一个"知识爆炸"的时代。面对这样的时代，我们更应该发扬百折不挠、勇攀科学高峰的精神，去摘取科学王冠上的珍珠。

要实现个人价值除了掌握丰富的科学文化知识以外，还要有勤奋工作，勇于开拓的精神。一个人面临的环境条件可能比较困难，但环

---

① 以上参见宋希仁：《为人民服务是人生观教育的主题》，《思想理论教育导刊》，2001（10）。

② 《马克思恩格斯文集》第 5 卷，24 页，北京：人民出版社，2009 年。

境条件是可以通过人的能动活动加以改造和改善的；一个人的自身条件也可能比较缺乏，但这不是绝对的，而是相对的，勤能补拙，勤能生巧。人们可以在自己的实践中不断提高能力，增长才干。一个人要想干成一番事业，在前进的道路上不仅有鲜花，更有荆棘。理想与困难、成功与牺牲总是结伴而行的。一切有志于在社会主义现代化建设事业中做出成就的人，都应有充分的思想准备，发扬艰苦奋斗精神，迎着困难开拓前进。具体说来：

（1）是要发扬踏实肯干的精神，一步一个脚印，去积极争取胜利。俗话说，一分耕耘，一分收获。这是应该永远记住的关于生活的真理。那种不准备付出汗水，而企图天上掉馅饼的侥幸心理是不应该有的。当然，在人生旅途中，机遇是应该重视的。但是能否抓住机遇，实现自己应有的价值，说到底还是取决于自身的素质和主观的努力。

（2）是要有战胜困难的决心和勇气。应该说，你所从事的事业愈伟大、愈崇高，所遇到的困难就会愈多，解决起来就会愈难。司马迁忍受腐刑之辱而著成《史记》；摩尔根为研究社会发展史，生活在原始野蛮的部落长达 40 年之久，才完成了巨著《古代社会》。马克思一生遭反动政府的迫害、忍受物质的贫困和疾病的折磨，而斗志弥坚，为世界工人阶级的解放事业奋斗终身。人生多艰！但是你克服和战胜的困难越多，越说明你是生活的强者，越显示出你的人生价值的辉煌。

（3）是要有取得胜利的恒心和毅力。所谓恒心就是要坚持不懈、持之以恒、锲而不舍。所谓毅力，就是指自己约束自己、自己强迫自己的一种自制力。人要和自己的惰性作斗争，要和人生的种种外在诱惑作斗争。人往往容易原谅自己，往往容易为自己开脱，这是最可怕的。小胜即骄，半途而废，以及功亏一篑的情况，在现实生活中都是屡见不鲜的。总结人生的经验，一切最终胜利的获得，都取决于持久的奋斗和顽强的毅力。而这一切又都依赖于崇高价值目标的召唤。这是一切成功者成功的奥秘。

总之，树立正确的人生价值观，就使人生道路的选择和人生价值的实现获得了科学的指导。在当今，为了树立正确的人生价值观，就必须和个人主义、拜金主义、享乐主义等错误的人生价值观划清界限。

(二) 反对错误的人生价值观

在马克思主义诞生以前的漫长历史中，几乎没有人把人作为“人类”，或作为社会人，来研究人的价值，往往都是从个体出发，来研究个体人的价值，也就是人生价值。对人生价值的研究也往往或主要是偏重于个人的自我价值。这种研究，往往又是在剥削阶级利己主义人生价值观的影响或支配下进行的。这种利己主义人生价值观，其主要内容就是个人至上、金钱至上、享乐至上的观点，也就是个人主义、拜金主义、享乐主义等的人生价值观。当然，反对个人主义不等于否认个人正当利益；反对拜金主义不等于否定货币的经济职能；反对享乐主义也不是拒斥生活享受。上述二者之间是有本质区别的。下面就此来做一些具体分析。

1. 反对个人主义

长期以来，存在这样一种偏见，即把“为自己”等同于个人主义。其实，这二者是有原则区别的。

人双重地存在着：人作为自我，个体自身存在着；人作为社会角色，又是社会地存在着。

人作为个体存在，有他个体的需要、利益。为了满足自己的这些需要和利益，他就要为自己做事，他就有为自己的权利。对于这一点，大凡明智的思想家都是予以肯定的。中国的孔子儒学强调以义为上，义就是公利，即把公利放在第一位。但与此同时，也并不否认，富与贵是人之所欲，贫与贱是人之所恶，并不否认“以货财为宝，以养生为己”的“至道”。黑格尔也明确肯定，人有权把自己的需要作为他的目的。马克思恩格斯也充分肯定个人生存和发展的权利，认为：“任何人如果不同时为了自己的某种需要和为了这种需要的器官而做事，他就什么也不能做。”[①] 又说：“在任何情况下，个人总是‘从自己出发的’。”[②] 由此可见，人作为个体“为自己”，这并没有什么不道德或不光彩的，而且是一种必然。

承认这一点，会不会如某些人所认为的，这是替个人主义张目，

① 《马克思恩格斯全集》第3卷，286页，北京：人民出版社，1960年。
② 《马克思恩格斯全集》第3卷，514页，北京：人民出版社，1960年。

为个人主义的合理性进行论证呢？应该说，这种担心是没有必要的。

（1）为自己不等于为恶。为自己可能为恶，也可能为善。也就是说，为自己的主观目的，处在作恶或为善的待发点上。如果一个人通过诚实劳动、合法经营，获取个人的正当利益，这样的为自己就是允许的、合法的、善的。所谓善，即他这样做的结果，是对他人和社会有利的，尽管他在主观上并不是以“共同利益”为目的的。比如，一个经营者为了使自己所营销的商品有更大的销路，以便得到更多的利润，他对顾客给予更热情，更周到的服务。这并没有什么不好，而且还是一种商业文明、商业道德的体现，因而是善的，是消费者所欢迎的。反之，如果在商品营销活动中，为了谋取自己的不正当利益而搞欺诈，以劣充好，以次充优，这是不允许的、非法的，是恶的，即他侵犯了消费者的利益。由此可见，为恶还是为善不在于是否为自己，而在于怎样为自己。如果用正当的手段达到正当的目的，这样的为自己就是善的，就是应该肯定的。如果用不正当的手段达到不正当的目的，这样的为自己就是恶的。对此，就应以教育和法律的措施加以防范和打击。

（2）善的为自己有共善独善之别。独善就是一己之善，即一个人用正当手段达到自我正当之目的。这就是中国古人讲的“独善其身”，即自己管好自己。当然儒、释、道三家关于善的标准不一样，如何达到独善的方法和途径也不同。共善就是社会与个人、众人与自我的共同完善。在这方面中国有优良的思想传统，特别是儒家，既强调要独善其身，又强调要兼济天下，并把二者做了统一的理解。认为只有独善其身，才能兼济天下，即所谓“若安天下，必须先正其身。未有身正而影曲，上治而下乱者”。[①] 又所谓“忠臣不畏死，故能立天下之大事；勇士不顾生，故能立天下之大名”。[②] 另外，也只有兼济天下，才能提升和彰显自身人格的高洁和光辉。这就是“博爱之谓仁”，[③] 乃至“杀身以成仁”。[④] 必须指出的是，中国古代儒家是从道德角度，从君子人格角度立论的，即作为一个道德高尚的仁人，既要独善其身，又要

① 唐·吴兢：《贞观政要·君道》，唐太宗语。

② 宋·苏轼：《东林第一代广慧禅师真赞》。

③ 唐·韩愈：《原道》。

④ 《论语·卫灵公》。

兼济天下。马克思主义则是从现实社会生活本身立论的，马克思既肯定“为自己”，“从自己出发”的合理性，又指出个人的需要及其满足方式都是社会的。由此，马克思得出结论说：“一个人的发展取决于和他直接或间接进行交往的其他一切人的发展。”① 所以，在马克思主义那里“为自己”与“为人民”是统一的。马克思说：人类的幸福和自身的完美“这两种利益不是彼此敌对、互相冲突的，不是一种利益必定消灭另一种利益”，相反，“人只有为同时代的人的完美、为他们的幸福工作，自己才能达到完美”。② 人有为自己的权利，更应有使自己完美的愿望。一个人如果不想使自己有所提高，向着完美更进一步，那么他就不会去选择更有价值的工作，也就不会为社会发展去进行创造性的劳动。

因此，那种把为自己与个人主义混为一谈的观点是错误的。个人主义之为个人主义，不在于它肯定个人的价值，而在于主张个人本位、个人中心、个人至上，将个人利益凌驾于社会利益和他人利益之上，不惜采用损人利己的方式来追求自己的价值目标。这几年在我国社会中个人主义的人生价值观有所抬头，被一些人所肯定、所信奉，并形成一种败坏社会的风气。片面强调个人利益，从而贬低社会整体利益和他人利益；追逐私利者成了“英雄”，默默奉献者成了“傻子”；无德的大款昂首阔步，有德的清贫者受人嘲弄。在这种气候下，贪污腐化、行贿受贿、损人利己、损公肥私，这种以往为人们所深恶痛绝的丑恶现象重新大量滋生。这种个人主义价值观是社会主义集体主义的敌人，它不仅腐蚀人们的灵魂、毒化社会的风气，而且从根本上削弱社会主义制度本身，不利于社会主义建设事业的巩固和发展，是和广大人民群众的根本利益相违背的。在中国，在社会主义制度下，人的个性解放，个人正当利益的获得不能靠推崇个人主义，而只能靠社会主义集体主义，靠人民共同奋斗来达到共同富裕。在这个意义上说，个人主义并不有利于人们实际地去获得个人的正当利益，而是在无声无息中瓦解中国社会结构的同时，使人与人之间的关系趋于紧张，最终陷于“人对人像狼”，“他人就是地狱”，以及“一切人反对一切人

① 《马克思恩格斯全集》第3卷，515页，北京：人民出版社，1960年。

② 《马克思恩格斯全集》第1卷，459页，北京：人民出版社，1995年。

的战争”所造成的混乱和灾难之中。

2. **反对拜金主义**

资产阶级个人主义价值观以金钱为人生价值的尺度，以追逐金钱作为人生的目的。

改革开放以前，人们安贫乐道，羞于或耻于谈论赚钱问题，以改革开放为契机，越来越多的人不但不回避它，而且以空前的坦率和热情讲究起聚财、生财和用财之道来。这无疑是我国公民在金钱观上的进步。

金钱是货币的俗称，是充当一般等价物的特殊商品。它对人来说，具有二重性。

一是金钱是有用的。作为社会商品交换的流通手段和价值尺度，金钱在我们的社会生活和国际贸易往来中发挥着不可缺少的巨大作用。金钱是发展经济、成就事业、改善生活、密切人际关系和实现人生价值的必要而又重要的手段。为了获得这一手段，人们需要创业精神，需要付出劳动和汗水，有时还要冒相当大的风险。在直接为金钱而奋斗的经济生活过程中，人们常常自觉或不自觉地在一定程度上用获得金钱的数量来衡量事业的成就、当事人的能力，以及个人或群体对社会的贡献。这种金钱观主张凭劳动挣钱，靠勤劳致富。因而个人和企业只要是在法律、社会公德和宏观经济允许的范围内，就可以理直气壮地大利大干，小利小干，无利不干。对工资、物价、利率、税收等经济杠杆作出经营谋略和职业选择方面的灵活反应，乃是富有活力的表现。对经营业绩卓著者，崇之以名，奖之以钱；对经营不善、严重亏损的经营者，给予批评和在经济以及其他方面予以处罚，乃是搞好企业生产的必不可少的重要措施。总之，这种务实的、有利于生产力发展的、适应市场需要的金钱观，它对催人上进，促人创业，鼓励人民以诚实劳动和合法经营获得更多的财富，是有重要意义的。

二是金钱不是万能的。因此，不能无限夸大金钱的作用。有人对此批判道：金钱能买到颜美如玉的少妇，但买不到真挚的爱情，因为爱情不能被金钱所污染。金钱能买到高级补品，但买不到健康长寿，因为健康长寿为养尊处优者所望尘莫及。金钱能买到文凭和头衔，但买不到真才实学，因为真才实学是艰苦脑力劳动的结晶。金钱能买到物质上的满足，却买不到精神上的充实，因为金钱在精神世界一筹莫展。金钱能买到悦耳动听的赞美之词，却买不到诚挚的友谊，因为建立在金钱上的“友谊”犹如沙滩建塔，是靠不住的。总之，金钱能买到许多东西，但又有许多东西是金钱不能买到的。金钱不是万能的。

但有人迷信金钱万能，把金钱当做神灵来崇拜。这就是拜金主义者。因此，拜金主义的本质并不是重视货币的经济职能，而是把货币的经济职能幻化、普化为一种能左右人的命运的神奇力量。像马克思所揭示的把货币“当成万能之物”，鼓吹“货币的本质的万能”。[①] 很显然，拜金主义根源于建立在私有制之上的资本主义商品经济，是人的关系的“物化”在货币关系上的表现。恩格斯说过：“在资产阶级看来，世界上没有一样东西不是为了金钱而存在的，连他们本身也不例外，因为他们活着就是为了赚钱，除了快快发财，他们不知道还有别的幸福，除了金钱的损失，也不知道还有别的痛苦。”“金钱确定人的价值：这个人值一万英镑，就是说，他拥有这样一笔钱。谁有钱，谁就‘值得尊敬’，就属于‘上等人’，就‘有势力’，而且在他那个圈子里在各方面都是领头的。”[②] 金钱万能是拜金主义价值观的核心理念。

这样，拜金主义就把货币这种作为流通手段的一般等价物，变成为人生目的、人生意义的所在。这也就混淆了人生目的与人生手段的关系，把手段上升成了目的。似乎不是金钱为人所用，为人服务，而是倒过来人为金钱服务，为金钱所用。不是人支配金钱，而是金钱支配人。

在拜金主义推动下，有人为了能够获得更多的金钱，可以不顾法律、道德乃至人格国格的约束。可见，拜金主义的一个根本特点是金钱至上，崇金损人。它首先抹杀和扭曲了拜金主义者自己的人性，否定了他的人生的自我价值，使他沦为金钱的奴隶、攒钱的工具，除了多多攒钱，使他不知道还有什么别的人生的快乐和幸福。其次，它还要损害他人，甚至反对社会，从而也就丧失了他的人生应有的社会价值。为了金钱，有些人不择手段，胆大妄为。走私贩私、权钱交易、坑蒙拐骗、巧取豪夺、贪污受贿、甚至杀人越货等丑恶残忍的行径，在我国社会中已不再鲜见。拜金主义冲击机会均等的市场原则，制造

① 《马克思恩格斯全集》第42卷，150页，北京：人民出版社，1979年。

② 《马克思恩格斯全集》第2卷，564、566页，北京：人民出版社，1957年。

社会不公，破坏法制、败坏风气，造成财富的巨大浪费，拜金主义是社会主义市场经济和社会主义精神文明的异己力量，是必须要坚决加以反对的。因此，反对拜金主义不仅要对不择手段疯狂追求金钱的行为进行道德批判，而且首先应当通过保证市场经济稳定发展的一系列规章制度，来扼杀危害公共生活的拜金主义行为。现代市场经济的特征之一，就是由一系列市场规则所保证的高度规范化的市场秩序。维护这种市场秩序不是否认企业或个人追求合法的最高利润，而是反对商品生产者唯利是图的越轨追求。

3. 反对享乐主义

新中国成立以来，特别是十一届三中全会以来，由于党的一系列正确政策的贯彻执行，我国的工农业生产有了很大的发展。在生产发展的基础上，人民收入增加，已经基本上过上了小康生活。贫穷不是社会主义，邓小平的这一论断已经深入人心。以经济建设为中心，大力发展社会生产力，不断增强我国的综合国力，不断提高我国人民的物质文化生活水平，已经不再仅仅是一个奋斗目标，而且正在逐步变成我国社会生活的现实。在逐步富裕起来的条件下，过去那种有钱舍不得花，有衣舍不得穿，把吝啬当节约，把消费当浪费，人为地压低生活水平的想法和做法正在得到改变。人民群众是社会财富的创造者，是社会主义社会的主人，人民群众通过诚实劳动和合法经营获得生活资料，获得生活享受，这是社会主义制度优越性的重要体现。另外，就生产与消费的关系来说，生产决定消费，消费也会拉动生产，对生产有着巨大的反作用。如果只讲生产，不讲消费，不抓生活，积累过高，破坏了国民经济的综合平衡，也必然会挫伤劳动者的生产积极性，造成生产的低速度，经济的低效益，人民生活的低水平。因此，只有坚持与生产力发展水平相适应的消费才能促进生产的发展。这是就整个社会而说的。就每个人的生活标准来说，究竟过什么样的生活，这取决于他的经济收入和经济状况。一个人只要钱的来路正当，比别人吃得好一些，穿得好一些，开支大一些，都是允许的。不仅允许，我们党还提倡广大人民群众勤劳致富、享受生活。但是这和提倡享乐主义是根本不同的。享乐主义是我们要坚决反对的。

享乐主义是艰苦奋斗的大敌，是腐败堕落的渊薮，是一个人、一个政党、一个政权、一个国家走向衰败的起始。

享乐主义为奴隶社会、封建社会没落腐朽的王公贵族所提倡，后来为资产阶级所鼓吹。它是一种人生苦短、及时行乐，用各种方式满足感官需求的腐朽的人生价值观。这种观点认为，人生的价值就是享受，不然就没有意义，没有价值，就是空活了一辈子。有人说："今朝有酒今朝醉"、"人生在世，吃穿二字"。在中国历史上，享乐主义人生价值观的代表作，是魏晋时期的《列子·杨朱篇》。作者认为，人之一生不过几十年，如此短暂的人生怎样度过呢？只有"为美厚尔，为声色尔"。"唯患腹溢而不得恣口之饮，力惫而不得肆情于色"。在他看来，似乎人生就是为了追求物质生活享受，就是为了满足自己的肉体欲望。还有人认为，人总是要死的，"十年亦死，百年亦死，仁圣亦死，凶顽亦死"，既然如此，不如"尽人生之欢，穷当年之乐"。目前有少数人的所谓："金钱第一碰运气，吃喝玩乐有福气。"其实质就是受了享乐主义人生价值观的影响。

享乐主义人生价值观，把追求物质生活的享受当做人生的目的，满足于口腹之欲，沉湎于吃喝玩乐，以至与酒囊饭袋无异，这实际是把人的生活降低到动物的水平。文明、健康的生活方式，包括物质生活和精神生活两个方面。人不但要有物质生活来营养身体，而且要有精神生活来灌溉心田。只有物质生活，而没有充实、高尚的精神生活，到头来剩下来的，也只能是精神的荒漠，生活的空虚，人生的厌倦。

享乐主义人生价值观把享乐视为人生的价值所在，它不是以劳动创造至上，而是以个人享乐至上，离开个人的劳动创造，离开艰苦奋斗，而一味地追求自己的享乐，那么享乐主义者的享乐不以自己的劳动创造为基础，就必然要以侵占别人和社会创造的成果为基础。

享乐主义人生价值观把享乐理解为，孤立个人的一己私欲的满足。这里享有的所谓快乐只是一种狭隘的、自私的、可怜的快乐。中国古人讲，先天下之忧而忧，后天下之乐而乐。这是何等宽阔的胸怀。橡胶大王陈嘉庚，兢兢业业一生，成就了一番大事业，自己生活十分俭朴，却拿出许多钱来在大陆办学校，建图书馆，惠及他人和社会，这是何等的高尚。文学泰斗巴金，将自己写《家》、《春》、《秋》爬格子熬出来的十几万元稿费，一个不剩，全部捐给了文化事业，这又是何等的令人赞叹！

总之，正确对待生活享受，就必须坚持享受和创造相结合的原则；

物质享受和精神享受相结合的原则；追求个人幸福与造福他人及社会相结合的原则。这样才能和享乐主义划清界限。让我们激发艰苦创业的精神，为创造人类历史和我们自己前所未有的美好生活而努力奋斗。

第六章 人权的社会实现

人的需要能否得到满足，人的价值能否获得实现，都涉及人权问题，涉及人权的社会承认和社会保障问题。因此，人权的实现与否除了与生产发展水平、经济发展水平相联系以外，还直接与国家、民主、法权、法制相联系，与个人及个人所生活的群体相联系，与争取人权的阶级斗争、民族斗争，与现代国际斗争，以及人类解放的斗争相联系。

人类历史上，自欧洲文艺复兴以来，人权逐渐成为一面有巨大影响的旗帜。资产阶级最早举起了这面旗帜，用它来作为反对封建特权的锐利武器，曾经给人类社会的发展带来了进步。但西方资产阶级人权对无产阶级和广大殖民地人民来说，并非是真正的人权，而是在人权的普遍形式掩盖下的资产阶级特权和帝国主义、殖民主义霸权。在反对这种特权和霸权的斗争中，人权的内容实现了从强调个人人权到强调集体人权的进步，在社会主义国家开始从过去那种徒具形式的人权，即少数人的人权，向内容和形式统一的社会主义人权，即多数人的人权的逐步转变。无产阶级人权发展的最终目标是废除生产资料私有制，消灭阶级及一切阶级不平等，消灭一切旧式的社会分工，使每个人都能获得全面而自由的发展。

由于人权在一定意义上是人的自由、人的平等、人的尊严、人格和人的主体地位的价值确认和价值追求，因而它成为一个日益深入人心的普遍理念。在这种情况下，有一些人特别是西方发达国家的上层统治者认为有利可图，于是打起了人权旗号，以此来掩盖他们践踏人权、制造人权灾难的丑恶勾当。这样，也就提出了一个问题：如何维护人权的严肃含义，如何与这些人权的假冒者进行斗争。我们认为，这里的关键是要从人的社会解放的高度来看待人权，来分析历史上各种人权形式，来辨别各种真假人权主义者。

一、人权的本质

（一）人权及“天赋人权论”

1. 人权的本质内涵

什么是人权，有一种观点认为，人权就是人的权利。这种观点不能说就是错的，但是有必要进行一点辨析。权利总是对人而言的。权利是对人的主体地位的社会确认和保障，是人在社会关系中应当享有的利益以及实现这种利益的手段。它不是对动物而言的。因此任何法律所规定的权利总是人的权利。如果在这个意义上，把人权说成人的权利，就是不正确的。因为一切权利总是人的，但这里所说的人的权利，可能是部分人的，也可能是一切人的。只有一切人共有的权利才是人权。在奴隶社会中，权利是奴隶主的，而不是奴隶的，它恰恰是对奴隶权利的剥夺。因此，人权并不等于权利，它所指谓的是人作为人的权利，或者说，是凡人皆有的权利，是人人共有的权利。在人作为人的权利的意义上，说人权就是人的权利才是正确的。在这个意义上所理解的人权是相对于、区别于特权而言的。人权是一种权利，特权也是一种权利。特权之作为特权，总是部分人的，人权之作为人权总是涵盖一切人的，是具有极大普遍性、一般性的。所以，马克思认为，人权只是“权利的最一般形式”。

既然人权是人人共有的权利。因此人权的前提和基础是人的平等。特权意味着不平等。所以，平等是人权的一般内容。人们在平等的基础上，享受人权是为了实现自身的自由，包括生存的自由、发展的自由。特权意味着不平等、不自由。因此，自由是人权的核心和目标追求。为了保障平等和自由的实现，又必须依靠法治。法治的实现一方面在于利益的合理分配和权利化，另一方面在于民主的法律化、制度化。在这里，利益是人权的经济内容和经济实现，民主是人权的政治内容和政治实现。

总之，人权是人们在平等基础上，依靠法制保障，为实现人的自由而拥有的经济利益、政治民主和文化享受。

在人类历史上，就总体而言，随着生产力发展和社会关系的不断调整、变革，特权在不断被削弱、消除，人权在不断得到扩大、发展。在现代社会，人权是人在社会生活中享有的各种政治、经济、文化和社会福利权利的总称。具体说来，有三个层次：第一是人的基本权利。包括生存权和基本自由权；劳动和劳动所得归劳动者支配和享用权；平等权、发展权等。第二是公民权，是人作为一个国家的公民所具有的权利。除了以上基本权利以外，主要是指政治自由民主权利。第三是人所具有的或应该有的其他一切权利。除以上基本人权和公民权以外，包括各种具体的经济、政治、文化和社会福利权利，如知识产权，就业和失业保护，休息、娱乐权，和平权，环境权等，还包括对弱者或缺乏正常行为能力的人的权利规定。

2. “天赋人权论” 的提出

人权作为特权的对立物，作为对不平等、不自由的社会现实的批判和否定，才使人权作为问题被提了出来，才引起了人们的反思，才有了人权理论的从萌芽到成熟，从片面到系统的发展。

如果往前追溯，应该说，在西方，在古希腊、古罗马就有了人权思想的萌芽。在中国也是早已有之。这种思想萌芽根源于奴隶社会的奴隶和平民争取生存权的斗争，是他们对奴隶社会非人现实的抗争在思想上的反映。在奴隶社会中，一部分人得以凭借其对生产资料和物质财富的占有，以及对国家权力的控制，获得政治、经济、文化等方面的特权，从而剥削、压迫另一部分人，使占人口大多数的劳动人民的生存受到威胁，不仅失去了追求幸福和自由发展的可能性，而且丧失了做人的起码资格。正是这种不平等、不自由的现实才使人权问题，成为一个反对剥削阶级特权，而使被剥削被压迫阶级以至全体社会成员都能获得生存和发展的同等条件和机会的社会问题，逐渐被人们所意识，并形成人权思想的萌芽。在古希腊、古罗马，人权思想的萌芽，主要表现为自然法和自然权利思想，这种思想认为主奴关系是违反自然的。弗勒蒙指出：“根据自然，没有一个人生而为奴隶。” 还有人认为：“主奴关系源于强权；这是不合正义的。”① 在古代中国，一些思想家针对奴隶制下“民” 被残、被杀的现实，发出了“民为贵” 的呼声，

① 转引自《哲学原理发展概述》编写组：《哲学原理发展概述》（下），85 页，福州：福建人民出版社，1983 年。

提出了重民重人的民本主义思想。

但是系统完整地提出人权理论的是西方资产阶级革命时期的启蒙思想家们。在14—16世纪的文艺复兴运动中，针对封建统治者的专制特权，当时的资产阶级人文主义者，提出了“个性解放”的口号，把人生需要、人世享乐、人格尊严提到了首要位置，从而表现了对个人权利的明确追求。到了17—18世纪，随着资本主义的进一步发展和资产阶级要求自由发展权和政治统治权愿望的日益迫切，人权的口号和作为资产阶级人权学说典型形态的天赋人权论，便由格劳秀斯、斯宾诺莎、霍布斯、洛克、孟德斯鸠和卢梭等自然法学派思想家正式提出和逐步系统化。其主要代表人物是洛克和卢梭。

约翰·洛克（1632—1704）被认为是近代西方最重要的政治哲学家之一。他认为“自然状态是完备无缺的状态”，也“是一种平等的状态”。在自然状态中，人人都遵守自然法，“没有一个人享有多于别人的权力，任何人都不得侵犯他人的生命、健康、自由和财产”。[①] 但是自然状态却不是人类生活的理想状态，它缺乏明文规定和众所周知的法律作为尺度裁决人们之间的纠纷；缺乏根据法律进行裁决的裁决者，缺乏权力支持这样的裁决。于是为了使自然权利获得保障，人们便订立契约，组成国家，将一部分自然权利转交给国家，国家则制定法律保障人们的生命、自由和财产等人权。政府或立法机关一旦侵犯公共福利，人民便有权反抗。洛克认为反抗暴政，也是一项自然权利。

让·雅克·卢梭（1712—1778）是启蒙时代的精神领袖。卢梭从激进民主主义立场提出他的人权思想，他将自然状态说成人类的黄金时代，人在自然状态中，享有天然的独立和自由。认为人类不平等的根源是私有制的出现。人们订立契约建立国家，这实际上是富人反对穷人的阴谋，旨在保护自己的私有财产不受侵犯，并使自己成为穷人的统治者。因此，国家的产生加剧了社会的不平等，首领们逐步把官职看成一项家产，本人是业主，国人是奴隶、牲畜，原有的合法权力转化为专制暴力。它迫使人民用暴力推翻暴力统治，从而实现更高级的社会契约的平等，即实现人们在完全平等和自愿基础上的联合。在签订这种社会契约时，人们一方面将全部自然权利毫无保留地转让给

① ［英］洛克：《政府论》（下篇），叶启芳、瞿菊农译，7页，北京：商务印书馆，1981年。

"人民共同体"，另一方面又从这个共同体中接受他们所转让的一切权利。这种共同体实际上就是资产阶级民主共和国，这样卢梭便成为激进民主主义人权理论的创始人。

天赋人权论是针对封建专制制度和君权神授思想而提出来的，旨在证明封建制度是对天赋人权的侵犯，理应被基于社会契约的理性制度所代替。天赋人权论与人民反封建的要求有一致之处，从而成为资产阶级发动人民进行反封建斗争的主要口号，在历史上起过重大进步作用。17世纪英国资产阶级革命被称为第一次人权运动。英国议会分别于1679年、1689年通过了"人身保护法"、"权利法案"。18世纪中叶卢梭的人权理论成为1776年美国"独立宣言"和1789年法国"人权宣言"，以及这两国宪法的主要依据。"独立宣言"提出"一切人生来都是平等的，他们均享有不可侵犯的天赋人权——生存、自由、追求幸福"。"人权宣言"提出："人类生而自由，在权利上生而平等，宣布自由、安全以及反抗压迫为天赋人权，私有财产神圣不可侵犯。"从此，"天赋人权理论"被明确载入西方各国宪法，并被视为"普遍真理"世代相传，很少有人对它产生怀疑。

只有马克思恩格斯第一次对人权问题作了科学分析，并在批判资产阶级天赋人权论的基础上，阐明了马克思主义人权论。

（二）马克思主义人权论

在马克思主义看来，人总是处在一定社会关系中从事实践活动的现实的人，而不是抽象的人。人是社会存在物，人权也是一种社会关系。不是人本身决定人权，而是人的社会性、人的社会关系决定人权。因此，人权就是处于特定社会关系中的人的权利，也就是人作为社会成员的权利。这种权利是国家以法律形式认可和规定的人身权利和民主权利的总称。

人权既然是一种社会关系，是人的社会权利的总称，那么，人权就不是人作为人生来就有的，而是历史发展的产物。这是马克思主义人权论的首要观点。

1. 人权是历史发展的产物

天赋人权论认为，人类一开始有一个自然状态的时代，在这种状态下人享有自然的权利。其实，自然状态只是一种理论上的假设。何谓自然状态，是动物状态，还是人从动物中获得提升出来的社会状态？如果指动物状态，那么也就无所谓人的权利问题，如果指人的社会状态，那么自然状态这种提法本身就是混乱的，不妥的。如果撇开用语不谈，仅就它用自然状态指谓人类社会早期，并以此作为出发点来论证人类生来就享有普遍的自然权利而言，这也是一种唯心主义的理论推断，是没有任何根据的。

在被自然法理论称为“自然状态”的人类社会早期，人类刚刚脱离动物界，对自然规律的认识和利用的能力很低，人类还盲目地受自然必然性的支配，因而行为的自由度十分有限。在这种低下的物质生活条件下，自然法所称的人的这种“天赋权利”既无客观的物质、社会基础，也无实现的社会保障。任何一个稍有历史知识的现代人都知道，在原始社会早期，原始人靠获取现成的天然对象作为自己的食物，经常仅仅能维持简单的生存，有时甚至难以养活全体氏族成员。在那种生产力低下的情况下，杀死和吃掉战争中的俘虏以及同族中的老人是再平常不过的事。摩尔根的《古代社会》提到：“古代食人之风盛行，这一点已逐渐得到证实。”19 世纪火地岛上的土著居民仍有吃人的习惯。冬天饥饿时，在老太婆与狗之间，火地岛上的居民首先杀食老太婆充饥，把狗留下来捕捉海獭。在火地岛人看来，老太婆的价值是不如狗的。很显然，在人的生命权都难以保障的原始社会早期，哪有什么“自然权利”可言呢？可见天赋人权论没有科学反映人权现象产生的真实过程。

马克思主义认为，人权不是从来就有的，不是造物主天赋的，而且历史的产物。马克思指出：“出生只是赋予人以个人存在，首先赋予他以生命，使他成为自然人。”① “成为奴隶或成为公民，这是社会的规定。”② 人权作为人的本性和利益的一种需求，无论是它的产生、发展，还是实现，都必须以一定的社会生活条件为基础。就此，马克思曾引用黑格尔的话说：“人权不是天赋的，而是历史地产生的。”③

人的本质的最根本内容是社会实践，马克思主义是从社会实践的

① 《马克思恩格斯全集》第 1 卷，377 页，北京：人民出版社，1956 年。

② 《马克思恩格斯全集》第 46 卷（上），220 页，北京：人民出版社，1979 年。

③ 《马克思恩格斯全集》第 2 卷，146 页，北京：人民出版社，1957 年。

角度去理解和说明人权的产生和发展的。

人的社会实践的基本形式是生产劳动。在生产劳动过程中，发生了人与自然的关系，即生产力，形成了人与人之间的社会关系，即生产关系，又在多种多样的社会实践活动中形成了以经济关系为基础的政治关系和精神关系。占统治地位的社会经济关系和政治关系的制度化、法律化，也就形成一个社会的基本制度，以及体现基本制度的社会具体体制。社会制度确立了社会经济生活与政治生活的基本原则，从法律制度上规定了人们的各项权利。历史唯物主义认为，社会制度不同，就意味着各社会集团的社会地位不同，也意味着分属于这些不同社会集团的人们的权利不同。

以上是就人类进入文明时代以来而言的。在进入文明时代以前，人类已经经历了漫长的蒙昧时代和野蛮时代。在前文明时代的社会并不存在现代意义上的权利现象，但是现代意义上的权利现象，又是从前文明时代的权利现象的萌芽发展而来的。这一发展过程是这样的，在原始社会，在生产力方面，以最初的采集和狩猎为主，使用旧石器生产，发展到后来农业、畜牧业、手工业并存，使用青铜器和铁器进行生产；在社会分工方面，从最初的血缘家庭公社，经母系氏族公社，发展到后来的父系氏族公社。随着人们对自然规律认识程度的提高，人类行为自由的范围也在扩大。在人类的生产活动和其他社会活动中，一些行为自由逐渐地被占统治地位的社会意识所认可，被认为是正当的行为，并被确定在一定的社会规范中。在人们的社会行为和意识中逐渐形成了原始习惯权利的概念。恩格斯指出："在社会发展某个很早的阶段，产生了这样一种需要：把每天重复着的产品生产、分配和交换用一个共同规则约束起来，借以使个人服从生产和交换的共同条件。这个规则首先表现为习惯，不久便成了法律。"① 在原始社会末期，还没有产生国家和法律，因而原始社会的权利形态主要是长期和缓慢形成的习惯权利，即由约定俗成的社会生活规则所支持的原始习惯权利。习惯权利就是一种萌芽状态的权利现象。因为在生产力水平低下的原始社会中，由于人的价值在目的性和手段性方面、在主体价值的内容和社会形式方面尚未分离，因而恩格斯在论及处于原始社会的印第安

① 《马克思恩格斯文集》第3卷，322页，北京：人民出版社，2009年。

人时指出："参与公共事务，实行血族复仇或为此接受赎罪，究竟是权利还是义务这种问题，对印第安人来说是不存在的……这种问题正如吃饭、睡觉、打猎究竟是权利还是义务的问题一样荒谬。"[①] 也就是说，那时候权利和义务还处于尚无分异的原始同一中。权利和义务的差别是在生产力有了一定发展，随着剩余产品和私有制的产生而出现的。从这时候起，作为萌芽权利现象及其形式表现的习惯权利，才发展为独立形态的权利现象及其形式表现的法律权利，即法律规范的权利。因此，天赋人权论把人权说成是先天的、自然的，是没有任何根据的。

2. 资产阶级人权是以普遍形式所表现的资产阶级特权

按照天赋人权论，人权是"人人生而平等"的权利。如果按这种理解，人权就是以人的自然本性所享有的生存权、自由权、平等权、财产权、自卫权、反抗压迫权、追求幸福权等等。这些权利既然是天赋的，也就是永恒的、普遍的，不可转让，不可剥夺的，不因性别、出身、民族、时间、地点和环境的不同而有任何差别的。既然是这样，人权就是超阶级，甚至是超国界的。

在马克思主义看来，世界上从来没有也根本不存在所谓"普遍的"、"超阶级的"、"超国界的"人权。人权作为人的权利表达，它是权利的最一般的表现形式。而在阶级社会中，任何权利都是阶级的权利。所不同的是，在奴隶社会和封建社会中，所存在的是赤裸裸的奴隶主特权和封建主特权，奴隶主和奴隶之间，封建主和农民之间，并无任何意义上的平等可言，也就无任何人权可言；而在资本主义社会中，所存在的是以人权这种普遍形式所实现的资产阶级特权。对此，下面来做一些具体分析。

从人类进入阶级社会以后，一方面"几乎把一切权利赋予一个阶级，另一方面却几乎把一切义务推给另一个阶级"[②]。在奴隶社会，占人口极少数的剥削阶级获得了自由和特权，而占人口绝大多数的奴隶则没有丝毫的人身权利。奴隶主可以买卖、役使、虐待以及处死奴隶，甚至可以用奴隶殉葬。如墨子《节葬》篇中所说："天子杀殉，众者数百，寡者数十；将军大夫杀殉，众者数十，寡者数人。"不仅奴隶主贵

① 《马克思恩格斯文集》第4卷，178页，北京：人民出版社，2009年。
② 《马克思恩格斯文集》第4卷，197页，北京：人民出版社，2009年。

族的墓葬采用人殉，而且每次祭祀时还采用人祭。有的学者做过统计，殷代八世十二王272年间（公元前1395—1123），全部杀人祭祀，“至少亦当用14197人”。[①] 但是奴隶社会相对于原始社会毕竟是一个历史的进步，原始社会的食人之风在奴隶社会得到了消除，人的生命权得到了某种程度的肯定，但这种肯定并不是奴隶作为人的意义上的肯定（在奴隶主眼中奴隶不是人，只是会说话的工具），而是奴隶作为奴隶主的财产意义上的肯定。

在封建社会，农民不再被地主完全占有，殉人、祭人的现象逐渐得到消除。在中国，到春秋战国时代，就开始有人站出来反对殉葬。说杀殉“非礼也”。[②] 汉代以后，陪葬的只是木俑、陶俑。到了宋代，因纸冥器流行，木俑、陶俑在一般墓葬中已很少见，纸人作为殉祭的代用品被广泛使用。也就是说，在生产力发展的基础上，农民作为劳动力的人生价值得到了某种程度的肯定，但是这种肯定也不是农民作为人的意义上的肯定，而是在农民作为地主地租的来源意义上的肯定。在封建的等级制度下，劳动者也还只有有限的人身自由权。在中国古代，地主占有绝大部分生产资料，农民很少占有土地，或根本没有土地。农民用自己的工具去耕种地主、贵族和皇室的土地，并将其收成的四成、五成、六成、七成甚至八成以上，奉献给地主、贵族和皇室，并且还要给地主阶级的国家交纳贡税，和被强迫从事无偿的劳役。地主对农民有随意打骂甚至处死之权，农民是没有任何政治权利的。在欧洲中世纪长达1100年（约395—1500）的历史中，起支配作用的是作为特权的贵族的世袭权、僧侣教权（神权）和皇权，在这些权力压迫下，农民特别是农奴并没有多少人身自由可言。正如恩格斯所指出的：“如果他是一个农奴，那么他就完全听从主人支配。如果他是一个依附农，那么契约规定的法定负担已经压得他透不过气了……主人像处理财产一样任意处理农民的人身，任意处理农民的妻女。主人有初夜权。主人一时高兴，就可以把农民投入监牢。”[③]

最初提出人权口号的是资产阶级，资产阶级是人权理论的奠基者。

① 胡厚宣：《中国古代社会的人殉和人祭》（下篇），《文物》，1974（8）。

② 《礼记·檀弓下》。

③ 《马克思恩格斯全集》第7卷，397页，北京：人民出版社，1959年。

在资产阶级以前，各个阶级都为争取或保持自己的政治、经济以至生存权而进行斗争，提出过各种口号，但他们都没有提出过人权这样普遍性的口号。奴隶主阶级、封建地主阶级公开主张本阶级的世袭特权。奴隶阶级、农民阶级由于不是新生产方式的代表者，也提不出普遍性的权利口号。从经济关系来说，人权这个具有普遍性形式的口号，只能是资本主义商品货币关系的产物。商品是天生的“平等派”，作为货币所有者的资本家和作为出卖劳动力的无产者，在法律上他们是平等的。他们作为商品所有者彼此发生关系，是按照等价交换的原则平等地进行的。资本主义的商品所有者也必须是在行动上不受限制的自由人。对资本家来说是这样，对雇佣工人来说也是这样，他们必须摆脱封建束缚成为自由人，可以自由地出卖劳动力，当资本主义发展到一定程度，便同封建制度发生尖锐的矛盾。封建社会的各种特权成了资本主义进一步发展的严重障碍。于是摆脱封建的桎梏，消除封建的不平等，确立权利平等和行动自由的要求，就提上了日程。马克思说：“如果说经济形式，交换，确立了主体之间的全面平等，那么内容，即促使人们去进行交换的个人材料和物质材料，则确立了自由。”[①] 也就是说，在马克思看来，人权确实存在于纯粹的商品交换领域中。在这个领域中，交换双方的社会地位丝毫不影响等价的原则。即马克思所说的：“他们（商品交换者——引者注）作为价值相等的人同时是彼此漠不关心的人，他们在其他方面的个人差别与他们无关，他们不关心他们在其他方面的一切个人特点。”[②] 否则，商品交换就无法进行。在这个领域中，人权有它的合理性和现实性。

但是，资产阶级人权从总体上说只具有形式的意义，口头上的意义。即它在口头上允诺给一切人以人身的平等权、自由权。但是，对于一无所有的无产阶级来说，自由平等只能表现为可以自由平等地出卖自己的劳动力的权利。除此以外，无产阶级不可能享有别的意义上的自由平等。而且工人的劳动力一旦被自由出卖以后，他就不再是自由的当事人。“实际上，他‘只要还有一块肉、一根筋、一滴血可供榨取’，

---

① 《马克思恩格斯全集》第46卷（上），197页，北京：人民出版社，1979年。

② 《马克思恩格斯全集》第46卷（上），194页，北京：人民出版社，1979年。

吸血鬼就决不罢休。”[1] 自由的人权实际是不存在的。所以马克思恩格斯指出：“被宣布为最主要的人权之一的是资产阶级的所有权。”[2] “平等地剥削劳动力，是资本的首要的人权。”[3] “人权本身就是特权。”[4] 资产阶级不过是用金钱的特权取代了封建的等级特权和世袭特权。

杰弗逊起草的美国《独立宣言》，原稿中有解放黑奴的内容，但由于南方奴隶主的反对，通过时被删掉了。这样《宣言》一方面堂而皇之地宣称“人人生而平等”，另一方面又允许奴隶主继续压迫奴隶这种不平等存在。直到一个世纪以后，林肯领导了南北战争，才正式宣布解放黑奴。然而宣言只是宣言，他们的行动又是另一回事。在行动上，他们仍然对黑人和印第安人实行残酷的种族歧视。如今又一个多世纪过去了，美国的种族歧视依然存在。

法国的《人权宣言》规定：“任何政治结合的目的都在于保存人的自然的和不可动摇的权利。这些权利就是私有财产、安全、反抗压迫。”当巴黎的工人组织巴黎公社反抗阶级压迫的时候，由于他们“仁慈”的缘故，公社仅仅处决了 60 来人。资产阶级非但没有保护工人不可动摇的反抗压迫的权利，反而毫不动摇地用暴力把公社淹没在血泊之中，残杀工人 6 万多人。

议会民主实行得更早的英国，情形也不更好。成千上万的爱尔兰人被送往西印度群岛充当奴隶。在整个 19 世纪直到 20 世纪的前几十年中，英国破产农民被迫到海外的数以百万计。单是爱尔兰获得独立以前，因饥荒和政治迫害而离开家园的爱尔兰人，据说就有 800 万之多。以上事实说明，资产阶级所宣扬的人权，资产阶级对无产阶级和广大劳动人民所作出的种种权利方面的许诺，从总体上说，只是骗人的把戏，是根本不打算兑现的。

如果说，资产阶级政府在人权问题上对于本国人民还多少装出一副体面的样子的话，那么，它在殖民地、半殖民地就更加肆无忌惮胡作非为了。马克思在 1853 年评论英国对印度的殖民统治时指出：“当

---

① 《马克思恩格斯全集》第 23 卷，334—335 页，北京：人民出版社，1972 年。

② 《马克思恩格斯文集》第 9 卷，20 页，北京：人民出版社，2009 年。

③ 《马克思恩格斯全集》第 23 卷，324 页，北京：人民出版社，1972 年。

④ 《马克思恩格斯全集》第 3 卷，229 页，北京：人民出版社，1960 年。

我们把自己的目光从资产阶级文明的故乡转向殖民地的时候，资产阶级文明的极端伪善和它的野蛮本性就赤裸裸地呈现在我们面前，因为它在故乡还装出一副很有体面的样子，而一到殖民地它就丝毫不加掩饰了。”① 历史清楚地记载着，正是从17世纪资本主义国家在国内建立所谓“人权规范”的时期开始，他们对世界其他国家和地区展开了血腥野蛮的殖民征服，使那里人民的人权遭受到了一百年甚至数百年的残酷蹂躏。

总之，资产阶级人权具有明显的局限性和虚伪性。

3. 人权是相对于一定的经济政治条件而言的

人权是相对的，是受社会的经济政治结构制约的。

天赋人权论把人权视为人之为人的生来就有的权利，这就脱离了人的社会关系、社会条件，脱离了人的社会义务和社会责任，对人权作了孤立的、绝对化的理解。作这样理解的人权实际是不存在的。

如前所说，人是社会的人，人权的实现总是以当时的一定经济和文化发展水平为基础，总是通过一定的法律来保障的。

人权首先是生存权。因为人首先必须生存下去，才有可能谈及其他权利。生存权必须通过生产劳动来保证，必须通过物质生活用品来满足。生产活动又是在一定的经济关系中进行的，因此，生存权同经济权利不可分割。同时，政治和民主权利属于上层建筑，本身也是由经济权利决定的。有了经济权利才可能有政治权利或民主权利。因此，人权是同社会的经济发展和社会制度密切联系的。权利作为一种法权，是以客观的经济利益和社会权益为内容的，是依赖于一定的经济条件和社会条件才能实现的。马克思说：“权利决不能超出社会的经济结构以及由经济结构制约的社会的文化发展。”② 马克思这一论述说明了，权利产生的根据不在于人自身，而在于经济基础之中，这就为关于权利包括人权的分析提供了一个历史唯物主义的科学方法论原则。这一原则否定了人权的永恒性、神圣性，把它还原为一个受制约的世俗性问题。也就是说，既然保障和实现人的权利的条件是社会给予的，那么它就必然要受社会历史条件的制约，并随着社会的变化发展而呈现

---

① 《马克思恩格斯全集》第9卷，251页，北京：人民出版社，1961年。

② 《马克思恩格斯文集》第3卷，435页，北京：人民出版社，2009年。

出不同的情况。古今中外从来没有“绝对的”、“不受任何限制”的权利。权利总是有一定限度和范围的。人权也是一样。这种限制包括生产发展水平和文化发展水平的限制，受到所有制性质和国家的法律规范的限制。只有随着生产力的发展和社会产品的不断丰富，人的生存权利和发展权利才能依次得到实现。受所有制的限制，人们享受权利的性质和程度也不一样。

在私有制条件下，由于经济不平等，人们享有的权利就不可能平等。在社会主义公有制条件下，劳动者在以往私有制社会中的无权状况，从总体上说已经根本改变了。但是由于生产力发展的局限、经济制度的不完善和旧式分工的存在，无论是个人发挥创造性才能的权利，还是满足日益增长的物质文化需要的权利都会受到影响。因此在社会主义社会还会存在因个人能力差别以及社会因素所造成的权利实现中的种种不平等现象。只有在共产主义条件下，实现按需分配，这种事实上的不平等才会消除。除了上述限制之外，还有国家法律规范的限制，法律与人权的关系表现为两个方面，一方面，法律规定人权的内容和范围，维护人权，保障人权的实现。另一方面，法律又限制和约束人权。这一点连人权论的首创者都是承认的。法国的孟德斯鸠说过：“自由是做法律所许可的一切事情的权利。如果一个公民能够做法律所禁止的事情，他就不再有自由了。”[①] 卢梭也说过：“决不能有无法律的自由，也不能有任何人超乎法律之上。”[②] 这些论述都说明，权利在任何时候都不得滥用。权利必须纳入法律的轨道，必须以不危害社会秩序，不妨碍他人行使权力和自由为限度。当然，这种限制可能合理，也可能不合理，但是人权总是受法律制约的。

另外，人的权利和人的义务是统一的。也就是说人权的享受还受到人是否尽义务，以及尽义务程度的限制。马克思指出：“没有无义务的权利，也没有无权利的义务。”[③] 个人与个人之间、个人与社会之间的权利和义务关系是从人的价值本质中产生的。个人的价值表现为个人的社会价值和个人的自我价值这样两个互相联系的方面，个人要实

---

① ［法］孟德斯鸠：《论法的精神》（上），张雁深译，154 页，北京：商务印书馆，1961 年。

② ［法］卢梭：《社会契约论》，何兆武译，44 页，北京：商务印书馆，1980 年。

③ 《马克思恩格斯文集》第 3 卷，227 页，北京：人民出版社，2009 年。

现自我价值，要从社会得到尊重和满足，必须首先实现个人的社会价值，要为社会做贡献。这就决定了个人的权利享受要以他对社会所尽的义务为基础。如果没有前人所创造和积累的文明成果，没有社会中其他成员对社会的贡献，个人就谈不上享受社会权利。因此，当一个人享受着权利，以他人和社会所提供的条件在世界上生存时，他也要对他人、对社会负有一定责任。这种责任就是义务，否定了责任和义务，也就否定了权利本身。也就是说，权利本身内含着责任要求，权利本身要受义务的制约。也可以说，权利不是来自于人作为人的存在本身，而是来自于人所尽的义务，是人所尽义务的一种预支或回报。当然，在人类历史上，在私有制社会中，权利和义务是扭曲的，正是针对这种不合理的扭曲的情况，所以恩格斯指出："我提议把'为了所有人的平等权利'改成'为了所有人的平等权利和平等义务'等等。平等义务，对我们来说，是对资产阶级民主的平等权利的一个特别重要的补充，而且使平等权利失去道地资产阶级的含义。"①

总之，人权是历史的产物；人权是有阶级性的，资产阶级人权是以普遍形式所表现的资产阶级特权；人权是相对的，是受社会的经济政治结构和文化的发展制约的。

二、个人人权和集体人权

（一）人权主体理论的一次革命

1. 人权主体从个体发展到集体

如上所说，人是社会的人，任何一个人都不能离开社会而孤立生活。因而马克思主义反对把人权片面地归结为个人权利，而认为人权是集体人权与个人人权的统一。在这个统一中，首先强调人权是集体的权利。关于这一点，马克思在《论犹太人问题》中作了阐述。他指出："人权一部分是政治权利，只有同别人一起才能行使的权利。这种权利的内容就是参加这个共同体，而且是参加政治共同体，参加国家。

① 《马克思恩格斯全集》第22卷，271页，北京：人民出版社，1965年。

这些权利属于政治自由的范畴，属于公民权利的范畴。”① 人权就是构成这个国家的公民的“公民权”。而这个国家要保障自己公民的公民权，其首要的前提，就是这个国家必须具有独立权、生存权、发展权。对于被压迫民族来说，首先就需要具有民族自决权。从社会历史发展，特别是近代以来历史发展的实践看，没有国家主权的独立、民族的解放，就没有个人人权的保障。这一点，在第二次世界大战以后的国际人权斗争中，不仅为马克思主义者所一贯承认和主张，而且为广大第三世界的国家和人民所积极拥护，并得到世界上许多进步人士的支持。集体人权已被正式作为国际人权的一个基本概念而获得广泛的运用。人权主体从个人发展到集体，这是人权主体理论的一次革命。

引发这次革命有两个因素，其一是人权文化上的因素，其二主要是人权实践上的因素。

文化上的因素是指人权的要求一经提出，或人权之作为人权即具有普遍性，超个体性。实践上的因素是指，20 世纪以来，人类经历了两次世界大战的惨祸，特别是二战期间法西斯主义践踏人的尊严和灭绝种族的战争罪行给所有民族提供了惨痛的教训，为防止大规模的侵犯人权的国际罪行发生，国际间开始联合起来，尤其是广大第三世界国家在反对帝国主义、新老殖民主义、种族主义的正义斗争中，成为争取人权的主力军，人权理论便发生了在主体上、内容上和保障方法上的三大变化。主体上的变化表现为人权由过去单纯的个人人权发展为以种族、民族为构成内容的集体人权。集体人权的概念即是随着上述变化而诞生的。

1942 年，正在对德、意、日法西斯作战的 26 个国家（包括美、英、中、苏在内）在美国华盛顿签署的《联合国家宣言》指出：“深信完全战胜它们的敌国，对于保卫生命、自由、独立和宗教自由并在本国和其他国家内保全人权和正义是非常必要的。”1945 年，联合国正式成立。《联合国宪章》宣布：“决心要保全后世以免再遭我们这一代人类两度身历的惨不堪言的战祸，重申对于基本人权、人格尊严和价值以及男女平等权利和大小各国平等权利的信念”，规定“发展国际间以尊重人民平等权利及自决原则为根据之友好关系”。上述文件已经把

① 《马克思恩格斯全集》第 1 卷，436 页，北京：人民出版社，1956 年。

"国家"这个集体而不是把自然人（个人）作为"独立"、"平等权利"和"自决"这几项重要人权的主体。

集体人权，特别是民族自决权，是广大发展中国家和人民的积极斗争所取得的一项成果。20世纪五六十年代，广大第三世界国家纷纷独立，他们所进行的反对帝国主义、新老殖民主义、种族主义的正义斗争，实质上就是争取集体人权的斗争，就是争取民族自决权的斗争。

1955年4月，29个亚非国家联合举行的亚非会议，即"万隆会议"，在《亚非会议最后公告》中阐明了指导国际关系的十项原则。该公告代表广大发展中国家的利益，突出强调人权中的民族自决权问题，指出"自决是充分享受一切基本人权的先决条件"。在广大发展中国家的共同努力下，1960年联合国大会通过了《给予殖民地和人民独立宣言》。这是万隆精神的发扬光大。该宣言郑重宣布："使人民受外国的征服、统治和剥削的这一情况，否认了基本人权，违反了联合国宪章，并妨碍了增进世界的和平与合作"；"所有的人民都有自决权；依据这个权利，他们自由地决定他们的政治地位，自由地发展他们的经济、社会和文化"；"任何旨在部分地或全面地分裂一个国家的团结和破坏其领土完整的企图都是与联合国宪章的目的和原则相违背的"；"一切国家应在平等、不干涉一切国家的内政和尊重所有国家人民的主权及其领土完整的基础上忠实地、严格地遵守联合国宪章、世界人权宣言和本宣言的规定。"1966年联合国大会通过的《经济、社会和文化权利国际公约》和《公民权利和政治权利国际公约》均在第1条第1款和第2款中宣称："所有人民都有自决权"、"所有人民得为他们自己的目的自由处置他们的天然财富和资源"、"在任何情况下不得剥夺一国人民自己的生存手段。"至此，承认集体作为人权的主体已经是不争的事实。

上述国际公约和宣言重点强调了民族自决权、国家独立自主权和反对种族歧视、外来干涉等集体人权。保障集体人权，已形成广大发展中国家反对外来压迫和统治的共同呼声，并成为当代国际法的重要组成部分。70年代以来，获得政治独立的第三世界国家的注意力，开始转向经济发展。1986年第四十一届联合国大会通过的《发展权宣言》，提出一个国家利用本国经济、文化、财富、资源是不受侵犯的发展权利，这使集体人权又增添了新的内容。争取集体人权的斗争反映了广大发展中国家的共同利益和迫切愿望，是建立战后国际经济政治新秩序的重要组成部分。

2. 集体何以成为人权主体

为什么集体可以作为人权的主体呢？传统的人权理论认为人权是属于个人的权利，只有个人才是人权的主体。大多数西方人权学者都持此种观点，他们甚至担心，承认集体人权会有助于加强非民主国家的特权，从而牺牲个体人权。人权的实现理所当然地要提高个人的自主性和独立性，重视个人的权利和价值，否则讨论人权就失去了起码的意义。但是提高个人的自主性和独立性，重视个人的权利和价值，并不是使人孤立化，完全摆脱一切社会关系的约束，我行我素，独来独往。人作为社会存在物，作为主体本质的表现与确证，只能是社会生活的表现与确证。关于这一点，美国哲学家詹姆士认为："如果我要成为我，成为我想要的那个我，那我就必须不止是单纯的我，我之所以成为我，必须放弃孤立，投身于人群之中。我的自我占有，随时随地都是对我的各种联系的自我投降。"① 这就是说，个人自主性的确立，不在于摆脱周围各种社会关系，而在于能正确地顺应和处理这些关系，并在这些关系中体现出自己鲜明的个性，既然一个人的个性不能离开与他人的交往，不能离开这种交往所结成的关系共同体，那么个人人权的实现就离不开集体人权的实现。

诚然，个人人权与集体人权是有区别的。一是在于其权利主体的不同。个人人权其主体是个人，个人人权是指个人在与他人、与社会的关系中所享有的正当权利。集体人权其主体是集体，集体人权是指集体在与其他集体的关系中所享有的正当权利。二是个人人权和集体人权其义务主体的不同。个人人权无疑是以国家为其义务主体，即国家要为实现个人人权尽义务，要采取一切措施提供一种良好的社会秩序和社会条件。集体人权的义务主体，既不是它自身，也不是个人，而是此集体之外的另一集体。即某一民族或国家为了保障自己公民的自由、生存和发展，它就必须要求别的民族和国家，要求国际社会提供一种良好的国际秩序，要保障它的独立权、生存权、发展权。

由上可见，个人人权与集体人权尽管有所区别，但集体人权绝不

① 转引自洪谦主编：《西方现代资产阶级哲学论著选辑》，115页，北京：商务印书馆，1964年。

是个人人权的异己之物，二者并非是绝对对立的，而是辩证统一的。这种统一可以从两个方面来说明。

（1）集体人权是实现个人人权的基础和前提。我们所处的这个世界，还存在着一个民族或国家压迫、侵略、剥削和武装占领另一个民族或国家的种种暴行。这种集体人权得不到保障的民族或国家，其个人人权不仅谈不上充分行使和发展，就连最起码的个人人权也难以得到维护和保障。二战中的南京大屠杀和奥斯维辛集中营的野蛮和残暴就从反面最好地证明了维护集体人权对实现个人人权的极端重要性。历史经验说明，一个民族是独立的，他的人民才可能是自由的；一个民族拥有对自身财富和资源的主权，并有加以支配和利用的权利，他的人民才可能获得生存和发展等需要的满足。

（2）集体人权是个人人权的派生和手段。为什么要维护集体人权，因为个人人权的实现需要集体人权。相对于个人人权，集体人权仅仅是一种手段性权利。集体并不是集体人权所包含的利益最终指向的对象，真正的受益者，作为目标而存在的人权主体永远而且只能是个人。集体之作为集体是相对于个人而言的，不同的集体有不同的特性，有的集体有服务于个人的特性，有的集体具有凌驾于个人之上甚至压抑个人的特性，对于同一个集体来说，这两种特性也可能兼而有之。集体所具有的服务于个人的这种义务性权利才叫做集体人权。在这个意义上，集体也才能作为人权主体，才与个人人权有同样的道德价值，并与集体的其他权利相区别。也正是在这个意义上，集体人权才能成为实现个人人权的手段和保障。

（二）维护集体人权的首要内容

为了实现个人人权，必须维护集体人权，对于被压迫、被剥削的民族来说，首先应为争取民族自决权这一集体人权而斗争。

1. 关于民族自决权与国家主权

民族自决权，如果从字面上理解，是指一个国家或民族有独立决定自己命运的权利。但是民族自决权并不是抽象的理论问题，在不同的历史时期，它反映着不同的经济、政治内容和历史发展的趋向。

列宁指出，在全世界的资本主义彻底战胜封建主义的时代，资产阶级必须夺得国内市场，必然要求建立民族国家，以摆脱封建专制主义的束缚。当时所谓的民族自决，就是民族脱离异族集体的国家，组织独立的民族国家。

到了帝国主义时代，世界民族分为压迫民族和被压迫民族。这时期，争取民族自决权的斗争就从反对民族压迫的局部问题，发展成为各民族、各殖民地和半殖民地从帝国主义、殖民主义压迫下解放出来的全局性问题。

20 世纪 60 年代以来，随着世界上大批殖民地、半殖民地国家先后独立和国际关系向着进步的方向发展，民族自决权的内涵也在不断地发展。它不仅包括尚未独立的国家应当享有的权利，而且包括已获得独立的国家在国际社会中应当享有的权利。这些权利中最基本的是独立权、生存权、发展权等人权。

对于一个国家、民族来说，独立权、国家的主权是人权的首要内容。1996 年 5 月，哥伦比亚总统、不结盟国家主席桑佩尔在该运动的一个部长级委员会会议的开幕式上说：在当今相互依存的世界上，“贫困国家的主权不是修辞学上的概念，主权是一个生存的概念，就好像沙丁鱼团结一致对付大鲨鱼一样”。1999 年 9 月的联合国大会上，阿尔及利亚总统布特弗利卡代表非洲统一组织发言时也指出：“主权是我们对一个不平等的世界的制度的最后防线。”① 事实也正是这样，离开国家主权，一国的人权就不能得到保障和实现，他们的生存权和发展权的问题就不可能得到解决。没有生存权和发展权，其他人权就无从谈起。因此，维护国家主权是马克思主义人权理论的一个基本观点。

2. 关于不干涉内政原则

马克思主义人权理论认为，国家主权原则与不干涉内政原则是不可分割的。只有坚持互不干涉内政原则，国家主权、民族自决权才有保证。国际事务是复杂的，各国国情不尽相同，世界上并不存在超越任何国界、超越各国法律而普遍适用的人权模式。当今世界，没有抽象的、绝对的人权，只有具体的相对的人权。人权主要不是一个道德概念，而是一个法律概念。人权同其他任何权利一样，需要由一定的法律体系作保障。人权最终只能通过对国际公约的遵守，特别是通过各国国内立法、司法及行政措施来实现。然而，由于各国立法是建立

---

① 转引自徐崇温：《经济全球化趋势下的国家主权问题》，《求是》杂志，2000（21）。

在不同社会制度、意识形态、经济关系和文化传统基础上的，因而世界上并不存在一个统一的人权法律。不仅各国公民权利的法律规定有其差异，即使对某些重要的国际公约，一些国家也有所保留，各国司法条款与国际人权文件的条款还有许多矛盾。在这种情况下，如果各国都以本国的价值观、人权观去裁定和干涉别国的“人权问题”，势必造成彼此干涉内政，导致国际关系的混乱。

就各国实际情况而言，目前世界上各个国家在人权问题上的实践也是不同的。仅就国内问题而言，美国的人权问题就相当严重。种族歧视猖獗，警察暴政横行，暴力和谋杀肆虐，吸毒与强奸司空见惯。其他如法国、英国、日本等国也都存在着各种各样的人权问题。很显然，如果世界各国都以“关心别国人权问题为由”，对别国进行干涉，那么世界将永无宁日。

从国际法的角度看，主权国家拥有自行规定本国国际待遇的权利。在一般情况下，各国不能以人权问题为借口随意对某一国家进行所谓“人道主义干涉”，不能以维护人权为名而干涉别国的主权，更不能以此对别国使用武力。因为，人权说到底终归是一国的内政问题，最终还得由该国政府和人民来解决。

国家主权是国家最重要的属性。从国际法观念看，构成一个国家有四个要素：有一定的居民、有确定的领土、有一定的政治组织、具有主权。关于主权，《简明不列颠百科全书》分国内和国外两个方面作了说明。对内主权，又叫政治主权或政权，“可以说是一种国家决策过程中的最终负责者或权威”；对外主权则可以表述为：“在国际法和国际关系中，主权就是一个国家不受外来控制的自由”；“在国际法上，主权意味着国家的自主或独立。”① 简言之，对内主权是指独立自主地处理内部事务、管理自己国家的权力，具有超乎任何个人或集团之上的最终权威；而对外主权是指不屈从于外国的权威。所谓完整的国家主权，就是这种对外主权和对内主权的统一。也就是说，国家主权是指国家独立自主地处理自己对内对外事务的最高权力。由于这种权力不可分割和不可让与，不从属于外来的意志与干预，因此，主权在国内是最高的，在国际上是独立的。

---

① 《简明不列颠百科全书》第9卷，533页，北京：中国大百科全书出版社，1986年。

在国际法上，各国主权一律平等是一个基本的条件。1945 年《联合国宪章》第二条第一款确定会员国主权平等原则；第七款则规定不得认可授权联合国干涉在本质上属于任何国家国内管辖之事项。谈到人权，宪章第一条第三款指出，要求各国："促成国际合作……增进并激励对于全体人类之人权及基本自由之尊重。"在联合国宪章通过以后制定的国际人权公约或文书中，都是在重申各国主权平等原则的前提下来维护人权，或者说是尊重各国主权，同时通过国际合作，增进并激励各国政府维护人权，没有任何国际人权公约规定可以用武力或战争来解决某国的人权问题，而且，国际人权机构也只有与该国密切合作，才可能使某个人权问题得到公平合理的、实事求是的解决。

3. 人权的共同标准和国际保护与国家主权原则是一致的

坚持不干涉内政原则，是不是否认人权的共同标准和人权的国际保护呢？不是的。人权的共同标准与人权的国际保护原则与国家主权平等原则是一致的。

从国际上看，人权的国际标准还是存在的，主要体现在国际文书之中。其中，人权国际公约只对参加国具有法律效力。任何国家或国家集团都不应把自己的观点作为"国际标准"强加于人。这是其一。其二，一些国际公认的国际人权文书并未授权任何国家干预别国内政。联合国没有这样的权利，任何一个国家也不能、也无权以人权卫士自居。其三，国际人权文书一般只作原则规定，这些规定的具体实施、实现，还有赖于各国采取适合本国国情的立法、行政和司法措施。其四，不少国际人权文书的监督机制需经主权国家的同意方可进行（如公约委员会的审议、有关报告员的造访等）。因此，从国际文书所体现的人权国际标准来看，也仍然是人权隶属于主权，主权高于人权。西方的人权理论所鼓吹的人权高于主权的论调是找不到国际上公认的法律根据的。

人权的国际保护原则同国家主权原则也是一致的。人权国际保护或国际人权问题，主要是 20 世纪中叶提出来的，是世界人民反对殖民主义、帝国主义的掠夺和战争，争取和维护和平、正义和自由的产物。当前，继续强调人权的国际保护无疑是必要的。但是，在人权国际保护领域中，人权仍然不能高于主权，也不能离开主权。首先，人权的国际保护是有确定的范围的，不是无限制的，人权的国际保护主要是针对下列现象和行为：奉行种族主义政策，实施种族隔离、种族歧视、种族灭绝的罪行；奉行殖民主义政策，实施对外侵略、占领、屠杀的罪行；拒绝承认民族自决权，威胁别国的主权、领土完整、剥夺他国对自己财富和资源的所有权和使用权的罪行；实行国际恐怖活动、贩卖奴隶和人口、迫害难民、虐待和杀害战俘的罪行；严重违反国际法原则，违背自己签订的国际人权公约承担的义务，对世界和平和安全造成危害的罪行，等等。人权的国际保护不适用于“在本质上属于任何国家国内管辖”范围的事情，即实施人权的国际保护必须尊重国家主权，不得干涉主权国家的内政。

其次，人权的国际保护是有准绳的，不是任意的。这个准绳就是公认的国际人权法规。只有侵犯人权达到“严重程度”，国际社会才能进行干预。这种干预本身必须符合国际人权法规，而不能干涉别国内政，并导致对他国人权的侵犯。而且这种干预也只能由合法的国际组织如联合国或获得联合国授权的组织来实施。这就说明人权的国际保护，不是谁都有权去实行，也不是谁都可以随便实行的。如果绕开联合国，如果超越国际人权法规的限制，而滥用人权国际保护，那么，不仅无助于国际人权事业的发展，而且会因干涉别国内政，侵犯别国主权，从而使国际人权事业遭到损害。

再次，人权国际保护的最终实现必须依靠主权国家的合作。众所周知，人权国际保护指的是主权国家按照国际法原则和国际人权公约承担义务，在实现基本人权的某些方面进行合作和保护，对侵犯人权的行为加以防止和惩治。如果没有主权国家承担义务、共同合作，人权的国际保护和国际人权水平的提高只能是一句空话。因为到目前为止，人们所生活于其中的较为完善和较有力量的群体还只能是国家。

（三）人权高于主权的伪善霸道

发展中国家的集体人权、民族自决权、国家主权以及不干涉内政等原则往往遭到以美国为首的少数西方国家的践踏。它们始终把人权作为打压社会主义国家和广大发展中国家，推行其霸权主义的工具。近年来它们更是极力鼓吹“人权高于主权”的论调。这种论调从理论上讲，是把主权与人权割裂和对立了起来，歪曲了二者之间的真实关系；从法理上讲，它在国际法上是没有任何根据的，而且从根本上违背了人权的国际法规。那么，以美国为首的少数西方国家为什么要鼓吹这样的论调呢？目的在于欺骗，在于为其推行霸权主义寻找借口，在于为其颠覆社会主义国家提供武器。

人权在形式上是普遍的，这种形式的普遍性在历史的发展中，在被压迫者和被剥削者反抗压迫者和剥削者的斗争中，不断充实着具体的内容，即不断解放着生产力，不断地扩大着被压迫者和被剥削者享有的权利，推动了人类社会的进步和发展。现时代尊重人权、维护人权已成为世界绝大多数国家的共识，而且成为现代法治的核心价值观念。正是因为这一点，“人权”也就成为一些人兜售其奸的一种伪装，实现其利益的一种口号。如当年罗兰夫人所曾感叹的，“自由啊自由，多少人假借自由之名来残害自由。”我们今天面对西方的人权外交，也同样可以感叹：“人权啊人权，多少人假借人权之名来残害人权。”西方国家开口便是“人权高于主权”，闭口则是“人权无国界”。“人权”的口号好像比谁喊得都响，“人权”的旗帜似乎比谁举得都高，实际上就是借“保护人权”之名，行限制和剥夺弱小国家人民的人权、保护它自己的“国际特权”之实。

以美国为首的西方国家为什么在现代特别需要扯起“人权”这块遮羞布来推行其霸权主义呢？这是因为在当今的世界上，赤裸裸地搞帝国主义、殖民主义的炮舰政策，明目张胆地搞霸权主义，早已行不通了。世界历史进步了，世界人民觉悟了，在觉悟起来的人民面前，旧的一套既然不管用了，那么，只有寻找和采用新的方法。在这种新的历史条件下，“人权高于主权”对于搞霸权主义的西方国家来说，就成为一个再好不过的伪装。因为在“人权高于主权”的旗帜下，更有利于它们冠冕堂皇地干涉别国内政，推行其“自由”、“民主”、“人权”观念，让别国接受它们所主导的国际经济政治旧秩序，纳入由它们控制的国际体系。所以，它们竭力地把自己装扮成“人权卫士”，把自己“天使化”；哪个国家对其推行霸权主义构成了障碍，它们就给哪个国家扣上“侵犯人权”的帽子，把其“妖魔化”，然后对那个国家进行制裁和打击。这样一来，让受害者挨了打，还背上了难以洗清的骂名；相反，作恶者却可以逃脱应有的谴责，甚至成了“替天行道”的英雄。这就是“人权高于主权”的提倡者的险恶用心之所在。美国人劳伦斯·肖普讲得很清楚，美国推行人权外交“有助于树立一种为美国……重建霸权所迫切需要的仁慈、正直和正义的形象；有助于使美国卷入和干涉世界各地的政治斗争合法化。”① 英国《新政治家》周刊发表约翰·皮尔格的文章也揭露说：“人道主义干预是帝国主义的最新标签。”②

少数西方国家将社会主义国家的存在和发展视为其搞霸权主义的一个重要障碍。因此，搞垮和消灭社会主义国家是它们长期以来的目标。冷战期间，以美国为首的西方国家在对社会主义国家进行军事、政治、经济对抗的同时，还大肆展开“人权”攻势。它们利用社会主义国家与发达资本主义国家在经济文化发展方面的差距，利用某些社会主义国家在民主建设、民族问题的处理上存在的失误，蓄意歪曲、夸大事实，甚至捏造事实，攻击社会主义国家压制民主、侵犯人权，通过各种渠道进行意识形态渗透，煽动社会主义国家的人民对社会主义的不满。美国著名“人权”专家劳伦斯·肖普说：“人权运动的最终目标是试图鼓励社会主义国家的持不同政见者。”③ 这真是一语道破天机。在苏联、东欧国家发生剧变的多种原因中，西方国家对苏东社会主义国家的“人权”攻势是一个重要原因。东欧剧变后，中国是现在存在的最有影响的社会主义国家，所以美国把矛头对准中国，并集中攻击我国的社会主义制度。这场斗争实质上是两种社会制度和两种价值观念的斗争。只要中国坚持社会主义，仍然是社会主义国家，美国霸权主义者就不会放弃利用人权对中国进行攻击。另外，中国政治社会稳定，经济不断发展壮大，国际地位日益提高，这是它们不愿意看到的，因而“关心中国人权问题”也就成为西方搞乱中国，实现其遏制中国发展强大的工具和手段。

美国鼓吹的“人权高于主权”是出于纯粹的利己主义动机。这里的人权是美国式的人权，这里的主权，是别国的主权，特别是发展中国家和社会主义国家的主权。因此“人权高于主权”是指美国的人权高于别国的主权。这一点，对美国自己是不适用的。美国视它的主权、

① ［美］劳伦斯·肖普：《卡特总统与美国政坛内幕：80年代权力与政治》，冬梅译，154、155页，北京：时事出版社，1980年。

② 参见《参考消息》1999—6—29。

③ 转引自赵曜、王正萍主编：《人权问题研究》（前言），1—2页，北京：中共中央党校出版社，1995年。

它的国家利益，是至高无上的，是高于人权的。它一贯奉行的美国国内法高于国际法，凡不符合美国国内法的国际法，它都加以拒斥。这是一种典型的双重标准，而这一点正是集中表现了“人权高于主权”这一谬论的霸道和伪善。

由上可知，以“人权”伪装的霸权，是对世界和平的威胁，是对发展中国家和社会主义国家主权的威胁，是对这些国家人权的威胁。只有对这种以“人权”伪装起来的霸权作坚决斗争，才能保卫来之不易的主权，也才能真正保障和改善人权。

三、中国社会主义人权

江泽民在党的十五大报告中指出：“共产党执政就是领导和支持人民掌握管理国家的权力，实行民主选举、民主决策、民主管理和民主监督，保证人民依法享有广泛的权利和自由，尊重和保障人权。”① 在这里，江泽民同志鲜明地提出了共产党执政就是“尊重和保障人权”的重要命题，这是对我们党领导人民争取、维护和促进人权的奋斗历程和伟大实践的科学总结，也是对国际敌对势力对华发动的“人权攻势”的有力回击。

（一）社会主义是追求人权全面发展的事业

共产党执政、社会主义制度与人权的关系问题，一直是人权领域存在的一个重大问题。

从国际上看，攻击共产党政权和社会主义制度违反人权，是敌对势力丑化社会主义国家的主要手法。自从国际共产主义运动诞生以来，特别是共产党执政的社会主义国家诞生以来，西方敌对势力一直将共产党和社会主义国家视为洪水猛兽，除了军事围剿、经济封锁、政治施压之外，从未停止过“人权攻势”。在国际上他们将自己标榜为“人权卫士”，将共产党政权和社会主义制度定性为集权、专制、违反人性和侵犯人权，甚至将社会主义、共产主义与灭绝人性的法西斯主义相提并论。早在新中国成立前夕，当时美国驻华大使约翰·司徒雷登在

① 《江泽民文选》第2卷，29页，北京：人民出版社，2006年。

1948 年 10 月 27 日致美国国务卿的报告中就说："美国新闻处必须立即以全部新闻媒介强化反共宣传计划"，"我们应解释并证明，在一个共产党控制下的中国，自由丧失，灾难横行"。[①] 几十年来，国际敌对势力就是这样做的。近几年，这种"人权攻势"更是有增无减，形成了一波又一波的反华反共恶浪。由于西方操纵着国际舆论，这种"人权攻势"在国际上造成了不可低估的恶劣影响。

从国内看，社会主义与人权的关系问题，也是一个长期困扰着人们思想的重要理论问题。一方面，一些资产阶级自由化分子，打着"人权"的招牌，攻击党的领导和社会主义制度，给人们的思想造成了相当大的混乱；另一方面，也有不少人往往自觉不自觉地将人权视为资产阶级的专利，以至在理论上不敢谈社会主义人权，这就使得我们在国际敌对势力的"人权攻势"面前，一时处于理论上的被动地位。

事实上，从世界历史的范围来看，国际共产主义运动和社会主义理想的产生从一开始就与实现真正的人权有着本质的联系。在一定意义上说，社会主义、共产主义就是为了实现真正彻底的人权。

马克思曾经明确指出，无产阶级的社会革命"不能再求助于历史的权利，而只能求助于人的权利"，[②] 是"推翻那些使人成为被侮辱、被奴役、被遗弃和被蔑视的东西的一切关系"，而"达到的人的高度的革命"。[③] 共产党作为无产阶级政党，其最终目标是实现共产主义。共产主义是"一切人的自由发展的""联合体"，马克思称之是 19 世纪伟大经济运动所追求的"人道目标"[④]。恩格斯也指出："真正的自由和真正的平等只有在共产主义制度下才可能实现。"[⑤] 又说："真正的自由和平等，即共产主义。"[⑥] 列宁从社会主义革命和建设的实践出发进一步认为："一切'民主制'就在于宣布和实现在资本主义制度下只能实现得很少和附带条件很多的'权利'；不宣布这些权利，不立即为实现这

---

① ［美］肯尼斯·雷、约翰·布鲁尔：《被遗忘的大使司徒雷登驻华报告，1946—1949 年》，尤存、牛军译，255 页，南京：江苏人民出版社，1990 年。

② 《马克思恩格斯文集》第 1 卷，17 页，北京：人民出版社，2009 年。

③ 《马克思恩格斯文集》第 1 卷，11 页，北京：人民出版社，2009 年。

④ 《马克思恩格斯文集》第 3 卷，233 页，北京：人民出版社，2009 年。

⑤ 《马克思恩格斯全集》第 1 卷，582 页，北京：人民出版社，1956 年。

⑥ 《马克思恩格斯全集》第 1 卷，576 页，北京：人民出版社，1956 年。

些权利而斗争，不用这种斗争精神教育群众，社会主义是不可能实现的。”[①] 毛泽东在《论政策》一文中谈到“人民权利”时也指出：应规定人民“有同等的人权、财权、选举权和言论、集会、结社、思想、信仰的自由权”。[②]

从马克思主义经典作家的论述中可以看出，社会主义、共产主义从来都是讲人权的，而且社会主义、共产主义所讲的人权是真正的人权，不是那种表面的、形式的仅供少数人享用的人权，而是实际的、为广大劳动者所享用的人权，不是局限于政治领域的片面的人权，而是在经济、政治、文化领域中实现的全面的人权。马克思主义经典作家，不仅提出了真正的人权理想，而且把这种人权思想和社会主义、共产主义联系起来，认为社会主义和共产主义运动，就是争取真正人权的斗争，社会主义、共产主义是最讲人权的社会。

（二）中国社会主义人权事业的巨大成就

1. 中国社会主义人权事业的发展

马克思主义的人权理想在中国共产党领导中国人民进行的长期斗争中，在中国大地上逐渐地变成了现实。

1949 年 10 月 1 日，毛泽东主席在天安门城楼上升起第一面五星红旗，庄严地宣告中华人民共和国成立。从此，站立起来的中国人，昂首阔步地迈进了历史的新纪元。

从那时到现在，历史已经走过了半个多世纪。这 50 多年，是中国获得真正独立、统一、民主、富强的 50 多年，是中国人逐步为自己赢得尊严的 50 多年，也是中国人民的生活获得较大改善的 50 多年，总之，是中国社会主义人权事业获得巨大发展的 50 多年。

在旧中国，中国人民在三座大山的压迫下，毫无人权可言。1840 年以后的 110 年间，英、法、日、美、俄等帝国主义列强先后对中国发动过大小数百次侵略战争，屠杀了数以千万计的中华儿女，强迫中国签订了近千个不平等条约，掠去战争赔款和其他款项达 1000 亿两白银。据统计，仅日本全面侵华战争期间，就杀害了 3500 万中国人民。由于

---

① 《列宁全集》第 28 卷，167、168 页，北京：人民出版社，1990 年。

② 《毛泽东选集》第 2 卷，768 页，北京：人民出版社，1991 年。

帝国主义的入侵，封建的中国逐渐沦为半殖民地半封建的、贫穷落后的国家。封建统治者丧权辱国，社会战乱不断，人民饥寒交迫，缺乏最基本的生存资料，长期处于饥饿、半饥饿状态，被西方人称为“东亚病夫”，每有灾荒便饿殍遍野。因此，争取民族独立、人民民主和国家富强，便成为当时中国人民最迫切的人权要求。1921 年中国共产党诞生后，继承以往几代先进中国人的努力，领导人民进行了反帝反封建的民主革命，经过 28 年艰苦卓绝的斗争，终于取得了新民主主义革命的伟大胜利，建立了中华人民共和国，为社会主义在中国建立和发展开辟了广阔的道路，为中国社会主义人权事业的发展开辟了光明的前景。50 多年来，中国的人权事业取得了巨大的进步，中国人民的人权状况发生了根本性的变化。其主要表现在：

（1）赢得了国家独立和主权等集体人权。坚持捍卫了国家的独立和主权，为人权的发展提供了牢靠的基础。早在建国之初，毛泽东主席就指出：“中国必须独立，中国必须解放，中国的事情必须由中国人民自己作主张，自己来处理，不容许任何帝国主义国家再有一丝一毫的干涉。”[①] 几十年来，面对外来的各种形式的压力，成功维护了自己的国家独立、主权完整和民族尊严，挫败了外国侵略势力先后对我国进行的孤立、封锁、干涉和挑衅。中国建立了强大的国防力量，得以保卫自己的安全和人民的和平劳动。新中国作为一个独立的、具有完整主权的国家屹立于东方，平等地和世界各国交往，积极地参与世界事务。中国的国际地位不断提高，并赢得了世界各国人民的尊敬。

（2）实现了国家统一和民族团结的集体生存权。国家的高度统一和各民族的空前团结为人权的发展提供了根本的前提。旧中国，由于帝国主义列强的瓜分而兵戎相见，各军阀、官僚集团的割据而互相争夺，因而长期处于四分五裂，动乱、战乱不已之中。新中国成立以后，这种状况一去不复返了。国家的法律、政令普遍实施于全国各地区。国内人民间的团结、各民族的团结日益加强。各政党各人民团体团结一心、同舟共济。全体社会主义劳动者，拥护社会主义的爱国者和拥护祖国统一的爱国者，为了祖国的统一和繁荣结成最广泛的统一战线。香港、澳门回归祖国，实现了全民族的夙愿。海峡两岸同胞的交流不

① 《毛泽东选集》第 4 卷，1465 页，北京：人民出版社，1991 年。

断加强，最终解决台湾问题、完成祖国统一必将实现。这样一个统一的、安定团结的政治局面的形成，才使中国人民避免了旧社会的分裂离乱之苦，才可能享有祥和繁荣之乐。

（3）保障了人民的民主权利。社会主义民主制度为人权的发展提供了坚强的保障。新中国的成立结束了几千年剥削阶级的统治，结束了在帝国主义支持下的反动阶级的统治，结束了广大人民群众连起码的生存权都受到侵害的状况。人民当家做了自己国家和社会的主人，人民的自由权得到保障，在旧社会被压在最底层的工人和农民彻底翻了身。宪法规定，中华人民共和国是工人阶级领导的，以工农联盟为基础的人民民主专政的社会主义国家。国家的一切权力属于人民，人民行使权力的机关是全国人民代表大会和各级地方人民代表大会。广大的工人、农民、知识分子以及其他各阶级阶层的人民，享有政治、经济和文化上的民主权利，能够通过各种途径和形式管理国家事务，管理经济和文化事务。这是中国人民社会政治地位的根本变化。中国实现了从几千年的封建专制政治向人民民主政治的伟大跨越。

（4）实现了广大人民的发展权利。发展国民经济、改善人民生活，为实现人权奠定了物质基础。旧中国的那种近代工业极端落后，农业生产不能满足本国的最低需要，对外几乎丧失自卫能力的贫弱状况一去不复返了。我国仅用半个多世纪的时间，不仅改变了旧中国一穷二白的落后面貌，而且建立起门类齐全的现代工业体系。从新中国成立到 2002 年国内生产总值增长了 61 倍。我国的经济实力、国防实力、科技实力明显增强，工业、农业、国防和科学技术领域的许多方面进入了世界先进行列。中国的国力不断提高，经济总量上升为世界第 6 位。近 13 亿中国人不仅解决了温饱问题，而且总体上达到小康水平。全国的人口死亡率降低到 1994 年的 6.49‰（在旧中国抗日战争以前高达 25‰），平均预期寿命提高到 2002 年的 71.80 岁以上（在旧中国抗日战争以前，只有 35 岁）。中国的人权状况取得了长足的进步，它不断得到改善，而且将越来越好。

2. 中国社会主义人权的内容

中国社会主义人权主要由三大部分组成。

（1）以全体人民为主体的国家和民族的集体权利。其一是中华民族的生存权利，特别是保护国家不受侵犯和保证人民正常生活的物质条件的权利。其二是中国社会在和平安定的环境中获得经济、政治、文化全面发展的权利，在当前来说，就是在中国特色社会主义建设中，逐步实现和享受高度的物质文明和精神文明的权利。其三是以“人民当家作主”为基本原则的人民民主政治制度。其四是以公有制为主体的社会主义生产资料所有制，这使“权利平等”的原则在社会经济发展中处于主导地位。

（2）以每个公民为主体的公民的基本权利和自由。这里包括：其一是公民的政治权利，例如成年公民的选举权与被选举权，言论、出版、集会、游行、示威和结社等自由权利。其二是公民的人身权利，包括人身自由不受侵犯权，人身不受伤害权，住宅、人格尊严不受侵犯权，通信自由和通信秘密权。其三是公民的经济财产权利，包括公共财产不受侵犯权，个人合法财产受法律保护权，合法继承权，版权保护权和合法承包经营权。其四是公民的劳动和社会权利，包括劳动权，安全健康保障权，休息权，退休生活保障或物质帮助权。其五是公民的文化教育权，包括受教育权特别是受义务教育权，科学研究和文艺创作自由权，文化活动自由权等。其六是公民的宗教信仰权利，即每个公民都有信某种宗教或不信教的自由。

（3）特殊人群的特殊权利保护。这里包括：其一，国家保障各少数民族的合法权益。其二，国家保护妇女的权益。其三，国家特别保护儿童、青少年和老年人的合法权益。其四，国家和社会特别保护残疾人的权益。其五，法律保障犯罪嫌疑人和罪犯的应有权利。此外，华侨、归侨、侨眷的权益也受到特殊保护。

3. 中国社会主义人权的特点

中国社会主义人权有如下几个方面的特点。

（1）人民主体性。中国社会主义人权强调人民群众的人权主体地位。在人权主体问题上，中国社会主义人权着眼点是人民群众，它始终坚持一切从人民的利益出发，而不是从个人或小集体的利益出发来考虑人权问题。正如邓小平所指出的，应该始终把“人民拥护不拥护”、“人民赞成不赞成”、“人民高兴不高兴”、“人民答应不答应”作为党和政府制定各项方针政策的出发点和归宿点。从这一点出发，邓小平明确指出中国社会主义的人权主体是人民群众。他说：“什么是人权？首先一条，是多少人的人权？是少数人的人权，还是多数人的人权，全国人民的人权？西方世界的所谓‘人权’和我们讲的人权，本质上是两回事，观点不同。”① 因此，我国宪法明确规定，国家的一切权力属于人民，人民依法享有通过各种途径和形式行使管理国家事务和经济、社会、文化事业的权利。可见，中国社会主义人权首要的就是全国人民的人权。

（2）广泛普遍性。中国社会主义人权既然是全国人民的人权，因而在人权主体意义上是广泛普遍的。中国社会主义人权涉及社会成员在经济生活、政治生活、文化生活和社会生活中的多方面权利，因而在人权内容的意义上是广泛普遍的。社会主义人权之所以具有广泛普遍性，因为社会主义以公有制为主体，以共同富裕为宗旨，从而保证了人民对于财产的共同占有和人民的共同利益。邓小平多次指出：“一个公有制占主体，一个共同富裕，这是我们所必须坚持的社会主义的根本原则。”②“社会主义财富属于人民，社会主义的致富是全民共同致富。”③ 只有坚持公有制和共同富裕才能保障全国人民的生存权和发展权。邓小平指出：“中国根据自己的经验，不可能走资本主义道路。道理很简单，中国十亿人口，现在还处于落后状态，如果走资本主义道路，形成一个新的资产阶级，产生一批百万富翁，但顶多也不会达到人口的百分之一，而大量的人仍然摆脱不了贫穷，甚至连温饱问题都不可能解决。”④ 可见，如果走资本主义道路、贫富两极分化、多数人的生存和发展权利没有保障，也就根本谈不上人权的广泛普遍性。

（3）客观真实性。中国社会主义人权的客观真实性是指，宪法和法律上规定的公民权同人民群众在实际生活中享有权利的一致性。在我国宪法和法律中规定的各项公民权利不单是一个理想的口号，更不是有形无实的权利形式，而是同人们在现实生活中所享有的权利是一致的。我国人权的这种真实性，除了制度和法律上的保障外，还在于我国大力发展经济，坚持共同富裕，给人们享受各种权利提供了物质的保障。马克思主义认为，人们的“物质生活的生产方式制约着整个

---

① 《邓小平文选》第3卷，125页，北京：人民出版社，1993年。
② 《邓小平文选》第3卷，111页，北京：人民出版社，1993年。
③ 《邓小平文选》第3卷，172页，北京：人民出版社，1993年。
④ 《邓小平文选》第3卷，207、208页，北京：人民出版社，1993年。

社会生活、政治生活和精神生活的过程”。[①] 所以，中国共产党人在解决中国人权问题上，特别强调发展生产力，摆脱贫困，提高人民生活水平。正如邓小平所指出的：“社会主义经济政策对不对，归根到底要看生产力是否发展，人民收入是否增加，这是压倒一切的标准。”[②] 又说：“离开了生产力的发展、国家的富强、人们生活的改善，革命就是空的。”[③] 只有一心一意搞经济建设，发展生产力，消除贫困，走共同富裕的道路，才能提高全体人民的物质文化生活水平。人们的生活有了保障，才能消除西方资本主义国家中所存在的那种人权的形式与实际享有的人权的矛盾。

（三）为中国人权事业进一步发展而奋斗

1. 我国人权事业应着力解决的问题

如上所说，中国社会主义人权相对于资本主义的人权有着巨大的先进性和优越性。在维护和发展人权的道路上，新中国成立以来的半个多世纪中，尽管有过种种曲折，但所取得的成就是巨大的，是有目共睹的。但是我国还是发展中国家，我国的社会主义还处于初级阶段，因而我国现阶段的人权，在形式、内容、范围等方面都还存在相对的不足，还有许多需要完善的方面。也就是说，在我国社会主义人权的实现和发展方面仍然存在着需要着力解决的诸多问题。这些问题概括起来有以下几个方面。

（1）在生存权方面的问题。生存权是中国人民长期争取的首要人权，至今仍然是中国人权的首要问题。这是因为：其一，虽然中国已经取得了独立，并且建立了较强的国防力量，但是中国是发展中国家，国力有限。在这个动荡不安的世界上，维护中国的独立和主权，保证中国战胜帝国主义的侵略和干涉，仍然是中国人民生存和发展必须争取的基本条件。其二，经过50多年的奋斗，近13亿中国人民虽然解决了温饱问题，而且总体上达到了小康水平，但是存在着地域发展上的不平衡，一些边远、落后地区，仍有部分人没有解决温饱问题，还没

① 《马克思恩格斯文集》第2卷，591页，北京：人民出版社，2009年。

② 《邓小平文选》第2卷，314页，北京：人民出版社，1994年。

③ 《邓小平文选》第2卷，231页，北京：人民出版社，1994年。

有摆脱贫困。其三，我国人口多，底子薄，生产力不发达的情况总体上还没有改变。一旦发生重大的不测事件，人民的生存权还会受到某种程度的威胁。

（2）在政治权利和自由方面的问题。我国人民虽然从旧社会受奴役的状态中解放了出来，成为新中国的主人，获得了全面管理国家和社会事务的权利和自由，但是，在现实生活中，这些权利和自由的实现仍存在种种障碍，这些障碍主要来自三个方面。其一是公民素质发展的不平衡。对那些文化素质、政治素质相对不高的公民来说，其享有的参政权、议政权、监督权、自我合法利益的维护权等等，就难以充分有效的实现。其二，政府工作人员滥用权力、官僚主义的严重存在，国家制度某些环节上的缺乏，法制的不完备等等，也阻碍公民政治权利和自由的有效实现。至于以权谋私、贪赃枉法的行为，在根本上，则是对“一切权力属于人民”这一重要人权原则的侵害，也是对社会主义民主制度的侵害。这些现象在当前还相当严重地存在。其三，社会中存在的反动势力、丑恶势力和黑暗势力在某种特定条件下，也会给人民群众造成种种灾难，侵犯人们的公民权利。

（3）在经济、文化和社会权利方面的问题。我国公民享有的经济、文化和社会权利是相当广泛、深入的，但是，在当前的条件下，这些权利的实现也存在着不平衡的现象。比如，受教育是每个公民的权利（也是义务），我国教育事业的发展，一方面，取得了巨大的成就；但另一方面，由于不同地区的经济和文化发展水平的不同，由于不同的学校师资力量和图书设备方面存在着较大差距，或者由于家庭经济条件的不同，每个公民享有的受教育权也不一样，甚至还有相当数量的儿童因贫困而失学，即因贫困享受不到受教育的权利。又比如，劳动或工作权是重要的人权，是保障人的生存和生命的重要手段。在现阶段，中国共产党和人民政府十分重视解决劳动人民的就业和工作问题，在这方面也取得了重大成就，但是由于机构调整，体制改革，产业重组等等方面的原因，还有相当数量的公民不能就业或不能充分就业。另外，人口的压力和人均资源的相对贫乏的矛盾一时还难以缓解，因而它将在一个相当长的时期内制约着我国公民的就业水平。

2. 不断把我国人权事业推向前进

从上述三个方面来看，我们在争取和发展社会主义人权方面，在取得巨大成就的同时，也还存在着种种问题。为此，也就决定了我们在争取和发展社会主义人权方面，仍需努力奋斗。这里包括：

（1）必须坚持以经济建设为中心，大力发展生产力，必须把生存权和发展权始终放在首位，持续、快速、健康地发展社会经济，不断提高人民的生活水平和生活质量，使我国社会主义人权的实现和发展获得更为坚实的物质基础。

（2）在党的基本理论、基本路线、基本纲领的指引下，继续坚持和完善社会主义经济制度、民主制度和法律制度，使我国社会主义人权的实现和发展获得更为牢靠的制度保障。

（3）加强社会主义文化建设，在努力推进社会物质文明建设的同时，努力推进社会主义精神文明建设，在加强民主法制建设的同时，努力进行思想道德建设，使我国社会主义人权的实现和发展获得更为强大的精神文化动力。

（4）在积极搞好国内人权建设的同时，要积极参与国际人权活动，这一方面是为我国人权事业的发展营造良好的国际环境，另一方面也是为国际人权事业的发展做出中华民族的积极贡献。

第七章　人的主体性与人格完善

人的需要的满足、人之价值的实现、人之权利的享有，以及人对解放和自由的追寻，都离不开人在社会实践中的主体性发挥，离不开主体精神的高扬，离不开主体人格的完善。因此，科学地揭示和说明人的主体性和加强主体人格建设，是人学研究中的一个重要的理论问题，也是对推进中国社会主义建设事业有着重大意义的现实问题。

一、主体及主体性

（一）主体是人

1. 主体的本质内涵

从哲学上说，主体和客体是对人与世界本质关系的普遍概括。一般都认为主体和客体是认识论范畴，这不很确切。应该说，它们首先是人学观范畴，其次是历史观范畴，然后才是认识论范畴。马克思认为，“人始终是主体”。[①] 又说：“主体是人，客体是自然。”[②] 人被作为主体加以肯定，这实际是在肯定和描述人在自然界和社会中的特殊地位，也就是说，人作为主体而存在，人不同于其他动物。动物与周围环境相互作用时，虽然二者之间也有主次之分，但从总体上说，它只能适应环境，完全依赖于环境，它并没有把自己和环境区分开来。人也有依赖环境的一面，但主要的，人还能作为主体改造环境，使环境适合人的需要。因此，主体概念意味着和表征着这样几个方面的含义：第一，人尽管是自然界发展的产物，但在人产生之后，人在实践基础

① 《马克思恩格斯文集》第1卷，195页，北京：人民出版社，2009年。

② 《马克思恩格斯文集》第8卷，9页，北京：人民出版社，2009年。

上，在自己活动的范围内，对自然事物处于一种主导、主控的地位。第二，人对世界的把握方式是人作为主体通过实践改造活动的把握方式，这是以实践为轴心的高级的物质运动形式，是人类参与到环境世界运动中的存在方式。第三，人与世界相互作用的发展方向，是世界不断地从自在世界向人化世界转化，在日益扩大的程度和规模上服从和服务于人的需要和人的发展，即人是从自己的内在尺度出发来把握物的尺度的。

总之，主体概念意味着和表征着人与环境世界相互作用过程中的人的主导地位、人的主体活动方式和人的主体尺度。

当然，决不能由此得出可以无视外部世界客观性的结论，把“主体神化”，认为人作为一般的主体似乎是无所不知、无所不能的。如果对主体作这样的理解，那么就是一种唯心主义的主体观，就必然会陷入主体自我中心困境，就必然会引起客体的反主体性，即不是客体被人改造并服务于人，而是客体成为摆布人、危害人的异己力量。确立主体概念，这里只是提出这样的思维方式：人类作为世界的主体要自觉把握世界客观性，并要把把握世界的客观性作为人的主体地位和主体作用确立的基础，当然也绝不能停留在客观性上，更为重要的是如何使客观性和人的主导性、人的存在方式、人的内在尺度统一起来。正是在这个意义上，马克思批评旧唯物主义只是从客体的或直观的形式，而不是当做人的实践，不是从主体方面去理解事物。

2. 人是实践活动、社会历史和认识活动的主体

人的活动最根本的是实践活动。实践活动的基本形式是生产劳动。因为劳动是社会地进行的，所以劳动成果并不因某个人或某代人的离世而消失，而是通过社会形式得以保留，得以进行历史的积累。所以劳动的社会性决定了劳动的历史性。也正因为劳动是历史地发展的，所以新一代人又总是比前一代人在更高的起点上进行劳动。他们用自己新的劳动又创造了比前人更加丰富的劳动成果。这样，在劳动基础上所形成的社会性，是历史地不断获得丰富的社会性；在劳动基础上所形成的历史性，是以社会形式表现出来的历史性。人类社会历史的形成和发展就是根源于人类的物质生产，根源于生产劳动的社会历史性。因此，人作为实践的主体，同时也就是历史的主体。社会历史就是历史主体与历史客体矛盾运动的过程。

人除了有实践活动以外，还在实践活动基础上进行认识活动和评价活动，因而人首先是实践活动的主体，即历史活动的主体，同时也是认识活动的主体和评价活动的主体。与此相对应，也就有三种客体，即实践客体、认识客体和评价客体。

3. 主体相对客体而言的概念形成过程

这里所说的主体是相对于客体而言的。但是需要指出的，在人类认识史上，“主体”作为一个历史性的概念并非一开始就与“客体”相关的。具体说来，从“主体”概念进入哲学之时算起，在近两千多年的时间里并没有与“客体”发生根本上的关联。

例如，在亚里士多德著作中，主体一般是在这样两层意义上使用的：一是指主词、主语；二是指实体、载体，即作为属性、规定性的具有者、承担者。这两层意思实际上是一致的，因为主词、主语所表达的实际上就是谓词、谓语所表达的属性、规定性的承担者、具有者，即实体。亚里士多德说：“实体，在最严格、最原始、最根本的意义上说，是既不述说一个主体，也不存在于一个主体之中。”① 它的意思是说，实体作为主体是在一个判断中充当主词即主体而不能作为谓词的东西，也就是说，实体作为属性、规定性的主体，在判断中也就是被谓词所说明的主体即主词。但是另一方面，这两层意思又有所不同，其区别在于规定性、属性也能成为主词，但不能成为主体。

在以后的哲学史上，在现实生活中，主体一词有时仍在本体论意义上被使用，如物质是一切变化的主体；又比如费尔巴哈说：“存在是主体，思维是宾词。”这里的主体都是在本体论意义上使用的。

主体以及与之相关联的客体在认识论意义上的使用，是从 17 世纪开始的。这一点集中体现在笛卡尔的“我思故我在”这一著名的命题之中，他把主体自我意识与客观现实世界尖锐对立起来，并把“我”即纯粹的精神实体作为分析认识，特别是论证所谓可靠知识的出发点。

德国古典哲学则是把主体和客体的关系问题作为最重要的哲学问题来加以研究的。从康德到黑格尔，对这一问题的探讨不断深入。康德把主体看作是先天的认识形式，但是他又承认有一个不可认识的

① ［古希腊］亚里士多德：《范畴篇》，见《亚里士多德全集》第 1 卷，6 页，北京：中国人民大学出版社，1990 年。

“自在之物”，所以康德实际上没有能在认识论范围内解决主体和客体的统一问题。黑格尔把主体看作绝对精神或理念，把客体视为绝对精神或理念的创造物。黑格尔抽象地发展了主体的能动性，在“实践理念”的基础上把主体和客体统一起来。

费尔巴哈反对把主体归结为精神、意识，他认为真正的主体是“实在的完整的人”，精神、意识不过是主体人的特性。但是费尔巴哈把主体仅仅理解为生物学意义上的感性的个人，把客体理解为客观世界，或者仅仅理解为认识的对象。他看不到实践在主体和客体关系中的作用，看不到主体对客体的能动改造作用。

在人类思想史上，马克思主义哲学第一次科学指出，主体不是唯心主义所理解的抽象精神、理性；也不仅是费尔巴哈人本主义所理解的进行感知活动的感性的人，而是活生生的“社会历史中行动的人”，“是社会化了的人类”。也就是说，主体是改造和认识客体的活动者，包括活动的主动发出者、操作者、调控者和活动成果的享用者，客体就是主体活动的接受者、被作用者。

那么为什么在西方从 17 世纪以来，才在与客体相对应的意义上，才在与人相联系的意义上来使用“主体”概念呢？这是因为人从自然的分离，即人的主体地位的确立，以及人对这一过程的自觉，都经历了一个漫长的历史过程。在古代社会，人依赖自然而生活，人崇拜比自己的体力强大无比的自然力量，又崇拜比自己的精神力量神奇无比的神灵力量。自从 17 世纪以来，生产力的发展和科学的进步，才使人发现至高无上的自然界，不过是人的对象，不过是有用物，被人用来服从于人的需要的东西。神灵也不过是人的拉长了的倒影，是人创造了上帝，而不是上帝创造了人。与这一过程相联系、相伴随，人才从自在的主体逐渐成为自为的主体，并自觉其为主体的地位。马克思主义哲学的实践主体观，实际是对当代无产阶级的主体地位和主体力量的反映，是对无产阶级历史作用的昭示。马克思说：“对实践的唯物主义者即共产主义者来说，全部问题都在于使现存世界革命化，实际地反对并改变现存的事物。”① 由上可见，与客体相关联的主体概念的形成是与人的主体地位的确立和提高相联系的，是一个历史发展的必然

① 《马克思恩格斯文集》第 1 卷，527 页，北京：人民出版社，2009 年。

过程。

4. **人作为主体的内涵分析**

改造和认识客体的活动者只能是人，当然不是所有的人。因此主体与人并不等同。那些不能从事活动的人（指不具有或丧失活动能力的人）不可能作为主体；那些不去从事某种活动的人（比如贪图享乐者、游手好闲者等）也不是此种活动的主体，至少不是现实的主体，而只能是潜在的主体；那些曾经从事活动，曾经是主体，而现在因客观和主观方面的种种原因中止某种活动的人也不再是主体。由于这些人不从事某种现实活动，因而也就不能表现和确定自己的主体地位，也就不是主体。

作为主体的人，可以是个人，也可以是群体，以至是最大的群体——社会。也就是说，个人主体、群体主体、社会主体是主体的三种不同形式。这里要防止两种偏向，一是把主体等同于个人主体，把个人主体特别是少数杰出人物当做唯一的主体。这种观点是片面的，坚持这种观点就必然会把个人，特别是少数杰出人物的活动看做是推动历史前进的决定力量，而走向唯心论。二是把主体等同于社会主体。这种脱离个人主体及其作用，片面强调社会主体的观点也是不正确的。如果是那样，社会主体也就成了一个空洞的抽象。马克思主义认为个人和社会是统一的，但不能互相归结。因此，个人主体和社会主体不能互相取代，既不能用个人主体消解社会主体，也不能用社会主体消融个人主体，二者是辩证的统一。当然在这个统一中，社会主体相对于个人主体，更具有根本性。

（二）人的主体性

在弄清了主体是人之后，接下来的一个问题是，什么是人的主体性，也就是说，人作为社会活动主体的质的规定性如何？

1. **主体性与人性及主观性的关系**

有一种观点把人的自然性、社会性等客观属性看作人的主体性。这种观点是不能令人赞同的。因为主体性不等于人性，它只是作为主体的人的根本共性，而不是人的其他共性。① 仅就自然性和社会性而

① 参见黄楠森：《论人的活动的主体性》，《阵地》，1991（6）。

言，不仅主体有，而且作为客体的人也有；不仅作为现实主体的人有，而且作为非现实主体，即可能主体或潜在主体的人也有。比如，谁也不能否认游手好闲者具有自然性、社会性。因此，用自然性、社会性并不能把主体与客体、现实主体与非现实主体区别开来。主体性之不同于人性是因为它们是相对于不同的关系而言的。人性是人在与外界的关系中所形成的区别于动物的那些性质；主体性则是人作为主体，在与客体的关系中所显现的区别于客体的那些性质。所以主体性和人性是不能等同的。

还有一种观点，把人的主观性，看作人的主体性。应当说，主体性包括主观性，但不等于主观性。主观性是精神性，因此也可以说，主观性是主体的精神性。精神性只是主体性的一部分内容，是主体的精神属性。二者并不等同。这是其一。其二，主体的精神属性并不是一般的主观性，不是随意性的那种主观性，而是正确的主观性。只有正确的主观性才能使主体成为主体。其三，主体的主观性不是那种消极直观的主观性，而是积极能动的主观性。没有欲望、没有激情、没有一股子劲的无所事事者和无所用心者，犹如行尸走肉、酒囊饭袋，自然不能作为主体，不具有主体性。基于以上三点分析，不能把主观性等同于主体性。另外，从根源上说，主体的精神能动力量，它不是上帝或绝对精神赋予人的，而是主体人为了实现自己最原始的生存目的，在实践基础上所形成和表现的精神能动力量，是主体人所固有的活生生的本质力量。正如马克思所说："激情、热情是人强烈追求自己的对象的本质力量。"[①] 这就是说，人的能动精神是作为实践主体的人自身物质状况所产生的，是由主体物质自身的客观需要与满足这种需要的对象性活动中所表现的。所以人的主体性是实践能动性和以此为基础的精神能动性的统一。不能把主体性单纯归结为精神能动性，更不能归结为主观性。

2. 主体性的内涵

从最一般的意义来说，主体性是人在对象性活动中本质力量的外化，是能动地改造客体、影响客体、控制客体，使客体为主体服务的特性。

---

① 《马克思恩格斯文集》第1卷，211页，北京：人民出版社，2009年。

“对象性活动”是马克思在《1844年经济学哲学手稿》中使用的术语，指人类改造世界的感性的物质活动。马克思认为，人是一个现实的自然存在物，人在从事生产活动时，是具体的人和具体的自然打交道，劳动产品实际上是人借助自然力量把自己的本质力量对象化，从而创造出既人化的又独立于人的自然。据此，马克思得出结论说，人们改造客观世界的活动本身是一种对象性活动。

在这种对象性活动中，主体改变着客体，或者虽不能改变它，但可以对它施加影响，可以控制它的作用，从而使客体为主体服务。

由此可见，主体性的内涵是多方面的。从其主要方面来说有四：即“为我性”、能动性、创造性、自主性。

（1）主体的“为我性”。即主体从“我”出发，使客体为主体服务的特性。这里的“我”即主体，是主体自我，包括社会主体、群体主体和个人主体，并非仅仅指个人。主体的为我性是指主体是从满足自身的需要出发的，是从主体的内在尺度来把握客体的。马克思把这种关系称之为“为我而存在”的关系，他认为这是人在主体与客体关系中，相对于动物与他物关系中，主体人所具有的根本特性之一。他指出：“凡是有某种关系存在的地方，这种关系都是为我而存在的；动物不对什么东西发生‘关系’，而且根本没有‘关系’；对于动物来说，它对他物的关系不是作为关系存在的。”① 即是说，动物与他物的关系是一种自然的关系，是一种自然存在物之间的关系，这种关系不是价值关系；而人作为主体与客体的关系是使客体为主体服务的价值关系、为我关系。从主体出发，包括从主体的现实情况出发，从自己的主客观条件和实际利益出发，也包括从主体的认识、观念出发，从自己的价值观出发，甚至包括从主体的情感、意志、欲望出发，所以，主体性内在地包含着主观性。在主体的为我性中的主观性集中表现为主体活动的价值目标的设立。但是要实现这一价值目标，不仅要使主体活动符合主体的利益、需要，而且还要有客观可能，要尊重客观规律，要从客体实际出发。只有这样，才能实现改造客体，使客体为主体服务的价值目标。所以主体的为我性中又内在地包含着客观性。20世纪中叶以来，有一些论者鉴于环境的恶化、生态的破坏，因而反对“人

---

① 《马克思恩格斯文集》第1卷，533页，北京：人民出版社，2009年。

类中心主义”，主张“非人类中心主义”。认为人与一切外在自然物应“平等”相待，和平相处。这些论者的主张，恐怕他们自己也根本不能实现。因为他们不可能不吃粮，不吃鱼，不吃肉，不可能“不为我”，不然，他们就不能生存。因此，批判“人类中心主义”，但“人类中心”作为一种立足于人的需要及其满足来看待人与自然之间关系的价值观念是不能否定的。至于环境危机的根源也并不是导源于人的主体的为我性，而是导源于为我性的盲目性、狭隘性、近视性，所以只有克服这种盲目性、狭隘性、近视性，才能真正实现人类整体的为我性。

从主体的为我性中引申出来的是主体的能动性。

（2）主体的能动性。主体能动性是主体的一个根本特性。主体能动性表现在认识过程中就是认识能动性，表现在行为取向上就是行为选择性，表现在实践过程中就是实践改造性。

认识能动性，使人的认识在实践基础上由现象到本质，由一级本质到二级本质以至更深本质而不断获得深入发展，使人的认识在实践中不断修正错误，不断发展真理；使人的认识在掌握事物规律的前提下，不仅仅可以认识现在，而且可以追溯过去，预测未来；不仅可以认识实有的东西，而且可以想象虚拟的东西。

人们在获得了对事物的真假、善恶、美丑等的认识的基础上，在行为取向上就获得了选择性。

主体的行为选择性是主体基于关系方的多义可能性，而取其较优者并使之变为现实性的行为过程。

选择性表现为人的活动的自觉性、目的性、计划性。人的活动是通过选择，在自觉确立的目的的指导下进行的，不是任意的、盲目的；是通过一定计划实现的目的，或者说是围绕目的实现而制定的计划。这其中都贯穿了主体的选择性。

主体的行为选择性首先表现在主体要借助于对自身和环境的认识，能动地选择自己的奋斗目标。这里的科学性和正确性在于要把需要与可能、眼前与长远、局部和全局兼顾起来，统一起来。

为了实现目标，行为选择性还表现为对对象的选择。即主体根据自身最迫切的目的来选择客体，选择客体多种可能性中最合目的性的那种，作为自己实际活动的依据，从而作出最优的决断和决策。

为了实现目标，除了选择对象以外，还要选择改造、影响、控制客体，使客体为主体服务的方式，即选择主体的活动方式。主体的行为选择性是主体的洞察力、综合判断力、果断决策力的集中表现。

主体的实践改造性是主体能动性的主要表现。主体所面对的客体，它具有自身的结构、规律、独立自在性和客观实在性，它走着自己的路，按自己的本性进行运动，因此它并不一开始就适合人的需要。而人作为主体并不是单纯受制于外物的被动存在，并不听从于某种命运的摆布。但是主体要达到自己的目的，就必须按照和适合客体的尺度来进行实践改造活动，客体的尺度在一定意义上规定或限定着主体实践活动的方式和趋向。客体尺度是手段性尺度，主体尺度是目的性尺度。实践过程是主体利用自己的体力和智力使主体的价值目标对象化，使对象发生合目的性、合规律性的变化，客体经实践改造，改变了旧的形式，获得了新的形式，并从而产生新的功能。这就是人的主体地位的确立，人的主体力量的确证。在实践改造客体的过程中，主体也得到改造和发展，这就是主体客体化过程中同时进行的客体主体化过程。这个过程使主体本质力量不断发展，主体性逐渐增强，所以，实践是主体性的根本源泉。

实践改造性作为人的主体性的集中表现，其根本之点在于，它体现了以人的方式来改造物的存在方式，使物按人的方式存在。它是人参与到世界进程中去的方式，它表现人作为主体是“普遍利用自然属性和人的属性的体系”，是“社会成员对自然界和社会联系本身的普遍占有”。[①] 总之，实践改造性表明人以人的方式占有对象。

（3）主体的创造性。相对于动物而言，动物的生存环境、需要对象是现成的，是非创造的；人的生存、享受和发展的条件和需要的对象，都是由人通过劳动创造出来的。在这个意义上马克思说，人的“劳动是积极的、创造性的活动”。[②] 这里的创造是广义的创造，泛指人越超动物的活动的内容、方式和结果。它象征着革新，标志着进步。创造包含两层含义：一是对外在事物的超越，即彻底变革和改造旧事物，产生新颖、独特的新事物，二是对自身的超越，在改造客观世界的同时也改造自身，使旧我蜕变为新我。

---

① 《马克思恩格斯全集》第46卷（上），392—393页，北京：人民出版社，1979年。

② 《马克思恩格斯全集》第46卷（下），116页，北京：人民出版社，1980年。

主体的创造性是主体能动性的最高表现和最高层次，是主体最宝贵的品质。主体的创造性虽然内在于主体，但却是在主客体的相互作用中产生和发展，并在主体的认识活动和实践活动中得以表现的。没有主客体的相互作用，客观事物的本质及其规律不会被主体所认识，没有以这种认识为材料，思维不会创造出世界上没有的新事物的模型。同样的，没有主客体的相互作用，没有实践的力量，观念的东西不会变成物质的东西，世界不可能出现“新事物”。因此，主体的创造性主要包括思维的创造性和实践的创造性。

思维的创造性是与思维的想象力密切相关的。想象是发散性思维，是指沿着各种不同的方向无拘无束地思考，重组眼前的信息和记忆系统中的信息而产生新的信息。列宁说：“想象是极可贵的素质。”① 如果一个人不会想象，也就不可能有科学创新，爱因斯坦曾经说过，提出新的问题，新的可能性，从新的角度看旧的问题，都需要创造性的想象力，而且标志着科学的真正进步。

认识的想象作用是认识的创造性的基础。创造是对想象活动的综合和论证。是以发散性思维为基础的集中性思维。日本著名心理学家恩田彰教授认为，所谓创造性思维，是产生出符合某种目标或新的情境的解决问题的观念。这种观念也就是恩格斯早就提出的“理想意图”的意思。所谓理想意图，就是从现有的条件出发，按照自己的需要，在观念上再造对象。理想意图不是不着边际的幻想，而是需要与可能的统一、目标与步骤的统一在观念上的表现。它是认识向实践转化的一个环节。

实践的创造性是指主客体的相互作用能够引起客体向着主体所希望的方向改变，创造出客观世界没有的新事物。创造，在这里就意味着人以其对象性的活动实现对客体的超越。实践的创造性是思维的创造性的客观化、对象化，是思维理性的机巧在现实中表现出来的威力，是主体创造性的最现实、最生动、最具体的表现。实践的创造性是社会进步的主要和必要条件。没有主体的创造活动，就没有新事物的出现，就不能推动生产力向前发展，就不会有社会物质财富和精神财富的富足，就不会有新的生活。正是在这个意义上江泽民同志指出：“创

---

① 《列宁全集》第 43 卷，122 页，北京：人民出版社，1987 年。

新是一个民族的灵魂，是一个国家兴旺发达的不竭动力。”又说：“要鼓励原始性创新，努力攀登世界科学高峰。”[①] 作为尚处于工业化快速发展阶段，处于由传统农业社会向现代化社会过渡时期的中国，面对知识经济的挑战，要想缩小与发达国家的差距，实现中华民族的繁荣富强，就必须强化创新意识，建立创新体系，增强创新能力，从而使中国社会发展获得源源不竭的巨大动力，使中国人民过上日益美满的生活。

（4）主体的自主性。人作为主体，其本身就含有主动、自主的意思。自主性是与自律性、独立性相近的，而与他律性、依赖性相对立的概念。指的是在一定的条件下，主体对自己的活动所具有的支配和控制的权利和能力。

自主性意味着自愿。即他所从事的某种活动不是被迫的，被人驱使的，不是不得已而为之的。在这个意义上说，被皮鞭、被饥饿所迫的劳动都不是自愿的，因而都不具有自主性。

自主性意味着自觉。通常我们把自觉自愿连起来用，其意思是说自觉必然导致自愿，即必须提倡以自觉为基础的自愿，而不是盲目的主观任意。比如儿童常常很乐意做某种事，但是并不知道其中的利害，因而是盲目的。主体的自觉可以作两个方面的理解：一是对客体规律性的自觉，二是对主体内在目的和使命的自觉。只有达到了这样两个方面的自觉，才能使自己的活动成为自觉的活动，即自主的活动。

自主性意味着自决。即自己勇敢地面对一切，自己拿主意，自己掌握自己的命运，是自己对自己负责。三心二意、犹豫不决，或阿附强者，或迷信权威，或屈从陈规陋习，或习惯从众随流等等都谈不上自决。不仅如此，久而久之，还会失去独立人格，丧失自我。相反，自决意味着自信、自立、自强，意味着做人的尊严和主体地位，意味着自己是自主、自由的存在物，具有自我调节、自我控制、自我完善、自我实现的能力。

自主性意味着自动。这里的自动，是指人的自主性表现为主体活动的积极性、主动性、能动性，表现对活动条件的占有和人的才能的

① 《江泽民论有中国特色社会主义》（专题摘编），244、251页，北京：中央文献出版社，2002年。

发挥。正如马克思所指出的："这种自主活动就是对生产力总和的占有以及由此而来的才能总和的发挥。"①

自主性意味着自享。这里的自享是指主体具有支配自己劳动成果的愿望和权利。在阶级社会中，劳动者因不是自身活动的产品的主人，不能享用自己活动的产品，而不具有自主性。劳动者在劳动中并不感到愉悦，而感到痛苦。在社会主义社会中实现了以公有制和按劳分配为主体的经济制度，这就为劳动者自主支配自己的劳动成果提供了制度保障，并为劳动者的发展创造了物质条件。

自主性是主体的一种基本属性，是主体发挥为我性、能动性、创造性的前提。主体只有作为自主、自由的存在物，才能具有为我性、能动性和创造性。当然反过来也可以说，主体的为我性、能动性、创造性的发挥，也有助于强化和巩固他的自主性。人作为社会系统中的能动性要素和社会的主体，应该具有独立自主性。社会系统的发展没有也不能消解人的自主性，因为人不只是社会有机体的单纯的细胞、要素和工具。相反，人在愈来愈发展的社会交往中，不断地追求着自身的自主性，追求认识世界、改造世界的自由，追求多样性的自我发展。正是千千万万现实的个体主体的存在，才形成丰富多彩的社会生活，从而在多样性互补中洋溢着活力。

3. 主体性的具体性

主体的为我性、能动性、创造性和自主性，这是主体性的一般规定。在现实性上，主体都是具体的，主体性也是具体的。

对具体的主体而言，其主体性是不尽相同的。有的具有较全面的主体性，有的只有片面的主体性；有的具有较高程度的主体性，有的只有较低程度的主体性。从人的主体性的产生和发展来看，古代社会是人的主体性发生和发展的最初阶段，处在人的依赖关系中的人还不具有人的独立性。进入近代以来的社会，人的主体性表现为以物的依赖性为基础的人的独立性，物对人的规定、制约乃至支配，使得处于此种状态下的主体性不能不带有极为矛盾的性质，甚至具有异化的特征。只有随着生产力的极大发展，形成普遍的社会物质交换和人的能力的全面发展的体系，人的主体性才能真正得到全面的发展和体现。

---

① 《马克思恩格斯文集》第 1 卷，581 页，北京：人民出版社，2009 年。

另外，从个体主体来说，人们在个体活动中的自觉，只是一种个体自觉，这还是一种较低层次和程度上的自觉，还远未达到一种真正的社会自觉和历史自觉。而没有达到社会自觉和历史自觉的高度，人们就很难成为自己的生存条件和社会行动的真正意义上的支配者，很难充当社会历史过程的真正自觉的主体。从这个意义上说，认识社会历史的规律，增强人们对自身的社会历史责任的自觉意识，是他们成为自觉的社会历史主体所不可缺少的条件。

二、人的主体性建设

（一）加强人的主体性建设的重要性

人的主体性并不是人的先天本性，它是在人的后天实践中形成和发展起来的。就个人的主体性来说，是在他的学习、工作、交往和自我修养过程中得到锻炼、提高和加强的。

在当今的中国，加强人的主体性建设，提高人的主体素质有着特殊的重要性和紧迫性。

1. 加强人的主体性建设是我国实现现代化的关键所在

我们党领导中国人民正在全面推进中国特色社会主义现代化建设。马克思主义认为，人与社会是相辅相成、血肉相连的统一体。人的发展离不开社会的发展，反之，社会的发展也离不开人的发展。但是，社会的发展最终归结于人的发展。社会发展史归根到底是人的能力及其活动的发展史。

自鸦片战争大开海禁后，中国现代化曾经走过了100多年艰难曲折的历程，中华民族经历了长久的现代化难产与阵痛。之所以会面临历史的这种困扰，原因是多方面的。其中一个重要原因，是人的主体性建设滞后，即缺乏具有现代化意识的主体人。虽然魏源提出了“师夷之长技”的主张，并被后来的洋务派加以实践，尽管也小有成绩，但还是以失败而告终；后来的资产阶级改良派、革命派从洋务派的器物层面的引进，进展到制度层面的借鉴，同样以失败而告终。这一事实告诉人们，引进先进的科学技术，借鉴先进的制度和管理方法固然重要，但如果国民心态和民族精神还紧锁在封建主义、小农经济的传统意识中，还失落于对别的国家，特别是西方国家的盲目崇拜中，如果人民大众自身还没有从心理、思想、态度和行为方式上来进行一场主体性自觉革命，即经历一个向现代化自觉转变的过程，那么，失败和畸形发展的悲剧局面是不可避免的。

在某种意义上说，现代化制度和科学的管理方法本身只是一些空的躯壳，其关键在于创立、执行和维护它们的人。只有这样的人才能赋予它们以真实的生命力。离开主体人的现代化建设，一切现代化的东西都将陷于瘫痪。同样，再完善的现代制度、再科学的管理方法、再先进的工艺技术，这一切在传统人手中，也会沦为一堆废物。因此，可以说，人的主体性的现代化建设是国家现代化的必不可少的基本因素，是现代化成功的关键。对此，邓小平指出："我们国家面临的一个严重问题，不是现代化的路线、方针对不对，而是缺少一大批实现这个路线、方针的人才。道理很简单，任何事情都是人干的，没有大批的人才，我们的事业就不能成功。"① 他又说："正确的政治路线要靠正确的组织路线来保证。中国的事情能不能办好，社会主义和改革开放能不能坚持，经济能不能快一点发展起来，国家能不能长治久安，从一定意义上说，关键在人。"② 可见，有没有民族素质的提高，有没有一大批人才，直接关系到中国社会主义现代化建设的成败。

中国现代化的首要任务是以经济建设为中心，大力发展生产力。人是生产力的核心。在生产力结构中，人是最能动、最积极的因素，对生产力的发展和提高起着决定性的作用。惟有人的主体性得到了积极的发挥，才能自由地创造劳动工具，自主地选择劳动对象，能动地改造自然。

为了发展生产力，就必须对生产关系和上层建筑中不适应生产力发展的方面、环节进行改革。在我国现阶段，这种不适应的方面和环节就是高度集中的经济、政治等的体制。改革旧的体制，这是一场革命，这是从来没有人干过的一件伟大的事业，这是社会主义的新生。

无论是以经济建设为中心，大力发展社会主义生产力，还是进行社会主义体制改革，都必须高扬人的主体性，发挥人的能动性、积极

---

① 《邓小平文选》第2卷，220—221页，北京：人民出版社，1994年。

② 《邓小平文选》第3卷，380页，北京：人民出版社，1993年。

性、创造性，发扬勇于实践、勇于探索的精神。要敢于试验，大胆创造，不怕失败，要有一股子气，一股子劲，才能走出一条好路、新路。如果被某种旧的制度、习俗和信条所束缚，思想僵化、因循守旧、墨守成规，不敢多说一句话，不敢多做一件事，必然不能成为独立自主的主体，必然失去自己的能动性和创造性，失去自身的灵性和活力。那样，发展的事业和改革的事业都要落空。中国特色的社会主义现代化建设之所以能取得举世瞩目的辉煌成就，归根到底也在于，我国亿万人民在中国共产党的解放思想、实事求是思想路线的指引下，充分发挥了主体能动性和创造性。当然，我们所取得的成就还是初步的。为了取得现代化建设的更大胜利，加强人的主体性建设，使人的各方面素质现代化，是关键性的一着。这里需要指明的是，我们搞的社会主义现代化，是为了人的现代化，属于人的现代化，不但需要现代化的人去建设它，而且只有具有现代化素质的人才能享用它。因此，人的主体性建设，人的现代化就成为中国现代化建设取得胜利所必须完成的一项关键任务。

2. 加强人的主体性建设是我国实现两个转变的基本条件

建设中国特色社会主义，我们必须实现两个具有全局性的根本转变。即经济体制从传统计划经济体制向社会主义市场经济体制转变；经济增长方式从粗放型向集约型转变。这两大转变，不是单纯的经济行为，也不是仅仅靠经济部门便可完成的。它涉及人的精神状态、思想道德水准、文化程度等方方面面，是经济、政治、思想、文化诸因素交互作用、共同推进的过程。这就对人的主体性建设提出了新的要求。

从发展社会主义市场经济看，传统的计划经济体制向市场经济转变，对人的思想观念、思维定势、行为方式都提出了挑战。这场社会变革必须继续以解放思想为先导，冲破陈旧的思想禁锢、狭隘的思维方式、自足的心理障碍和求稳的精神状态，增强敢为天下先、敢冒敢闯的创新意识、奋力向前的拼搏精神，推动人们逐渐确立公平竞争、时间效率、诚实守信、依法经营等观念。

另外，这场变革势必涉及利益的调整，引起人们价值观及生产方式等方面的变化，呈现出不同的价值取向，要求人们正确处理个人、集体、国家三者利益关系，以及权利和义务的关系。但市场经济的求利性，也常常会使人感到迷惘和难于把握，生出了重实惠、轻理想；重索取、轻奉献；重个人奋斗，轻社会责任等现象。这就提出了一个问题，即我国建立社会主义市场经济体制，不仅有一个把市场经济同社会主义结合的问题，而且还有一个把市场经济同现实的人相结合的问题，即人的素质的提高问题。不少西方思想家都曾激烈抨击资本主义商品经济对人的发展的消极影响，探讨资本主义商品经济社会中的人的危机，寻求人的发展的新途径。他们把人的全面发展置于思考的中心，认为资本主义的危机，实质上是人的精神危机、道德危机、文化危机，因而要拯救资本主义，就必须改造资本主义商品经济社会的“病态的人”，创造一种全新的人。当然，在资本主义社会的根本矛盾面前，这些只是泛泛的议论，不可能有多大实效，但毕竟对我们是有启发的。

我们要建立的是社会主义市场经济体制。社会主义市场经济具有市场经济的共性，必须遵循市场经济的一般规律。因此，遵循价值规律、竞争规律、商品交换规律，不仅是必然的，而且是必需的，其积极意义显而易见。但是在这过程中，如何避免走资本主义商品经济社会物欲横流、贪欲膨胀、能力畸形发展的老路，使社会主义市场经济的运作获得道义支持，获得健康发展，使之真正成为合理配置资源，促进社会主义生产力发展和社会主义国家综合国力提高的手段，使社会主义市场经济优越于资本主义市场经济；如何克服市场经济在思想政治领域产生的消极负面的影响，如个人主义、拜金主义、享乐主义，以及以权谋私、权钱交易等等问题。对此，就必须有明确的意识，自觉地加强精神文明建设，把高尚人格的培养和人的全面发展放在重要地位。

从经济增长方式上看，实现由粗放型向集约型转变，关键是要依靠科技的进步和先进的管理。这与人的素质的关系是十分直接的。

经济增长方式从粗放型向集约型转变，表现在经济形态上就是从农业经济、工业经济向知识经济转变。知识经济是指建立在知识的生产和使用之上的经济，是相对于农业经济、工业经济而言的新的经济形态。农业经济社会是以土地和人的体力为基本的生产资源，经济发展十分缓慢，它经历了漫长的3000多年。工业经济社会是以矿产、能源和金融资本为基本的生产资源，它创造了远远高于农业经济时代的生产力总和，并已经历了300多年的发展。自20世纪70年代中期以来，数字信息技术革命孕育出新型的经济形态，即知识经济。其经济发展速度又大大高于工业经济时代。据权威人士估计，1913—1949年世界工业总产值年平均增长率为2%，其中50%是靠新的知识技术创造的，而80年代后期以来的世界经济年增长率，60%-80%是依靠知识创新和技术进步取得的。

知识经济是我国经济发展的方向。为了迎接知识经济时代的到来，我国企业十分注重科技的创新、引进、推广和运用，企业的现代化程度迅速提高。许多企业对劳动力的要求也越来越高，特别是专业技术人员、高级管理人员更受欢迎；招收一般工人也要经过精心的选择，大多要求有初中以上文化程度。另一方面，为加强对现有人员的教育培养，独资捐资办教育、自办联办技术培训班和选择人员到学校进修、鼓励岗位学习成才的热潮，正在我国逐步形成。这种发展趋势，将使低文化劳力的就业日益困难。这说明了提高人的素质的重要性。经济增长方式的转变，使在其中起主导作用的人面临考验，特别是社会事业发展中一些高科技成果的运用，更需要以人的高素质为基础。另外，企业的成功、国家经济的繁荣、综合国力的提高，需要培养大量的能进入国际科技前沿的高级人才，这样才能使我国在高科技领域占有一席之地。

3. 加强人的主体性建设是粉碎西方“和平演变”战略的根本保障

邓小平指出，西方国家正在打一场没有硝烟的第三次世界大战。所谓没有硝烟，就是要使社会主义国家和平演变。作为一种战略，和平演变就是西方发达资本主义国家在保持强大军事威慑力量的前提下，在同社会主义国家的接触和交往中，用思想渗透的办法，传播资本主义的价值观念、政治模式和腐朽的生活方式，来腐蚀人的灵魂，促进社会主义国家从内部演变。美国一所战略研究机构指出，打一场没有硝烟的战争，最重要的是攻心战，要将70%的力气用于攻心战。杜勒斯早在1953年1月的演说中，就曾严厉地指责：“那些不相信精神的压力、宣传的压力能产生效果的人，就是太无知了。”毋庸讳言，西方资本主义国家的这种和平演变战略已经初见成效，20世纪80年代末90年代初的东欧剧变就是这一方面的一个突出表现。西方资本主义国家在苏联、东欧得手以后，受到巨大鼓舞，现在他们正在把“和平演变”

的矛头主要指向中国。美国新闻署指示有关人员："美国应向中国正在成长的年轻一代灌输美国的基本价值观念，这是比传授科学知识本身更为重要的任务……对于西方来说，这是一笔明智的投资。"美国《华盛顿邮报》1989年5月2日的一篇文章也说："美国应当对中国的情况做些什么呢？从根本上说，它应该像对待苏联、匈牙利或东德那样对待中国，既敦促它走向民主，同样敦促它走向资本主义。"事实证明，以美国为首的西方发达资本主义国家正集中力量运用国际互联网和多媒体，利用广播、电视、电影、报纸等传播媒介，广泛地宣传资本主义的生活方式和价值观念，妄图摧毁中华民族的自尊心和自豪感，征服中华民族的灵魂和精神，从根本上改变中国的社会主义性质，以达到分化、西化的目的。

不难看出，西方敌对势力对中国的和平演变，是多么的迫不及待和气焰嚣张。在资本主义的思想腐蚀和文化渗透下，资产阶级自由化思潮、"全盘西化"的主张，也曾一度在中国颇有市场，从而造成了不小的混乱。历史的教训是必须牢记的。苏共作为世界上影响最大的党"和平演变"、"和平腐烂"，领导层"令人触目惊心地背叛了自己的信念"。这一事实进一步证明了，"堡垒最容易从内部攻破"这一真理的正确性。因此，在当前和今后一个相当长的时期中，社会主义中国为了有效反对西方和平演变的阴谋，就必须不断增强中国的综合国力，必须大力发展社会主义精神生产，加强精神文明建设，加强人的主体性建设。

（二）人的主体性建设是一项基础工程

这个工程就是精神文明建设。

1. 精神文明建设的核心是提高人的素质

《中共中央关于社会主义精神文明建设指导方针的规定》，正是从加强人的主体性建设的高度，深刻指明了社会主义精神文明建设的内涵。《决议》指出："精神文明建设，包括思想道德建设和教育科学文化建设两个方面。"精神文明的第一方面是指社会的政治思想、道德面貌、社会风尚，人们的世界观、信念、理想、觉悟、情操，以及组织性、纪律性等等，合称为思想道德方面。精神文明的第二方面是指人们在科学、教育、文学、艺术、卫生、体育等方面的素质和达到的水平，简称教育科学文化方面。这两方面的统一体现了人的发展、人的素质提高的要求。所以《中共中央关于加强社会主义精神文明建设若干问题的决议》，在谈到社会主义精神文明建设总的指导思想和总的要求时明确指出："我国社会主义精神文明建设必须以马克思列宁主义、毛泽东思想和邓小平建设有中国特色社会主义理论为指导，坚持党的基本路线和基本方针，加强思想道德建设，发展教育科学文化，以科学的理论武装人，以正确的舆论引导人，以高尚的精神塑造人，以优秀的作品鼓舞人，培养有理想、有道德、有文化、有纪律的社会主义公民，提高全民族的思想道德素质和科学文化素质，团结和动员各族人民把我国建设成为富强、民主、文明的社会主义现代化国家。"

上述论述充分体现了提高人的素质是社会主义精神文明建设的核心这一根本思想。以科学的理论武装人，就是要通过学习，掌握马列主义毛泽东思想，特别是用邓小平建设中国特色社会主义理论，和江泽民的"三个代表"重要思想武装全党、教育干部和人民，正确认识社会发展规律，正确认识国家的命运和前途，坚定建设中国特色社会主义的信念，提高思想政治素质，培养把握全局和解决实际问题的能力。以正确的舆论引导人，就是新闻宣传必须坚持党性原则，坚持实事求是，坚持团结、稳定、鼓劲，正面宣传为主的方针，加强热点问题的引导和舆论监督，帮助党和政府改进工作，密切党和政府同人民群众的关系，增强人民群众建设社会主义现代化的信心和热情。以高尚的精神塑造人，就是要以集体主义、爱国主义、社会主义教育人民，提倡为人民服务的思想道德，引导人们树立正确的世界观、人生观、价值观，加强社会主义公德、职业道德和家庭美德建设；要在全民族树立艰苦创业精神，要在全社会形成团结互助、平等友爱、共同前进的人际关系；要加强法制教育，增强人们的民主法制观念和权利义务观念，形成扶正祛邪、扬善惩恶的社会风气。以优秀的作品鼓舞人，就是我们的作家、艺术家、新闻工作者、出版工作者等等，要多写多出好作品，不出坏作品，要用反映人民利益，满足人民需要的内容健康、格调高尚的文化成果，引导人民、教育人民、鼓舞人民，去创造新的生活，去提高人们的审美情趣，陶冶人们的道德情操，塑造人们的美好心灵。

2. 精神文明建设的目标是培养“四有新人”

如果说，物质文明建设是以物为对象，是依靠对物，对自然进行改造，那么精神文明建设归根到底是以人为对象，是引导人对自己的主观世界自觉地进行改造，并提高人改造物，改造客观世界的力量。因此，加强精神文明建设，提高人的素质，其根本目标是培育社会主义“四有”公民。对此，邓小平明确指出：“搞社会主义精神文明，主要是使我们的各族人民都成为有理想、讲道德、有文化、守纪律的人民。”① 并说：“我们的目标是‘四有’。”②

做“四有”公民是一个总体性要求，其中所包含的四个方面，各有其特定的内容。

（1）有理想。理想是人类特有的一种精神现象，是人立足于现实，在意识中对未来进行的美好的、圆满的想象。理想是一个人的奋斗方向、奋斗目标。有理想，才能唤起人们奋发向上，有所作为。因此，理想对一个人的生活道路具有重大影响。在一定意义上可以说，有什么样的理想信念，就有什么样的行为表现。理想通常分为社会理想和个人理想，而社会理想是根本的，起主导作用的。它既贯穿于其他理想之中，决定和支配着其他理想，又是一个人全部理想的归宿和基础。

在人类历史和社会生活中，不同时代、不同阶级和不同世界观的人们，其理想是不同的。对于无产阶级和广大人民群众来说，所谓有理想，是指要对马克思主义和共产主义有坚定的信仰，对党和社会主义事业有科学的信念。这种信念的坚定性，可能是建立在对社会发展规律的科学理解之上的，也可能是建立在对我们党的成功实践所形成的充分信任基础之上的。

共产主义理想信念是无产阶级世界观的核心，是我们党的强大精神支柱，是我们的革命事业和社会主义建设事业取得胜利的强大动力。邓小平说：“为什么我们过去能在非常困难的情况下奋斗出来，战胜千难万险使革命胜利呢？就是因为我们有理想，有马克思主义信念，有共产主义信念。”③ 这是我们党的优良传统，是我们党的真正优势所在。

---

① 《邓小平文选》第2卷，408页，北京：人民出版社，1994年。
② 《邓小平文选》第3卷，318页，北京：人民出版社，1993年。
③ 《邓小平文选》第3卷，110页，北京：人民出版社，1993年。

我们要认真学习马列主义毛泽东思想，学习邓小平理论和“三个代表”重要思想。运用马克思主义的立场、观点、方法研究新情况，解决新问题，不断提高思想政治素质和增强解决实际问题的能力。用爱国主义鼓励和教育人民，帮助人们认清只有社会主义才能救中国，只有社会主义才能发展中国的真理。在全社会发扬自尊、自信、自强的民族精神，为建设有中国特色社会主义，实现“三步走”发展战略，达到共同富裕这一全国人民的共同理想而贡献力量。这也是时代赋予当代中国人的光荣使命。每个人都应该把这一伟大理想同自己的本职工作结合起来，把个人的奋斗融入到社会主义现代化的历史创造活动中去。

另外，在全民族牢固树立建设中国特色社会主义的理想，同时要努力提倡共产主义理想。这两个方面不仅不是相互排斥的，而且正好说明我们在理想建设中，坚持了长远性与阶段性、广泛性与先进性的统一。赞成共产主义的人现在还不多，但共产党员应该坚持这种理想信念，而且应当坚信，赞成它的人会多起来，因为它是科学，因为它代表了人类解放的利益。

（2）有道德。道德是指由一定社会经济关系决定的，依靠社会舆论、传统习惯和人们的内心信念进行评价和维系的，用以调整人们相互之间以及个人与集体、与社会之间的利益关系的行为规范和个人品质的总和。

道德作为社会意识形态是社会经济状况的产物，是一定利益的表现。

社会主义道德是建立在现代生产力发展基础上的，以公有制和按劳分配为主体的社会经济关系，及作为其代表的工人阶级和广大人民群众根本利益的反映。

有道德就是要发扬以为人民服务为核心，以集体主义为原则，以爱祖国、爱人民、爱劳动、爱科学、爱社会主义为基本要求的社会主义道德。形成遵守社会公德、职业道德和家庭美德的良好社会风尚，发展平等、团结、友爱、互助的社会主义新型人际关系，大力倡导“爱国守法、明礼诚信、团结友善、勤俭自强、敬业奉献”的基本道德规范。

为人民服务是社会主义道德的核心，也是社会主义道德的集中体现。在发展社会主义市场经济的条件下，更要在全体人民中提倡为人民服务的精神。我们的市场经济是社会主义市场经济，因此仅仅提倡一般市场经济所要求的“商德”规范是不够的，在社会主义市场经济建设中，还必须大力提倡以为人民服务为核心的社会主义道德。引导人们正确处理个人与社会、竞争与协作、先富与后富、经济效益与社会效益等的关系，提倡尊重人、理解人、关心人，发扬社会主义人道主义精神，为人民、为社会多做好事。

集体主义作为社会主义道德原则，是社会主义经济建设、政治建设和文化建设的必然要求。坚持这一原则，要反对个人主义、小团体主义、本位主义，要引导人们正确处理国家、集体和个人三者之间的利益关系，提倡个人利益服从集体利益、局部利益服从长远利益、眼前利益服从长远利益。社会主义集体主义体现了为人民服务精神的本质要求。

搞好社会主义道德建设就是要通过各种形式和手段，把为人民服务的思想和集体主义原则灌输到人们的思想中去，使之成为亿万人民的自觉道德实践。在这过程中，无疑要批判地吸取中国传统伦理中的许多精华，如重人伦关系和价值，坚持以民为本，重整体观念和民族大义，重视道德教育和修养，重视人生理想和人格、情操的养成等；但就传统伦理的整体而言，其占主导地位和核心的是儒家宗法等级观念的伦理思想，它是同社会主义道德不相容的，是必须加以摒弃的。有人认为只有把孔孟之道重新实行起来，搞什么“儒学复兴”或“新儒学”运动，就可以使中国人的道德面貌和社会风气焕然一新，这种观点是片面的和有害的。西方伦理中同样也有许多精华，如资产阶级思想家在资本主义上升时期，所提倡的人道主义、公正观念、自我意识和个人尊严等思想，都是我们在建设社会主义道德体系时必须批判地加以吸取的。但是就西方伦理的整体而言，占主导地位和核心的是个人主义，它同社会主义道德是不相容的，同样必须加以摒弃。在伦理道德领域搞“全盘西化”，是行不通的。

(3) 有文化。所谓有文化，是指社会主义公民要好学上进，刻苦钻研，切实掌握社会主义现代化建设所必需的科学文化知识和技能，具有良好的科学文化素质。并且学而不厌、精益求精，不断更新知识，提高科学文化水平。当前，学习科学文化知识，除了结合各自从事的工作进行专业知识学习以外，还应该注意学习以下几个方面的知识。

一是学习现代科技特别是高科技知识。科学技术是生产力发展的重要动力，是人类进步的重要标志。当代高科技发展一日千里，以传统的科学技术所无可比拟的直接性和密集性迅速而广泛地向经济、政治、文化、军事等领域渗透，已经并将日益深刻地改变人类社会的面貌。中国要发展，要繁荣富强，必须靠科学技术的进步，必须靠全民族科技素质的提高。我们要紧紧跟踪世界科技发展，不断吸取新的知识来充实自己。

二是学习经济知识特别是社会主义市场经济知识。经济建设是我们的中心任务，不懂得经济知识就不能做好经济工作，没有社会主义市场经济知识，就不能在市场经济的大潮中搏击。我们搞市场经济还处于起步阶段，要甘当小学生。我们要学习马克思主义经济学，还要大胆吸收和借鉴发达资本主义国家所积累的，一切反映经济运行共同规律的市场经济的有益经验，为我国经济建设服务。

三是学习法律和现代管理科学知识。社会主义市场经济是法制经济，全国人民要学法、懂法，依法办事、依法管理。现代生产和社会活动日益复杂，领导和管理的作用越来越重要。各级领导一定要把学习领导科学和现代管理科学摆在重要位置，不断提高决策水平和管理水平。

（4）有纪律。纪律是一种行为规范，它不仅约束人们不该做什么，而且提倡人们应该做什么。它的作用是双向的。纪律是实现社会成员共同理想的组织保证。因此，邓小平在讲到“四有”时，除了强调有理想以外，也很重视纪律的作用，他说：“一靠理想，二靠纪律。组织起来就有力量。没有理想，没有纪律，就会像旧中国那样一盘散沙，那我们的革命怎么能够成功？我们的建设怎么能够成功？”① 又说：“要搞四个现代化，使中国发展起来，就要有纪律、有秩序地进行建设。”②没有共同的理想会造成思想上的混乱，没有共同的纪律会出现行动上的无序，都会给建设中国特色社会主义事业带来严重危害。

所谓有纪律，就是办事情、决定问题要遵守组织原则、组织程序、

① 《邓小平文选》第3卷，111页，北京：人民出版社，1993年。

② 《邓小平文选》第3卷，209页，北京：人民出版社，1993年。

组织纪律和民主集中制等的各项具体制度。

就内在联系来说，“四有”中的四个方面又是一个完整的统一体。其中，理想是前提，是目标，是动力来源。人的思想水平、精神状态如何，首先要看他是否具有科学的远大理想，并且在这个理想鼓舞下，奋发有为地从事社会主义现代化建设事业。道德作为行为的准则，是理想力量的伦理表现，或者说，道德的力量来源于理想的力量；反过来也可以说，道德的魅力也体现了理想的崇高，道德的感染力支持了理想的实现。文化是科学的理想、崇高的道德情操和自觉的纪律观念形成的重要条件，也是进行社会主义现代化建设的重要条件。纪律是实现崇高理想的组织保障，没有纪律，再崇高的理想也会落空。“四有”是培养社会主义新人的一个综合要求，体现了社会主义社会人的主体性建设的根本内容。

把培养“四有”公民作为社会主义文化建设的根本目标，其根本任务和归宿是为了提高全民族的思想道德素质和科学文化素质。培养“四有”新人主要是指个体素质；提高全民族的思想道德素质和科学文化素质则主要是指整体素质。个体素质提高了，全民族素质的提高也就有了切实的保证；而整体素质提高了，又能促进个体素质的培养和提高。二者是相互联系，辩证统一的。当然，如果仅就个体素质的培养和提高而言，除了有依赖于整体环境的优化，即环境对个人的影响、约束、引导、示范、熏陶以外，也离不开个人积极能动的主观努力。在这个意义上说，主体性建设，相对于个人主体而言，其主要任务，就是要实现主体的理想人格塑造。

三、主体的理想人格塑造

（一）人格的本质内涵

什么是人格，不同的学科有不同的界说。伦理学意义上的人格，常称为道德人格，它指称人的良心、爱心、善心。人格主义意义上的人格，是指人所具有自我意识与自我控制能力。即具有感觉、情感、意志等机能的主体。在人格主义看来，它是唯一真实的存在，是一切其他存在的基础。人格，在心理学上则称之为个性，指个人稳定的心理品质。它包括两个方面，即人格倾向性和人格心理特征。人格倾向性包括人的需要、动机、兴趣和信念，决定着人对现实的态度、趋向和选择；人格心理特征包括人的能力、气质和性格，决定着人的行为方式上的个人特征。人的个性就是这两方面的有机结合。

另外，在日常言说中，人们又根据不同的语境赋予它以不同的意义。有时用人格指谓人的个性、性格或气质。比如“此人是双重人格”；有时指谓人之为人所应享有的尊严。比如，“尊重人格”或“有损人格”；有时指谓人的品质、德性。比如，“高尚的人格”或“人格高尚”；还有时指谓人的完善的理想，将人格作为人的最高价值。对此，康德曾有所论述。他说：“人格把我们本性的崇高性清楚地显示在我们的肉眼前。”“人格是每一个人的那种品质，这种品质使他有价值，不管怎样使用他。”①。又比如，“待人处事要讲究人格”。这里的人格就是追求做人的崇高性。以上这些关于“人格”的指谓都有其正当性、合理性，那么，如何对这些具体的意义加以提升、概括，从而给“人格”以一般的定义呢？

这里先来做一些基础性的工作，然后从中引出关于“人格”的一般性陈述。

1. 人格是内在于人的一种规定

这一点，似乎是不言而喻的。然而就是这样一个普通人都能明白的问题，在唯心主义那里却给弄颠倒了。比如，黑格尔就认为，人格是脱离人并先于人在某个地方早已存在的精神体，人只是“人格的实现”。对此，马克思曾经指出，人并不是人格的实现，而实际上，“人格是人的规定”。并指出黑格尔的失足之处在于，他“不把主观性和人格看作它们的主体的谓语，反而把这些谓语变成某种独立的东西”。②在马克思看来，人格总是人的人格，它总是内在于人的。

2. 人格是在后天活动中形成的

人格是对从事社会活动的人的规定。人并非生而为人，有一个在后天活动中逐渐变成人、逐渐学会做人的过程。所以马克思主义哲学所说的人是从事实际活动的人，是历史中行动的人。在这种社会活动

① 转引自方世南：《唯物史观的人格理论与主体性研究》，《学术界》，1992（1）。

② 《马克思恩格斯全集》第3卷，32页，北京：人民出版社，2002年。

中，在人们的社会交往中人才成为人，才具有了人之为人的人格。因此，那种把人格说成某种先天东西的观点是不对的。中国古代哲学家孟子所持的就是这样一种观点。他认为，作为基本道德的仁、义、礼、智等四端与生俱来，就像人生来都有四肢一样，人人都是相同的。孟子不懂得，人的肉体属性得之于父母，可以遗传，而人的人格属性是不能遗传的。正如马克思所指出的："'特殊的人格'的本质不是它的胡子、它的血液、它的抽象的肉体，而是它的社会特质"。① 人"只有在自己的类存在中，只有作为人们，才是人格的现实的理念"。② 也就说，人格是在一定的历史条件，主客体相互作用的活动中形成的。

3. 人格是社会活动主体的内在规定及其活动中的外在表现

就是作为主体的人的内在规定从事社会活动的人就是主体的人。人格从根本上说，，在同客体的相互作用中，在同其他主体的共同活动中所表现出的功能性特征。人只有作为活动主体才有人格，人只有健康的、健全的人格，才能成为真正的主体，才能在活动中发挥主体作用。丧失了人格，丧失了作为主体的尊严、价值、资格，也就不成其为主体，不具有主体性功能。

总起来说，人格就是人在社会生活中所形成的主体内在精神世界和生命活动的特征体现。

主体内在精神世界是指人的内在的精神境界、心理品质、思想观念、才智力量所达到的高度。

以此为前提的生命活动的特征表现，是指人的外在形象和行为方式中所体现的价值取向、气质、格调、作风、风范、操守等的状况。

前者可称为人格的内在方面，后者可称为人格的外在方面。在这里，内与外是统一的。

这种统一的表现有二：一是其内在方面支配、决定着外在方面。比如文艺家的精神境界对他的才情，对他的作品格调有着直接的制约作用。对此，清代诗人徐增说过："诗乃人之行略，人高则诗亦高，人俗则诗亦俗，一字不可掩饰，见其诗如见其人。" 19 世纪法国小说家福楼拜也说："一位真正的艺术家不能是坏人……只有一颗严正的心，才

① 《马克思恩格斯全集》第 3 卷，29 页，北京：人民出版社，2002 年。

② 《马克思恩格斯全集》第 3 卷，36 页，北京：人民出版社，2002 年。

能大量产生才情。”[①] 二是其外在方面表现和强化着内在方面。还拿文艺家的创作来说，文艺家作品的品位无疑是创作者精神境界的外显、表现。但是高品位的作品，除了会对读者、观众产生感染和强烈的心灵震撼以外，也会反过来陶冶、升华文艺家本人的灵魂。写作小说《李自成》的作家姚雪垠曾说，他在创造这部小说时，写啊写啊，就要掉眼泪，为自己所塑造的人物的命运而流泪。郭沫若也曾说，他写作《地球，我的母亲》时，其感情达到了要亲吻和拥抱地球的程度。托尔斯泰说：“真正的诗人都是身不由己地怀着痛苦去燃烧自己并点燃别人的。”[②] 挪威剧作家易卜生说：“创作好比洗澡，洗澡以后，我感到更清洁、更健康、更舒畅。”[③]

由此可见，人格的内在方面与外在方面是紧密联系、相互影响、相互制约的。从总体上说，人格是以一定的世界观、人生观、价值观为基础形成的，是人认识和改造世界的立场、观点、方法的集中体现，是人的思想品德、作风操守、行为习惯、为人处世等的对己、对人、对家、对国、对社会、对自然的准则和态度的总和、总称。

任何一个社会中，由于人们的世界观、人生观、价值观不同，因而人们的现实人格是各式各样的，也就是说，不同的人有着不同的人格境界。

但在人类社会的发展过程中，又总有一些先驱者、人格高尚者，站在时代发展的高度，将体现社会要求的人生信念、精神品格加以概括，提出超越现实人格的理想人格，从而为现实人格的提升指明方向。

（二）理想人格的追求

1. 理想人格与人格理想

理想人格和人格理想是两个有区别的概念。

人格理想是一个人想成为什么样人的一种目标追求。比如，有的人想成为一个有权有势的人，因为他认为，有权就有一切；还有的人

---

① 转引自吴涯：《文艺家也要改造主观世界》，《求是》，1999（5）。

② ［俄］托尔斯泰：《日记》，《古典文艺理论译丛》第1册，205页，北京：人民出版社，1961年。

③ 转引自吴涯：《文艺家也要改造主观世界》，《求是》，1999（5）。

认为，他要拼命挣钱，做一个有钱的人，在他看来，有钱能使鬼推磨；还有人认为，理想的人就是一个八面玲珑，讨人喜欢，交际场上出风头的人；还有人觉得，自己应该成为有成就的，造福于他人和社会的人。如此等等，不一而足。

以上这些人格理想，是不是都能称为理想人格呢？显然不能。那么区别何在呢？

从人格理想形成的根据来说，首先当然是作为个体的需要，即是说自己想成为的那种人应该满足自己的某种需要，对自己有某种根本的最高的利益，具有“自利”的功能。不然就没有人愿望进入这种境界，成为这样的人。但是如果只限于个人小圈子，从单纯的“自我”出发，以个人的需要作为唯一尺度来设计人生目标，那么这样的人格理想终究不会成为理想人格。

反之，如果把个人需要与他人需要、社会需要联系起来，把个人需要升华为个人与社会相统一的需要，从而肯定和放大了人格理想中真善美的方面，如对人类的内在自由和外在自由的追求；实现富裕、舒适的物质生活和高尚的精神生活的统一；对人类的和平、平等、文明的向往；努力爱护环境和美化自然等等。总之，想成为一个不仅对自己，而且对他人、对社会有意义的人。这种既体现了个人自我价值又体现了个人社会价值要求的人格理想，才是理想的人格。

可见，人格理想是一个母概念，理想人格是一个子概念。一般说来，人都有人格理想，即人都有人格追求，即使那些声称什么也不想、什么也不做的人，他也有一种消极的人格追求。理想人格是一种人格理想，但理想人格是指那种真善美的人格理想。理想人格是一个社会、一个国家或一个民族中先进层次的人物所普遍推崇和向往的、有巨大感召力的、体现了该社会的价值要求和文化期望的人格理想。

不同社会、不同阶级的人们，其所推崇和向往的理想人格不管其现实性的程度如何，但从理念上说，都是真善美的统一体，都体现了人类所永恒追求的某种价值。中国古代的儒家，已在一定程度上认识到理想人格是真善美的统一。《论语·宪问》有言：“若臧武仲之知，公绰之不欲，卞庄子之勇，冉求之艺，文之以礼乐，亦可以成人矣。”在孔子看来，有了智慧、廉洁、勇敢和才艺，再加上礼乐的修饰，就可以造就出真善美统一的理想人格。这里的“成人”就是完善的人，全面发展的人。孔子的“成人”学说，在荀子和王夫之那里，得到了继承和发展，他们都是讲理想人格的真、善、美统一。

2. 儒家的“君子人格”追求

中国传统哲学中，儒家哲学所提倡的理想人格是一种“君子人格”。什么是君子人格呢，概括起来说，就是以仁为核心，仁、智、勇三大德统一的，遵守天下通行的五条大道，从而达于修身齐家治国平天下的理想境界。

君子是仁人，具有“仁者爱人”的情怀，律己宽人的精神。即孔子所说的，君子能亲人、爱人，能立人、达人，能敬人、容人，能信人、惠人。儒家哲学认为，要成为仁人，就必须以仁为本，以智为用，以勇为帅。孔子说：“君子道者三……仁者不忧，知者不惑，勇者不惧。”[①] “知者不惑”是说君子因具有渊博宏富的学问，严谨求实的学风，因而不为歪道邪说所迷惑。“勇者不惧”是说君子因具有尚义重行的勇敢，坚强进取的毅力，因而不惧怕任何阻碍。孔子说：“仁者安仁，知者利仁。”他把仁放在第一位，把智放在第二位，但智是仁的必要条件。“未知，焉得仁”。[②] 在孔子看来，仁智是统一的；另外，仁勇也是统一的。孔子说：“志士仁人，无求生以害仁，有杀身以成仁。”[③] 在孟子看来，“勇”就在于要“善养吾浩然之气”[④]。所谓浩然之气也就是孟子所赞赏的“富贵不能淫，贫贱不能移，威武不能屈”[⑤] 的至大至刚之气。

具有三大德的仁人也就能够遵守天下通行的五条大道，即父子之道、君臣之道、夫妇之道、兄弟之道、朋友之道，也就是处理五种人际关系所应遵循的原则。这种原则是：“父子有亲，君臣有义，夫妇有别，长幼有序，朋友有信。”[⑥]

“修身齐家治国平天下”是仁智勇完美人格通过遵循五条大道所实现的造就与实践。“修身”是完美人格的自我塑造与实践，“齐家”是完美

---

① 《论语·宪问》。
② 《论语·公冶长》。
③ 《论语·卫灵公》。
④ 《孟子·公孙丑上》。
⑤ 《孟子·滕文公下》。
⑥ 《孟子·滕文公上》。

人格的家庭实践与表现，“治国平天下”是完美人格的社会实践与表现。

儒家的理想人格理论，它的许多命题、观念和精神代表着儒家先哲们对于人生社会、宇宙自然的深邃思考和理性把握，超乎实际具体的历史阶段之上，而具有一般普遍的意义。比如儒家通过“仁”把人的自我同类联系起来，从对自我的人的肯定，推及对他人的人的肯定，从而达到了人与人之间的人的关系的肯定，达到人人都是人格主体的肯定，在人与人之间建立起相互支持、共同发展的和谐与协调的类关系。这一理想直到今天仍然是我们要为之奋斗的目标，仍然具有重要的人文价值。

然而，在阶级社会中，作为儒家理想人格的这种普遍的“仁道”，只能是一种远离现实的理想。在封建专制制度下，儒家的理想人格理论，在维护人类血缘亲情共同感情的同时，也维护着宗法制的等级制度；强调了人的群体价值、社会价值、道义价值，强调了人际关系的和谐秩序，同时也束缚了主体个性的自由发展，限制了个体价值的实现，容易抹杀个人的积极性与创造性；重视理想信念、道义伦理的追求，强调精神价值，反对物役化，皆有积极意义，同时却相对忽略了事功的重要性，以道德、精神追求涵盖了人的全部生命，相对限制了人生的丰富内涵。

五四新文化运动的先驱们所做的工作，一个重要方面就是批判了儒家学说，包括儒家理想人格理论与封建专制主义制度共生死进退的部分，虽然有矫枉过正之弊，但不如此，就不能使儒家理想人格理论走向更新。经由他们的分剥离析，我们今天才有可能从新的视角认同那些作为人类普遍价值的精神财富。

五四新文化运动还有一个更重要的功绩，那就是它为中国文化现代发展寻找到了科学与民主的精神旗帜，在中国人格理念中增添和丰富了科学和民主的现代内涵。

3. 中国马克思主义的理想人格追求

五四以后，李大钊对以往的理想人格学说，作出了马克思主义的总结和新的阐发。李大钊说：“个性解放”和“大同团结”，“这两种运动似乎相反，实在是相成”①。他说：“我们主张以人道主义改造人类

① 《李大钊文集》第4卷，253页，北京：人民出版社，1999年。

精神，同时以社会主义改造经济组织。”[①] 李大钊的社会主义和人道主义的统一，大同团结和个性解放统一的人格理想是建立在唯物史观和马克思主义经济学说基础之上的，是具有科学性的理想人格。在长期的革命和建设中，毛泽东提出了“为人民服务”的最高宗旨，为此，革命者应成为“努力奋斗”、“不怕牺牲”的人，“高尚的人”，“纯粹的人”，“有道德的人”，“脱离了低级趣味的人”，“有益于人民的人”，“对技术精益求精”的人。对于理想人格的培养，毛泽东强调“又红又专”、“德智体全面发展”。邓小平讲“三个面向”（即面向现代化，面向世界，面向未来）、“四有新人”。毛泽东、邓小平的这些论述既蕴含了中华民族的深厚传统，又体现了新的时代精神，贯穿了马克思主义关于用实践的、社会历史的观点来看待人生境界，来塑造理想人格的根本原则，这些原则主要有以下三点。

（1）改造主观世界与改造客观世界相统一的原则。这里是说理想人格所追求和向往的个体的完善，不是脱离社会实践、社会发展的孤立个人的修身养性，而是在争取社会发展、社会完善的斗争中达于自我的完善。在今天就是要在社会主义的改革开放和现代化建设的伟大实践中锻炼自己，提高自己，从而达于自我的完善。因此，勇于实践，积极进取，富于创新，就成为当代理想人格的基本内涵。

（2）个性自由与社会责任相统一的原则。个人发展离不开社会发展，个人完善离不开社会完善，因而促进社会发展、增进人类幸福就成为实现自我完善的前提和基础，成为完善自我所应尽的社会责任，成为理想人格的内在要求。也就是说，理想人格所追求的不仅是个体行为的合道德性，不仅是独善其身，不仅是为了争取个人行为的自主权，而且还要兼济天下，还要造福社会，造福人民。在今天，我们就是要把实现“三步走”的发展战略，实现全中国人民的共同富裕，争取世界的和平和发展作为理想人格的重要内容。因此，面向世界、面向未来、面向现代化，爱人民、爱祖国、爱人类、爱自然就成为当代理想人格的必然要求。

（3）德才兼备原则。这一原则是说，理想人格包括思想道德品质和学识、才能、本领两个方面，二者兼而有之，缺一不可。思想品质

① 《李大钊文集》第3卷，35页，北京：人民出版社，1999年。

包括勤劳、正直、诚实、善良、乐于奉献、恪尽职守、廉洁奉公等一系列美德。“才”是指勤奋学习，精通业务，知识广博，善谋能干等等。二者互相作用，其中，德是根本的方面。司马光在《资治通鉴》中说：“才者，德之资也；德者，才之帅也。”蔡元培也说：“德育实为完全人格之本，若无德，则虽体魄智力发达，适足助其为恶，无益也。”① 这些论述都是十分正确的。

（三）注重人格的修养

如前所说，理想人格的塑造包括外在因素和内在因素的作用两个方面。外在因素的作用是指，营造环境，形成良好的社会氛围，建立完善的社会运行机制，实行规范的管理和严格的监督，奖优罚劣，惩恶扬善等等。这一切可统称为人格他律。内在因素的作用是指，通过自我改造，加强自我锻炼和自我修养，积极追求和培养健全的人格，并向着理想人格的目标不断努力。这一切可称之为人格自律。人格的“他律”与“自律”是互补的，但一般地说，“他律”要置于“自律”的基础上，才能更好地发挥作用。在这个意义上说，理想人格的塑造，自律的作用更基本，更重要。

回顾我们党的干部的成长，在革命战争年代的艰苦条件下，形成了共产党人的新作风、新品德、新气象。1936 年，美国记者斯诺访问延安，被共产党领袖们的廉洁节俭深深感动，断言这种廉洁节俭的作风会产生一种伟大力量——“东方魅力”。1949 年美国大使司徒雷登对国民党的军官们说：“共产党战胜你们的不是飞机大炮，而是廉洁，是靠廉洁换得的民心”。② 后来随着全国革命的胜利和社会主义建设的开展，我们党的干部曾先后经历了两次大的考验，一次是“进城”，一次是改革开放。两次考验，都锻炼和壮大了我们的干部队伍，提高了干部队伍的思想政治素质，也淘汰了干部队伍中的一些败类和渣滓。毛泽东同志在建国前夕就提醒全党，进城以后要警惕“糖衣炮弹”的袭击；邓小平在改革开放后不久就打招呼，不出一两年就会有人被腐蚀。但是，仍然有不少领导干部把中央的告诫当做耳边风，两次考验，两

① 高平叔：《蔡元培年谱》，36 页，北京：中华书局，1980 年。

② 李源潮：《共产党的干部必须清正廉洁》，《学习时报》，2009—10—19。

次都有人掉队，成为腐败分子，堕落为人民的罪人。这充分说明，崇高品德的形成，固然离不开社会价值导向的影响，但主要还在于每个人自己的学习、锻炼和修养，在于自律意识的强化。孔子就曾说过："为仁由己，而由人乎哉？"[①] 他又说："仁远乎哉？我欲仁斯仁至矣。"[②] 意思是说，实践仁的品德，完全是自己的事，难道还要靠别人？仁的品德离我很远？不，我想要得到它，它就会到来。这说明个人修养在提升道德人格方面起着决定作用。

那么，如何加强个人的人格修养呢？

1. 把理论学习同人格修养紧密联系起来

这里的学习不是仅指一般的学习知识，而主要是学习做人的根本道理。或者说，通过学习要达到古人所说的"明道"。即提高道德认识，提高对是非、善恶、美丑的辨别力。在我们今天来说，就是要通过刻苦学习，认清自然和社会发展的规律、社会主义必然取代资本主义的规律、社会主义改革和建设的规律，只有这样才能坚定共产主义信念，才能坚定走中国特色社会主义道路的信心和决心，才能在政治上更加成熟，才能排除各种错误思想和倾向的干扰，才能经受住各种考验。夏明翰在英勇就义前，面对敌人的屠刀，含笑写下了"砍头不要紧，只要主义真"的就义诗；方志敏在刑场上慷慨演讲："敌人只能砍下我们的头颅，决不能动摇我们的信仰，因为我们信仰的主义，乃是宇宙的真理。"我们党之所以能战胜一个又一个困难，始终保持对人民的忠诚，靠的就是这种坚定的信念和强大的精神支柱。

另外，只有不断加强学习，才能在思想上保持高雅的境界。书读多了，知识丰富了，才能提高思想境界、文化素养和审美品位；才能目光远大，胸襟开阔，昭理明德，净化灵魂。不读书，不学习，不知古今中外，不明是非得失，必然会鼠目寸光，浑浑噩噩，甚至走上邪路。列宁曾经指出："拖拉作风和贪污受贿行为是任何军事胜利和政治改造都无法治好的毛病。说实在的，这种毛病……只有用提高文化的办法才能治好。"[③] 中国古人也说过"腹有诗书气自华"。通过读书，丰

① 《论语·颜渊》。

② 《论语·述而》。

③ 《列宁全集》第42卷，197—198页，北京：人民出版社，1987年。

富和提高自己，使自己的生活情趣一天天高雅起来，就能自觉地拒绝庸俗，远离浮躁，淡泊物欲，追求崇高。

2. 在艰苦环境中加强人格锤炼

孟子说："天之将降大任于斯人也，必先苦其心志，劳其筋骨，饿其体肤，空乏其身，行拂乱其所为。所以动心忍性，曾（增）益其所不能。"① 孟子认为，天为了培养一个伟人，必先给他安排一个艰苦锻炼的机会，这种观点是神秘主义的，不可信的。但是他指出，一个人的成功，要经过非常艰苦的磨炼，这是十分正确的。古往今来，英雄豪杰，志士仁人，大都是经过艰苦环境、复杂斗争、坎坷逆境，磨炼意志、品格，成就事业的。"艰难困苦，玉汝于成"。对一个人来说，过硬的本领，高尚的情操，都是在复杂的环境、艰苦的条件下培养锻炼出来的。

当然，在平凡的工作岗位上，一般并不处于特别艰难复杂的环境，但注意从我做起，从现在做起，从小事做起，日积月累地培养道德情操，对个人来说也并非轻而易举，也是一个艰苦的磨炼过程。毛泽东说过：一个人做点好事并不难，难的是一辈子做好事，不做坏事。这里所强调的是"贵在坚持"。《资治通鉴》中记载了这样一段对话，很能启发人。战国时，魏王"问天下高士于子顺，子顺曰：'世无其人，抑可以为次，其鲁连仲乎！'王曰：'鲁连仲强作之者，非体自然也。'子顺曰：'人皆作之，作之不止，得成君子；作之不变，习与体成，则自然也。'"鲁连仲是当时一位道德高尚的人，魏王认为他是勉强作的，非本性自然。子顺反驳他说，即使是勉强作的，只要作之不止，那就习惯成自然，与本性合一了。这个子顺是孔子的后代，讲得是有道理的。朱熹也曾说："凡人做好事，若只做得一件两件，亦只是勉强，非是有得。所谓'得者'，谓其行之熟，而心安于此也。"②

3. 做到知过必改

一般说来，人们常犯的毛病是容易看见自己的优点，不易看见自己的缺点；比较喜欢别人说自己的长处，不太喜欢别人说自己的短处。这对加强人格修养是很不利的。孔子曾说，人格修养要依靠一种自省

---

① 《孟子·告子下》。

② 《朱子语类》（卷 23）。

力。“见贤思齐焉，见不贤而内自省也。”① 曾子也曾说：“吾日三省吾身：为人谋而不忠乎？与朋友交而不信乎？传不习乎？”② 这里是说曾子每天多次自己反省：替别人办事是否尽了力呢？同朋友交往是否诚实呢？老师传授我的学业是否复习了呢？古人这种严于律己的精神是值得学习和借鉴的。中国伟大的文学家鲁迅先生曾说：“我的确时时解剖别人，然而更多的是更无情面地解剖我自己……”③ 他还说：“革命者决不怕批判自己，他知道得很清楚，他们敢于明言。”④ 鲁迅曾十分坦诚地说，“我自己总觉得我的灵魂里有毒气和鬼气”。所以他“月月、时时，自己和自己战”，并且“从别国里窃得火来”（按：指翻译马克思主义著作），“煮自己的肉”。⑤

一个人若能够经常自我反省，客观地审视自己，就可以发现自己的不足，只要加以改正，就可以使自己不断趋于完善。在实际生活中，永远不犯错误的人是没有，也不可能有的。有了错误并不可怕，关键是要正确对待错误，要知过必改。

4. 慎微慎染慎独

慎微，就是要防微杜渐。“千里之堤，溃于蚁穴”，“舟必漏而后水入，土必湿而后苔生”。放纵所谓的小问题就有可能犯大错误。一些领导干部，甚至高级干部，走上腐化堕落、违法犯罪的道路，往往是从不拘“小节”，自觉不自觉地放纵自己开始的，自以为用公款吃一点、喝一点没有关系，到高级娱乐场所，甚至色情场所“玩一玩，放松一下”也无妨，把收受贵重物品也不当成问题，岂不知，越吃标准越高，越“玩”胆子越大，贪财之手越伸越长，终于一发而不可收拾。在错误的道路上越滑越远。如果不仅重大节，而且不忽视小节，见微知著，防微杜渐，就可能少犯错误，不犯大错误。

慎染，就是要警惕和注意外界环境对人的道德修养的影响。人与人相处，互为对方的环境，互相施加影响，构成了一个互动的体系。所以，在严格约束自己的同时，还要慎重选择交往的朋友。在《论

---

① 《论语·里仁》。

② 《论语·学而》。

③ 《鲁迅全集》第1卷，284页，北京：人民文学出版社，1981年。

④ 《鲁迅全集》第4卷，62页，北京：人民文学出版社，1981年。

⑤ 《鲁迅全集》第4卷，207页，北京：人民文学出版社，1981年。

语·季氏》篇中，孔子指出，“益者三友，损者三友。友直，友谅，友多闻，益矣；友便辟，友善柔，友便佞，损矣。”就是说，同正直的人、信实的人、见闻广博的人交朋友，对自己的道德修养和学识进步是有帮助的。同谄媚奉承的人，当面恭维背后毁谤的人、夸夸其谈的人交朋友，时间久了，就会受到他们的传染，接受不良的影响。古语所说的“近朱者赤，近墨者黑”，大概讲的也就是这个道理。所以孔子主张要“乐多贤友”，“友其士之仁者”，即选择“贤”者和“仁”者为友，以达到“以友辅仁”的目的。慎染就是要见贤思齐，择善而从；要抵制各种腐朽思想的侵蚀和金钱美色的诱惑。江泽民指出，古往今来，一切有志有识有为之士，都能够把握自己，以不沉醉于权力、金钱和美色为戒，而凡是沉迷于声色犬马，没有不玩物丧志的。这的确是非常深刻的论断。殷鉴不远，不可不察。

慎独，是说一个人在单独处事的时候非常谨慎，能够做到自我约束和规范行事。《礼记·中庸》说：“君子戒慎乎其所不睹，恐惧乎其所不闻，莫见乎隐，莫显乎微，故君子慎其独也。”刘少奇在《论共产党员的修养》中，借鉴儒家“慎独”的道德观念，提出共产党员“慎独”的修养要求。即共产党员独处的时候，在独立工作无人监督的情况下，也要自觉地按照党性原则处人、处事。“慎独”作为一种自觉进行的思想道德修养，实行的是自我监督、自我约束。这同时也是道德修养的一种崇高的境界，即道德修养达到了自觉、自愿和自然相统一的境界，成为自我完善的一种真诚的要求，生命的自然表现。

总之，加强人格修养必须认真学习，勤于实践，严于律己，自重、自省、自警、自励、自觉，才能不断提高自己的思想觉悟，陶冶自己的道德情操，升华自己的人格境界。

第八章　人生旅程的大事观照

人生旅程，大体是指人的一生中，随着时间的变化而出现的、受到文化和社会变迁影响的年龄段角色和生命事件的序列。一般而言，尽管人生旅程与家庭，与经济、政治中的社会过程相联系，但它基本上是一个个体层面的概念。

人出生以后，随着年龄的增长、年龄段的分化，而表现为角色变化，以及与此相联系的生命事件的变迁。这些变化和变迁既包含有客观的制约，也包含有主观的努力。特别是对那些重大生命事件，也就是通常所说的人生大事的处理是否得当，往往涉及人生轨迹的如何绘就，甚至会导致人生命运的重大转折。为了有助于人们走向成功的人生、无悔的人生，下面就人生旅程中的一些重大事件，比如人生成长阶段的求学树人、交往友谊、恋爱婚姻、事业有成，以及人生归宿阶段的贵生安死等问题，分别做如下一些分析。

一、求学树人

（一）读书与成人

在人类的历史途程中，是先有劳动，然后在劳动基础上产生了语言，而后又在劳动和语言的基础上，产生了文字和书籍。

1. 书籍是人类文明的阶梯

劳动是人类生存和发展的基础，也是人类意识的起源和发展的基础。

不仅如此，按照恩格斯的说法，在人类早期互相帮助共同协作的劳动过程中，还产生了交流思想的工具——语言。从此，人的声音才与自然界的兽叫鸟鸣区别开来。语言的产生对人类认识的意义是极为巨大的。第一，语言是表达思想的工具，思想一旦借语言表达出来以后，作为一种新的信号系统，即巴甫洛夫称之为的第二信号系统的产生，又反转过来刺激和促进人脑、神经的发达和认识的发展。第二，语言是交流思想的工具，有了它，才可能把人们在物质活动和物质交往中形成的个人经验变成社会经验，也就是说，才有可能在个人意识产生的基础上，通过语言的交流，形成社会意识。所以，从本质上说，语言是把个体的人联结成群体、社会的纽带。

但是语言作为表达思想和交流思想的工具，有它的局限性。这表现在时间的短暂性和空间的狭隘性。特别是以嘴巴作为唯一通讯工具的时代，这种局限性就更为突出。

为了克服语言的局限性，在长期的社会实践中，作为记录和传达语言的书写符号——文字出现了。人们用文字在一定材料上把思想、知识记载下来，这就成了书籍。

文字的出现是人类文明史上的一个重要里程碑，它对于人类物质文明和精神文明的发展有着不可估量的重大作用。它使思想和知识的传播不受时间限制。书可以长期保存，还可以一版再版。正因为如此，书籍是沟通古今的桥梁。书籍对思想和知识的传播不受空间的限制。书籍可以携带、运输、翻译等。因此书籍是一地、一国人民吸收别地、别国文明的渠道之一，是长距离联系人们的纽带。书籍作为思想和知识的储存手段和积累手段，它既是人类过去文明的总结和总和，同时又是人类文明发展的基础和阶梯。这对人类认识的发展和个体认识的发展都是毫无疑义的真理。

2. 读书是个体成为现代文明人的手段

一个人从胚胎发育到呱呱落地，早在母体中就重复了从单细胞动物到人类这样一个生理发展过程。那么，从婴儿到大学毕业，或取得相当于大学的学力，则是重复了从原始人到现代文明人这样一个生理、心理，尤其是智力发展过程。第一个过程是用10个月跨越了几十亿年；第二个过程则是用20多年跨越了几十万年。人的认识是怎么会在20多年中跨过了几十万年的呢?

（1）经过几百万年的发展所形成的人脑，已经积累了实现这种跨越的物质条件。现代人脑是高度完善、高度发达的。每个人脑都是一个巨大的智力资源。据估计，现代人脑大约有几百亿个神经元，相当

于一台 10^{14} 或一百万亿个开关的电子计算机。但是这个巨大的智力资源需要开发，如不开发，那么这个可能成人的个体，也就跟动物差不多了。世界上发生的好几起狼孩事件，是很能说明这一点的。智力怎样才能得到开发呢？这就是下面要讲的二、三两点。

（2）人在社会上长到 20 多岁，对人类在几十万年中积累起来的物质文明已经有了相当的接触，参加了一定的实践活动，具备了一定的直接经验。这种直接经验的获得，对个体认识的形成和发展，意义是重大的。但由于个体实践的狭隘性，也就决定了人在这种实践中所获得的直接经验的狭隘性。也就是说，直接经验对于个体智力的开发是重要的，但是这种开发还仅仅是初步的、不充分的。

（3）要使个体的智力得到充分的开发，就必须把个体狭隘的实践和丰富的人类实践相结合，把个体的直接经验和丰富的人类经验相结合。而要获得几十万年以来人类所创造的思想和知识，其主要途径是求学读书。所以人在 20 多岁以前必须集中地、系统地、大量地读书学习，接受教育。通过书本的学习，借助于初步的直接经验，才能掌握人类几十万年以来所创造的思想和知识。这一过程也就是个体的智力得到充分开发的过程。在这一过程中，必须有起码的直接经验做基础，否则书本上的思想和知识是不能被理解和掌握的，当然更谈不上得到检验、修正和发展。但如果只有直接经验，而不去从书本上获得大量的间接经验，那就不可避免地会目光短浅、孤陋寡闻、知识褊狭。愚昧往往是由无知产生的，相反，智慧则是和知识联系在一起的，而大量读书才能获得丰富的思想和知识。也就是说，只有大量读书，才能在认识上赶上前人，才能避免前人经过的那些漫长的艰难的摸索过程。

（二）读书与成才

这可从三个方面来说。

1. 大量读书才有助于把握新鲜的实践经验

这里是说，人们只有借助于对书本中的思想知识的掌握，才有助于在实践中获得和理解新的感性认识。感性认识和理性认识，在认识程度上是有质的区别的。但它们又是互相联系、相互渗透的。感性认识包含有理性认识的因素，是形成理性认识的基础。但理性认识一旦形成，又会对获得新的感性认识发挥指导作用和中介作用。例如，具有天文知识的人比不具备这方面知识的人，在天文观察中，获得新发现的可能性要大得多。又如，听一首好的曲子，有音乐知识的人的耳朵，比没有音乐知识的人的耳朵，所感受到的内容的丰富程度和受到的陶冶是不一样的。这是因为原有的知识思想，其中主要是通过读书获得的书本上的知识思想，为新的感性认识的获得提供了理解基础，这正如毛泽东所指出的："只有理解了的东西才更深刻地感觉它。"[①]

2. 大量读书才能为理性认识的形成提供间接经验

毛泽东在《实践论》中指出：由感性认识上升为理性认识的一个重要条件是"感觉的材料十分丰富（不是零碎不全）"。[②] 感性的材料怎样才算十分丰富呢？这当然要视所研究的问题的性质而定。如果所研究的是一个涉及相当广泛的问题，除了要花气力参加实践和进行调查研究外，还必须大量读有关方面的书籍，从前人和当代人的书中去收集材料。

本质是从现象的共同性中概括出来的，规律是从现象的重复性中抽象出来的。我国卓越的科学家竺可桢，之所以能写成中外著名的科学论文《中国近五千年来气候变迁的初步研究》，除了因为他在几十年中对气象进行了辛勤的观测以外，还因为浩瀚的中国历史文献为研究我国古代气候提供了极为有利的条件。正是这些大量的历史文献，极大地帮助他揭示了中国历史上气候变迁的情况和规律。马克思之所以能"把各国制度概括为社会形态这个基本概念"。除了因为他参加了当时的社会实践活动外，还由于他博览群书，学识渊博，通晓许多国家的历史和现状，这样他才从大量的历史和现实的材料中，看出了社会生产关系的"重复性和常规性"，从而形成了社会形态这一概念。列宁认为，"只有这种概括才使人有可能从记载（和从理想的观点来评价）社会现象进而以严格的科学态度去分析社会现象"。[③]

由此可见，要研究一个问题，特别是要研究一个较为复杂的问题，对之要获得新的见解，如果只有自己的实践经验而很少间接经验，特别是不从书本上获得间接经验，那么也就难以掌握十分丰富的事实材

---

① 《毛泽东选集》第1卷，286页，北京：人民出版社，1991年。

② 《毛泽东选集》第1卷，290页，北京：人民出版社，1991年。

③ 《列宁选集》第1卷，8页，北京：人民出版社，1995年。

料，就难以发现现象的共同性和重复性，也就难以抽象出事物的本质和规律，从而也就难以实现认识的第一次飞跃。泰勒说："具有丰富知识和经验的人，比只有一种知识和经验的人更容易产生新的联想和独到的见解。"① 这话是很对的。

3. 大量读书才可能站在前人的肩上向上攀登

任何新学说，就其内容来说，是深深根植于现实生活的土壤之中的，而就其理论形式来说，则表现为对原有理论的继承和发展。人类的认识是一股不断的流水，温故才能知新，继往方可开来。"科学思想是科学以前的思想的一种发展。"② 牛顿说他的见解能超越前人，是因为他站在前辈伟人肩上的缘故。应该说，这里概括的不仅是个人的经验之谈，而且也是对历史发展中一切超越前人的后来者的成功经验的集中说明。

《天体运行》的作者哥白尼，在1496年至1506年曾求学于意大利，到过罗马、维也纳等五、六个城市，几乎读完了这些地方所收藏的全部数学和天文学书籍。《本草纲目》的作者李时珍，在35岁以前，就几乎读遍了前人的医书。达尔文的进化论就是在吸取布丰、林耐、拉马克等科学家的研究成果的基础上创立的。马克思主义也是对德国古典哲学、英国古典经济学和法国空想社会主义的批判继承和进一步的发展。

据统计，从公元600年到1960年，共有1243位科学家和发明家做出了1911项重大科学发明创造。大多数人在30岁左右即开始作出重大发明创造。40岁以前即作出第一项发明的创造者占三分之二，约有60%的重大发明也是在40岁以前做出的。这就是说，中年是科学家发明家取得成果的黄金时代。之所以是这样，是因为人到中年，除了在经验的积累方面，同时在书本知识的积累方面都趋于比较成熟的状态。有人把接受前人知识的时期称为"继承期"，而把创造发明的时期称为"创造期"。那么可以说，科学家发明家在少年、青年时代，读书学习，接受教育，到了中年正是"继承期"进入后期，"创造期"进入最盛的时期。可以说"继承期"是"创造期"的必要准备，"创造期"则是

① ［英］贝弗里奇：《科学研究的艺术》，陈捷译，58页，北京：科学出版社，1979年。

② 《爱因斯坦文集》第1卷，257页，北京：商务印书馆，1976年。

“继承期”的必然趋势。诚然，继承并不等于创造，但要创造必须要继承。

总之，求学读书是认识个体获得间接经验的主要来源，是个体认识赶上前人的一个主要途径，同时也是个体认识超越前人的一个必不可少的重要条件，是个人成才的一个必经阶段。因此，一切有志者，要成为人才，要成就事业，就要勤于实践，同时也要勤于读书，二者不可偏废。尤其是青少年，正处于长知识的时期，更应该珍惜大好时光，勤奋读书，为将来替人民建功立业打下一个坚实的知识基础。

大思想家荀子在《劝学篇》中说：“锲而舍之，朽木不折；锲而不舍，金石可镂。”我国数学家华罗庚说：“勤能补拙是良训，一分辛苦一分才”。华罗庚从一个初中生而成为著名数学家，这是他勤奋一生的真实写照。要成才就必须发扬持之以恒的勤奋学习精神。我国人民一向把诸葛亮看做是智慧的化身、天才的代表。可是他自己却说：“才须学也，非学无以广才。”① 勤奋学习这是成才的第一要素。当然也不是说，所有勤勤恳恳的求学者都能成才，这里的关键在于，要学会掌握读书的艺术。

（三）掌握读书艺术

为此，要正确处理以下几个方面的关系。

1. 学习知识与把握方法的关系

每个人都在知识的海洋中积累知识，但成才者是极少数，其原因在于许多人不懂得：知识是死的，方法是活的。学习，首先要学习前人或他人的思想方法。日本著名学者片山泰久说，知识总会有一天变得陈旧无用，真正重要的是产生这些知识的思想方法。我国学者陈千帆先生也说，学到做学问的门径，这比得到一个职业更重要，一生受用不尽。这里的门径也是指思想方法。思想方法是获得新知识的金钥匙，是到任何时候都有生命力的思想武器。

2. 学习与思考的关系

光读书不行，重要的还在于把读书与思考结合起来，因为通过思

---

① 《诸葛亮集·诫子书》。

考才能理解书本的内容。不然，就会如孔子所批评的：“学而不思则罔。”[1] 另外，把书本知识与人类的实践经验相结合，特别是结合当代实践所提供的新鲜经验加以思考，才能知道书中的得失，才能在提出新问题、解决新问题的过程中，有所发现，有所创新。李政道教授曾强调，发现问题比解决问题更重要，他针对我国少年的培养教育曾说，要提高他们的好奇心，培养他们的提问精神，少年时代没有这样的敢于怀疑的精神，将来是做不出第一流的工作的。

3. 学理工与学人文的关系

当代科学技术发展的大趋势是文理综合，要适应形势发展的需要，在学习中要注意文科与理科的结合，这样才能起到互补促进的作用。我国数学家华罗庚、苏步青，科学家钱学森、茅以升都是文理结合的典范。蔡元培先生早就预见到当代科学发展中文理结合的趋势。他指出：“文科的哲学，必植基于自然科学；而理科学者最后的假定，亦往往牵涉哲学。从前的心理学附入哲学，而现在用实验法，应列入理科；教育学与美学，也渐用实验法，有同一趋势。”文理交融的趋势当今有增无减，治学必须注意文理结合。做人也必须文理兼学。学理增长智力，学文宽广胸怀；学理晓知天道，知文明于人伦；学理使人精密，学文使人通达。二者兼学对于培养实证科学精神和人文精神有重要作用。

4. 自学与求师的关系

人的学习不外是自己阅读和向人请教两种形式。不注重自学的人，只能掌握一般的知识，他的知识结构是松散的，而且不会灵活运用。华罗庚曾说：“如果一个青年即使读到了大学毕业，甚至出过洋，拜过名师，得过博士，如果他没有学会自己学习，自己钻研，则一定还是在老师划定的圈子里团团转，知识领域不能扩大，更不要说科学研究上有所创造发明了。”与此相反，“一个青年即使他没有大学毕业或中学毕业，但如果他有了自学的习惯，他将来在工作上的成就就不会比大学毕业的人差。”因此，凡优秀的学有所成者，都是自学能力很强的。当然，这样说，并不否认向别人请教，特别是向名师请教。向名师请教，可以开阔视野，在学术上迅速走向成熟，能尽快地进入学科

① 《论语·为政》。

的前沿阵地，少走弯路，省去许多徘徊摸索的时间。另外，瞄准科学前沿上的问题，勇于同名家能人讨论切磋，才能暴露自己的缺陷与不足，通过调整加以弥补，从而才能不断进步。华罗庚说："下棋找高手，弄斧到班门，这是我一生的主张。只有在能者面前暴露自己的弱点，才能不断进步。"这是他取得成功的经验之谈。①

5. 博学与精用的关系

古今中外，凡是称得上专门家的人才，莫不是集基础知识的广博性与专业知识的精深性于一身。据美国对1300名科学家的5年跟踪调查表明，"有成就的科学家很少是仅仅精通一门专业的专才"，而绝大多数是"博才取胜"。这是因为，只有广博的知识，才能形成对科学广泛的兴趣；各种知识的多元组合，是孕育原创性成果的重要条件；具有丰富知识和经验的人更能激发想象能力、联想能力和创造能力。反之，拘泥于一隅，难免使人闭塞、愚蠢。当然，提倡多方面的学习，并不等于漫无边际地学。学习要有所选择，有所限制。"博学"是为了"精用"，是为了"精用"而博学。歌德说，我们的发展要归功于广大世界千丝万缕的影响。从这些影响中，我们吸收和我们有用的那一部分。凡成就过一番事业的优秀专业人才，都是在深厚的基础知识和广博的知识面的基础上，对专业知识和技能精益求精的结果。

由上可见，只有勤奋学习，并讲究勤奋学习的艺术，才能真正成才。

一个人在成长过程中，除了要通过求学树人，还要与人交往，建立友谊，这也是人生的一桩大事。

二、交往友谊

（一）友谊是朋友之真情

友谊或友情是朋友之间的情谊。它是人与人之间一种美好亲密的人际关系的体现，更是一种美好的社会性情感。

友情并不是人间的稀罕物，它存在于一切心地善良的人们之间，

① 以上参见辛立洲主编：《人生学》，297页，天津：天津教育出版社，1988年。

不管他是伟人，还是普通人，只要他有一颗善良的心，就可以通过相互理解、相互沟通，而产生友谊。

因此，友谊对于钩心斗角者来说，是他们永远无法享受的奢侈之物，也是酒肉弟兄间所无法品尝的精神珍品。

有人把友谊与交易、人情相提并论。其实，友谊永远不能成为一种交易；相反，它需要彻底的无利害观点。凡是用得着的时候，登门相求，热情有加；一旦目的达到，便冷若冰霜，视同路人，此等人是从来不会被人当着朋友看待的，更谈何友谊。在同一社会中，人与人之间相互效劳是常有的、也是极自然的事。你帮我做了一件事，我欠了你的人情，到你有事的时候，我也帮你去做，算是还了人情。大家互相尊重、互相帮忙，但又互相记着账，这便是人情。

人情不同于友谊，友谊是没有这种算计的。这绝不是说，朋友之间不能互相效劳，而是把这种效劳视为当然，视为应该，事后大家都忘掉了；或即使不忘掉，但也从不看得重要，更没有想到要求报答。

朋友之间也会有所求的，但不是为有所求而交朋友。朋友之间的所求，既不表现为强求，也不表现为乞求，而是，能够帮助人的朋友，应当猜透对方的思虑，在他未开口之前就主动帮助他。这叫“急人之急，甚己之私”。

利己主义、实用主义是跟友谊格格不入的。因此，建立在权势利用、利害相关、美色相慕基础上的交往，都不能产生友谊，这种交往也不会长久。古人云：“以财交者，财尽而交绝；以色交者，华落而爱渝”。[①] 又云：“以势交者，势倾则绝，以利交者，利穷则散。”[②] 所以，一旦势倾利穷，必然是“昨日屋头堪炙手，今朝门外好张罗”，[③] “酒肉兄弟千个有，落难之中无一人。”[④]

（二）友谊是人生之至宝

纯真的友谊是联结人的心灵的纽带，是交往双方的思想、感情等不断融合，以及对人格相互尊重和信赖的结果。友谊是朋友间声气相

① 《战国策·楚策一》。
② 王通：《中说·礼乐篇》。
③ 白居易：《放言五首》。
④ 冯梦龙：《古今小说·吴保安弃家赎友》。

投的灵魂融合。所以，古往今来，不少人赞美友谊，普通人也呼唤友谊。古希腊哲学家伊壁鸠鲁说得好："在智慧提供给整个人生的一切幸福之中，以获得友谊最为重要。"①《培根论人生》中也说，得不到友谊的人将是终身可怜的孤独者。没有友情的社会则只是一片繁华的沙漠。没有友谊的人生不是真正的人生。人之需要友谊，就如同人需要阳光、空气、水和爱情一样。友谊是人生中最可珍贵的无价之宝，也是人生璀璨的幸福之花。

人为什么要寻觅知音，追求友谊？从根本上说，是因为人是社会的人，是有思想情感的人。人作为社会的人，不仅是一种合群的动物，而且只有在社会中才能独立的动物。人的社会性决定了人无一例外地需要交往，没有广泛意义上理解的社会交往，就没有人本身。人作为思想情感的人，人无一例外地需要思想感情的交流、沟通，在这种交流、沟通中求得理解，求得同情，获得鼓励和支持。因此，友谊是鼓励人奋发向上的精神支柱，所以每一个对生活有所追求的人，都追求着友谊；又因为友谊是治愈人生痛苦的精神良药，所以每一个对生活尚未绝望的人，都会从友谊中寻觅希望；即使那些不幸的人，也会从友谊中获得温暖和力量。

春秋时期，管仲和鲍叔牙是极为要好的朋友，两人相知最深。当管仲贫困的时候，鲍叔牙宁肯牺牲自己的利益，也要给予慷慨的帮助，以后管仲又常常不得志，甚至幽囚受辱，又是鲍叔牙给予真诚的理解和体贴的关怀。不仅如此，因为深知管仲有了不起的才干，鲍叔牙还极力把他推荐给原来的敌人齐桓公，使管仲得以充分发挥自己的才干，从而帮助齐桓公成就了霸业。不难看出，友谊对于人生是多么的重要。在茫茫人海中，如果没有鲍叔牙的相知、相助，管仲就不可能在春秋时期的中原大地上，导演出"九合诸侯，一匡天下"的霸业奇观，从而实现人生的辉煌。难怪后来当上了齐国宰相的管仲不无感慨地说："生我者父母，知我者鲍子也。"②

"管鲍之交"的故事是美丽动人的，然而无产阶级革命导师马克思恩格斯的友谊更美丽、更动人。他们之间的友谊，被后人称之为"史

① 北京大学哲学系编：《古希腊罗马哲学》，346页，北京：商务印书馆，1961年。

② 《史记·管晏列传》。

无前例的”，是“人类历史上无与伦比的联盟”，“他们的关系超过了古人关于人类友谊的一切最动人的传说”。[①] 为了能从经济上支持马克思，使他得以专心致志从事理论研究，恩格斯干了将近 20 年被他视为“苦刑”的经商活动。每当马克思的生活处于贫困艰难的处境时，恩格斯总是伸出援助之手，无私地给予支持。同样马克思也非常关心恩格斯，当恩格斯生病或发生不愉快的事情时，马克思就像自己遇到了痛苦和困难一样，给予恩格斯以帮助和关怀。生活上的关心加深了他们之间的友谊，更为重要的是，以解放全人类为目标的无产阶级革命事业，将这两位伟人、学者和战士，紧紧地联系在一起。正如在儿子去世处于极度悲伤中的马克思在给恩格斯的信中所说的：“在这些日子里，我之所以能忍受这一切可怕的痛苦，是因为时刻想念着你，想念着你的友谊，时刻希望我们两个还要在世间共同做一些有意义的事情。”[②] 马克思恩格斯自 1842 年 11 月相识，至 1883 年 3 月 14 日马克思逝世，他们的友谊经历了 40 个春秋。在这 40 年中，他们无私忘我，肝胆相照，共同锻造着全人类解放的思想武器，这是他们伟大友谊的结晶，也是他们彼此莫大的幸福所在。

（三）友谊的培植与巩固

人人需要友谊，那么何以获得友谊，获得知心朋友呢？古人有言道：“恩德相结者，谓之知己；腹心相照者，谓之知心；声气相求者，谓之知音。总以谓之相知。”相知就是知心朋友。

所谓恩德相结，就是在别人困难时，给予真诚无私的帮助。这是友谊产生的一个重要途径，也是衡量友谊的一块试金石，即所谓患难之中见真情。因此，要寻找知己，要获友谊，必须具有一颗善良的心。善良是友谊的第一要素。只有具有善良的品质，才能在别人需要时，别人困难时，给予同情，给予帮助，而不求报答，这样才能获得别人的敬重，才能获得友谊。

腹心相照，是指人际交往中，达到了相互理解，彼此愉悦，心心相印的那样一种境界。因此，要达到知心，要获得友谊必须坦诚。坦

① 《列宁专题文集·论马克思主义》，58 页，北京：人民出版社，2009 年。

② 《马克思恩格斯全集》第 28 卷，442 页，北京：人民出版社，1973 年。

诚就是推心置腹，即以诚实、炽热的心对待别人，从而打开别人心灵深处闭锁的大门，听到别人不常发出的心声。这叫以心换心，以情换情。人们常会碰到这样的情况，即同样一句使人难堪的真话，从常人的嘴里说出，可能使当事人反感，甚至动怒，而从朋友的嘴里说出，却能加以忍耐，甚至予以接受。这原因并不在于批评的内容本身，而在于他相信朋友的真诚，相信朋友是真正地为自己好，关心自己。因而这种批评本身也反过来成为朋友真诚品质的一种佐证。

声气相求，是指在共同活动中同呼吸、共命运；彼此支持，协调一致，有乐同享，有苦同当。在《培根论人生》中说，友谊的一大奇特作用是，如果你把快乐告诉一个朋友，你将得到两个快乐，而如果你把忧愁向一个朋友倾吐，你将被分掉一半忧愁。友谊是超出利害、竞争、嫉妒之上的人际和谐。是这种和谐中所产生的亲密感、幸福感、依恋感。因此，要获得友谊，就要善于团结，就要创造和谐。

古人所说的恩德相结、腹心相照、声气相求，概括了获得相知的三条途径，是很有道理的。与此相联系，友谊的建立需要善良、坦诚、和谐。善良才能获得敬重，坦诚才能获得信赖，和谐才能产生亲密。友谊就是朋友之间互相敬重、彼此信赖、亲密无间的情感。

当我们获得了友谊之后，还要精心地培植它，巩固它。

友谊既可以获得，也可以失去。如果在朋友关系上，私欲膨胀，甚至斤斤计较，那友谊将不复存在。如果出于某种不正当的动机，对朋友进行欺骗，当真相一旦暴露，不仅友谊不复存在，而且还会反目成仇。因为朋友可以批评，也可责备，但容不得欺骗。如果在行动上采取不合作态度，和谐丧失，那么友谊也随之丧失。

除了以上这些以外，误解也会影响友谊。这种影响虽然一开始并不是致命的，但必须及时加以沟通，使误解得以消除，这样才能使友谊完好如初。不然，积以时日，误解加深，想解释也往往难以说清。

对朋友求全责备，也会影响友谊。人总会有缺点，朋友也是这样。看待朋友，也只能是着眼大处，略去小节。着眼大处，就是从基本方面，就大节上看待朋友、交朋友。当然在原则性问题上也要对朋友尽忠言，不然就害了朋友。但在小问题上，小节上，不妨马虎一些，谅解一些。尽管有时是出于好意，但也不得对朋友责于过细、要求过苛。因为友谊的价值之一，就是对朋友的理解和宽容。或者说，使当事人能够在朋友面前获得某种程度的自由和放任。

在背后议论朋友的短处，这是朋友最为反感的。是真朋友，就不要怕当面说出他的缺点。在别人当着你的面议论你的朋友时，你不仅不应该参加议论，而且还应该勇敢地说："他是我的朋友，我敬重他。"这是此种场合下，你作为他的朋友，所能作出的最明智的选择。

异性之间的友谊与爱情不同。异性之间会不会有真诚的友谊，当然是有的。青年男女在没有对象以前，友谊可以发展为爱情，爱情也往往以友谊为桥梁，即朋友关系可能发展为恋爱关系。但友谊不等于爱情。如果当事人中的此一方判断失误，把友谊当做爱情来追求，这样，必须会使另一方望而生畏。这样一来，原本那种正常的纯真的友谊也就被破坏了。因此，在这里必须采取慎重态度。另外，当作为异性朋友的双方都已结婚，有了各自的家室以后，要维持这种异性间的友谊，更要慎之又慎。这种友谊最好让它更多地埋藏心底，外在方面的热烈和亲密是不可取的。因为这涉及双方的家庭。这里最大的危险在于，令情感的友谊（自以为或他以为）扮演着性感的角色。为了朋友的幸福，为了各自家庭的安宁，必须善待异性友谊。

总之，人的生活离不开友谊，但要获得真正的友谊并不容易。它需要用忠诚去播种，用热情去灌溉，用原则去培养，用谅解去护理。

在人际交往中，人除了要追求友谊，到了一定年龄还要追求爱情，要结婚生子。恋爱结婚也是人生的大事之一。

三、恋爱婚姻

（一）爱情意味着奉献

爱是一个范围很广，含义较多的概念，而爱情特指男女之爱。男女之爱的产生有一个培养过程。男女双方培养爱情的过程，就称之为恋爱。它是指男女双方在婚前爱慕不舍，互相追求，渴望对方成为自己终身伴侣的感情和行为。恋爱不单是两性的吸引，而且是一种特殊的社会关系。这种关系的形式表现就是婚姻。婚姻就是一定社会制度所确认的男女两性自然结合及由此产生的夫妻关系。恋爱以追求爱情为核心，以追求两性的结合为目的。男女两性的结合又是以婚姻形式实现的。但是由于种种原因，特别是社会方面的原因，使无婚姻的爱情与无爱情的婚姻相伴而生，并由此生发出无数的人间悲剧。因此，追求两性结合的爱的内容与两性结合的婚姻形式的统一，就成为千百年来人们不断谈论的古老而常新的话题。

恋爱和婚姻是人生经历中的大事。随着年龄的增长，人的脑垂体性激素的增加，特别是进入青春期以后，第二性征出现，性腺逐渐发育成熟，性意识觉醒，青年开始关注两性及对待异性的态度和行为规范。一般认为，性意识的发展大体经历了性疏远、性亲近和恋爱三个时期。

孩提时代两小无猜的男女伙伴，到 12、13 岁两性之间差别的意识形成，而开始在行为上进入男女有别的性疏远期。这一时期延续到 15、16 岁，随着性意识的发展，青年男女从疏远逐渐转变为彼此接近，而进入性亲近期。性亲近期的自然延续，便是恋爱期的开始。这一时期亲近的对象由广泛性，到专一关注于某一异性身上。对其产生爱慕，渴望亲热，通过亲近达到相互间性吸引的满足。这就是男女之间爱情的产生。

为了说明爱情是什么，下面先来说明爱情不是什么。

爱情不是性欲。讲爱情就必然涉及“性”或“性欲”的问题。性是一种自然的生理现象，既不神秘，也不肮脏。一个正常的人，发育到一定阶段，自然会产生对异性的追求、向往和要求，人类就是靠这种性能来繁殖后代、延续种族的。宗教神学家视男女两性间的正常的生理要求为罪恶，这是荒唐的，是违反人性的。但是，如果把爱情归结为性欲，这也是对爱情的一种亵渎。性欲的存在和满足，只是一种本能的低级的情绪状态，是原始性的快感，爱情则是一种稳定的有着深刻内容的高级情感；性欲是男女之间的自然关系，而爱情则主要是两性间的社会关系，来源于人的社会生活。也就是说，人类对爱情的追求不是以简单的自然方式，而是以社会方式进行的。人类文明愈发达，爱情的社会属性就会愈丰富。如果把爱情说成仅仅是一种生理上的要求，那么，人和动物就没有区别了。对此鲁迅先生曾批判说：“说禽兽交合是恋爱未免有点亵渎。”① 如果男女两性的结合仅仅是停留在

① 《鲁迅全集》第 5 卷，283 页，北京：人民文学出版社，1981 年。

性欲上，那么，世界上也就不会有真正的爱情生活。古今中外，一切描写两性关系的作品，如果脱离了爱情的悲欢离合，那么也就失去了它动人心魄的魅力。总之，性欲只是爱情的生理基础，并不是爱情本身。爱情则是以性欲为前提的社会升华物，是两性之间的一种美丽动人的爱恋之情，是把对方作为自己的“守护者”，作为托付自己终身的一种深沉的情怀。

爱情也不是纯粹的精神之恋，讲到爱情必然离不开“情”或“恋情”。这种真纯善美的恋情，是人生之花，是高尚的精神产品。所以人们总是追求爱情、赞美爱情。因为爱情能使人行为高尚，品格升华，能激发人生动力，增进人生幸福。因而，一般而言，人生不能没有爱情，没有爱情的人生是不完整的人生（当然，有时为了实现更崇高的目标，而不得不牺牲爱情，这无疑是人生的一种遗憾。诚然，这是一种高贵的遗憾。或者说，因遗憾而更显高贵）。因此，两性相爱是人生的重要组成部分，是人生的大事。一个人对待爱情的正确态度，自然是应该保持它的自由、神圣和崇高，不可强制它、侮辱它、污蔑它、压抑它，使它在人间社会丢失了优美的价值。因为，爱情之谓爱情，不是金钱、地位、权势和单纯的外表美丽所造就的，而是恋人间的灵智与道德的魅力所造成的情感美、精神美的一种具体形态。换言之，爱情是男女两性的精神文化的和谐。但是也不能由此走向另一个极端，把爱情说成是一种纯粹的精神之恋，把它理解为与性欲完全对立的东西。20世纪初，奥托·魏宁格在《性别与性格》一书中说：“爱情和情欲是根本不同，互相排斥，甚至是互相对立的两种状态……性欲随着肉体的接近而增长，而爱情则在所爱的对象不在眼前时愈益强烈，为了保持爱情，需要分离，需要一定的距离……真正的爱情会由于同所爱之人非预谋的肉体接触而死亡，因为这种接触引起性的冲动，从而在一瞬间毁灭了爱情。”① 在魏宁格看来，为了保持“爱情的纯洁”，应该禁止“肉体的勾当”。魏宁格的这种观点是片面的、错误的。大量研究材料表明，长期节制性生活会使智力停滞，精神受到创伤，回避和压抑绝对自然的东西就意味着加强，而且是以最病态的形式加强对它的兴趣。另外，爱情本身包含有肉体的吸引，包含着性爱，包含着

① 转引自［保加利亚］瓦西列夫：《情爱论》，赵永穆等译，4—5页，北京：三联书店，1984年。

性生活的和谐和幸福的体验。康德曾经正确地指出，对异性的倾慕，“归根到底仍然是（男女之间）所有其他激情的基础。”[①] 爱情作为性爱的升华，它的功能之一就是使性的协和达于美，达于强烈，达于持久的回忆。这种甜蜜的回忆，即使是在青春消逝的晚年，也会放射出美丽的余晖。

爱情不是占有的享乐。有人说爱情是自私的。这些人认为，一旦建立了爱情关系，就像物品一样，对方成了我的私有物，一味地强调对方要“真心实意地爱我，理解我，打动我，服从我”。现实中，把爱情的对象作为自己的独自占有的人还是不少的。例如，限制对方同异性的接触、交往；限制下班后回家的时间，限制对方工作之余的业余爱好等等。这些不明智的做法，不仅不会提高爱情生活的乐趣，而且必然会给爱情生活增添烦恼。因为爱情本身不是对对方的占有，而是以互爱为前提的。黑格尔说过：“爱情里确实有一种高尚的品质，因为它不只停留在性欲上，而是显出一种本身丰富的高尚优美的心灵，要求以生动活泼、勇敢和牺牲的精神和另一个人达到统一。”[②] 这种统一，是以心换心，以爱换爱的结果。也就是说，是通过一定的牺牲才能达到的。当男女真诚地相爱了，必然要为自己所爱人的成功而提供支持，为克服自己所爱人的困难而提供帮助，分享他（她）的幸福和痛苦，不然，爱情将不复存在。因此，爱情中蕴含着对对方强烈的义务感，这是爱情道德性的最突出的表现。可见，爱情和两性关系处理上的利己主义态度是格格不入的。另外，在爱情问题上应持一种理性的态度，即亲密而有距离、开放而有节制，在忠诚与自由、限制与开放之间寻找一种平衡。

爱情是人生不可缺少的组成部分，它不是人生的全部，也不是人生的根本。人生是丰富多彩的，理想、事业、学习、劳动、爱情、友谊都是人生的重要内容。其中最根本的是事业。人们一生读书求学，劳动奋斗，归根到底是为了成就事业。事业是人生价值的根本体现，是人生的美丽动人之处。事业是人的生活的基础，也是爱情的基础。因此，爱情不仅在于相互拥有对方的内在世界，而且还在于热爱这个

① 转引自［保加利亚］瓦西列夫：《情爱论》，赵永穆等译，17页，北京：三联书店，1984年。

② ［德］黑格尔：《美学》第2卷，朱光潜译，332页，北京：商务印书馆，1979年。

伟大的生活世界，要使自己的心向着这个世界开放，为生活世界的美好做出贡献，从而在对生活世界的创造中获得爱情的物质基础和精神动力。这样，才能使爱情变得更加美好。反之，如果脱离了事业，爱情就会变得渺小和苍白，失去鲜活的力量。在人生的旅途中，事业和爱情发生矛盾的时候是常有的。在这时，应该怎样处理好二者的关系？正确的答案是爱情服从事业。培根曾说："一切真正伟大的人物（无论是古人、今人，只要是其英名永铭于人类记忆中的），没有一个是因为爱情而发狂的人，因为伟大的事业抑制了这种软弱的感情。"① 英国伟大的科学家牛顿一生只谈过一次恋爱，并且没有获得成功，但他在科学事业上却取得了非凡的成就。歌德一生经历了多次失恋，也曾想到自杀，但终于战胜自我，成就了伟大的事业。著名科学家达尔文，在他二十二岁那年，为了科学事业硬将自己的爱情埋在心里，随船到南非去进行科学考察。回来后，他又忙于撰写《航海日记》和其他论文，直到 30 岁时，他才向爱慕多年的埃玛求婚。相反的例子也有不少。因为对爱情与事业二者关系的处理不当，或让爱情的火焰任意燃烧，或因失恋的灰冷长期笼罩，不少人因此而断送了方兴未艾的事业，断送了才华横溢的一生。这些教训是应该认真汲取的。

在说明了爱情不是什么以后，对爱情是什么也就可以从正面获得说明了。

所谓爱情，就是一对男女基于一定的客观物质基础和共同的生活理想，在各自内心形成的最真挚的仰慕，并渴望对方成为自己终身伴侣的最强烈的感情。

（二）爱情与一夫一妻制婚姻

如何使爱情真正成为美满的、恒久的爱情，除了当事人的积极努力以外，以婚姻的形式加以稳定也是必不可少的。

人类的婚姻从两性结合的方式上说，经历了群婚制、对偶婚制和一夫一妻制三种基本形式。这三种婚姻形式分别是与人类发展所经历的三个主要阶段相适应的：群婚制是与蒙昧时代相适应的；对偶婚制是与野蛮时代相适应的；以通奸和卖淫为补充的一夫一妻制是与文明

① ［英］培根：《培根论人生》，何新译，43 页，上海：上海人民出版社，1983 年。

时代相适应的。

在原始社会中，人们尚未完全脱离动物界，当时的群婚制和对偶婚制家庭，根本不可能有现代意义上的爱情关系，至多也只有爱情的萌芽。也就是说，那时候男女两性结合中的自然属性还处于主导地位。进入文明时代即阶级社会以后，产生了一夫一妻制家庭，这无疑是人类两性关系的巨大进步。但是在整个私有制为基础的时代，男女两性结合中自然属性的主导地位虽然被社会属性所取代，然而就其社会属性的根本内容而言，婚姻的缔结从此主要以或完全以经济上的考虑为转移。与这一点相联系，一方面产生了众多的悲男怨女；另一方面，又以通奸和卖淫作为一夫一妻制的补充。在这种社会中，如果有那一点夫妻之爱，也不是婚姻的基础，而是婚姻的附加物。

奴隶社会在婚姻问题上，奴隶主像对待牲畜繁殖一样，随心所欲地为奴隶配偶结婚。在宗法、等级森严的封建社会决定了那时的婚姻，必然把“门当户对”放在首位，以“父母之命”“媒妁之言”作为信条，男女自由恋爱则被视为大逆不道，伤风败俗。在资本主义社会，个性解放一方面促进了恋爱自由和婚姻自由在形式上的某种实现。因为这种自由并不是真正的自由，而是以金钱、地位作为根本的择偶标准所支配的自由，是扭曲的自由；另一方面，婚姻自由被滥用，成为“性解放”“性放纵”的所谓自由，是畸形的自由。以上这种被金钱所支配、被淫乱所曲解的所谓婚姻自由，都不会给人带来真正的幸福。恩格斯对人类进入阶级社会以来的两性关系曾做过这样的评价，当事人双方的相互爱慕应当高于其他一切而成为婚姻基础的事情，在统治阶级的实践中是自古以来都没有的。至多只是在浪漫的事迹中或者在不受重视的被压迫阶级中，才有这样的事情。然而浪漫只是爱情的早期形态。这样一种感情诚然也是美好的，但是肯定不能持久，并且这与婚姻无关，即使不结婚也一样持久不了。至于被剥削阶级中存在的那种以爱情为基础的婚姻，也只是新型家庭关系的萌芽。它免不了要受严酷的社会生活条件的阻碍和摧残。这表明，在私有制为基础的社会中，以爱情为基础的一夫一妻制婚姻，并没有真正现实地、不受干扰地存在过，因而它日益成为人们心灵的一种呼唤，并被马克思恩格斯确定为社会主义、共产主义社会所要实现的目标之一。

以爱情为基础的一夫一妻制婚姻，之所以会成为人们心灵的一种呼唤，这是根源于几千年来人类生活的启示。因为一切以爱情为基础的男女结合，只有赋予一夫一妻制的婚姻形式才能使这种爱的结合专一、恒久、稳定。不然，这种结合的第一次失利，便有解散的危险。因为即使是通过爱的结合而生活在一起的男女，其中的矛盾也是难免会发生的。如果有了矛盾，而又不在一夫一妻婚姻制度的支持下求得某种解决，那么，原先爱情的“甜蜜”终将会变成为人生的“苦酒”。

西方有人主张，以更新换旧的结合方式取代较为稳定的一夫一妻制婚姻关系。这种主张如果加以实行，只能使问题复杂化，徒增纠纷。诚然，如果看不到那种爱情已经死亡的现实，而一味顾及婚姻的稳定，必然会牺牲个人的幸福；但如果把性爱自由推至极端，完全无视婚姻稳定的要求，只怕普天之下也就剩不了多少幸存的家庭了。婚姻无非是给性爱自由设置了一道门栏。没有这道门栏，完全开放，朝三暮四，也就不成其为婚姻了。这样闹腾的结果，必然是以众多男人和女人在老年时光的孤苦无伴为代价。

在西方还有人曾发明一种所谓“伴侣式”的结合。这种主张提议，容许青年男女作暂时的结合，等到生下第一个孩子时，才转变为永久的联系。这种主张也是不可取的。它使青年男女在生孩子前的一个相当长的时间里，处于对未来的不可捉摸之中。不难想象，具有极为敏感神经的男女青年在这种不安的待定之中，又会生出多少怀疑、猜忌，又会引发多少冲突、事变。处于这种紧张和防范中的人们，又怎么可能享受或充分享受爱情的欢乐。因此，只有通过婚姻的缔结，才能给爱情以一种踏实；才能实现爱情的动人与肃穆、热烈与祥和的统一；才能在悠悠岁月的婚姻生活中，使婚前的浪漫式爱情通过婚后的继续追求，而逐渐深化成熟为今生今世命运与共的亲情式爱情。周国平说：“成熟的爱情是更有分量的。当我们把一个异性唤为恋人时，是我们的激情在呼唤。当我们把一个异性唤做亲人时，却是我们的全部人生经历在呼唤。”[①] 这是说得很深刻的。

总之，以爱情为基础的一夫一妻制婚姻，是人类两性关系幸福的必然选择，对于大多数人来说，也是两性关系中如何使不幸事件发生最少的解决途径。当然，这作为一种良好愿望只有在社会主义社会中

① 周国平：《人生哲思语编》，222 页，上海：上海辞书出版社，2001 年。

才能逐渐变成普遍的现实。

社会主义社会废除了阶级剥削制度，实行了以公有制和按劳分配为主体的经济制度，社会在愈来愈大的程度上实现了男女平等，因而经济因素对婚姻的干扰虽然还不能排除，但相对于旧社会而言，已从根本上得到了削弱。从而为爱情和婚姻的统一创造了条件。

在社会主义条件下，共同的事业、共同的理想，为男女之间爱情的健康发展，提供了丰富的实际内容。党和政府的关怀，国家制度和有关法律的保障，社会道德风尚的形成，都为男女双方纯真的爱情创造了良好的社会环境，为顺利发展美满的婚姻提供了可靠的支持。

当然，对于社会主义社会的爱情婚姻也不能过分理想化。因为，社会主义社会物质生产发展水平还不是很高，三大差别还明显存在，人们富裕的程度和速度还存在差距，因而还不能完全避免婚姻问题上的“经济考虑”。另外，剥削阶级的思想影响和旧的婚姻形式的残余，也会直接或间接地反映到爱情生活中。那种受父母之命的包办婚姻，把婚姻关系变成金钱关系的变相买卖婚姻等，虽然不是主流，但也不同程度地存在着。这就要求社会主义社会的青年要自觉抵制和消除各种低级的、庸俗的爱情婚姻观念的影响，自觉地用社会主义的高尚的、健康的恋爱婚姻观指导自己。坚持爱情的自主性，即要坚持恋爱婚姻的自主自愿；坚持爱情的互爱性，即坚持恋爱双方在平等、尊重基础上的思想、情感、体验和志向上的交融；坚持爱情的专一性，即坚持爱情的忠贞专一，严肃地、负责地对待爱情。这样，才能赢得真正的爱情。随着社会主义事业的不断发展，人民群众共同富裕的目标日趋实现，爱情将成为两性关系（包括婚姻关系）愈来愈起决定作用的调节者。

当然，为了提高后代的人口素质，也为了婚姻和家庭生活的幸福美满，在谈恋爱和婚育时还有一个优生标准的问题。这里涉及如下几个方面。

第一，最佳的婚龄和育龄。一般说来，青年男女都有一个性激素的高峰期，这个时期在28岁以前，因此，一般地说，最好在28岁以前结婚。过分迟婚，对生理、心理起压抑作用，不利于身心的发展，也会带来一些社会问题。24—26岁是女性青年性发育成熟阶段，社会阅历也丰富了，是结婚的最佳年龄。男青年婚龄，要比女青年高一些。

性生活开始得越早，女青年患宫颈癌的危险性就越大。要提倡适当晚婚。过分的晚育，所生孩子的质量不太理想。

第二，要禁止近亲婚配。所谓近亲是指直系血亲及三代内的旁系血亲。近亲婚配生的孩子当然不是100%的低质量，侥幸也有好的。但是，近亲结婚生育的孩子，婴儿死亡率高，据联合国世界卫生组织统计，随机婚配婴儿死亡率为8%，而近亲婚配却为24%。患先天性遗传性疾病的患病率，比非近亲婚配的子女高15倍。另外，近亲结婚所养的孩子，好多是白痴。

第三，要阻止低能儿生育后代。一般地说，低能夫妻的孩子可能也是低能。有个学者研究了244对低能夫妻，他们生了482个孩子，其中476个孩子是低能；有一个科学家研究了一对低能夫妻，他们生了12个孩子，结果10个是低能，另外二个正常的却是混血儿。

为了减少先天性低能儿，除近亲不能结婚外，还要加强婚前检查，发现有染色体、基因病变等情况，就不能结婚；即使结婚，也不能生孩子。另外，诸如精神病、麻风病、血友病患者，以及先天愚型等等，都不要结婚。

第四，加强孕妇产前诊断，避免患有遗传性疾病和先天性缺陷的婴儿出生。对孕妇进行产前诊断，特别是对超过30岁的妊娠妇女，对人体是染色体变异者或致命基因的携带者；对已经生过一个常染色体隐性代谢病孩子的妊娠妇女；对屡次流产、早产或生过先天性畸形儿的妊娠妇女；对已经生过脊椎裂或无脑儿的妊娠妇女等进行产前诊断，对异常胎儿采取必要的措施，就能控制和减少疾病遗传。

四、立业安身

（一）事业是人生主旋律

在人生旅途中友谊和爱情都是不可缺少的，但是无论友谊，还是爱情，都不是人生的主旋律。人生的主旋律是立业，是成就事业。

事业是指人所从事的具有一定目标和规模的、对社会发展有影响的、改造客观世界的活动。

这种影响的性质有正负之别：一切促进社会发展的事业都是正义

的进步的事业；一切阻碍社会发展，拉历史倒车的所谓事业都是非正义、非进步的事业。不过人们通常是在正面意义上来使用事业这一概念的。

就正面意义而言，由于其意义的大小不同，因而有的事业是平凡的，有的事业是伟大的。但是不管是平凡的事业，还是伟大的事业，都是社会性的、有价值的，都能体现人格的崇高。正如有句格言所说："我不能使自己伟大，但可以使自己崇高"。

从人生的角度说，人总要干事业。人作为社会存在物，人区别动物的根本特点是人能从事社会实践活动。从事有利于社会前进和发展的社会实践活动，就是干事业。通过干事业，人才活得有意义、有价值。也就说，才能成为对社会有用的人。那些不干事业的懒汉、寄生虫是为人们所鄙视的。从这个意义上说，事业即人生，或者说人生即事业，除了事业，别无人生。换句话说，事业就是人生潜能的发挥，人生价值的实现。另外，人作为人，总得干事业，或务农、或务工、或经商、或从政、或从教等等，只有这样才能获得个人生存发展的条件，不然，就无以为生，无以安身。

干事业与干活应该有所区别。事业是精神性追求与社会性劳动的统一。精神性追求是其内涵和灵魂，社会性劳动是其形式和躯壳，二者缺一不可。没有精神性追求的劳动就是干活。奴隶的劳动、雇农的劳动，一切在皮鞭和饥饿驱使下的劳动都是干活，不是干事业；一切把从政、经商、写书作为手段获取个人名利的人，也都不能说他有事业，而只能说有职业。当然，一个人不把自己的理想、思考、感悟体现为某种社会价值的人，无论他内心多么真诚，也不能说他有事业，或说他在干事业。干事业是一种全身心的投入，是社会价值的创造和人生的自我实现，是通过社会性劳动所体现的对尽善尽美的追求。

有人问三个砌砖工人："你们在干什么？"第一个工人说："砌砖。"第二个回答："我正在赚工资。"第三个说："我正在建造世界上最富特色的房子。"

这简单的答语，使各人的工作态度和胸襟抱负跃然而出。不难看出，第一、第二个人都只把"砌砖"作为"活"来干，或仅作为挣钱的手段。因此，他们终生也只能是普通的砌砖工人。只有第三个人才是把砌砖作为"事业"来干，因而也只有他，才可能成为未来的建筑师。由此可见，把一件事作为“活”来干，还是作为“事业”来干，是大相径庭的。

（二）要追求事业的成功

1. 何谓事业成功

人们干事业都要追求成功。所谓事业成功，就是所从事的事业达到了美好的境界或结果。也可以说，尽己所能，把自己喜欢的事做得尽善尽美。

成功与成名有联系，成功者可能成名扬名，也即所谓功成名就。但成功并不等同于成名。成名就是有名声，被社会所承认。社会上绝大多数人所从事的是平凡的事业，他们默默无闻、勤勤恳恳，工作做得很出色，富于敬业精神。他们也为自己所从事的事业，为工作所取得的成绩，而自慰、自乐、自豪，也就是说，有成就感。但是因为平凡，所以并不出名。但是不出名，并不能由此认为他们的事业干得不成功。另外，由于名声有赖于他人的肯定，容易受舆论、时尚、机遇等外在因素的支配，加之社会上有不少人热衷于名声，为了出名，可以使出各种招式，这就免不了会有人掺水使假；更何况商品经济社会有一种通过捧名人扬名，借名人做广告的时尚，因此，虚有其名的名人，名不符实的名人，在社会上并不鲜见。因此，赫赫有名者未必优秀，默默无闻者未必拙劣。以名声的大小、有无来作为衡量事业成败的标准，是不正确的。所以，古来贤哲大多主张，不要太看重名声，不要为名声所累，而应该把提高自己的才德放在首位。孔子说：“人不知，而不愠，不亦君子乎？”当然，这样说，并不否认社会要奖掖先进，要给杰出者以承认和表彰。那么，如何才能获得事业成功呢？这里涉及许多方面，其中有些方面在前书中已经有所论及，故这里不再重复。现在仅就下面几点作些说明。

2. 如何获得事业成功

（1）渴望成功。即要有强烈的成就欲。在思想上要追求成功，要有强烈的成功动机和炽热的成功渴望，这是获得事业成功的原动力。没有这种成就欲，要获得事业成功是不可能的。

渴求改变现状，拓展生存空间，实现人生价值，追求收入富有，造福社会，报效祖国，谋求人类解放，等等，都可以成为激发成就欲的动因。

成就欲是主体在进行创造活动的过程中所呈现出来的心理状态，它给人以激情、情感，给人以志气、毅力，驱使主体努力寻求成功目标。古往今来一切有识之士都主张人应当有抱负，有志气，要有成就事业的欲望。一个人如果没有志向，那么也就很难说，他活着有什么意义。三国时的诸葛亮也说过，“志当存高远”。[①] 这种理念表现在工作中就是要有高标准，要有争优创新的劲头，要有更上一层楼，开拓新局面的精神，要有不达目的，誓不罢休的勇气。总之，让双眼盯着成功，以积极的心态促进事物向成功转化。有人说，失败是成功之母，这句话是真理，但是失败之所以会成为成功之母，说到底，还是因为盯着成功，想着成功，恋着成功，所以才不甘失败，才认真总结失败的教训，从而才使失败转化为成功。不然，如果因失败而气馁，不再想成功；因失败而胆怯，不再敢成功，那么，也就只能永远处于失败的境地。所以，从某种意义上说，成功欲是成功之母。

当有人问软件大王比尔·盖茨成功的秘诀时，他说，有一点，我是和拿破仑相同的，在我的字典里，没有困难这个字，我心中只想着成功。只有想着成功，才可能去追求成功，也才可能走向成功。

（2）敬业爱岗。一个人要想成功，它必须意识到自己从事职业的社会意义。对此有兴趣，便由此钻研本职业务，从中产生乐趣；并进而献身于自己的职业，即由乐趣再上升为志趣。这就叫敬业爱岗。

无论干什么工作，最需要的是勤勉实干的敬业精神。在海湾战争中扬名全球的，美国前参谋长联席会议主席后来担任美国国务卿的鲍威尔，年轻时在一家汽水厂干抹地板的活。他想，要干，就要做个称职的抹地板工人。某日，有人打破了50箱汽水，地上流淌着黏糊糊的泡沫。这时，鲍威尔却一声不响地将地板打扫得干干净净。不久，工头称赞他的工作态度。第二年，他就被调入装瓶部。第三年又晋升为副工头。这以后，他一直铭记这一真理：尽量做好每一件本职工作，并不断努力进取。后来，他终于成为一名出色的军事家和国务活动家。

一切有作为的人，总是具有敬业、拼搏的精神。不管这种职业是多么的平凡，因为平凡是成功的阶梯。在整个社会的大机器中，个人

① 《诸葛亮集·戒外甥书》。

的力量虽然是渺小的，但是只要从小处着手，从每一步做起，取得一点一滴的成功，就会使你的意志愈炼愈钢，毅力愈磨愈强，积累每一个小的成功，有助于增强你的信心。小小的成功会调动你的激情，激励你继续前进。因此，凡是成就大事业的人，都不鄙视平凡的工作，总是在实干苦干的基础上，建造成功的金字塔。

敬业精神是快乐工作的前提。快乐工作使生命本身放射出光彩，是工作积极性、创造性得以发挥的前提，是工作取得成就的前提。

（3）吃苦耐劳。任何出色的成就，都是艰难创造的产物。只有甘洒汗水，舍得牺牲，才有可能实现奋斗的目标，成功之路是辛劳的汗水铺成的。四川南江县的姑娘成洁在上小学时，因一次偶然的电击事故使她失去了双手。她顽强地学会了料理生活，用脚洗头、洗脸、刷牙、写字，甚至穿针引线，靠顽强的毅力考上了大学。又以常人难以想象的奋斗精神攻克商贸英语专业的各门功课，成为江西团省委树立的青年大学生的楷模。

走遍世界，从没有见过不费气力即唾手可得的、也没有一蹴而就的事业。无论干什么工作，惟有不辞劳苦，才能拥抱辉煌。英国思想家卡莱尔说，天才就是无止境刻苦勤奋的能力。台湾作家罗兰说，真、善和美，是构成艺术品的主要条件，也是一切成就的主要条件。人们要想有所成就的话，一定要在途中一样一样地克服那些因循，那些苦闷，那些徘徊瞻顾，才能避免被牺牲，避免被埋没，才不至于中途残毁。能以自己的毅力，把握方向，渡过这些难关的，才是剩下来的硕果。任何成就都是要饱经挫折，历尽风霜的。歌德说，我这一生基本上只是辛苦工作，我活了 75 岁，没有哪一个月过的是真正的舒服生活。牛顿在科研劳动时也是极为辛苦的。他的助手说，牛顿很少在两三点以前睡觉，有时到五六点。特别是春天或落叶的时候。他常常是五六个星期一直待在实验室里。不分昼夜，灯火是不熄的，他通夜不眠地守过第一夜，我继续守第二夜，直到他完成他的化学实验。

不难看出，任何成就无不是来自勤奋不辍的艰辛劳动，来自长期坚持不懈的积累。

（4）团队精神。任何事业的成功都不是个人孤军奋斗的结果。人不是孤立的，人总是跟一个团队、一个群体在一起工作的。因此，你必须“命令”自己投入群体中，与群体同呼吸共命运，同喜悦共忧愁，从群体中吸收营养。你只有热忱地为他人奉献服务，才能得到他人的悦纳和喜爱，得到他人的支持和帮助。

一个人愈是善于从群体的合作中汲取知识和养分，越是能发挥与伙伴的优势互补作用，就能使知识和智能的结晶日趋完善，就能依靠集体的力量，在创造性的工作中应付裕如，做出成就。如海森堡在“矩阵”方面取得的成就，就是与玻恩的协作分不开的；而玻恩的工作又是靠了约当的合作。在文学艺术领域如鲁本斯的画，大仲马的小说，都是靠了许多帮手才达到多产的。当施蒂纳把音乐、绘画说成只有“惟一者”才能完成的工作时，马克思驳斥道：“桑丘大致也知道，不是莫扎尔特本人而是别的作曲家制作了莫扎尔特的大部分《安魂曲》，并且把它彻底完成；拉斐尔自己只‘完成了’他的壁画的微不足道的一部分。”①

总之，一切有作为者应该具有团队精神，即团结协作精神。有这种精神的人，才能在与共事者的相互影响、相互依赖、相互激励中，形成成就事业的巨大合力。

五、贵生安死

（一）生死自然

生与死的问题，是人生中最重要的，也是最难正确解决的问题。

所谓生，就是人活着，生命在延续。生就是对人的生命的肯定状态。死就是生命的消亡、生命的终结。死是对人的生命的否定状态。

马克思主义哲学从自然规律和社会规律两个方面对生死问题作出了回答。

人作为一个有生命的个体是自然存在物，它与宇宙中的一切生命现象一样，必然是有生有死、有始有终的。人的自然生命有限，而且只有一次。迄今为止，世界上绝大多数人的寿命只有几十岁。据美国人口资料的统计，现代世界发达地区人口的平均寿命为73岁，不发达地区为58岁，寿命最长的国家是冰岛和日本，人均寿命为77岁。当

① 转引自章竟：《辩证唯物主义才能观的奠基者》，《新视野》1998（6）。

然，随着人们生活水平的提高和医疗水平的进一步发展，人的寿命还可能延长。但是无论如何都不能无限地延长下去。追求长生不老、成仙成佛，都是宗教唯心主义的幻想。

中国先哲们早就认识到生死自然。也就是说，人的生生死死是大自然生生灭灭的一种表现形式。因而人之死和人之生一样，既是自然的，也是必然的。有生有死是天公地道之事。他们认为“死也等闲生也得，拟将何事奈吾何”[①]；又说：“死生，天地之常理，畏者不可以苟免，贪者不可以苟得……。”[②] 道家更把生死看成是如同时间之昼夜、白云之飘动、气之聚散、人之劳息一样，完全是一种自然现象，一种正常的生命活动。他们说：“死生，命也，其有夜旦之常，天也。人之有所不得与，皆物之情也。”[③] “人生天地间，若白驹过隙，忽然而已”。[④] “生也死之徒，死也生之始，孰知其纪！人之生，气之聚也。聚则为生，散则为死。若死生为徒，吾又何患？”[⑤] 正因为道家把生命看成一种自然现象，所以他们主张从平静、平和的心态看待生死。庄子的妻子去世，他“箕踞鼓盆而歌。”[⑥] 前来表示哀悼的朋友惠施对他加以责备。他回答说，生死如一年中春夏秋冬四季运行一样，面对死亡现象而痛哭，乃是“不通乎命”的表现。对此晋郭象有云：“旧说云庄子乐死恶生，斯说谬矣！若然，何谓齐乎？所谓齐者，生时安生，死时安死，生死之情既齐，则无为当生而忧死耳。此庄子之旨也。”[⑦] 道家把人之生死看作自然的观点显然是科学的，他们主张以自然平和的态度对待人生也是正确的。

总之，知道了生死，人们就能够正确地对待生死现象，这就是要“贵生”和“安死”，即人活着就要爱惜、养育自己和他人的生命，要尽量避免因自然灾难和人为事故所造成的非自然死亡；要通过科学的方法和途径，活得尽可能健康一些，长寿一些。

---

① 元稹：《放言五首》。
② 欧阳修：《唐华阳颂》。
③ 《庄子·大宗师》。
④ 《庄子·知北游》。
⑤ 《庄子·知北游》。
⑥ 《庄子·至乐》。
⑦ 郭象注：《庄子·至乐》。

如何做到长寿自安？这方面人们已积累了不少的经验。概括起来说有这样四点：第一，要讲求合理的物质营养。根据老年人机体实际情况，应补充高热、高蛋白、低脂肪的营养食品，以保证老年人正常活动的需要。第二，保持积极、乐观的情绪。要培养业余爱好，如养花、种菜、养鸟、养鱼、垂钓、下棋、学习书法、绘画、听音乐、学唱戏、阅读书报、参加旅游等等，使生活充满情趣。第三，积极进行健身活动。生命在于运动。参加适当的健身活动可促进体内代谢，延缓衰老。参加适当的家务劳动和体力劳动，不仅增进生活情趣，也有利于健康长寿。第四，积极参加社会活动。比如，参加老年活动中心、老年大学所组织的文化娱乐、学习活动，参加街道服务工作、小学校外辅导工作等。这样可使老年人保持生活乐趣，建立广泛的社会联系，促使他们更加热爱生活。

当然，老年人面对死亡的到来，也不要畏惧忧虑，应该安然对待之。这除了是因为生死是自然规律不可抗拒以外，还因为：第一，老年人的去世是人类种族可持续发展的需要。设想人只有生没有死，那就不得了。孔夫子活到现在 2500 多岁，秦始皇活到现在也有 2300 多岁。如果古代人都活下来，要吃饭，要住房，这怎么得了。地球上人满为患，社会生活又怎能继续。第二，人因为会死，所以生命才有价值。生命对人是短暂的，而且对于人只有一次，所以生命特别值得珍视。珍视生命，就是应该用有限的生命去为社会发展和人类进步而奋斗。第三，为了他人和社会，有时不得不选择死亡，这时候也应该坦然面对。因为这个时刻的死，这种方式的死，实在是生命在社会意义上的延续，是最有价值、最有意义的生。

（二）生死以义

对于生死的理解不能仅仅以自然规律为依据，而必须求之于社会规律。同样是生，有的生得伟大，有的苟且偷生；同样是死，有的重于泰山，有的轻于鸿毛。这里所讲的就是关于生与死的不同社会意义问题。

应该指出，中国古代的道家多从自然意义上来看待人生，而儒家则有所不同，他们往往更进一步，除了把生命当成自然生理现象以外，还把人的生命看成一种社会现象，认为人活着就要充分发挥人之本性，履行每个人对于社会的义务和责任，为社会“立德、立功、立言”（为人们树立高尚的道德楷模、为国为民建立不朽的功业、创作能久传后世的思想、言论和著作)。这种境界无疑要高尚得多。张载说:“存,吾顺事;没,吾宁也。”[①] 其中的“顺事”,就不只是指顺应自然生命的生,而是从更深刻的意义上指出,人要顺应社会发展和时代的要求,积极地履行个人的道德责任,为国家、为民族、为他人谋求福祉。18世纪法国思想家卢梭在《爱弥儿》中也说过:“生活得最有意义的人,并不就是年岁活得最大的人,而是对生活最有感受的人。”

这里提出了人生的一个最重要的问题,即人的生命的最根本的意义和价值是什么,人为什么要生,什么条件下可以选择生?什么条件下可以舍生而选择死?这个问题乃是决定每个人的生或死的更根本的问题。对于这个问题,中国古代的思想家们作出了“生死以义”的精彩回答。他们认为,人生的根本意义和价值在于实践“义”。即正义,为正义的事业而奋斗。无论人的生或死,其价值归根到底要看其是否符合“义”。活着去履行仁义,为天下百姓做事,当然最好。然而,如果需要的话,人也可以从容赴死,用死去实践自己生命的价值。孔子赞成“杀身成仁”,[②] 孟子也讲“舍生取义”,[③] 这种以义作标准对待生死的态度,后来不断有人概括、发挥和加以补充。《后汉书·李杜列传》说:“生以理全,死以义合”。就是说,无论生死都应以义和理的标准来要求,来维护。宋代的张载说得更明确,“当生则生,当死则死。今日万钟,明日弃之;今日富贵,明日饥饿亦不恤,惟义所在。”[④] 明末清初的王夫之总结得更好:“将贵其生,生非不可贵也;将舍其生,生非不可舍也……生以载义,生可贵;义以立生,生可舍。”[⑤]

那么究竟什么是义呢?这也就是孔子所说的“民受其赐”。[⑥] 明代的刘宗周解释说,“义”就是有益于天下。他指出:“死而有益于天下,死之可也;死而无益于天下,奈何以有用之身轻弃之?”[⑦] 清初的颜元

---

① 《正蒙·乾称篇》。
② 《论语·卫灵公》。
③ 《孟子·告子上》。
④ 《经学理窟·自道》。
⑤ 《尚书引义·卷五·大诰》。
⑥ 《论语·宪问》。
⑦ 《刘子全书·年谱》。

也认为，义之与否，全看能为多少人服务，服务多长时间。他认为，越是能为更多的人服务，为更长时间的人类服务，其人生价值越高，意义越大。最高尚的应该是“为天下之人”，应该是“为同天地不朽之人”。[①]

（三）珍惜人生

珍惜人生就是创造一个有意义的人生。

中国古代的仁人不但这样说，而且是这样做的，他们用自己的行动实践着这些人生原则。春秋时期齐国的管仲原来辅助公子纠，公子纠失败被杀，管仲没有跟着死，而是去辅助公子纠的政敌公子小白（即后来的齐桓公）“霸诸侯，一匡天下，民到于今受其赐”。[②] 孔子认为他活得合乎仁义，有价值。司马迁二十三岁袭父职为史官，四年后开始撰写《史记》，历七年而仅成其半。因为李陵降匈奴事申辩，触怒了汉武帝，被处于腐刑。意想不到的奇耻大辱及随之而来的耻笑谤议一度使他痛不欲生。然而他终于没有轻生，而是以惊人的毅力继续写作，积十四年心血，写成了这部传世杰作。当此，他说：“虽万被戳，岂有悔哉！”人活着应该有价值，赴死也应该有价值。文天祥在元灭南宋后被俘，拒绝诱降，慷慨就义。有“人生自古谁无死，留取丹青照汗青”的壮烈诗句为世代传颂。明代思想家何心隐不畏强暴，猛烈抨击君主专制主义，遭通缉被捕，最后屈死狱中。李贽赞扬他为天下人鸣不平，是以身殉道，其死之重“岂直泰山氏之比哉”！近百余年来，中国人民在维护民族独立、寻求民族解放的斗争中，一直保持和光大着这种生死观。林则徐高唱“苟利国家生死以，岂因祸福避趋之”的慨歌，抗击侵略者。谭嗣同坚持变法，抱着“我自横刀向天笑，去留肝胆两昆仑”的情怀，走上断头台。

其实，何止是中国，外国优秀文化中也不乏这样的事例。著名的匈牙利诗人裴多菲不是也吟出：“生命诚可贵，爱情价更高；若为自由故，二者皆可抛”这样的诗句吗？裴多菲是热爱生命的，然而他把自由看得更重要，他所说的自由，绝不是个人的，而是指整个当时被压迫的匈牙利民族，甚至是全世界一切被压迫民族的自由解放。

---

① 《习斋记余》卷六。

② 《论语·宪问》。

在中国共产党的领导之下，亿万中国人民无论在解放斗争事业中，还是在社会主义革命和建设事业中，一向注意吸收人类的这种优秀的文化，并把正确的生死观发展到更高的水平，形成了无产阶级的科学的生死观。其特点在于：

第一，无产阶级的生死观是建立在对社会发展规律科学认识基础上的。把自己的生命与共产主义远大理想紧密地联系在一起。为了实现这个美好的理想，许多革命者和建设者兢兢业业，埋头苦干，无私无畏，舍生奋斗。无数革命先烈在这方面给我们树立了杰出的榜样。当敌人把绞索套在李大钊的脖子上时，他毫无惧色，厉声斥敌："不能因为你们今天绞死了我，就绞死了伟大的共产主义"，[①] 方志敏烈士临刑前庄严宣布："法西斯匪徒们只能砍下我们的头颅，决不能动摇我们的信仰：我们的信仰是铁一般的坚硬的。"[②] 崇高的革命理想是他们生活的信念，是他们人生的精神支柱。这种崇高理想使他们能够高瞻远瞩，铁骨铮铮。

第二，无产阶级生死观是以为人民服务为根本原则的。为人民服务就是为人民的利益而奋斗。为人民的利益而生，为人民的利益而死。只有为人民的利益而生，才能生得伟大；只有为人民的利益而死，才能死的光荣。"生的伟大，死的光荣"，是毛泽东对刘胡兰烈士的高度评价。毛泽东在悼念张思德烈士时也说："要奋斗就会有牺牲，死人的事是经常发生的"，"我们为人民而死，就是死得其所"，"就比泰山还重"。[③] 这就集中地表达了无产阶级革命者对生死的看法。几十年来，这一根本原则已经深入人心，激励着亿万人民群众在共产党领导下为创建更加美好的生活而努力奋斗，并从中涌现出了无数的可歌可泣的英雄事迹。

总之，我们不仅要以哲学家的通达，服从自然规律来对待自然的死亡，而且要以革命家的气概，以视死如归的勇气对待为正义和真理而献身的死亡。认识死亡，不过是把人生的边界勘察了一番，从而更加执著生命，珍惜今天，享有一个有意义的人生。

---

① 《李大钊传》编写组：《李大钊传》，220 页，北京：人民出版社，1979 年。

② 《革命烈士书信》，111 页，北京：中国青年出版社，1979 年。

③ 《毛泽东选集》第 3 卷，1004、1005 页，北京：人民出版社，1991 年。

第九章　人才开发与制度创新

人民群众是历史的创造者。因此，相信和依靠人民群众是一切事业成功的根本。

在社会主义社会中，人才是人民群众中的优秀者，是人民群众推动历史前进的代表。因此，尊重人才，发现和合理使用人才，就成为一切事业成功的关键。

每个时代有每个时代的任务，每个时代都需要有自己的人才。在经济全球化、综合国力竞争日益加剧的今天，人才，特别是高科技人才的作用更为突出，人才的争夺也更趋激烈。因此，如何适应时代的要求，通过制度创新，把十几亿中国人的潜力挖掘出来，把人才充分开发出来，使人才辈出，群星璀璨，这是关系到我国社会主义现代化事业兴衰成败的一件大事。对此必须引起我们的高度重视，必须借鉴中国古代和现代各国所创造的一切肯定性成果，使我国的人才制度成为世界上最好的制度。

一、关于人才观念

（一）什么是人才

人才这个概念，在我国语言中有两种指谓。

一是指有品貌、有风度。比如，一表人才，这里的人才即是此意。这种意义上的指谓，古来就有。例如，《三国演义》第六十五回中描写说："马超纵骑持枪而去，狮盔兽带，银甲白袍，一来结束非凡，二者人才出众"。这里所说的人才，就是赞扬马超有品貌和风度。

二是指有才学、有本领之人。我们在本章中所说的人才，大体说来，就是在这种含义上使用的。不过，古人往往是偏重于从有才学、有学问的角度来理解人才的。比如，杜甫《重送刘十弟判官》诗：“年事推兄忝，人才觉弟优”（意思是，我作为兄长空长几岁，而在学问上你比我强多了）。这里的人才就是指谓有才学、有学问之意。

称有才学、有学问的人，即我们现在所谓的专家、学者等为人才，这是十分正确的，应该说，也是毫无疑义的。但是，如果认为人才只是专家、学者，或者说，只有专家、学者才是人才，这样来理解人才也就比较狭隘了。

人才是一个比较宽泛的概念。人才，不仅包括科学人才、技术人才，属于自然科学方面的专家、学者，而且包括政治家、军事家、艺术家、教育家、企业管理家，以及所有社会科学人才。例如，邓小平是个政治家，毛泽东就曾赞许邓小平“人才难得”。人才，除了包括这些杰出的人物以外，还包括那些在各行各业平凡工作岗位上的出类拔萃的优秀人物。比如，农村中的种田能手、养殖大王，工厂中的操作能手、革新能力、科技能手，部队里的神枪手、神炮手，学校里好的老师，餐饮行业中好的厨师，销售行业中优秀的售货员，等等都是人才。七十二行，行行出状元。这里的状元就是指“优秀者”、“拔尖人物”、“走在前面的人”，或者说是“排头兵”。因此，不能对人才作过于狭隘的理解。

人才包括天才，但人才并不都是天才。按毛泽东的理解，“天才就是比较聪明一点”，或者说是超常人才。但不管怎么说，天才总是极少数，相对而言，人才是比较多的，人才具有广泛性。

那么，到底什么是人才呢，或者说什么样的人，才可以称之为人才呢?

从最一般的意义来说，人才是指那些在各种实践活动中，具有一定的专门知识和较高技能及能力，能够以某种创造性劳动，对认识、改造自然、社会和人自身，对人类进步作出了积极贡献的人。

如果这个理解能够成立的话，那么，就不难得出如下结论。

1. 人才是德才兼备之人

所谓德，就是用自己的劳动造福社会，为社会进步积极贡献。美德是人才的灵魂，是人才的立身之本。良好的德行是统帅，是方向盘，是成才的深层动因，也是人才的最可宝贵的素质。

人才自身就是要熔铸美的心灵，以美的情思、美的行为、美的建树、美的奉献，为自己留下闪光的人生轨迹。许多卓越的人才，以献身社会、报效祖国的激情，自信、自强、进取、争优的风采，诚挚、正直、求真、务实的精神，展示了人生的极富光彩的一章，从而成为人们学习的楷模。

所谓才，就是知识、技能、技巧、本领，也就是才能、才干。才能、才干不等于知识。知识主要表现为对事物原理的描述和理解，才能则主要表现为操作方法，实现知识的物化。但是才能包括知识，才能是在已有知识的基础上，通过劳动实践而形成的高度发展的技能。因而知识是才能的基础，才能是知识的运用。

人间的一切都是才能的产物。历史的诗篇是才能书写，文明的大厦是才能营造。一切人才都是依赖其卓越的才能而贡献社会、造福人类的。因此，才能是人才的重要素质，也是人才成功的阶梯。

有德有才，德才兼备才能创造。

2. 人才是富有创造之人

人才是相对于非才或不才而言的。二者的区别主要在于：劳动创造性的有无。或简单地说，创造性是人才极为珍贵的品格。创造性就是在社会实践活动中有所发现、有所发明、有所前进、有所发展。它是真的拓展、美的升华、文明的源泉。一切人才都是依靠自己创造性的劳动，为社会创造着物质财富和精神财富。

创造性是一切人才的根本特点。例如，首都王府井百货大楼的售货员张秉贵，之所以能成为杰出的销售人才，是因为他不仅了解顾客心理，有着诚恳周到热情的服务态度，而且经过长期实践和总结，练就了一种准确抓糖果，迅速包装的高超技能，从而达到了同行业的高水平。这里就体现了张师傅劳动的创造性和贡献的突出性。另外，做出天津“狗不理”包子的高有贵，以其特殊手艺，做出的包子鲜美可口，与众不同，使得中外人士慕名而来；做出杭州“张小泉剪刀”的张小泉，以其精湛的技巧，做出的剪刀锋利耐用，中外驰名。他们的劳动都具有创造性，因而他们都是人才。

相对于人才而言，那些不才或非才之人，有的可能也有知识，甚至有丰富的知识，但如果只是学习知识，而不能创造知识，和不能创造性地运用知识，也就不能称之为人才；有的可能也有经验，甚至有丰富的经验，但如果墨守成规，而不能有所开拓，有所进取，也不能称之为人才。

另外，相对于人才而言，那些潜能有待开发、有待发挥的人，也不能称之为人才。比如，具有聪明才智的儿童在他们还没有做出贡献以前，还不能说已经是人才了，而只能说具有成才的可能性。又比如，获得了硕士、博士学位的青年学子，如果做出了创造性的科研成果，他们无疑是人才，而且是高层次人才；反之，如果虚有头衔（这样的人在文凭贬值的今天，恐怕并不少见），学历层次再高，也不能算作人才，因为他们并没有表现出创造性。因此，那种唯学历论、唯文凭论是片面的，不可取的。

现在有这样一种提法，叫“培养创造性人才”。这个提法的倡导者，其动机无疑是好的，但是也容易使人形成这样一种印象：似乎人才有两类，一类是创造性人才；一类是非创造性人才，所以才提出要培养创造性人才。其实，如果不具有创造性，又怎么可以称之为人才呢？因此，为了避免引起不必要的误解，还是放弃这样的提法为好。

把创造性作为人才的根本规定，会不会使人感到要成为人才很难，以至望而却步呢？应该说，要成为人才确实不易，这里除了要克服环境条件的种种不利因素以外，就成才者自身来说，不仅要有一定的知识积累、经验积累和情感积累（即对人民、对社会、对人类的仁爱精神的培养）以外，还要攀登别人没有达到过的高峰，走别人没有走过的新路，解决好别人或前人没有碰到过或没有解决好的疑难问题，如此等等。这样一来，要成为人才又怎能不难。

但是和世界上一切事情一样，正因为“难能”，所以才“可贵”。不然，如果轻而易举，甚至唾手可得，那么，成才，也就不可能成为有志青年的人生渴望，成为实现美好人生的根本手段，也就不成其为事业成功的关键。成才尽管不易，但无数事实说明，一个人只要有强烈的事业心，安心本职工作，认真钻研本行业务，注意总结经验教训，勤于思考，勤于实践，都可能有所创造，做出积极贡献，从而成为人才的。

3. 人才是一个时代性的概念

人才除了具有上文所讲的广泛性、德才兼具性、创造性以外，还具有时代性。时代是变动不居的。因而一个时代有一个时代的人才，另一个时代有另一个时代的人才。历史上的人才所具有的知识和能力，在今人的眼中，其中不少方面有可能都是极为一般的东西。例如，孔夫子所教的“数”，据专家估计，大概不会超过初中一年级的数学水平，至于孔夫子的自然科学知识恐怕都比不上当今小学三年级的学生。但孔夫子仍不失为一位伟大的古代教育家。又比如，现在一位初中生所掌握的知识也会比牛顿的知识要多许多，但牛顿仍不失为18世纪的一位伟大的物理学家。总之，先进的人物或人才都是相对于一定的历史时代和所面临的历史任务而言的，人才本身具有时代性，即历史性，因此，必须用历史的态度看待历史上的人才。

由于人才具有时代性，所以关于人才的观念也是历史地变化的。因此，就人才观念的历史变迁进行考察，也就有助于从一个侧面了解时代发展与人才开发的关系，从而也有助于从历史上人才成长的经验中吸取精华。

（二）人才观念的历史考察

考察人才观念的发展史，可以清楚地看到，在不同的历史时代，生产水平不同、社会形态不同，人才观念也各不相同。

在原始社会和奴隶社会，生活力非常低下，人们还处于依赖自然和宗法血统的关系中，还不足以依靠人力的作用，去影响和改变个人生活和社会生活。因此，那时虽然有了人才思想的萌芽，但还不能形成系统的人才思想。

1. 中国封建社会的人才观念及其根本局限

进入封建社会以后，以铁制生产工具的使用为标志，生产力有了很大发展，个体农业经济的形成和发展，也使农民与奴隶相比，对生产有了较高的积极性，人的力量对人的命运的改变开始显示了重要的作用。特别是社会财富的增加，刺激了封建统治者的贪欲，引发和激化了政治领域的种种矛盾，其中争权夺利导致的王朝更迭、争霸战争常有发生。在这种剧烈的社会政治变动中，政治人才、军事人才受到重用，并发挥着巨大作用。

在我国封建社会史上，人才出现的高峰期，一般是在下述几种情况下发生的：一是一个王朝的“开国时期”。这些开国皇帝，为了推翻旧王朝，建立自己的新王朝，往往求贤若渴，重用一批人才，否则就不能成功。二是王朝的“中兴时期”。农民起义的内忧或外族入侵的外患，迫使那些头脑清醒的皇帝，不得不“远小人而近君子”，选贤任能，改革政治，以缓和矛盾，维持和巩固自己的统治。三是群雄“争霸时期”。天下由统一而分治，“群雄并立”，战争迫使各方拼命延揽人才，以图霸业有成。不然，不但当不成霸主，而且还会臣服于人，甚至成为阶下之囚。

国以人兴，政以才治，为政之要在于用人。我国古代思想家、政治家早已对这个问题有了明确的认识，并有许多精辟的论述。

我国最古老的诗歌集《诗经》中说：“得人者兴，失人者崩。”可见，当时人们已经认识到了人才的重要。到了春秋战国时期，人们对这一问题的认识，有了进一步的深入。春秋战国是我国奴隶制向封建制的转变时期。当时有 170 多个大小诸侯国割据称雄、互相兼并。各诸侯国在异常激烈的政治斗争和军事斗争中，逐步认识到人才在争取霸权和治国安邦中所起的巨大作用。因此，人才问题在当时受到了普遍的重视，尚贤政治蔚然成风。“当是之时，秦用商君，富国强兵；楚魏用吴起，战胜弱敌；齐威王、宣王用孙子、田忌之徒，而诸侯东面朝齐”。[①]

作为对这种现实状况的反映和总结。墨子首先提出了“尚贤者为正之本”的思想，把尊重人才的问题提高到国家根本政策的高度。他强调：“国有贤良之士众，则国家之治厚；贤良之士寡，则国家之治薄”。[②] 孟子继承和发展了孔子“举贤才”[③] 的思想，把人才与国家的兴亡联系在一起，提出了“不用贤则亡”[④] 的见解，便把“尊贤使能”作为实现“仁政”的一个重要内容。韩非则是满腔热情地称赞那些出身微贱，但却有高才卓绝之人，主张“明主不羞其卑贱也，以其能，为可以明法，便国利民，从而举之”，[⑤] 反映了新兴地主阶级思想家在用人方面的进取精神。

春秋战国以后，我国封建社会从总体上趋于稳定。从根本上说，封建专制制度是不利于人才发展的，是压制和扼杀人才成长的，但是

---

① 司马迁：《史记》，2343 页，北京：中华书局，1959 年。

② 《墨子・尚贤》。

③ 参见钱逊：《论语试解》，第 202 页，北京：北京古籍出版社，1988 年。

④ 参见杨伯峻：《孟子译著》，284 页，北京：中华书局，1960 年。

⑤ 《韩非子・说疑》。

一些有识之士还是提出了不少可贵的人才思想。在人才标准问题上，批判了以出身贫富、亲疏为标准的任人唯亲的用人方式；提出了德才兼备的任人唯贤的用人标准。曹操是用人重才的代表，他在颁布的《求贤令》中明确提出了“唯才是举”的用人方针。认为只要是治国用兵之才，就要大胆启用。比如曹操手下的大将，于禁、乐进就是提拔于卒伍之中，张辽、徐晃则是招取于“亡虏之内”（即败兵之中）。唐太宗也提出：“为官择人，唯才是与。苟或不才，虽亲不用；如其有才，虽仇不弃”。[①] 这种任人唯贤的用人路线，在“贞观之治”中起了重要作用。在识别人才的方法上，强调多方考察，尽可能全面地了解人才。中国三国时期魏国思想家刘劭在《人物志》里提出，看人要避免主观性、片面性和表面性。他说，切忌“或从貌少为不足，或以瑰姿为巨伟，或以直露为虚华，或以巧饰为真实。”强调要透过现象看本质，不要被假象所蒙蔽。为此，唐代思想家裴子野进一步提出，要从现实生活出发，对人加以考察。他说：“居家视其孝友，乡党服其诚信，出入观其志义，患忧取其智谋。烦之以事，以观其能，临之以利，以察其廉。”[②] 裴子野的必须“试之以事”这一主张，是很正确的。

在人才管理使用上，古代思想家、政治家还提出了量才录用、扬长避短、用人以诚、考核监察、赏罚分明、避亲避籍等用人原则。刘邦善于用人，终胜项羽。刘备“三顾茅庐”（刘备三次共行程一百二、三十里，从新野南下赴襄阳城西隆中，去拜望一个比自己年轻 20 岁的山野知识分子。其时，刘备 48 岁，孔明仅 28 岁），得孔明辅佐，三分天下有其一。唐太宗提出：人有长短，不必兼通，从而使高堂之上，人才济济。王安石认为，用人须“诚以待，信不疑”。苏洵说：“夫有官必有课（考核），有课必有赏罚。有官而无课是无官也；有课而无赏罚，是无课也”。[③] 深刻说明了赏罚与考核，与官吏尽职三者之间的关系。朱元璋提出，察举贤才，以德为本，以及“老少参用”的主张都是很正确的。所谓“老少参用”颇有些当前所说的“老中青”三结合的意味。清代为了改变吏治风气，巩固政权，建立了比较完整的回避

① 《贞观政要》。

② 参见《唐会要》（下）。

③ 《嘉口集》（卷九）。

制度，包括亲族回避（亲族人等不得同时在同一衙署供职）、地区回避（任官之地，不得在其本籍，或虽非本省，但距家五百里内者，也不得为官）、职务回避（管理钱粮、刑狱的户、刑两部的司官，不得任主管本籍省地区司的职务。如浙江籍人，不得任户部或刑部的浙江司郎中（相当于司长））。总之，古代思想家和政治家在人才问题上的这些嘉言懿行，都是我们应该借鉴和继承的优良传统。

但是，如前所说，封建专制制度从根本上是压抑、扼杀人才的。愚民政策制造了普遍的愚昧无知；等级森森使许多人才埋没、老死于荒村陋巷；忠君原则代替社会实践，成为衡量人才的根本准绳。以“忠”取人的结果，使多少坚持真理，主持正义的有用之才，蒙不忠之嫌而遭杀戮；又有多少出卖灵魂、丧失人性的无耻之徒，靠争宠献媚而身居高位！所谓“明君”的“从谏如流”都是很有限度的。他们在以我画线、大权独揽这一点上，与“昏君”并无本质区别。曹操素以“求贤若渴”而名见经传，但只是出于嫉妒，就把杨修处死；孔融虽极有才华，只是有点瞧不起曹操，也终被曹操所杀。历史上那些明君为开国、为中兴、为争霸，而拼命延揽人才，并奉其为上宾。然而，一旦开国建业，或外患消除，或霸权到手，这些人才也就成了“卧侧他人”。“军事天才”韩信在被“明君”刘邦处死前夕，曾哀叹：“飞鸟尽，良弓藏；狡兔死，走狗烹”。这的确道出了人才在封建社会的价值。封建专制压制人才，这也是历史上封建社会被资本主义社会所取代的一个原因。

2. 资本主义社会人才观念的优长与不足

从18世纪末叶到19世纪前半期，西方各主要资本主义国家，完成了反对封建主义的资产阶级革命。君主制的瓦解，共和制的诞生，这是人类社会的一个历史性转折。这一转折的意义表现在人才观念的变革上，具有以下几个鲜明的特点。

（1）资产阶级思想解放运动肯定了人的价值，推动了人的才能得到发展和表现。资产阶级用理性反对宗教，用人权反对特权，认为人是“宇宙的精华！万物的灵长！”① 人的高贵在于他的力量、智慧、创造和功绩。资产阶级所宣传的这一套，本质上是为资本的自由、平等

---

① ［英］莎士比亚：《哈姆雷特》，61页，北京：商务印书馆，1984年。

的竞争和发展扫清障碍，但同时也给处在封建主义重压下的平民、农奴以巨大的精神鼓舞，使他们为争取做人的权利，为使自己的才能得到发展和表现而斗争。显然，这与封建帝王为了维护自己的统治而延揽几个人才，有着本质的不同。

（2）资产阶级为了发展机器大工业，特别重视科技人才。这正是资本主义社会能够以封建社会所无法比拟的速度使生产力发展的奥秘所在。资本主义社会100多年所创造的文明，超过了封建社会几千年。许多重大的科学革命和技术革新，都是在资本主义历史时期完成的。重视科技人才在促进生产力发展中的作用，这是资本主义社会人才观的一个重要特点。这与把人才的范围仅仅局限于政治人才和军事人才的封建社会，无疑是一个巨大的突破。特别在我国古代社会，在“贵德贱艺”、“重道轻器”的思想影响下，科技人才长期得不到重视，而且他们的著作、发明，往往被视为“异端邪说”、“邪魔外道”，而遭到迫害。

（3）资本主义市场经济的利润原则和竞争原则极大地解放和发挥着人的能力，促进了人才的社会优选。为了追逐更多的利润，资产者要求劳动者提高技能，提高工效、降低成本，并力图在一定程度上根据劳动能力的发挥来分配社会财富。只要能获得更大利润，什么人都可以用。假如说，“唯才是举”是个别封建统治者的“美德”，那么对资产阶级说来，就已经是一种必然的要求了。只要有利，世代怨仇也会“外举不避仇”；否则，就是亲儿子也别想得到企业的管理大权。市场经济的竞争原则也表现在用人的竞争中，而且随着科学技术的发展，这个特点越来越明显。即为了获得高额利润，资本家不得不求助于新技术、新管理，也就是要求助于新的技术管理人才和工人的智力。在用人问题上，也就不得不实行优胜劣汰，好中选优，甚至不择手段地收罗人才，这在客观上促进了人才的发展，使人才竞相出现。

（4）资本主义的共和政体及民主制度，彻底摧毁了封建官僚制，资产阶级法制代替了封建独裁，为人才的开发清除了政治的障碍。用梁启超先生的话说，这种用人宗旨，不是服从强权，而是服从公理；不是服从私令，而是服从法令。虽然资本主义的民主是“资本”的民主，体现了资产阶级的意志，但这终究比皇帝独裁要进步得多。就是资本主义国家的总统任期届满，也得按宪法规定交出权力。就是在任期内，如果总统危及资产阶级的根本利益，资产阶级也可以随时“换马”。这种制度使资产阶级不断地选拔人才，输入到权力的核心机构中去。

但资本主义社会的人才，只有与生产资料的所有者——资本家发生联系，才能发挥作用。这一点，在本质上同封建主义是一样的。在一切都商品化了的资本主义社会中，人才也只是一种商品；只有当人才的社会价值同资本的利润一致时，人才才是人才，才能得到任用，否则弃如粪土。由此可见，资本主义的用人制度和人才观念虽然比封建社会要进步得多，优越得多，但是仍具有历史的局限性，仍不能使人才得到充分的开发，从而实现其应有的社会价值。

（三）马克思主义人才观

19 世纪中叶，马克思主义作为对资本主义旧社会批判的产物，和建设未来社会主义、共产主义社会的指导思想诞生了。马克思主义人才思想是马克思主义理论宝库的重要组成部分。它的诞生使人才思想的发展进入了一个崭新阶段，并经过列宁、斯大林、毛泽东、邓小平的不断丰富和充实，而获得了进一步的发展。就其主要内容来说有以下几个方面。

1. 人才的后天养成

马克思主义认为，人才是通过后天的教育和训练形成的。人有两种力，一是自然力，二是知识力。人的自然力靠天赋生理素质和吸收物质营养就能形成。知识力是使肌体与知识相结合，即通过知识的灌注和训练才能获得。无论哪一领域的人才，都经历了从自然力到知识力，由低级知识力到高级知识力的转换，因而才能登上创造的高峰，开创非凡的业绩。对此马克思指出：“要改变一般人的劳动力，使它获得一定劳动部门的技能和技巧，成为发达和专门的劳动力，就要有一定的教育和训练”。并指出：“这种劳动力比普通劳动力需要较高的教育费用，它的生产要花费较多的劳动时间”。① 马克思关于人才，即“发达的专门的劳动力”形成的论述，坚持了对人才的辩证唯物主义理解，也和唯心主义天才论划清了界限。

---

① 转引自章竞：《辩证唯物主义才能观的奠基者》，《新视野》，1998（6）。

2. 人民群众是人才的最大宝库

马克思主义认为，人民群众是历史的创造者，人民群众中蕴藏着极为丰富的人才资源，是人才最大的宝库。人才是在汲取人民群众智慧的过程中成长起来，并在人民群众的斗争实践中涌现出来的。列宁在十月革命前后曾多次指出："一定会从无产者和劳动农民当中造就出一批又一批为数众多的人才"。[①] 马克思主义认为，人才，绝不仅仅是少数天才人物，各种专门人才和先进的工人、农民都是人才。毛泽东在 1958 年党的八届二次会议上，以《破除迷信》为题，列举了大量的例子说明，自古以来，发明家、创造新学派的，在开始时，都是学问比较少的，被人看不起的年轻人。因此，毛泽东告诫说，不要看不起年轻人，要从他们中间发现人才。邓小平也说，"好的教师就是人才"，[②] "后勤工作……也能出人才"。[③] 由此，也就突破了以往关于人才的狭隘眼界，而达到对人才的广泛理解，从而也就为大批人才的成长提供了动力支持。

3. 人才是第一资源

马克思主义认为，人才是人民群众推动历史前进的代表，是国家的宝贵财富，是社会主义事业成功的关键。列宁说："没有各种学术、技术和实际工作领域的专家的指导，向社会主义过渡是不可能的"。[④] 因此，斯大林说，应该"像园丁培植心爱的果树那样，关切地和细心地培养人才"。[⑤] 为了争取抗日战争的胜利，毛泽东曾强调指出："中国共产党是在一个几万万人的大民族领导伟大革命斗争的党，没有多数德才兼备的领导干部，是不能完成其历史任务的"。因此，必须"广大地培养人才"[⑥]。邓小平作为中国改革开放和社会主义现代化建设的总设计师，始终把人才问题视作现代化建设事业兴衰成败的关键。社会主义和改革开放能不能坚持，经济能不能快一点发展起来，国家能不

---

① 《列宁选集》第 3 卷，713 页，北京：人民出版社，2012 年。
② 《邓小平文选》第 2 卷，50 页，北京：人民出版社，1994 年。
③ 《邓小平文选》第 2 卷，56 页，北京：人民出版社，1994 年。
④ 《列宁选集》第 3 卷，482 页，北京：人民出版社，2012 年。
⑤ 《斯大林文选》（上），27 页，北京：人民出版社，1962 年。
⑥ 《毛泽东选集》第 2 卷，526 页，北京：人民出版社，1991 年。

能长治久安的关键，也就在于“能不能发现人才，能不能用人才”。[①]在全面建设小康社会的时代条件下，以胡锦涛为总书记的中共中央又做出了“人才资源是第一资源”这一新的重要概括。并认为，要全面建设小康社会，必须“走人才强国之路”。人才作为国家最宝贵的财富，就是因为人才的真正价值在于推动社会进步和增进人民幸福。这不仅从最根本、最全面的意义上肯定了人才的社会价值，而且这也表示，只有人民当家做主的时代，广大人才才能真正获得用武之地。

总之，坚持人才的后天实践性、群众来源性、广泛性，和人才对于人民事业成功的关键性等，是马克思主义人才观的主要内容。另外，在培养全面发展的人才、培养各方面人才，以及如何培养和发掘千百万人才等等方面，马克思主义人才理论中都有许多精湛的论述。

二、中国古代及现代各国的人才制度

尊重人才，开发人才，发挥人才的社会价值，这一切都依赖于一定的人才制度。

历史上任何一个掌握国家政权的统治阶级，为了选拔和开发最能反映本阶级意志和愿望的人才，充当自己的代表，于是形成了各种不同的人才制度。随着历史的发展，人才制度为了与之相适应，也在演进变化。总体的趋势是愈来愈进步，愈来愈完善。

这里分别来介绍一下中国古代和现代各国的人才制度。

（一）中国古代的人才制度

我国殷周社会是家长奴隶制时代，在用人方面主要是贵族世袭制，史称“世卿世禄”制度。这种制度根本不是关于人才的选拔制度，而只能起着埋没人才的作用。

战国时代，用人制度为之一变。各国先后废除了“世卿世禄”制，“士”的地位大为提高（“士”的地位原处于天子、诸侯、公卿之下，是西周贵族制度中的一个最低等级。但这个阶层的人可以接受教育，有平民所没有的文化知识。故而是中国最早的知识分子阶层）。当时各

① 《邓小平文选》第3卷，92页，北京：人民出版社，1993年。

国任用文武官员，一是从获得军功的人中提拔，二是从游说之士中量才录用。各国之间虽然相互兼并，经常交战，但人才流动却比较自由。不少人在甲国贱为“贫士”，到乙国贵为卿相；在丙地穷不得志，到丁邦奉为上宾。不过，这时的人才选用，还具有相当的偶然性、随意性，还没有形成相对稳定的人才选拔制度。

我国封建社会在相当一段时期中，相对稳定的人才选拔制度有三种：一是察举制；二是九品中正制；三是科举制。

1. 察举制

所谓察举，即通过观察比较的方式来选择人才。这是用人制度方面的一种新的举措。

随着秦统一中国，封建主义中央集权帝国的出现，郡县制代替了贵族“采邑”制。皇帝集中掌握着中央和地方主要官吏的升降任免大权，并规定了官吏的考核和退休制度。

汉代选拔人才和任用官吏，大致有以下几种途径：一是从功臣中选拔（军功）。二是设立“太学”，招收贤俊好学者入学学习，经过考核成绩优良的可以补官。三是从大官子弟和富家子弟中选拔官吏（任子和赀选。赀选即准入官吏队伍的财产资格的限制和计算。比如，赀十万得选为吏）。四是采用征辟和察举，选拔人才。前三种途径是面向少数人的，第四种是面向社会的。下面对第四种做一些介绍。

征辟有几种不同情况。一是叫“诏举”。即皇帝诏令各郡，要求推举“贤良方正（贤行而良善、方幅而正直）能直言极谏者”，经过皇帝面试（称对策）后，任用为官，也叫举“贤良文学”；二是叫“征召”。即皇帝特诏征用有特殊才能或德高望重之士，并派遣使者专车迎接；三是叫“辟举”。即向中央推荐人才或自选属吏。为了向中央荐举人才，当时就创立了“察举”制度。

“察举”制度始于西汉而盛于东汉。汉代曾规定察举的对象限为 40 岁以上。其依据是，人到 40 才不惑。对于察举的人数，汉代曾规定郡国 20 万人以上岁察 1 人，40 万人以上岁察 2 人……120 万人以上岁察 6 人。不满 20 万人的郡国，两岁察举 1 人，不满 10 万人的郡国三岁察举 1 人。[①] “察举”中关于品德测评的标准与内容，各个朝代大同小异，

① 参见《通典·选举一》。

主要侧重于孝、廉、礼、忠。为了保证察举的质量，历代对察举的方式不断予以改进。

举贤良是汉代选拔高级人才的主要形式。据统计，两汉共诏举36次。察孝廉（孝子和廉吏），两汉通过这种形式选拔的人才最多。另外，还有举秀才、举明经（明于儒家经典，通晓儒术之士）、举博士（博学多能之士）、举童子（特别优异少年儿童）、举勇武知兵者等非常设的特举。

为了保证察举人才的质量，察举演变为贡举和保举。贡举把下臣为朝廷察举人才看作是一种进贡之举。贡举既强调下级为上级察举人才的义务性，又有助于强化下臣为朝廷察举人才的光荣感和质量感。保举则把察举人所察举的质量与其所应负的责任直接相联。

汉代察举制是中国古代“选贤与能”在新形势下的继承和发展。它已不是单纯的举荐贤才，而是举荐与考试并行，且逐渐发展为先举荐后考试，以举荐为主、考试为辅这样一种人才选拔制度。

察举是以真实言行及长期的观察为依据。故它对素质的测评，大体说来还比较实事求是。但察举往往受到察举者个人的情感及经验的影响。也就是说，千里马常有，伯乐不常有。但即使是伯乐也难免有看走眼的时候，因此靠一两个“伯乐”是不够的。另外，在当时的特定条件下，征辟察举为权门操纵，所举非才的现象常有发生。加之，营私舞弊之风盛行，故而，通过察举所荐之人，也有不乏沽名钓誉之徒混迹其中。当时流传着一首民谣：“举秀才，不知书；察孝廉，父别居。寒素清白浊如泥，高第良将怯如鸡”，[①] 这是对察举制度的嘲讽。

2. 九品中正制

魏晋时代，则以“九品中正”制取代了两汉“察举”制。

古人发现察举之弊，一是主观片面，有言曰：“近代主司，独委一二小冢宰，察言于一幅之判，观行于一揖之内”；[②] 二是察举多为基层一般人所主，缺乏识人判人的经验，“孝行优劣任之乡人下之叙”。故魏时人才选拔改成九品中正。九品中正制创立的目的，是想任用州郡中那些贤且有识鉴经验的专家，来负责人才选拔的事情，以此来保障

---

① 《抱朴子·审举》。

② 参见《唐会要》（上）。

人才选拔的质量。

九品中正实施之初，仍然以品德测评为重。其中“正”的六条标准为：一曰忠恪匪躬；二曰孝敬尽礼；三曰友于兄弟；四曰洁身劳廉；五曰信义可复；六曰学以为已。以此六条标准，中正官把本州郡土人士分别评定为上上、上中、上下、中上、中中、中下、下上、下中、下下三等九级，称为九“品”。然后向吏部推荐，由吏部依品授官。

九品中正，首先要求由那些公正无私且富有识人评判经验的专家担任选择之职，显然其对素质的测评应比一般人或兼任之人更为科学准确。

其次，九品中正要综核九品名实，每个等次都有一个具体的评定标准。显然，这可以大大提高素质测评的客观性，使其效果优于缺乏统一和具体标准的察举。

再次，中正官所定品级，一般三年一清定。在清定调整中，中正官或上级有权对所评定之人，按其言行再给予或升或降的处置。这种定期复查考核的制度，有利于保证九品中正制中素质测评的质量，有助于调动士人修养素质的积极性。

但实际上由于评选权为豪门势族所垄断，评定人物品级时，首先看重的并不是被选者的实际表现，而是他的家世。即所谓“有司选举，必稽谱牒”（古代记述氏族世系的书籍），按道理了解家世、考核行状，全面把握士人的历史背景与现实表现，有助于客观地评价士人的品德和才能，但是后来却变成了“唯知其阀阅，非复辨其贤愚”，品评等第唯重家世、谱牒，不讲才德。结果往往是“上品无寒门，下品无势族”。[①] 于是九品中正制，也就成为世家大族垄断仕途的工具。

无论是察举，还是九品中正，都是集权于少数人手中的“人选”。既然是人选人。也就难免出现当时刘毅所批评的“三难”、“八损”。“三难”即人物难知，爱憎难防，真伪难明。“八损”即危害当时封建政治的八种弊端。例如，凭中正官一人来决定取舍，是不会公正的。孔子看人还有错误，何况中正官；中正官一人决定选士，容易促其利用职权结党营私，培植个人势力；中正官一人选士，不是偏听偏信，就是爱憎夺其平。

① 《晋书·刘毅传》。

另外，察举和九品中正对个人素质中的道德品质的测评比较有效，其中尤以乡举里选，效果最佳。因为个人品德是通过个体与其周围众人的道德关系获得直接表现的。相对而言，察举和九品中正制对个人素质中才能知识的测评却有困难。这里涉及掌握知识的广度、深度以及运用知识的能力等多个方面。因此，东汉左雄提出："诸生试家法（经术），文吏课笺，奏副之端门，练其虚实，以观异能，以美风俗。"[①]主要针对察举孝廉而言，改变以往有选无试的局面。于是课试制度由此兴起，成为隋唐及后来科举考试制度的先声。

3. **科举制**

科举制，即朝廷开设科目公开考试，然后根据成绩来选取人才，分别授予官职的一种制度。简称设科举士。隋炀帝时设"明经""进士"两科，开创科举制度。唐太宗执政以后，又进一步加以发展和完善。科举的科目后来发展为三类，即常设科目、非常设科目和特设科目等。其中主要科目为进士（以考策论为主）、明经（以考经义为主）、明算（考试算术）等。自唐宋历明清，科举取士遂成为选拔人才的经常性途径，特别是明清两代，科举制度日臻完备。

科举制以科考成绩为主要评定依据，打破了以往选人用人制度上的血统、门第、财产的限制，拓宽了人才选拔的范围。科举制度中所考的大多是知识，一旦考中，无论寒门贵族均委之以官，居于显位。这就极大地激励了士子们发奋学习的热情，也在相当程度上体现了"任人唯贤"的思想。

科举制对于维护封建统治起到了重要作用。唐太宗看到新进士入朝时，很得意地说："天下英雄尽入吾彀（弓箭射程——引者注）中矣。"[②] 历代以科举入仕而显名后世的，唐有张九龄、颜真卿、郭子仪等，宋有寇准、包拯、司马光、王安石、李綱、文天祥等，明有于谦、海瑞、张居正、史可法等，清有林则徐、翁同龢等。

科举制推行后，就古代教育的自身发展而言，相对于察举及九品中正制，在一定程度上促进了教育的繁荣。一方面，内容以儒家学说为主，结束了魏晋南北朝以来"玄学清谈"的虚无学风。另一方面，

---

① 《后汉书·左雄传》。

② 《唐摭言》卷一。

由于科举“分科取士”，科目增多，对隋唐以前“学校学儒经，官吏皆儒生”的单一局面是一个进步。科举作为指挥棒，促进了“五尺童子，耻不言文墨”① 的社会风气的形成。

明清两代科举考试分为三级：第一级是府县（府，一种行政划分，等级在县省之间）级考试，考取的称为秀才；第二级是省级考试，即“乡试”，考取的称为“举人”；第三级是全国性考试，叫“会试”，考取的称为“进士”。乡试、会试都是三年一考。会试录取的，还得由皇帝当面复试，称为“殿试”。皇帝亲自阅定名次，分三个等次，即分为三甲，一甲只限 3 人，一甲第一名通称为状元，第二、三名通称为榜眼及探花。考试内容以“四书”（儒家经籍《大学》、《中庸》、《论语》、《孟子》的合称）、“五经”（儒家五部经典《易》、《尚书》、《诗》、《礼》、《春秋》）及程朱理学为主，所谓“代圣人立言”。文章格式规定用“八股文”。殿试以后分配官职，文章书法优秀的入翰林院（相当于今天的中央秘书处。职责为朝廷起草命令，兼掌修史、著作图书等与文字有关事务。其长官为大学士，由大臣充任，下属官有侍读、侍讲、修撰、编修、检讨和庶吉士等，统称翰林）当“庶吉士”，三年学习期满，成绩优秀者实授翰林院官职。其他出任中央或地方官员，有的到各部任七品“主事”，有的派往各省担任七品知县。在中央机构任职的，一般有见习阶段，然后视其专长实授官职。

以考试为核心的科举制，自隋至清（1905 年废止）在中国延续了 1300 多年。共产生状元近 800 人、进士 11 万余人、举人上百万人，因其标准统一、制度健全、管理严密而形成了一定程度的公平竞争、择优录用的局面，于是成为一种根本性的变革。另外，加之它比较简单，易于操作，因而使以往任何人才选拔方式都为之黯然失色。

然而科举制也存在着巨大的弊端。这种弊端在后世不仅没有能得到克服，而且还更加严重。这集中表现在以下三个方面。

一是科举制的教条化。其一，内容上，明清两代科举考试的内容以“四书”、“五经”为主，而“四书”、“五经”又以《四书大全》、《五经大全》作为科举取士的唯一教本。其二，在形式上，科举考试逐步僵化，最终走向“八股取士”（八股即文章格式由八部分构成。这八

① 《全唐文》（卷四）。

部分是：破题、承题、起讲、入题、起股、中股、后股、束股，即收结。写法或句式是排比、对偶）。内容上的狭窄加上形式上的僵化，实现了统治阶级钳制思想、加强统治的目的，也加速了封建社会的灭亡。

二是败坏天下之材。科举考试原本顾及德、能、绩、效的全面测评，而逐步演变为囿于知识的考试，重表面文词而轻实际德能。这样“老成之士，既以有用之岁月，销磨于场屋之中；而少年捷得之者，又易视天下国家之事，以为人生之所以为功名者，惟此而已。故败坏天下之材，而至于士不成士，官不成官，兵不成兵，将不成将”。① 国无可用之人，也就必然败亡。

三是教育的空虚腐败。脱离社会经济发展，与现实政治的过于密切，即读书只为做官，是中国古代教育的根本弱点，由于这一弱点的存在，中国古代教育事业始终是循着一条崎岖的路径蹒跚而行，从未得到正常发展。科举制为选官制度，而教育又纯粹为科举服务。其结果科举支配下的教育，必然教学内容空疏，学风败坏，只能培养出诵经照章句，善于文辞而缺乏真才实学之人。

需要指出的，科举选拔人才并不是自隋唐以来唯一的用人制度。中央最高领导层仍然是世袭制。此外，还有因家庭地位和财产“恩荫”或“捐纳”而当官的。诚然，“捐纳”所得只是“官名”，并非实职。“恩荫”是表示皇上恩宠的特殊照顾。但其所担官职，大体也是量才录用。

总之，科举制作为中华民族古代选人制度的一项伟大创造，不仅在中国文化史上，而且在世界文化史上，也是一大奇观，其历史作用是巨大的。通过考试选拔人才的做法，直到今天仍然具有不可替代的重要价值。但科举作为维护封建统治的工具，有极大的历史局限性和弊端。随着中国封建社会走向灭亡，从而也就决定了科举制灭亡的必然结局。

（二）现代各国的人才制度

1. 现代人才制度的形成

随着封建制度在世界上许多国家的被消灭，民主制度，包括资本

---

① 《顾亭林诗文集》（卷一）。

主义民主制度和社会主义民主制度分别在这些国家建立起来，人才制度也发生了变革。其基本趋势是，否定腐败的“君主恩赐制”和各种“党派分赃制”，建立起根据考试成绩来网罗人才和选用人才，根据工作成绩来晋升人才的现代人才制度。现代各国人才制度的主要原则是：民主原则、平等原则、公开原则、效率原则、内行领导原则，以及普遍重视专家学者的作用等等。

英国在反对封建君主的“恩赐官职制”和资产阶级化贵族的“肥缺分赃制”的过程中，建立了近代文官制度。英国于1854年提出了“建立常任文官制度”的四项原则。其主要内容是：通过公开的、竞争性的考试来招募文官；智力性工作和机械性工作所要求的文化程度应有高低不同；晋升应按照工作实绩；建立全国统一的文官制度。1968年，英国政府根据《富尔顿报告》提出的七项原则，进一步改革了文官制度。这次改革，主要是实行文职人员专业化，加强专业学者在政府工作中的作用。

美国资产阶级执政初期，曾从1829年开始实行了大约50年的“党派分赃制”。即由每次选举得胜的政党首脑，把官职作为“胜利品”分给他的亲信和支持者。（这种情况至今还在一定程度上存在）。结果“用人唯党”，“用人唯派”，无能之辈占据官位，政治腐败，竞争激烈，政府更迭频繁，政治统治不稳。1883年，美国国会通过《文官制度法》，结束“党派分赃制”，开始实行以“功绩制”为主要内容的文官制度。功绩制强调三项原则：①通过竞争性考试选拔公职人员。任何一级考试对任何人都开放；②凡通过文官考试录用的公职人员不得因政治原因（政党关系）被免职，但违反法律者除外；③文职人员在政治上保持中立，不得参加政党的竞选活动。1978年，美国总统卡特提出“改革文官制度计划”，国会通过《文官制度改革法》，从而确定了“功绩制”的九项原则。使“功绩制”在原来三项原则的基础上，在坚持人人机会均等，公平合理对待、同工同酬、鼓舞优秀人才等方面给予更明确、更具体、更全面的规定。美国的“功绩制”实行一百几十年来，适用于“功绩制”的美国联邦文职人员已经达到90%以上。

日本、西德、法国在战后的政治经济改革中，也都进行了人事制度的改革。原东欧的社会主义国家和原苏联在人事制度方面都坚持“内行领导”原则。到20世纪80年代，苏联各级政府中，大专院校毕业者占99%以上，其中四分之三是各种专家，体现了干部队伍向专业化方面发展的趋势。

2. 现代人才制度的内容

（1）任用制度。各国的任用制度主要有四种：选任制、考任制、委任制、聘任制。

选任制适用于政治领导人的选拔，分为直接选任和间接选任两类。委任制适用于长官或主管的助手和秘书等辅助人员，目的是能与长官或主管密切配合。聘任制适用于社会上有一定名望的学者专家，他们有公开著作，公众了解他们的水平。

考任制是适用范围较广的选拔任用制度，被大多数国家所采用。它通过公开考试、择优录用，最广泛地罗致优秀人才，担任领导和业务职位。考任制有学历或同等学力的规定，有年龄限制，职务越高，文化程度和专业知识的要求越高，从而保证官员和职员的年轻化、专业化。为了杜绝外行领导，有的国家还规定担任领导职务必须具有一定的专业工龄。

与任用制度直接联系的是晋升制度。晋升制度是否合理，关系到能否充分发挥全体在职人员的主动性、创造性，其结果或是压制人才或是多出人才。

（2）晋升制度。各国的晋升制度大约有四种：年资晋升制；考试晋升制；功绩晋升制；越级晋升制。各种晋升制都有其特点。

年资晋升制，按工作年限晋升。任职时间越长，工作经验越多，越能有效地处理问题，这是一般规律。这种年资晋升制的优点是比较可靠，不致引起同事的竞争和失和，并能排除领导人好恶等因素的影响。但是，它的缺点是，容易造成坐等年资，以求晋升，年长者始终占据优势，年轻有为者没有发展机会等弊端。

考试晋升制，依据考试成绩决定晋升。这种考试晋升制，可以促进工作人员努力上进，丰富知识。但不足之处在于，考试成绩好的不一定是工作能力强、贡献大的人。如果脱离一个人的能力和实绩，单纯以他的考试成绩为依据而予以晋升，这样势必会助长一些人对迎考特别用力，而对工作不甚卖力的情况发生。

功绩晋升制，按工作成绩的大小为晋升标准。这种办法对年轻者和年老者都是公平的，对改进工作最为有利。采用这种晋升制，需要规定衡量工作成绩的正确标准，即工作的数量、质量、时间、效果。

越级晋升制，对成绩特别突出、贡献比较大的工作人员，不受年限约束，及时越级提升。

比较各种晋升制度的利弊，按工作成绩晋升的功绩制，优点较多。

各国的晋升制度，有的采用的是某种单一制，有的是吸收了各种晋升制的优点，加以某种程度的综合。比如英国、美国采用功绩晋升制；日本除采用年资晋升制外，还实行一种“登用制度”，实际上是越级晋升制；印度规定晋升的依据是两条：一是才能，二是年资。对下级工作人员强调年资，对中级和高级工作人员强调才能。

（3）考核制度。作为晋升制度前提的是考核制度。

考核制度就是定期对工作人员的工作进行考核，并把考核结果作为奖惩升降依据的制度。各国叫法不一。美国、英国等称之为“考绩”，日本称之为“勤务评定”。

考核时间除了随时考核外，多数国家是一年考核评定一次。考核的项目各国繁简不同。英国考核项目 10 项，法国考核项目 14 项。但是，不论考核的项目多少，都以工作成绩为主。总分为 100 分，工作成绩占的分数超过 50 分，其他项目分别占 5 分或 10 分不等，各项成绩加起来就是考核的总成绩。

考核的结果分为几等，各国划分不一。美国分为三等，即优等、满意、不满意。不少国家分为四等，即优、良、中、差。英国和日本等国分为五等，即优、良、中、次、劣。

各国考核制度特别重视确定恰当的考核标准；考核结果必须与奖惩与升降相联系。否则，考核就失去价值，甚至产生副作用，浪费人力和时间。一些经济和科技发展较快的国家，都把工作成绩与工作效率作为主要考核标准。在资本主义国家中，曾经创下经济发展速度最快的日本，总结以往的经验教训，强调要贯彻“成绩主义”。他们认为，工作人员各种素质的优劣，比较集中地反映在工作成绩上，表现在工作的数量与质量上。

外国人事行政学者认为，考核方式可以各式各样，但必须以客观和公正为基本原则，应当尽可能实行定量考核。

（4）培训制度。除了上述制度以外，为了开发人才，世界各国还设立了培训制度。

各国都很重视培训在职工作人员，以提高工作水平，使之作出更优异的成绩。各国培训的内容，主要是在职工作需要的专业知识和能力，而不是普通学校的一般课程。国家行政人员的培训和企业员工培养都有内外两种途径。所谓内，即国家机关内部的培训或企业内部的培训。所谓外，就是到有关教育机关进行培训。比如行政人员到有关大学进修两年，完成行政学的硕士课程。企业员工根据业务需要到“贸易大学”，或到相关学院去进修专业知识。为了学习各国的行政管理经验，日本实现了“行政官驻外国研究员制度”，到外国的研究生院去研究两年，或者到外国政府机构和国际机构去进行考察研究。在日本，那些海外业务较多的企业实施了海外进修制度，即选派职工到海外的大学或研究机关去学习进修。世界各国的许多著名企业，都把培养人才视为“无形的投资”。这种“无形的投资”与“有形的投资”相结合，被认为是带动企业发展的两个轮子。

（5）调研制度。为了实现“适人适用、适人适职、人尽其才，事竟其功”的目标，各国还设立了调配制度。合理调配人才，实行人才流动、智力流动。在许多国家人事调动比较自由，限制较少，手续简便。澳大利亚的调配有三种方式：一是统一调动，由联邦文官委员会负责统一调配，它有权把多余人员调往其他部门；二是领导人建议调动，工作人员不能胜任工作，领导人可以报告联邦文官委员会，调到其他单位工作，如果新岗位的工资低于原岗位，给予补差；三是本人申请调动，可以根据报纸上的招募广告，申请调到其他单位工作。在有些国家还实现干部定期调换，即干部交流制度。

以上对中国古代和现代各国在人才开发和使用方面的理论、原则、做法和经验教训进行了介绍和评说，其目的是为了求得借鉴，以促进我国人才制度的改革和创新，从而使我国社会主义现代化宏伟目标的实现，获得强有力的组织保证和人才支持。

三、我国人才制度的改革与创新

（一）我国人才制度改革的方针原则

人才制度是关于人才的培养、选拔、使用和考核的制度。

我国为什么要改革原有的关于人才管理的人事制度、组织制度，因为它存在弊端，因为它不合时宜。这些弊端和不合时宜之处，经过20多年的改革开放和现代化建设的实践，我们已经有了越来越深刻的认识，有些方面的改革也已经取得了较大的进展。但是离建立任人唯贤的公开、公平、公正的用人制度还有较大差距，在对人才的选拔、管理、使用等的工作方面还存在明显的不足。因此，还必须花大力气继续深化人才制度的改革和进行制度创新。

由于中国长期的封建官僚制残余的影响；由于革命战争年代人事制度的惯性作用；由于照搬原苏联高度集权的干部制度所产生的负面效应，以及极“左”路线的流毒等等的综合作用，使得中国关于人才管理的人事制度、组织制度存在着严重的缺陷。

这些缺陷是官僚主义；权力过分集中；家长制现象；领导职务终身制；形形色色的特权现象；缺乏正常的关于从业人员的录用、奖惩、退休、淘汰等的办法和制度。这多个方面的缺陷在人才问题上就具体地表现为：工作统一安排、人才单位所有、干部上级委任、铁饭碗和大锅饭式的待遇分配、用人唯成分，以及论资排辈等等。这种带有严重封建色彩和小生产色彩的落后用人制度，使不少人专业不对口，不能人尽其才，使不少人才遭到埋没、压抑、浪费。

邓小平作为我国改革开放和现代化建设的总设计师，十分重视我国人才制度的改革。他明确指出了制度对人的活动的重要制约作用。他说：“制度好可以使坏人无法任意横行，制度不好可以使好人无法充分做好事，甚至会走向反面。”① 邓小平还指出了资本主义社会中人才制度的某些进步因素：“我们说资本主义社会不好，但它在发现人才、使用人才方面是非常大胆的。它有个特点，不论资排辈，凡是合格的人就使用，并且认为这是理所当然的。从这方面来看，我们选拔干部的制度是落后的。”② 因此他指出，我们要“坚决解放思想，克服重重障碍，打破老框框，勇于改革不合时宜的组织制度、人事制度，大力培养、发现和破格使用优秀人才，坚决同一切压制和摧残人才的现象

---

① 《邓小平文选》第2卷，333页，北京：人民出版社，1994年。

② 《邓小平文选》第2卷，225页，北京：人民出版社，1994年。

作斗争”。[①] 他还说：“我们不仅要从思想上，而且要从工作制度上创造有利于杰出人才涌现和成长的必要条件”。[②]“我们就是要建立这样一套制度，使那些有专业知识的、年富力强的人，被选拔到能够发挥他们才干的工作岗位上来”。[③]

邓小平从战略高度指出，要实现我国的社会主义现代化，必须要培养数以亿计的各级各类人才，必须建立三支宏大的人才队伍：一是要“建立一支坚持社会主义道路的、具有专业知识和能力的干部队伍”。[④] 这包括从中央到地方的各级党政军干部，他们决定着党、国家和军队的方向、前途和命运；二是“起用一代新人，造就一支社会主义经济管理干部的宏大队伍”，这是我国经济发展的关键；三是要“有一支浩浩荡荡的工人阶级的又红又专的科学技术大军，要有一大批世界第一流的科学家、工程技术专家。”[⑤] 这是我国科学技术现代化的决定力量。

改革开放以来，为了使大批优秀人才脱颖而出，我们党坚持贯彻了如下方针原则。

1. 关于选贤任能

贤能是一个历史范畴，每个时代都有其特定的含义。现在，党和国家的主要任务是进行社会主义现代化建设，党中央多次指出，培养新时期的人才必须坚持革命化、年轻化、知识化、专业化的方针。这里的革命化就是德，就是贤；知识化，专业化就是才，就是能。邓小平说：“用人的政治标准是什么？为人民造福，为发展生产力，为社会主义事业作出积极贡献，这就是主要的政治标准。”[⑥] 因此选贤就是要选那些“认识到人民自己的利益并为之而奋斗的有坚定信念的人”。[⑦] 所谓“能无非是专业化、知识化，有实际经验，身体能够顶得住”。[⑧] 当然，由于人的经历、学识、性格、态度、行为、能力及兴趣、爱好

① 《邓小平文选》第2卷，326页，北京：人民出版社，1994年。
② 《邓小平文选》第2卷，213页，北京：人民出版社，1994年。
③ 《邓小平文选》第2卷，224页，北京：人民出版社，1994年。
④ 《邓小平文选》第2卷，264页，北京：人民出版社，1994年。
⑤ 《邓小平文选》第2卷，91页，北京：人民出版社，1994年。
⑥ 《邓小平文选》第2卷，151页，北京：人民出版社，1994年。
⑦ 《邓小平文选》第3卷，190页，北京：人民出版社，1993年。
⑧ 《邓小平文选》第2卷，400页，北京：人民出版社，1994年。

等诸方面均有差异，因此，人才也就有所谓帅才、将才之分，通才、专才之别，以至有奇才、怪才之说。因此，要知人善任，量才使用。“人无完人”，这是关于人的辩证论。选才要坚持“德才兼备”，但不要求全责备，因瑕弃玉。邓小平说：“的确是人才难得啊……觉得是人才的，即使有某些弱点缺点，也要放手用。”[①] 邓小平引用毛泽东的话说：“要打破‘金要足赤，人要完人’的形而上学思想”。[②]

选贤任能的方针，最近十多年来，从总体上说，贯彻执行得是很有成效的，也积累了丰富的经验。大批德才兼备的人才被培养起来，提拔起来，进入了各级领导班子，走上了企事业管理和发展的关键岗位。从而在组织上保证了我国国民经济发展战略的第一步和第二步目标的顺利实现，并取得了令人瞩目的伟大成就。

2. 关于优秀青年人才的培养选拔

培养和选拔大批能担任重担的优秀年轻人才，是一项战略任务。邓小平指出“我们要破格选拔人才，不要按老规矩办事，要想到这是百年大计”。[③] 要破格就是要打破常规，要破除论资排辈的陈腐观念，要“善于发现、提拔以至大胆破格提拔中青年优秀干部”。[④] 我们党从80年代初就开始着手推进干部队伍新老交替，并取得了很大成绩，大批优秀年轻干部走上了领导岗位。最近几年，有组织有计划地对几十万中青年干部进行理论培训和实践锻炼，为选择优秀人才打下了基础。为了实现选拔优秀年轻干部的目标，坚持以革命化为前提，选择政治上比较成熟的干部，既看年龄和专业知识优势，更要考察他们的思想政治优势。并把选择年轻干部的目标要求，与优化领导班子、建设科研队伍、组织学术梯队等项工作结合起来，以达到老、中、青相结合，专业配套、知识互补、分工科学的要求。在换届时严格把住了“凡选拔年轻干部达不到要求的一般不予审批”这一关。把年轻干部放到实践中去锻炼和考验，让他们在其位，谋其政，大胆加以使用。特别是鼓励青年干部到艰苦的环境中去磨炼，同群众一起奋斗，去改变那里的落后面貌。不少人做出了成绩，说明他们有才干，因而及时得到了

① 《邓小平文选》第3卷，369页，北京：人民出版社，1993年。
② 《邓小平文选》第2卷，51页，北京：人民出版社，1994年。
③ 《邓小平文选》第2卷，225页，北京：人民出版社，1994年。
④ 《邓小平文选》第2卷，323页，北京：人民出版社，1994年。

提拔重用。这已经成为青年干部获得晋升的一个重要导向。

3. 关于重在实绩

人才的选择和晋升要看学历，要看文凭，要看资历，但主要是看能力和实绩，特别是实绩。具有能力是人才的起码要求，对于担当一定领导职务的干部来说，要在建设有中国特色社会主义经济、政治、文化及各项社会活动中发挥好组织、领导和表率作用，就必须掌握一定的科学文化知识，有做好本职工作的专业技术水平和实际工作本领。一个没有能力的干部，主观愿望再好，也无法在实践中很好地贯彻党的路线、方针和政策，难以完成党的任务。但是一个人有无能力、能力大小，最终是通过工作实绩表现出来的。因此，考察一个干部是否合格、优秀，是否德才兼备，不仅要看他说什么，更重要的是要看他实际做了什么，做出了什么。一个领导干部如果业务能力强，并具有脚踏实地、埋头苦干的精神，就会重实际、说实话、办实事、求实效，一心一意干工作，就会取得实实在在的政绩或业绩。重在实绩这一点，现在已经深入人心，并且正成为选拔和任用人才的根本依据。也就是说，对那些认真贯彻执行党的路线方针政策，开拓进取、实绩突出、清正廉洁、群众拥护的人，要委以重任；对那些脱离群众、脱离实际、欺上瞒下、弄虚作假，摆花架子，做表面文章，搞形象工程的人，不仅不能提拔重用，而且要严肃批评教育，直至作出组织处理和纪律处分。

4. 关于群众公认

干部来自群众，又生活和工作在群众之中，其思想政治素质强不强，能力水平高不高，精神状态好不好，工作成效大不大，群众看得最清楚，也最有发言权。当然，这里所说的不是个别群众，也不是少数群众，而是多数群众，是讲群众公认。孟子云：“左右皆曰贤，未可也；诸大夫皆曰贤，未可也；国人皆曰贤，然后察之，见贤焉然后用之。”[①] 这里所说的，就是用人要广泛听取意见，要注重群众公认。以群众公认来评价干部的优劣和功过是非，具有客观真实性，是最公正、最可靠的。一个有强烈的责任心、事业心和较强工作能力、工作水平，真心实意为人民谋利益，办实事的人，自然会受到群众的好评。而一

① 《孟子·梁惠王下》。

个没有责任心和事业心，能力水平也一般，甚至利用手中的权力去谋取个人私利的人，其行为必然损害党和政府的形象和威信，会在群众中造成很坏影响。只有相信和依靠群众，广泛听取群众意见，才能在复杂的现实生活中，对干部的德才、政绩和群众基础作出科学、全面的判断，真正把人选准选好。凡是多数人不赞成的，决不能提拔使用。

许多事实也从反面告诉我们，之所以会屡屡发生一些恶行劣迹早已暴露、群众也料知“早晚要出事”的干部，却能在仕途上一路绿灯，不断得到提拔重用，说到底，这是干部任用脱离群众路线，少数人圈定、搞暗箱操作所造成的必然结果。

5. 关于公平竞争、人才流动

无论选举、组阁和招聘，都有竞争性，是有利于人才优选的。邓小平说：“要通过加强责任制，通过赏罚严明，在各条战线上形成你追我赶、争当先进、奋发向上的风气。”[①] 通过竞争，促进干部奋发工作，能上能下。把竞争机制引入干部管理，是干部工作适应社会主义市场经济体制和发展社会主义民主政治的重要体现，是思想观念上的一个重大进步，也是干部人事工作的一个重大突破。竞争出人才，竞争出活力，竞争出正气，竞争出新风。竞争必然导致人才流动。竞争本身是一种双向选择。这是市场经济等价交换原则在人才市场的反映。择业者与用人单位是在平等的条件下互相选择的。他们以平等地位实行等量劳动相交换，这给公平竞争、公开评价提供了条件。竞争是无情的，由此产生的分化是必然的。竞争分化性对每一个用人单位，每一个择业者都既是压力，又是动力。单位效益好，用人政策开明，对人才的吸引力、凝聚力就强，在竞争中就能处于优势而得到所需要的人才，走上人才与经济效益的良性循环。相反单位经济效益差，用人政策保守，在竞争中就处于劣势，就难以吸引和留住有用人才，走上人才与经济效益的恶性循环。同样，人才在市场上竞争，其贡献大小、能力高低、报酬多少都由市场来评价和调节，这就使优秀人才得以脱颖而出。竞争分化、流动，按市场要求来调节人才供求关系，这样促进了人才流动，有利于形成尊重人才、爱护人才的社会风气，其产生的激励机制，又起到了鼓励先进、鞭策后进的作用。

---

① 《邓小平文选》第2卷，151—152页，北京：人民出版社，1994年。

遵照上述方针原则，改革开放以来，中国共产党在社会主义民主政治建设中注意并加强了选人用人方式的改革与创新。为建立充满活力、促进优秀人才脱颖而出，适应社会主义市场经济发展的选人用人方式，进行了大胆探索，积累了一些新鲜经验。

（二）我国选人用人方式的创新发展

我国在选人用人方式上的创新和发展，主要表现在以下五个方面。

1. 公开选拔干部制度

几年来，各地在干部工作中走群众路线，在扩大民主、提高群众参与程度方面创造了许多好经验。其主要是对非选举产生的领导干部大胆采用了公开选拔的办法，取得了比较好的效果。

这种公开选拔领导干部的制度，是对传统干部委任制的突破性改革。对之，群众称之为竞争上岗。实行竞争上岗的机关已由省、直辖市扩展到县、乡基层政权组织。公选的领导干部职务层次从司局（地厅）级扩展到处、科、股级。公开选拔领导干部一般要经过宣传发动、公开报名、笔试面试、考察任用等四个阶段。最终的入选者，经相应权力机构任命后试用一年，试用期满经考核合格，正式任命；不合格者按原职务回原单位，或另行安排工作。经过十多年的积极探索，这种公开推荐和考试考核相结合的方法选拔党政领导干部的工作，目前已在全国各地不同范围、不同层次上展开。一大批德才兼备的优秀人才通过公选走上了领导岗位，使领导班子进一步优化了结构，提高了素质，增强了战斗力，激活了人气。

2. 任前“公示”制度

对选拔任用的干部任前实行公示制，是党的选人用人方式的又一创新和成功实践。所谓任前公示，就是对拟用的领导干部，通过媒体将其姓名、学历、现行职务、拟任职务，在一定范围内公示，在限定时间内征求群众意见，接受社会监督。如群众对被公示的干部有不良反应，经查实确有严重问题和错误的，取消拟任职务提名，对于违反纪律或有违法行为的干部，则依纪依法处理。经公示对没有不良反应的拟任干部，权力机关正式下发任命通知。

有的地方把领导干部任用的公示制原则和方法，运用到对省级党政干部和省级后备干部的考察上，试行了干部考察预告制。这种考察干部预告制，在考察方法上除了民主推荐、个别谈话等传统做法外，还采取考察预告、书面征求意见、基本素质测评、家访、社情民意调查等一些新方法，力求听取的意见更广泛、更全面、更客观，真正做到准确了解和认识干部。

实行领导干部任前公示制和干部考察预告制度，增强了干部任用工作的透明度，减少了用人上的失察和失误。

3. 村民自治制度

这个制度以村民直接选举村委会为标志。村委会的选举由村民选举委员会主持，选举委员会成员由村民会议或各村民小组推选产生，各级组织不得包办。村委会候选人由本村村民用投票方式直接提名或者由村民十人以上联名提名，不能由县或乡级政府、村党支部等组织提名。同时，还规定选举委员会实行差额选举、无记名投票、公开计票的方法，选举时设立秘密写票处，选举结果当场公布。如果少数村干部当选后办事不公，以权谋私，违法乱纪，村民可以通过规定的民主程序将其罢免。《村民委员会组织法（试行）》从1987年颁布实施，经过十年多的不断实践，修订和完善，1998年11月九届人大第五次会议，正式通过并颁布了《中华人民共和国村民委员会组织法》。这种将村民直接选定当家人的权利正式以法律形式规定下来，这在中国历史上还是第一次。该法所确立的基本原则和基本精神，符合我国的国情，得到亿万农民群众的拥护。村民委员会民主选举的推行使数百万村委会干部的去留，真正按照绝大多数农民的意愿决定。一大批思想好、作风正、有本领、真心实意为群众办事，能够带领群众致富的人选进村委会领导班子，优化了农村干部结构，促进了农村经济的发展和社会稳定。

4. 人才测评制度

人才测评是对干部进行考核的一种科学方法。人才测评在国外已实行了几十年，第二次世界大战后开始广泛应用于各个领域，尤其在企业管理中得到了迅速推广。企业广泛运用这一科学手段来招聘和选拔人才，开发人才资源。随着改革开放和社会主义市场经济的建立和发展，人才测评在中国也得到较快发展，许多单位包括组织人事部门运用人才测评这一方法对干部进行考核。在认真总结近年来实绩考核、届中考核、换届考核工作经验的基础上，中国共产党制定了《党政领导干部考核工作暂行条例》，对干部测评考核的形式、内容程序、方法、结果的评定与运用作出了规范。然而作为一种科学的人才测评手段，人才测评在我国的研究和运用还仅仅是开始，尤其是组织人事部门在对干部的测评方面，尚存在很大的发展空间。这里包括，既要了解干部在思想领域的政治表现、道德修养，又要了解干部在工作领域、社交领域和生活领域中的情况，实现测评工作的全面性和真实性，不留“空白地带”。近些年来，一些领导干部因治家不严，交友不慎而走上犯罪道路，这个教训是十分深刻的。因此，对干部的测评，不仅要考察干部本人是否清正廉洁，而且还要考察其家属子女有无利用干部职权违法违纪的问题；不仅要了解干部在本单位的表现，也要了解干部在社交、生活方面的情况，查看一下领导干部是否热衷于“傍大款”，是否热衷于灯红酒绿等等。总之，要多方面，多角度地测评考核，把干部的真实情况搞清楚，从而为选拔任用干部提供可靠依据。

5. 干部交流制度

干部交流有利于干部在更广阔的舞台上经受锻炼，开阔眼界，增长才干，提高领导水平；有利于干部摆脱关系网、人情圈的羁绊；也有利于改善领导班子的结构，增强领导班子的整体功能。这种交流包括在中央各单位工作的干部与在地方工作的干部之间的交流；中央各单位之间干部的交流；各地方之间干部的交流等等。近几年来，这种交流正在从中央到地方多层次地、以不同形式展开。其效果是十分显著的。比如，一些后进地区的干部到沿海发达地区挂职锻炼，不仅使这些干部本人学到了先进地区的新经验、新做法，思想开了窍，增长了才干，而且通过这些干部的努力，把后进地区与先进地区联系起来，在资金、技术、资源、市场等方面实现了优势互补，共同发展。现在需要在总结经验的基础上，进一步改进和完善干部交流制度。要统筹规划，对不同的交流形式分别作出规范，使干部交流合理有序，同时建立干部交流的管理办法和激励约束机制，落实干部交流的配套政策。

党政领导干部制度改革是干部人事制度改革的重点，也是政治体制改革的重要内容。2002 年修订的《党政领导干部选拔任用工作条例》，标志着党政领导干部管理走上了制度化、规范化、程序化的轨道。国有企业人事制度改革正大力开展。多数地方已完成企业领导体制调整；实行或全面推行产权代表委任制和公司经理聘任制，很多中小企业通过公共招聘、民主选举、竞争上岗等方式产生领导人员；建立企业经营管理人才评价、推荐等中介机构，正在探索建立企业经营管理者的业绩考核制、激励和监督约束机制。事业单位人事制度改革，重点是推行聘用制和岗位管理制度，实行按岗定酬、按任务定酬、按业绩定酬，向优秀人才和关键岗位倾斜的分配制度，竞争上岗、公示制、试用期制、任期制等改革措施在事业单位也很快推行。

邓小平说："选贤任能也是革命"。[①] 目前实现和推广的公开选拔干部制度，任前"公示"制度、村民自治制度、人才测评制度、干部交流制度等等选人用人的方式和机制，是对马克思主义任人唯贤干部路线的有力坚持和实践，是对旧的选人用人机制和传统思想的变革。这一革命性的变革，必将和正在对我国社会主义现代化建设的胜利产生深远影响。

邓小平曾满怀信心地指出："我们的制度将一天天完善起来，它将吸收我们可以从世界各国吸收的进步因素，成为世界上最好的制度"。[②]

总之，这些年来，我们在推进干部人事制度改革，建立健全干部培养、考核、选拔、交流、回避及监督制度等方面作了很大努力，在干部管理的各个环节上形成了一些规章制度，还需要进一步总结经验，逐步配套，不断完善。

① 《邓小平文选》第2卷，401页，北京：人民出版社，1994年。

② 《邓小平文选》第2卷，337页，北京：人民出版社，1994年。

第十章　杰出个人的作用与历史人物评价

随着人类社会的发展，随着人民群众作用的扩大与加强，杰出人物的作用在日益减弱。从根本上说，人类社会的历史是人民群众创造的历史。人民群众托起了英雄。因此，马克思主义反对把历史归结为少数英雄人物劳作的结果，但并不否认杰出人物在历史上具有重大作用。特别在古代，历史更多地表现为英雄的历史，而愈到近代，历史才更多地表现为人民群众的历史。因此，必须用历史态度评价杰出个人的作用，评价历史人物的作用。

一、杰出人物的产生

（一）用群众史观看待杰出人物的产生

杰出人物或英雄人物是指在历史发展中，起了推动作用的重要人物。承认杰出人物在历史上有重大作用，并不是唯心主义英雄史观与历史唯物主义群众史观的分歧所在。二者的根本分歧只在于：前者认为，历史是那些与群众全然无关的、有本事从上帝那里窃取隐秘思想的，或所谓“知天命”的杰出人物创造的；后者认为，杰出人物的作用必须依赖于一定的时代条件，必须依赖于人民群众。人民创造自己的历史，也就包括对那些在历史前进中起了推动作用的英雄人物的创造。

1. 英雄史观批判

有文字记载的历史以来，众多的哲学家、史学家、文学家否认人民群众创造历史的作用，只看出杰出人物的作用，对他们尽情加以歌颂，于是在他们眼中，历史成了伟人的历史，变成了他们庙堂里的赞歌。

孟子说："自生民以来，未有盛于孔子也。"[①] 朱熹说："天不生仲尼，万古如长夜。"[②] 梁启超说："试思中国全部历史，如失一孔夫子，失一秦始皇，失一汉武帝……其局面当如何？"[③] 成吉思汗的孙子旭烈兀率领蒙古大军攻打巴格达，哈里发王朝的使臣警告旭烈兀说，你们不能杀害哈里发，如果杀害了他，"全宇宙就要陷于紊乱，太阳就不露面，雨水就要停止，草木就不再生长"。[④] 19 世纪英国历史学家、哲学家托马斯·卡莱尔（1795—1881）说："在我看来，世界的历史，人类在这个世界上已完成的历史，归根到底是世界上耕耘过的伟人们的历史。他们是人类的领袖，是传奇式的人物……甚至不妨说，他们是救世主。我们在世界上耳闻目睹的这一切实现了的东西，不过是上天派给这个世界的伟人们的思想的外部物质结果、现实的表现和体现。可以公正地说，整个世界历史的灵魂就是这些伟人的历史。"他认为，"伟人是自身有生命力的光源，我们能挨近他便是幸福和快乐。这光源灿烂夺目，照亮了黑暗的世界。"[⑤] 黑格尔说："人民是助唱队——他们消极、被动；只有英雄们建功立业，担负责任。他们双方之间绝对没有共同的地方"。[⑥]

上述这些思想家看到杰出人物比一般群众高明，在历史上发挥了巨大作用，这是有一定的合理因素的。但是他们把这种差别无限夸大，以至把英雄和群众截然对立起来，贬低群众，抬高英雄，这就陷入了英雄史观。

马克思主义产生以前，不少思想家为什么会陷入英雄史观呢，这有以下几个方面的根源。

（1）历史根源。在私有制下，人的社会境况被分裂为两极，有的贵为天子，有的贱为奴婢，帝王将相大权在握，高高在上，主宰着一

---

① 《孟子·公孙丑上》。

② 《朱子语类》（卷九十三）。

③ 梁启超：《中国历史研究法》，102 页，北京：人民出版社，2008 年。

④ ［美］希提：《阿拉伯简史》，马坚译，255 页，北京：商务印书馆，1973 年。

⑤ ［英］卡莱尔：《英雄和英雄崇拜》，张峰译，第 1、2 页，上海：上海三联书店，1988 年。

⑥ ［德］黑格尔：《历史哲学》，王造时译，276 页，北京：生活·读书·新知三联书店，1956 年。

切；广大群众无权无势，创造历史的积极性受到压抑。同时少数统治者还垄断着文化教育权，这就必然使广大群众的聪明才智得不到开发和发挥，于是“上智下愚”似乎成为天经地义。权大势大，注定本事也大，这就使产生英雄史观的可能性大大得到增强。反过来，社会愈是进步，人的全面发展便愈成为可能。一旦当所有跪着的人都站立起来的时候，那些原来站着的、显得高大的英雄也便不再那么显赫；或者，所有的人都“英雄化”了。现代社会不仅把杰出的科学家、诺贝尔奖金获得者视为英雄，亦把凭借人的体能和智慧创造了“世界之最”而进入《吉尼斯纪录》的人视为英雄。另外，影星、歌星、舞星、球星、棋圣、拳王、跳水皇后、短跑健将也被视为英雄。在这样的社会中，英雄史观最终将没有藏身之地。

（2）认识根源。在人们创造历史的活动中，杰出人物的作用是历史的事实，重大历史事件通常是由杰出人物组织和发动的，人民群众的利益和要求往往要通过自己的代表人物集中表达和组织实现。因此，历史的必然过程深藏于内，社会的偶然情节显露于外；体现必然过程的大多数群众默默无闻，而给历史事件的情节打下较深印记的杰出人物则名垂青史。这就容易造成一种错觉，似乎少数杰出人物才是历史舞台的主角，而其背后的人民群众则无足轻重。鲁迅说得很深刻：“有一回拿破仑过阿尔卑斯山，说：‘我比阿尔卑斯山还要高！’这何等英伟，然而不要忘记他后面跟着许多兵”。[①] 再比如，一位演员，在台上演出，获得了热烈的掌声和美丽的鲜花。然而也请不要忘记，他离不开伴舞和伴奏者、布景和道具制作者、他的师友们，以及剧作者、编导者等的关怀与支持。

（3）阶级根源。剥削阶级为了维护自身的利益和加强自己的统治地位，非常害怕人民群众认识到自己的力量。他们一方面竭力贬低和否认人民在创造历史中的作用；另一方面，又百般吹捧他们的领袖人物和政治代表。他们的阶级地位也使他们产生一种错觉，以为自己无所不能，整个社会和群众都在自己的掌握之中。这样，就使英雄史观的形成和传播由可能变成现实。

① 《鲁迅全集》第 1 卷，166 页，北京：人民文学出版社，1981 年。

2. 马克思主义的群众史观

马克思主义反对和批判英雄史观。它坚持社会存在决定社会意识的观点，认为社会历史本质上是物质资料生产史，因而也是物质资料生产者，即人民群众创造活动的历史。唯物史观从人民群众是物质财富的创造者、精神财富的创造者、社会变革的决定力量等三个方面，全面地说明了人民群众是历史创造者的观点。

唯物史观认为，在人民群众创造历史的活动中，内在地包含着杰出人物的历史作用。杰出人物是历史发展的产物，他们是在一定的历史条件下顺应时代的需要、群众的需要、某个阶级的需要而产生的。解决已经成熟的历史任务，要求出现伟大人物时，这样的伟大人物或迟或早会出现，这是必然的。然而恰巧某人在某一时间出现在某一国家，成为担当某项历史使命的关键人物，这又是偶然的。这里的偶然因素包括个人的才能、品质、性格、个人遭遇、适当的机会等等，这其中的每一个因素或几个因素的交叉作用都会影响某人能否成为杰出人物。历史上任何一个杰出人物的出现，都是必然和偶然的统一。必然性体现了社会制约性，偶然性体现了杰出人物产生的具体途径和形式。必然性支配着偶然性。

从制约杰出人物作用的具体社会条件即时代条件、群众条件和阶级条件的角度说，杰出人物是时代的产物，是群众力量的造就，是一定进步阶级或阶层的代表，对此，下面分别来加以说明。

（二）杰出人物都是一定历史时代的产物

1. 杰出人物是与解决时代所提出来的重大社会问题相联系的

当一代人开始在社会上进行活动的时候，都会遇到历史发展所造成的客观环境和上一代人提供的现成条件。这种客观环境和现成条件既决定着社会进一步发展的趋势和方向，也决定着由此所引发的种种社会需要，以及满足此类需要所要解决的种种重大社会问题。杰出人物之所以能成为杰出人物，总是与解决某个重大社会问题相互关系的，而这些重大社会问题正是由时代条件所提出的。比如社会的停滞或倒退，需要促其前进和发展；社会处于分裂和动乱，需要走向统一和安定；社会陷于危亡和贫弱，需要迎来振兴和富强，如此等等。每个时代都向人们提出了自己的要求，提出了要求解决的社会问题，并创造出解决这些社会重大问题的杰出人物来。正如马克思所说："每一个社会时代都需要有自己的大人物，如要没有这样的人物，它就要把他们创造出来。"① 在历史上，这样的事例是很多的。

在西欧各国的封建社会末期，都面临着如何使资本主义迅速发展的迫切问题。其资产阶级革命就是在这种情况下爆发的。这些革命的领导者们，无论是英国的克伦威尔，还是法国的罗伯斯比尔等人，都凭着自己高度的政治敏锐性，发现封建政权的存在是一切问题的症结所在。为了解决这个社会前进的重大问题，他们领导群众推翻封建政权，建立资产阶级政权，尽管彼此在组织形式上有些不同，有的君主立宪，有的民主共和，但都是使封建地主阶级专政转变为资产阶级专政。正是在促进这种转变的过程中，他们成为资产阶级革命的英雄，他们的杰出作用就是为资本主义的发展开辟道路。

由此可见，杰出人物的出现不是纯粹偶然的，而是杰出人物所处历史时代的经济、政治发展的必然产物。比如，大军事家是战争时期的产物。孙武、孙膑、曹操、诸葛亮、拿破仑、斯大林、毛泽东都是因为战争造就了这些伟大的军事家。大思想家是社会危机时代的产物。为了克服危机，为了给世人以希望、以方向，思想家以其敏锐的感觉和超前的意识，提出种种思想观点，构建种种社会理想。春秋战国时期，是中国由奴隶社会向封建社会转变的大变动时期。这一变动关涉到各诸侯国的前途命运，关涉到各阶级的生死存亡，为了申明自己存在的理由，为了给社会指明出路，于是，儒、法、名、道、墨、纵横等诸子蜂出，百家争鸣，一时盛况空前。又如，1840 年鸦片战争失败以后，中国逐渐从封建社会沦为半殖民地半封建社会。于是帝国主义和中华民族的矛盾、封建主义和人民大众的矛盾，成了中国社会的主要矛盾。作为对这些主要矛盾的反映，也就产生了"中国向何处去"这样一个中心问题。正是在解答和解决这一问题的过程中，才产生和出现了从康有为、梁启超、严复到孙中山，从李大钊、陈独秀到毛泽东、周恩来等社会改革家兼思想家的一系列光辉千古的人物。科学技术人才是社会生产发展，经济繁荣时代的产物。十七世纪的英国成为大西洋东岸的贸易中心，从而刺激了生产的发展。在这样的时代条件

---

① 《马克思恩格斯文集》第 2 卷，第 137 页，北京：人民出版社，2009 年。

下，产生了牛顿、雷夫逊、哈雷、胡克、波义耳、弗兰斯德等一大批英国科学界的著名人物，他们相互促进，灿若群星，形成一代人才。

2. 杰出人物是善于利用一定的时代条件而成就的

时代条件比人强，没有那个时代条件，人力再大也发挥不了作用。朱熹有诗云："昨夜江边春水生，蒙冲巨舰一毛轻。向来枉费推移力，此日中流自在行。"[①] 这首诗生动地说明了条件与人的努力的关系。只有在需要杰出人物出现的时候和地方，只有在具有杰出人物发挥其才能的客观情势和地方，才可能有杰出人物的出现。假如不是生当秦末乱世，刘邦也许终身不过是个默默无闻的亭长。史称李广才气天下无双，然而平生并不得意。汉文帝曾经对他说："惜乎！子不遇时，如令子当高帝时，万户侯岂足道哉"。有人说时势造英雄，这是有道理的。

《汉书·东方朔》记载了西汉前期东方朔的《答客难》一文。文中说："天下无害，虽有圣人，无所施才。"他列举了苏秦、张仪的例子。他说，他们的显赫功业完全是战国时期"周室大坏，诸侯不朝，力政争权，相禽以兵"的社会动乱之时，急需用人之际的环境造成的。于是他断言，如果在相对稳定的西汉中期，他们就连管档案、查事例之类的小官也捞不到。这叫此一时，彼一时，"时异则事异"。

一个人所具有的才能和信念应当比别人更适合那个时代的社会需要，那个历史运动的需要，他才能成为杰出人物。否则就难免遭到埋没。在英国工业革命发生前 100 多年，英国还处于野蛮的封建社会。1598 年，威廉·李创造发明了织袜机，结果非但未被采用，而且被看成危害社会的恶作剧，受到残酷的折磨与迫害。他在英国无法生存，就去法国，开始还受到波旁王朝的国王亨利四世的有力庇护，勉强能够维持生活。但在亨利四世死了以后，他又受到同样的迫害。于是他不得不放弃自己的事业，到巴黎默默地度过自己的余生，最终在贫困中死去。直到英国确立了资产阶级的统治地位，工业革命开始以后，许多科学家、发明家才如一颗颗升起的星星那样发出耀眼的光亮。

杰出人物成就事业，其中一个重要原因，就在于能正确认识、估计和运用一定的时代条件。陈胜、吴广是在我国历史上农民起义的斗争中经受锻炼、造就而成的伟大人物。他们在封建统治下，是被地主、

---

① 录自陈衍评点，曹中孚校注：《宋诗精华录》，456 页，成都：巴蜀书社，1992 年。

贵族视为“草芥”、“贱民”的“群氓”。陈胜年轻时为人佣耕，被称为“甿隶之人”（奴隶），过着饥寒交迫、一贫如洗的生活。他领导了大泽乡农民起义，反对秦朝的统治，在短短的几个月内就席卷了安徽、河南、陕西等许多重要地区，拥有战车千乘，兵士数十万之众。他为什么能振臂一呼，应者云集，为什么会有如此巨大的影响力和号召力，并不是因为他们有什么“神力”或“独特的天分”，而是因为他们顺应了历史的发展，体现了时代的要求。春秋战国几百年动乱，人民希望统一、安定，休养生息。可是秦统一中国以后，统一是实现了，可安定尚未得到，秦滥用民力不已，加之严刑苛法，大泽乡义举就可以理解了。

杰出人物，对自己所处的历史条件理解得越深，同自己的时代条件结合得越好，发挥的作用就会越大，反之，作用就越小。

（三）杰出人物都是广大人民群众的造就

1. 杰出人物是在人民群众的斗争中涌现出来的

凡有群众斗争的地方，总是要推出一些人来领导。这就是所谓“鸟无头不飞”。推出来的领导可能好，可能不称职，也可能不好。但是在群众斗争的考验中，就会使有能力者脱颖而出，从而被推举到更重要的岗位上；也可能使不称职者得到锻炼，获得自己适当的岗位；同时也会使不好的领导遭到淘汰。这叫大浪淘沙。正如刘禹锡诗云：“千淘万漉虽辛苦，吹尽黄沙始到金。”在中国共产党成立的第一次代表大会上，出席会议者共十三人。这十三人中，有人坚持下来，有人半路停顿，也有人当了叛徒、汉奸。毛泽东成为我们党的领袖不是自封的，也不是人为地树立起来的，更不是从天而降的，而是从群众斗争中选拔、推举出来的。正如周恩来所指出的：“毛泽东是在中国的土壤中生长出来的巨大人物”，“是从人民当中生长出来的，是跟中国人民血肉相连的，是跟中国的大地、中国的社会密切相关的，是从中国近百年来和‘五四’以来的革命运动、多少年革命历史的经验教训中产生的人民领袖”。[①]

---

① 《周恩来选集》（上卷），331、332 页，北京：人民出版社，1980 年。

2. **杰出人物是在群众斗争中吸取智慧成长起来的**

杰出人物总是具有一些优秀的品质，他们的智慧、才能往往高于群众。但那些智慧、才能不是天生的，是他们经过同群众一起，进行艰苦斗争，经受各种锻炼，丰富和提高起来的。群众是杰出人物的智慧、才能的最初源泉。列宁在评论为俄国工人阶级取得革命胜利而做了极大贡献的无产阶级领袖、大革命家斯维尔德洛夫说：看看这位无产阶级革命领袖一生走过的道路，马上就会发现，他的卓越的组织才能和大革命家的优良品质，都是他在各个时期最艰苦的工作环境中锻炼出来的。在数十年漫长的岁月里，他从监狱到流放地，从流放地到监狱，磨炼出一个革命家要经过多年的锻炼才能获得的品质。这位职业革命家一时一刻也没有脱离群众。他始终同先进工人肩并肩、手携手地共同前进。[①] 又说："千百万创造者的智慧却会创造出一种比最伟大的天才预见还要高明得多的东西"。[②] 毛泽东在谈到自己时也说："决定大局，决定大方向，要请无产阶级。我就是这么一个人，要办什么事，要决定什么大计，就非问问工农群众不可，跟他们谈一谈，跟他们商量，跟接近他们的干部商量，看能行不能行。"[③] 离开了群众斗争，离开人民群众的智慧才能，领袖的智慧才能就无从形成，就成了无源之水，无本之木。

3. **杰出人物是依靠群众力量成就杰出事业的**

伟大的革命先行者孙中山先生在遗嘱中说："必须唤起民众"。杰出事业不是个人的事业，也不是少数先进分子的事业，而是民众的事业。孙中山领导过多次武装起义，但都失败了。最根本的教训是，只有少数勇敢分子的奋斗，而无民众的奋斗是不行的。马克思主义出现以前，圣西门、傅立叶、欧文，他们为了废除剥削制度，表述过非常深刻的思想，设计过各种不同的方案。他们想争取资产阶级的帮助，作一些实际的实验。圣西门、傅立叶、欧文谁也没有能够对社会现状作出什么变革。因为那些理论、方案反映的还是不成熟的资本主义生产状况，解决社会问题的办法还隐藏在不发达的经济关系之中，所以

① 《列宁选集》第3卷，710、711页，北京：人民出版社，2012年。

② 《列宁全集》第33卷，281页，北京：人民出版社，1985年。

③ 《毛泽东选集》第5卷，454页，北京：人民出版社，1977年。

它们远不足以动员群众去为之进行斗争，因而也就无法触动旧制度的统治。无产阶级革命导师他们在制定科学社会主义理论，集中群众智慧，投身和领导革命运动方面是做出了重大贡献的，没有他们的活动，革命要取得胜利是不可能的。但光有他们个人的作为，而没有最广大群众奋不顾身去进行斗争，革命的胜利也是不可能的。道理很简单，马克思恩格斯和第一国际其他人物的活动，对巴黎公社起了显著作用，但光有马克思恩格斯和第一国际的影响，离开法国无产阶级、巴黎人民的英勇斗争，就不会有巴黎公社。毛泽东与中国革命胜利分不开，但光有毛泽东的作用，没有中国共产党、中国无产阶级其他杰出人物的作为，没有广大群众数十年前赴后继，流血牺牲，顽强奋斗，中国民主革命的胜利，中国伟大的社会主义事业，就无从说起。

（四）杰出人物都是某种进步力量的代表

这里的进步力量包括进步的阶级、阶层和社会集团。

历史上，一切处于革命地位的阶级，都需要有善于领导运动、指挥斗争的领袖和杰出代表人物，才能取得统治权，才能推动历史前进。在阶级社会中，杰出人物都具有阶级性，总是一定阶级的代表。因而他们所起的作用，受到他们所属的那个阶级的制约；他们的历史命运，随他们所属的那个阶级的兴衰而浮动。从历史上看，剥削阶级的代表杰出人物，和被剥削的奴隶阶级、农民阶级的杰出人物，由于受到所属阶级的制约，其作用总是有着一定的局限性，只有无产阶级杰出人物，由于代表了无产阶级和广大人民群众的根本利益，所以其历史作用才能得到最充分的发挥。

1. 先进剥削阶级代表人物的作用及局限性

在剥削阶级处于上升时期，历史上曾经出现过不少这样的杰出人物。他们开始革命，甚至有很大影响。但后来，由于剥削阶级的本性所决定，他们一个个脱离群众，最终陷于失败和颓唐，为群众所抛弃、所忘却。在资产阶级革命中，这一类半截子英雄是不罕见的。资产阶级在革命时期，它与劳动阶级具有共同的利益，因而能够团结劳动阶级一起斗争。但是一旦当资产阶级夺得政权，资产阶级就把自己的特殊利益突出出来，凌驾于群众利益之上。它的政治代表也就免不了这种阶级的局限性。在法国大革命中，罗伯斯比尔是风云一时的人物，以他为代表的雅各宾派，在革命时期，为了借用人民的力量，曾经坚决地主张满足人民的某些要求。例如农民的土地要求，因而能够取得群众的支持，从而把路易十六送上了断头台，表现了革命的气概。但他毕竟是资产阶级革命家，在革命刚刚取得胜利以后，他就漠视人民群众的利益，甚至进而镇压群众，结果丧失了人民的支持。当反动势力反扑过来的时候，他也就无力抗击，终于被反动派送上了断头台。

鲁迅先生谈到辛亥革命时期的章太炎，当年“七次追捕，三次入狱，而革命之志，终不屈挠”。在群众中曾有过很大影响，起过很大作用。但是辛亥革命以后，他却“用自己手所造的和别人所帮造的墙和时代隔绝了”。其结果，“既离民众”，也就不能不“渐入颓唐”，终为大众所淡忘。

2. 农民起义领袖的作用及局限性

在中国历史上出现过许多著名农民领袖。封建社会的农民，并不是新的生产力和新的生产关系的代表者。他们既是劳动者和被剥削者，具有反封建的革命性，要求摆脱封建的剥削和压迫；又是小私有者和小生产者，具有落后性和保守性，不可能消灭封建的剥削和压迫。农民领袖是农民阶级的政治代表。在农民发动起义过程中，他们的革命性突出地表现出来，一旦这种斗争取得某种胜利，农民阶级所具有的落后性和保守性就会在农民领袖身上鲜明地表现出来，甚至随着个人地位的上升，使他们成为封建皇权主义的俘虏。刘邦、朱元璋等坐上了皇帝的宝座，然而，从陈胜到李自成、洪秀全，在他们身上也都可以窥见刘邦、朱元璋的影子。拿洪秀全领导的太平天国农民战争来说，曾经轰轰烈烈，盛极一时。但他们取得权力以后，却把最初由于革命斗争需要所建立的各级指挥职务和制度，变成了等级特权。从洪秀全到普通士兵之间，各种等级，繁复森严，不许逾越。例如乘轿一项，照规定：天王轿夫 64 人，东王轿夫 48 人，以次递减，到只带领 25 人，不及一个排长的“两司马”，还有轿夫 4 人。高级官员出行，下级官员和士兵必须回避或跪在道旁，否则格杀勿论。历史事实说明，农民领袖在起义以后的封建化倾向只有程度上的差别。但这种倾向的存在是一种历史的必然，是农民阶级本身的局限性所必然导致的一种结果。

3. 无产阶级杰出人物的作用是促进人类的彻底解放

无产阶级的杰出人物不同于任何其他阶级的杰出人物，是由于产生他们的无产阶级不同于历史上任何其他阶级。无产阶级与三大剥削制度中的最后一种制度，即资本主义制度一同诞生。它反对资本主义的斗争最坚决。无产阶级作为新的生产力的代表者，要求废除生产资料私有制，代之以生产资料公有制，它也是唯一能够担当起这一历史使命的最革命的阶级。

无产阶级的杰出人物相对于其他阶级的杰出人物，有共同的方面，即他们都以自己的杰出活动，推动了历史的前进、社会的进步。但是，其他阶级的杰出人物，与无产阶级杰出人物所起的改造历史的作用，什么时候也不能相提并论。奴隶阶级、农民阶级的杰出人物，从主观上来说，他们所从事的斗争并不是面向未来，而是面向过去。奴隶的战斗理想是试图恢复到原始的平等社会，成为一个自由人。而这是不可能实现的。列宁说得很清楚："我们知道，奴隶举行过起义，进行过暴动，掀起过国内战争，但是他们始终未能造成自觉的多数，未能建立起领导斗争的政党，未能清楚地了解他们所要达到的目的，甚至在历史上最革命的时机，还是往往成为统治阶级手下的小卒。"[①] 因此，奴隶起义总是陷于失败。列宁指出："最后，这些奴隶有的被打死，有的被俘虏，遭受奴隶主的酷刑"。[②] 在封建社会，农民和手工业者在饥饿和死亡威胁下起来斗争，平均主义是他们所能设想的最好纲领。但是这样的纲领也总是不能实现，当农民在阶级斗争中找不到出路的情况下，多数农民战争在发展壮大建立了政权组织以后，就逐步采用了封建主义的政权组织和管理形式。这不是革命的进步，而是一种倒退。列宁说：农民战争中建立起来的劳动者专政是很不巩固的，经过一个时期以后就倒退了。"所以倒退，是因为农民、劳动者、小业主不能有自己的政策，他们经过多次动摇，只好倒退回去。"[③] 毛泽东也说，农民起义"总是陷于失败，总是在革命中和革命后被地主和贵族利用了去，当作他们改朝换代的工具"。[④]

至于历史上剥削阶级的杰出人物，不管他们作用多大，说到底都是为巩固和发展私有制服务。而无产阶级领袖和杰出人物要做的事业

① 《列宁选集》第4卷，38页，北京：人民出版社，2012年。

② 《列宁选集》第4卷，34页，北京：人民出版社，2012年。

③ 《列宁全集》第41卷，131页，北京：人民出版社，1986年。

④ 《毛泽东选集》第2卷，625页，北京：人民出版社，1991年。

正好相反。他们要推翻私有制，在旧社会的废墟上建立一个使人获得彻底解放和全面自由发展的新社会。一言以蔽之，阶级的性质和地位不同，决定其领袖和杰出人物的作用不同。斯大林把列宁比做大海，把替俄国地主、商人做了很多事情的彼得一世比做沧海一粟。这是一个形象而又恰当的说明。

二、杰出人物的历史作用

马克思主义承认人民群众是历史的创造者，承认人民群众托起了英雄，但是并不因此而否认杰出人物的作用。恰恰相反，马克思主义认为这种作用是相当大的。

马克思曾经高度肯定了古代罗马起义的英雄斯巴达克，说他是“整个古代史上最辉煌的人物。一个伟大的统帅……高尚的品格，古代无产阶级的真正代表”。[①] 列宁也说：“斯巴达克是大约两千年前最大一次奴隶起义中的一位最杰出的英雄。完全建立于奴隶制上的仿佛万能的罗马帝国，许多年中一直受到在斯马达克领导下武装起来、集合起来并组成一支大军的奴隶的大规模起义的震撼和打击。”[②]

美国第十六任总统林肯（1809—1865），在美国南北战争期间，在人民群众的推动下颁布了著名的《解放黑奴宣言》，平定了南方奴隶主的叛乱。1865 年 4 月林肯被奴隶主反动势力暗杀。这时马克思代表国际工人协会给安德鲁·约翰逊写了一封公开信。信中高度评价了林肯。说他“是一个不会被困难所吓倒，不会为成功所迷惑的人，他不屈不挠地迈向自己的伟大目标，而从不轻举妄动，他稳步前进，而从不倒退；他既不因人民的热烈拥护而冲昏头脑，也不因人民的情绪低落而灰心丧气……他是一位达到了伟大境界而仍然保持自己优良品质的罕有的人物。这位出类拔萃和道德高尚的人竟是那样谦虚，以致只有在他成为殉难者倒下去之后，全世界才发现他是一位英雄”。[③] 不难看出，马克思对林肯这位伟大人物抱有至深的敬意。

---

① 《马克思恩格斯全集》第 30 卷，159 页，北京：人民出版社，1975 年。

② 《列宁选集》第 4 卷，34 页，北京：人民出版社，2012 年。

③ 《马克思恩格斯全集》第 16 卷，108、109 页，北京：人民出版社，1964 年。

毛泽东对中国历史上许多有杰出贡献的人物也给予了充分的正确的评价。毛泽东评价孙中山是“伟大的革命先行者”；肯定陈独秀是“五四时期青年的旗帜”；赞许鲁迅先生是“中国文化革命的主将”。

1883 年 3 月 14 日，在马克思停止思想的这一天，恩格斯以十分悲痛的心情写信给李卜克内西，简要地叙述了马克思病逝的经过以后说：“我们之所以有今天的一切，都应当归功于他，现代运动当前所取得的一切成就，都应归功于他的理论和实践的活动，没有他，我们至今还会在黑暗中徘徊。”①

邓小平也曾评价毛泽东“多次从危机中把党和国家挽救过来。没有毛主席，至少我们中国人民还要在黑暗中摸索更长的时间”。② 他说“毛泽东同志在长期革命斗争中立下的伟大功勋是永远不可磨灭的。回想在 1927 年革命失败以后，如果没有毛泽东同志的卓越领导，中国革命有极大的可能到现在还没有胜利，那样，中国各族人民就还处在帝国主义、封建主义、官僚资本主义的反动统治之下，我们党就还在黑暗中苦斗。所以说没有毛主席就没有新中国，这丝毫不是什么夸张”。③

列宁在谈到无产阶级领袖人物的作用时说：“在现代社会中，假如没有‘十来个’富有天才（而天才人物不是成千成百地产生的）、经过考验、受过专业训练和长期教育并且彼此配合得很好的领袖，无论哪个阶级都无法进行坚持不懈的斗争”。④

由上可见，马克思主义经典作家对杰出人物的作用是充分肯定的。不管他是来自劳动阶级，还是来自剥削阶级，只要他发挥了促进历史前进的作用，都是值得后人永远敬佩的。

（一）杰出人物对群众实践的领导作用

杰出人物对群众实践的领导作用，主要表现在以下几个方面。

1. 理论指导作用

作为社会过程的个人活动是自觉活动与不自觉活动的统一。所谓自觉是指人类的一切活动，从个体来说都是自觉的、有意识的，而诸

① 《马克思恩格斯文集》，第 10 卷，502 页，北京：人民出版社，2009 年。

② 《邓小平文选》第 2 卷，344、345 页，北京：人民出版社，1994 年。

③ 《邓小平文选》第 2 卷，148 页，北京：人民出版社，1994 年。

④ 《列宁选集》第 1 卷，401 页，北京：人民出版社，2012 年。

多个人活动相互作用所造成的历史合力，以及合力的指向，即历史发展的趋势，是无意识的，不自觉造成的。这种趋势形成以后，也不是一般人所能认识和把握的。相对于一般群众，杰出人物要站得高些，看得远些，能够在某种程度上透过种种社会现象，发现社会的发展趋势，能够透过反映这种趋势的民众的愿望，体察人心的向背，把握社会前进中所要解决的重大问题，和提供解决问题的某种设想，从而形成一定的思想和理论。这种理论可能正确，也可能不那么正确，甚至是一种空想，但是提出问题本身总可以给人以启发，总可以作为思想材料激发人们去寻找真理。没有理论指导特别是没有正确的理论指导，群众斗争就是盲目的、自发的。这种斗争就不可能持久，也不可能走向正确的方向和提高到高级的程度；就不可能经受严峻的考验，包括来自敌对阵营的镇压摧残和敌对思想的腐蚀软化，也包括来自自己内部的矛盾斗争所引发的种种危机。这种自发的斗争如果能取得某种胜利，也只能是群众生活境况的某种局部的暂时的改善，而不可能从根本上获得改善。

相对以往的群众斗争，无产阶级所领导的革命最伟大、最艰巨。所以对无产阶级来说，“没有革命的理论，就不会有革命的运动”。“只有以先进理论为指南的党，才能实现先进战士的作用”。[①] 马克思恩格斯的巨大功绩就在于发现了人类历史的发展规律，特别是资本主义社会发展的规律，使现代无产阶级第一次意识到本身的地位和要求，意识到本身的解放条件，从而使无产阶级从一个自发的阶级变成为一个自为的阶级。

列宁是伟大的无产阶级革命家、理论家和战略家。他发现了资本主义在帝国主义时期经济和政治不平衡的规律，创立了新的无产阶级革命理论，提出了社会主义能够在一国内取得胜利的学说，指导俄国无产阶级取得了十月革命的胜利，并建立了世界上第一个社会主义国家。

毛泽东是伟大的马克思主义者，是伟大的无产阶级革命家、战略家、理论家。他把马克思主义的普遍真理和中国革命的具体实践相结合，创立了毛泽东思想，培育了几代中国人，引导中国人民取得了中

① 《列宁选集》第1卷，311、312页，北京：人民出版社，2012年。

国革命和社会主义建设的伟大胜利，使一个过去备受凌辱和歧视的文明古国，屹立于世界的东方。

邓小平是伟大的马克思主义者，中国改革开放和现代化建设的总设计师。他在和平与发展成为时代主题的历史条件下，在我国改革开放和社会主义现代化建设的实践过程中，在总结我国社会主义胜利和挫折的历史经验并借鉴其他国家社会主义兴衰成败历史经验的基础上，创立了邓小平理论。这一理论深刻反映了我国社会主义建设的客观规律，是全党和全国各族人民的精神支柱，是我们夺取改革开放和现代化建设胜利的强大思想武器。正是在这一理论的指导下，我国社会主义事业开创了历史的新局面，经济建设、人民生活、综合国力都上了一个大台阶，取得了举世瞩目的成就。

党的十三届四中全会以来，以江泽民为核心的第三代中央领导集体，高举邓小平理论伟大旗帜，弘扬与时俱进、开拓创新的精神，科学分析国际国内形势发生的重大变化，深刻总结我国改革开放和现代化建设的丰富经验，丰富和发展了邓小平理论，特别是“三个代表”重要思想作为新的理论成果，对于我国在新世纪全面建设小康社会，加快推进现代化事业，在建设有中国特色社会主义道路上实现中华民族的伟大复兴，具有十分重要的指导意义。

江泽民同志对正确理论的指导作用有着十分深刻的论述。他说：“一个党、一个国家、一个民族，特别是像我们这样的大党，这样的大国，这样人口众多的民族，如果没有正确的理论为指导，如果没有以正确理论为基础的强大的精神支柱，那末，我们的党、国家和民族将是不可想像的，就会成为一盘散沙，就谈不上凝聚力、战斗力、创造力，就不会有美好的未来。”因此他说：“我们应该从这样的历史高度来认识坚持学习和运用马列主义、毛泽东思想，坚持学习和运用邓小平同志建设有中国特色社会主义理论的根本意义。”①

2. 组织指挥作用

任何一个时代，群众的革命斗争，都要有杰出人物来组织、来领导，才能形成一个阶级的行动和有组织的力量，才能取得革命斗争的伟大胜利。因此，我们一方面认为领袖离不开群众，同时又认为，群

① 《江泽民论有中国特色社会主义》（专题摘编），10页，北京：中央文献出版社，2002年。

众斗争需要领袖，需要有代表他们的利益和意志站在历史潮流的前头指导斗争的卓越人物。因为人民群众的要求和愿望，要通过领袖人物集中表达出来，人民群众的斗争要由领袖人物发起和组织。如前所述，任何阶级的革命如果没有一批最有威信、最有影响、最有经验的领袖来加以组织，要取得胜利是不可能的；胜利了要巩固和发展也是不可能的。马克思曾多次比喻说“一个单独的提琴手是自己指挥自己，一个乐队就需要一个乐队长”。[①] 没有统一的组织和指挥就不会有统一的行动，也就会无所作为。巴黎公社失败的原因之一，就是缺乏统一的强有力的组织领导。组成公社委员会的布朗基派和蒲鲁东派都不是真正的马克思主义者，他们对巴黎公社的革命事业都缺乏正确的认识，因而在关键时刻软弱无力，犹豫不决，使革命事业失去了坚强的组织保证。

革命从来是在迂回曲折中前进的，暂时的和局部的迷误是不可避免的。所以需要有杰出的领袖人物科学地判断形势，了解敌我双方力量的对比变化，指明斗争的方向，制定正确的斗争策略，能够在革命的转变关头，抓住机遇，作出正确决策，绕过横在前进道路上的暗礁，减少迷误，少走弯路，加速胜利的到来。现实生活中有过这样一些情况，当着革命的客观条件已经具备和成熟，由于暂时没有出现适合的领袖来领导，群众的革命积极性不能组织起来，结果丧失时机，使革命推迟下去。因为历史常常不是以几个月或几年的时间来计算的，所以这种推迟甚至可能长达十几年或几十年，尽管这在历史长河中仍然是很短暂的，但对当时一代以至几代人的影响则是巨大的。也有这样的情况，即在革命的进程中，由于人民对领袖的认识需要一个过程，有时也会因为对某个领袖人物挑选不当，致使革命事业遭受重大的挫折。有一位跟随过毛泽东南征北战的老同志说：现在青年人没有经历过革命战争，不熟悉那段历史，没有亲身体会到毛泽东同志在中国革命中的丰功伟绩和历史作用。但是，到过三门峡的人都知道，当一只船在峡谷里航行的时候，遇到了惊涛骇浪，急流险阻，船上的人是多么渴望着有一个好的舵手，能够率领大家战胜航行中的困难，绕过暗

① 《马克思恩格斯文集》第5卷，384页，北京：人民出版社，2009年。

礁，胜利地到达彼岸啊！毛泽东同志就是掌握中国革命航船的好舵手。[①]

3. 榜样感召作用

领袖一般都是人民中最优秀的人物。他们具有多种优秀品质，富有人格魅力，是群众的榜样，而榜样的力量是无穷的。在人类生活中，在许多情况下是不允许获得意见统一以后，再行动的。因为不同意见的分歧不可能一下子，或在短时间内获得统一的。如果等意见统一了以后，再去行动，那么往往就要以丧失时机为代价。而丧失时机，对一个民族来说，就是丧失发展的前途。另外，现实生活中许多事情是在充满风险，前景并不明朗的情况下开始着手进行的。那么如何才能在意见分歧的情况下，前景并不明朗的情况下，把多数人的认识和行动统一起来，把各方面的力量凝聚起来，这时候领袖的威信往往起着关键作用。这一点在革命事业的危机时期，即转折关头显得更为突出。领袖的威信从哪儿来，来自他的知识、才能，特别是他的品格。崇高的品格，受到人们的敬佩，就能形成一种无形的、巨大的感染力量，号召力量。1927 年湘赣边界的秋收起义，原计划要攻打长沙。起义遭到挫折后，毛泽东及时改变了攻打长沙的计划，拟向敌人统治力量薄弱的农村进发。然而这一主张遭到了个别领导人的激烈反对，也有不少人对此疑惑不解。然而毛泽东终于以自己的威望和人格魅力影响和说服了大家，赢得了众人的拥护，人们跟着他向井冈山地区进发，建立了全国第一个农村革命根据地。周恩来曾经从工作作风的角度概括说明了毛泽东的品质："中华民族的谦逊实际；中国农民的朴素勤勉；知识分子的好学深思；革命军人的机动沉着；布尔什维克的坚韧顽强。"[②] 毛泽东在长期革命实践中所形成的这些优秀品质，为全党、全军和全国人民树立了学习的光辉榜样。在他的领导下，中国共产党和中国人民战胜了一个又一个巨大困难，取得了一个又一个重大胜利。新加坡前总理李光耀曾经评价说："他是本世纪的巨人之一。他改造了

---

① 以上参见高光等著：《正确认识个人在历史上的作用，反对个人崇拜》，44 页，哈尔滨：黑龙江人民出版社，1982 年。

② 《周恩来选集》，132 页，北京：人民出版社，1980 年。

中国，从而改变了亚洲和世界历史的进程。”①

伟大的无产阶级革命家朱德以其意志坚如铁，度量大似海在党内和革命队伍中享有崇高赞誉。他曾经指挥千军万马，赢得了多次险仗、恶仗、大仗，为中国人民的解放事业建立了不朽的功勋。1927 年南昌起义失败，南下途中，朱德带领叶挺交给他临时指挥的 3000 人，在沙河坝顶了三天三夜，伤亡六七百人，还剩下 2000 多人，一边走一边跑，走到江西安远天心圩，只剩下 800 人。这个部队的师长和三个团长全部走光，扔下自己的队伍，朱德留下来，把这帮残兵败将变成了燎原火种。陈毅后来说，朱总司令在最黑暗的日子里，在部队情绪低到零度、灰心丧气的时候，指明了光明前途。这是总司令的伟大。这 800 人后来成为井冈山工农红军的核心战斗力。1955 年中国人民解放军授衔。从这 800 人中走出了两位元帅，一位大将。就是这样一个伟大人物在 1942 年抗日战争极端艰难的日子里，为了生产自救，在每天“工作到深夜”的情况下，“每到早晨，又看见他就像他所出身的农民一样，下地干活”。② 作为“全军统帅”“他的生活和穿着都跟普通士兵一样，同甘共苦，早期常常赤脚走路，整个一个冬天以南瓜充饥……”。③

周恩来，这是一个光辉的名字，不朽的名字。在他的身上，凝铸着中华民族的美德和无产阶级的优秀品格。他在我党我军和全国人民心目中，是为人民鞠躬尽瘁，死而后已的楷模，给人们留下了许多美好的回忆、箴言和故事。长征路上他患有肝脓疡，整天发高烧。医护人员找来点米，煮一缸稀饭送来了。他却严肃地说：“我们是革命队伍，要官兵一致，战士吃什么，我们就吃什么，决不能脱离群众，搞特殊”。长征队伍到达陕北后，生活条件有了改善，冬天每人发了新棉衣、棉鞋。可是周恩来同志总是穿他那件旧的羊毛夹袄。供给部送来的新棉衣，他坚持送回去，并耐心地解释说：前线的战士在这样天寒地冻的时候，还要打仗，可是他们并没有都穿上棉衣呀！

在中央第一代领导集体中，毛泽东高瞻远瞩，对党的路线方针政

---

① 摘自《人民日报》1976—9—19（10）。

② ［美］史沫特莱：《伟大的道路》，梅念译，440 页，北京：生活·读书·新知三联书店，1979 年。

③ ［美］斯诺：《西行漫记》，董乐山译，313、314 页，北京：生活·读书·新知三联书店，1979 年。

策的科学把握，朱德坚定的斗争精神和取胜的革命信念，周恩来大量的组织协调，形成了最佳的结合。我们党的领袖以身作则，处处关心群众，尊重群众，忘我地领导群众进行斗争。他们以自己的高尚品质赢得了群众的拥护和爱戴，形成了排山倒海的力量。这些高贵品质也将如日月之辉，永照后人，激励中华民族不断前行。

杰出人物对群众的领导作用，在历史的宏观层面上，是通过杰出人物对历史发展的促进作用获得集中表现的。

（二）杰出人物对历史发展的促进作用

杰出人物在历史发展中的作用，这里应该从两个层面来加以说明。

1. 杰出人物在历史宏观层面上的加速作用

在历史的宏观层面上，杰出人物对于历史的发展只能起加速作用。他们对历史发展的大方向是不能左右的。

历史发展的大方向是由生产力与生产关系矛盾和以此为基础的社会动力系统所决定的。这一动力系统的发展决定了人类历史从原始社会到奴隶社会、封建社会，再到资本主义社会，以及向社会主义社会、共产主义社会的演进；决定了一定生产力基础上所形成的一定社会生产关系和一定性质的上层建筑。为了解决社会基本矛盾和其他社会矛盾，在阶级社会中就要诉诸于一定进步的、革命的阶级斗争，特别是人民群众的力量。为此就要求有一定的领袖来加以组织和领导。恩格斯说："恰巧某个伟大人物在一定时间出现于某一个国家，这当然纯粹是一种偶然现象。但是，如果我们把这个人去掉，那时就会需要有另外一个人来代替他，并且这个代替者是会出现的，不论好一些或差一些，但是最终总是会出现的"。[①]

因此，不是如某些理论家所认为的，缺了某个杰出人物，历史就会改观云云。例如，如果没有拿破仑，当时法国也会有另一个人来代替他。因为取得了胜利的法国资产阶级，为了巩固和扩大已有的成果，恢复资产阶级所渴望的秩序，必须有一支"宝剑"。最初人们以为这种宝剑使命可由茹伯尔将军来执行，但当他在威纳会战阵亡以后，大家便提到莫诺、麦克唐纳和贝尔纳多等人，拿破仑这个名字是后来被提

① 《马克思恩格斯文集》第10卷，669页，北京：人民出版社，2009年。

出来的，只要社会的需要足够强大，持续足够长的时间，就总会有人出来满足这种需要，决不会死了胡屠夫，尽吃混毛猪的。

由此，普列汉诺夫说："个人的性格只有在社会关系所容许的那个时候、地方和程度内，才能成为社会发展的'因素'"。也就是说，"个人只有在社会上占有为此所需的地位时，才能够表现出自己的才能"。[①] 个人，包括历史人物作为一种力量，相对于整体的、绵延漫长的社会历史总是有限的、具体的存在，不可避免地受历史必然性的支配。他的作用只是在历史必然性支配下对历史必然性的实现起着扰动作用，即加速或延缓作用。除此以外，不会发挥更大的作用，在德国历史上不管俾斯麦多么了不起，他终究不能使德国经济回到自然经济去。

我们中国人讲形势所迫，因势利导。"势"是中国哲学和中国历史中经常用来表现历史必然性的概念。柳宗元在《封建论》中谈到人类社会的进步、国家的统一、制度的沿革等，"都非圣人之意也，势也"。王夫之也说，由无君到有君，由"封疆土、建诸侯"的分封制到郡县制是"势之所趋"，是"势相激而理随之易"的结果[②]。那么什么是"势"呢，柳宗元、王夫之没有给予直接的说明，但在他们那里，其意思还是比较清楚的。"势"就是一种客观发展状况，是人们直接感受到的一种不可抗拒的力量。从马克思主义的观点来看，势是必然性的外在表现，是由特定历史时期的人们的全部活动所形成的经济政治态势，这是任何个人力量所无法抗拒的。杰出人物所能做的，只是因势利导，乘势而上。反之，如果大势已去，也就无力回天。

杰出人物在宏观上实现的对历史发展所起的加速作用，是通过杰出人物在微观上对历史事件所起的决定作用实现的。

2. 杰出人物在历史微观层面上的决定作用

在历史的微观层面上，杰出人物对相关历史事件可以起着决定作用。

历史必然性的决定作用往往表现在人的行为目的实现的可能性问题上，而不是历史过程的丰富多彩的细节。符合社会规律的行为也可

---

① 《普列汉诺夫哲学著作选集》第2卷，359、360页，北京：生活·读书·新知三联书店年。

② 王夫之：《读通鉴论》（卷一）。

能失败，但从长远来看，经过多次失败以后，终会得到成功。违背规律也可能暂时得逞，但归根到底会失败。如果不从长远看，仅从一时看，仅就个别历史事件的发生而言，作为历史人物的个人往往有着决定作用。比如张学良、杨虎城对于西安事变的发生就起了决定性的作用；刘伯承、邓小平在解放战争时期挺进大别山，对于大别山革命根据地的开辟也起了决定性的作用。1840 年以来，许多杰出人物在相关历史事件中所发挥的类似决定作用，在中国人民推翻三座大山斗争中，也就加速了人民解放事业的发展。相反，蒋介石在 1927 年“四·一二”大屠杀中起了决定作用；汪精卫在日本扶植下，在建立汪伪政权的过程中也起了某种决定作用，诸如此类在历史事变中的决定作用也就在宏观上表现为对中国人民解放事业发展的延缓作用。历史人物对历史事件的决定作用有好和坏两种性质上的区别。除此外，好和坏也还有程度上的不同。打个比方来说，死了胡屠夫，虽然还会有张屠夫、王屠夫等起而代之，也就是说，胡屠夫作为这一类中的一个人是可以以这一类中的其他人所替代的。但是胡屠夫作为由各种特殊原因所造成的“这一个”，他所拥有的特别高明的杀猪手艺，又是别人所不能完全取代的，或者说不可取代的。换句话说，在特定的范围内，历史人物确实是不可取代的。比如，几十个，甚至几百个富有才华的作曲家，所创作的大量乐曲，都不能给人像贝多芬的著名乐章所给予人们的美妙的音乐享受，所以贝多芬的音乐天才是不可取代的。同样，几十几百个经济学家，不可能创造出像《资本论》那样全面、深刻、详尽地研究资本主义经济关系的伟大的划时代的天才著作。可以说，没有马克思，就没有《资本论》。所以，从某种意义上说，历史人物在其才华、杰出程度、汇集许多特性于一身这样一种意义上，又是不可替代的。也就是说，历史人物作为这样一类人是可以替代的，但作为这一个人是不可替代的。作为这样一个人，屈原是不可替代的，李白、杜甫也是不可替代的。列宁在悼念雅·米·斯维尔德洛夫时也说过：“像这样一个有非凡的组织才能的人，我们是永远找不到人代替他的，如果把代替理解为能够找到一个具备同等能力的同志的话。”[①] 可见，杰出历史人们相对于此类具体历史事件而言的，不可替代的决定作用是

① 《列宁选集》第 3 卷，713 页，北京：人民出版社，2012 年。

显而易见的，是应该充分肯定的。

另外，在历史的交叉点的，历史事件演化的方向不是一个，而是几个，会出现几种可能性。到底哪一种可能性能变成现实，这里就取决于分别代表上述可能性的各种社会力量之间的协同与竞争，取决于代表各种社会力量的领袖人物之间的斗智与斗勇。抗日战争胜利以后，中国面临着两种前途两种命运的斗争。以蒋介石为首的大地主大资产阶级所代表的是一个黑暗的中国；以毛泽东为首的无产阶级和广大人民群众所代表的是一个光明的中国。在这个历史的转折点上，在争取光明、战胜黑暗的斗争中，毛泽东发挥了决定性的组织领导作用，这是毫无疑义的，是必须充分肯定的。在“文革”结束以后，中国历史处在一个新的交叉点上。是按照“凡事派”的主张，继续搞以往“左”的一套，最终葬送中国社会主义事业，还是坚持解放思想，实事求是的思想路线，开创中国社会主义建设事业的新局面，在这样一个关系到中国社会主义生死存亡的问题上，邓小平发挥了决定性的组织领导作用，这也是人所共知的，是必须充分肯定的。

1783 年华盛顿领导的北美独立战争取得胜利，是建立君主政体，还是建立共和政体的问题上，争论激烈。在 1787 年的制宪会议上，有 1/3 的代表主张在美国建立君主制，并把制好的皇冠送给华盛顿。英明的华盛顿坚持共和制，把皇冠送进了博物馆。在 18 世纪，当时除了英国是君主立宪以外，其他国家都还是君主政体。华盛顿这样做是难能可贵的。盛华顿不当国王，也不当终身总统。他只连任一届，就结束了自己的政治生涯，给美国铸造了一种共和体制的政府模式，并且为许多国家所仿效。

总之，杰出人物对相关历史事件的发生，对历史事件的不可取代的个别外貌的形成，在历史转折点上的组织领导作用，都具有某种决定性。没有这样的杰出人物，相关历史事件就可能不会发生，或不可能以这样一种面貌发生；或者在历史转折点上，不可能使某种可能性转化为现实性。但是对杰出人物在相关历史事件中，或所处历史转折点上的决定作用不可以随意夸大。对有限的局部的历史时空中所发挥的决定作用不可以夸大为对整个历史的决定作用。英雄史观失足的一个原因，就是对上述决定作用做了违背历史真实的夸大。所谓失一孔夫子，中国历史就会如何，失一秦始皇，中国历史又会如何，等等，都是英雄史观的具体表现。历史的总趋势是前进的、发展的，失去某个杰出人物，会是一种损失，但决不会使历史永远停滞，也绝不会使历史改变发展的总趋势。失去某个杰出人物，会使历史产生某种局部的停滞甚至倒退。但是正如恩格斯所指出的，“没有哪一次巨大的历史灾难不是以历史的进步为补偿的。”[①] 从这个意义上说，英雄史观不仅是历史唯心论，而且也是违背历史辩证法的形而上学观点。

三、用历史态度评价历史人物

历史人物的评价，历来是一个复杂问题，重要历史人物的评价，尤其如此。俗话说，盖棺论定。这如果是指作为认识客体的盖棺者，终止了活动，从而可以对其一生进行全面的评价来说，这句话是不错的。但是，作为认识主体的评论者，要真正获得对盖棺者的定评，并不是轻而易举的。中外历史上，有些人盖棺已有几百年，有的甚至一两千年了，可是对他们的评价至今还是众说纷纭，未有定论，这也可见此事之不易。

历史人物的评价，为什么会发生种种歧异呢？其中，原因是多方面的。从方法论的角度说，能否用历史态度评价历史人物，应该算是产生分歧的一个重要原因。

马克思说：“人的本质不是单个人所固有的抽象物，在其现实性上，它是一切社会关系的总和。”[②] 现实的人是现实的社会关系的产物，历史人物则是历史上社会关系的产物。任何历史人物都是借助于一定的历史环境，进行活动，从而对历史的运动发生作用的。因此，绝不能按生活的现状去改铸生活的历史，也不能依今人的需要，去评判古人的作为。

这里涉及这样一个问题，即如何看待“一切历史都是当代史”这一命题。它是由意大利学者克罗齐于 1917 年提出来的。1947 年我国美学家朱光潜说：没有一个过去史真正是历史，如果不引起现实底思索，打动现实底兴趣，和现实底心灵生活打成一片。过去史在我的现实思

① 《马克思恩格斯全集》第 39 卷，149 页，北京：人民出版社，1974 年。

② 《马克思恩格斯文集》第 1 卷，501 页，北京：人民出版社，2009 年。

想活动中才能复苏，才获得它的历史性。所以一切历史都必须是现时史……。着重历史的现时性，其实就是着重历史与生活的连贯。这里是说，历史学家的社会责任是为着现在而研究和解释历史。也就是说，“一切历史都是当代史”这一命题，是从发挥历史学的当代社会功能的意义上立论的。与此相联系，历史研究主体，历史研究的角度，以及关于历史的认识，都具有当代性。

当然，肯定这一点，绝不意味着可以按当代人的需要重构历史，去改变历史的真实。相反为了使历史研究具有现实功能，前提则是要尊重历史，尊重历史的真实性。因此，对历史，包括历史人物的研究，坚持历史态度与具有现代眼光是不矛盾的，统一的。列宁说：“在分析任何一个社会问题时，马克思主义理论的绝对要求，就是要把问题提到一定的历史范围之内”。[①] 又说：“一定要历史地”考察问题，这是应该遵守的一个“基本原则”，如果“脱离历史的具体环境来谈……问题，就是不懂得辩证唯物主义的起码常识。”[②] 按照马克思列宁主义的观点，用历史态度评价历史人物，也就是要把历史人物，放到他所活动的历史环境中，放到历史的运动中，去评价其作用。

只有具备这种历史态度，对历史人物的评价，才能做到实事求是，恰如其分。同时，也才可能通过对历史人物的评价，正确对待历史实践，即从历史的成功中吸取经验，从历史的失败中总结教训，从而达到借鉴古人，古为今用的目的。总之，如邓小平所说，联系“历史的复杂背景”，来评价历史的人物，“只有这样，我们才是公正地、科学地，也就是马克思主义地对待历史，对待历史人物”。[③]

那么，怎样坚持用历史态度来评价历史人物呢？对此，可以从以下几个方面来加以说明。

(一) 重在分析历史人物的历史性活动

人物的活动是评价人物的根据。对人物的活动了解得愈全面，对人物评价的根据也就会愈充分。只有考察历史人物的全部活动，包括

① 《列宁选集》第2卷，375页，北京：人民出版社，2012年。

② 《列宁选集》第1卷，689页，北京：人民出版社，2012年。

③ 《邓小平文选》第2卷，172页，北京：人民出版社，1994年。

人物的早年活动、中年活动，和晚年活动；人物的理论活动和实践活动，以及它们之间的联系，才可能对人的一生获得全面的认识。列宁曾指出："在社会现象领域，没有那样方法比胡乱抽出一些个别事实和玩弄实例更普遍、更站不住脚的了"。他认为用这种方法片断地随便地挑出来的事实，说明不了什么，"只能是一种儿戏，或者连儿戏也不如"。"如果从事实的整体上，从它们的联系中去掌握事实，那么，事实不仅是'顽强的东西'，而且是绝对确凿的证据"。[①] 这里告诉我们，从人物活动的全部总和及其联系出发，这是正确评价历史人物所必须的。

但是，仅仅做到这一点，又是不够的。这是因为，就人物一生的活动来说，可能以千万计，然而并不是每一件活动对人物的评价都具有同等重要的意义。为了抓住研究重点，所以必须把人物的全部活动，区分为一般性活动和历史性活动这样两个部分。

可以认为，一般性活动，就是指那些纯属私事、家事及日常公务方面的活动。这一类活动是能够部分地表现人物品质的优劣、道德的高下，及情趣的雅俗的。故而在评价历史人物时，不可忽视对这类一般性活动的分析。但这种一般性活动，在对人物评价中所占的比重，相对于历史性活动来说，毕竟是第二位的，是非基本的。而且一般说来，某一人物在历史上的地位愈重要，那么，在对这个人物的评价中，一般性活动的意义就愈小，而历史性活动，特别是那些重要的历史性活动的意义，就愈大。在人物评价中，人们通常所说的历史性贡献，或历史性错误，实际上也就是相对于一般性的活动所造成的一般性贡献，或一般性错误而言的。

那么，什么是历史性活动呢？可以认为，历史性活动就是具有历史背景和历史作用的活动。如果这个认识不错的话，那么要分析某一项活动，是不是属于历史性活动，那就必须根据它与历史环境的联系情况及有否历史作用来断定。例如，在通常情况下，人们对先人的祭祀，是一般性活动，可是参加 1976 年发生的悼念周恩来总理的"四五"运动，就不是一般性活动，而是历史性活动。因为它是全国范围的反对"四人帮"的强大抗议运动。这个运动实质上是拥护以邓小平

---

① 《列宁全集》第 28 卷，364 页，北京：人民出版社，1990 年。

同志为代表的党的正确领导，它为后来粉碎江青反革命集团奠定了伟大的群众基础。又如，男女婚嫁是一般性活动，可是西汉元帝时的王昭君，嫁给匈奴呼韩邪单于，却是增进汉匈民族团结和文化交流的历史性活动。唐人张仲素有词赞曰："仙峨今下嫁，骄子自同和。剑戟归田尽，牛羊绕塞多"。再如，"友人对答"在通常情况下是一般性活动，但刘备、孔明"隆中对"，却是历史性活动。隆中对，孔明分析天下大势，使刘备茅塞大开。古人云："玄德苍黄起卧龙，鼎分天下一言中"。[①] 总之，判定某一项活动是否是历史性活动，必须联系历史环境及其作用，进行具体分析。

在这里，具备历史的态度，是极为重要的。因为如果对人物的一般性活动，和历史性活动不加区别，甚至加以颠倒，那就可能以人物的小眚掩其不德，或是以人物的小功袒其大过，从而把黄钟视若瓦釜，或把燕雀扮为大鹏。如果是那样，当然也就谈不上对历史人物还会有什么正确评价。因此，坚持用历史的态度评价杰出人物，首先就必须在全面考察历史人物活动的基础上，把人物的一般性活动和历史性活动加以区别，经过分析综合从中引出正确的结论。有的评论者自己缺乏历史的态度，缺乏宽广的视野，往往抓住历史人物，特别是那些杰出人物的生活琐事、小节、细节，津津乐道，而置大是大非，大功大德于不顾，这实在是不可取的。这里用得上黑格尔的一句话："人们要理解一个伟人的意义，本身必具备宽广的视野；仆从眼中无英雄——倒不是英雄不是英雄，而是因为仆从不过是仆从。"[②]

(二) 对历史人物生平史实持尊重态度

要对历史人物给予实事求是的评价，必须尊重历史事实，必须持一种关于历史的敬畏态度，不能随意夸大、缩小、歪曲、篡改，更不能无中生有地伪造。功是功，过是过。不能因功而饰过，也不能因过而抹功。我们应该学习列宁对待普列汉诺夫的态度。普列汉诺夫后期在政治上犯了机会主义错误，但列宁并不因此而抹杀他前期宣传马克

---

① 唐·崔道融:《过隆中》。

② 转引自［苏］古留加:《黑格尔小传》，卞伊始、桑植译，199 页，北京：商务印书馆，1978 年。

思主义和建党的功绩。在普列汉诺夫逝世后的第三年，即 1921 年，列宁说：不研究普列汉诺夫所写的全部哲学著作，就不能成为一个真正的觉悟的共产主义者。列宁在 1921 年俄共党员重新登记时填了一个表。那个表上提出一个问题：你读过马克思恩格斯、普列汉诺夫、考茨基等人的书没有？列宁回答说，我读过普列汉诺夫几乎全部的著作。列宁对待普列汉诺夫的态度是马克思主义的科学态度，实事求是的态度。

在我们党的历史上，陈独秀在某种意义上是一个类似于普列汉诺夫的人物。但对陈独秀在建党及其以后的一段时期的作用，曾经在一个相当长的时期内，评价是不全面的。陈独秀是中国新文化的倡导者之一，是五四运动的实际领导人之一，是中国共产党的发起人之一。他在五四运动时期，在传播马克思主义和建党过程中都有着巨大的贡献。由于他当时的影响，在“一大”上被选为党的书记。在“四人帮”横行时，曾经有人批判他“窃取”了书记的职务，这是不符合事实的。因为他当时在广州，并没有到上海参加代表大会，又怎么会窃取这一职务呢！从党成立后直到第一次国内革命战争失败，陈独秀一直是中国共产党的主要负责人，陈独秀在大革命失败前所写的文章中，有许多右倾机会主义观点，在工作中也犯过许多严重的错误。但是，构成右倾机会主义路线，也只是 1927 年上半年这段时间，不能说他从建党到大革命失败前这 6 年里都是推行右倾机会主义路线。对于他的右倾机会主义路线以及他后来的变化，当然应当批判，但是不能因此而否认他对开创革命事业所起过的巨大积极作用。

就是对汪精卫这样的历史罪人，也应该采取实事求是的态度。汪精卫也不是天生的汉奸、卖国贼。他早年曾致力于反清革命，是孙中山的股肱。他在狱中也曾吟诗道：“慷慨歌燕市，从容做楚囚，引刀成一鬼，不负少年头！”何等壮怀激烈。不能因为抗日战争时期汪精卫认贼作父，成为民族败类、人民公敌，而对上述这一段历史也不敢提了。其实，人是可以变化的，坏的可能变好，好的可以变坏。懂得这个道理，对于先进者保持晚节，对于失足者重新做人，都是有启发意义的。

过去有这样一种偏向，评论正面人物往往只讲功劳，一味颂扬。比如，在评价农民起义领袖时，人为地加以拔高、美化。有人甚至把农民起义领袖说得比无产阶级革命领袖还高明，还伟大，这就违背了历史的真实。何况无产阶级革命领袖，包括毛泽东这样杰出的无产阶级革命领袖也犯有错误，而且犯过严重的错误。另外，在评论反面人物时，往往只讲罪过，一味贬低，这也不好。历史人物的活动是复杂多样的。从纵的角度看，历史人物的一生有变化起伏，从横的方面看，历史人物活动有诸多方面。南唐后主李煜，在政治方面是一个失国昏君，然而在文学方面又不失为卓越才子。他留给后人的“问君能有几多愁？恰似一江春水向东流”等不朽名句，已成千古绝唱，对后世的诗歌创作影响深远。

（三）就历史可能幅度去评价历史人物作用

如上所述，历史性活动是具有历史背景和历史作用的活动。人物活动的历史背景和历史作用是密切联系的。人物的活动依赖于历史环境，人物的活动又反作用于历史环境，改变历史环境。这就是二者相互依存的辩证关系。这里所讲的历史环境，指的是各种历史条件的综合，以及被这些条件所制约的历史运动的可能幅度。

唯物辩证法的质量相统一的原理告诉我们，任何事物的运动，在量上都表现为一定的幅度。历史的运动也不例外。大至一个历史时代，小至一个历史时期，历史的运动都有它的一定的，向前或向后的可能幅度。相对历史发展的现状来说，如果历史运动向前的可能幅度大，那么向后倒退的可能幅度就会小。反之，如果向前的可能幅度小，那么向后倒退的可能幅度就会大。决定某一时期历史运动可能幅度的，是这一时期各种社会条件的综合。其中，主要是指社会基本矛盾的状况，阶级力量的对比，和新旧力量的对比，等等。

历史运动的可能幅度，为各种人物提供了活动的舞台。任何历史人物，既要以这个舞台为基础，又要受这个舞台的限制。

拿推动历史前进的正面人物来说，他们的历史功绩就在于正确利用了历史所提供的有利条件，在历史向前发展的可能幅度范围内，发挥了推动历史前进的作用。战国末年，秦王“奋六世之余烈，振长策而御宇内”，消灭六国，一统天下，是时代使然。毛泽东领导中国人民推翻三座大山，建立社会主义社会，用他老人家的话说，也是“因势利导”。三国时期，群雄并起。然孙权、刘备和诸葛亮，并没有能成就如曹操那样大的功业。究其原因，非孙刘不善用人，也非瑜亮才具不足，而主要是刘备局于西南，孙权偏于江东，北方大半个中国尽在曹操之手。想当初，刘备东投西靠，无立身之地之时，曹操早已威震中原、饮马长江。加之，北方为古来文明昌盛之地，曹操得猛将如云、谋臣如雨。这些条件，都是孙权、刘备所无法与之相比的。所以，相对于历史所提供给他们的活动舞台，应该说，他们都是历史上的杰出人物，都曾有功于中华民族。

由此可见，任何历史活动家只能实现历史发展可能幅度范围内的东西，绝不可能超出历史的可能幅度，去实现什么。主观上硬要去实现一个历史时期不可能实现的东西，这也正是不少历史人物遭致失败的一个重要原因。因此，对待推动历史前进的正面人物，绝不能超出当时历史向前发展的可能幅度去要求他们，说什么应该这样，不应该那样，这是苛求历史人物。对历史人物是不能苛求的。正如我们不能苛求陈胜、吴广提出推翻封建主义的纲领，不可能苛求孙中山先生进行社会主义革命一样。正如列宁所指出的："判断历史的功绩，不是根据历史活动家没有提供现代所要求的东西，而是根据他们比他们的前辈提供了新的东西。"①

但是，如果历史具备了向前运动的可能幅度，而历史活动家没有领导群众，实现那种可能幅度的发展，那就是历史活动家自身的局限或缺陷了。在这种情况下，对历史人物提出批评，就不能算是苛求，而是正当的了。正如陈云所指出的："客观情况可以做到十分，你也做到了十分，这种情形很少。客观情况可以做到十分，因为你自己有缺点，只做到八分或六分、五分，这种情形是很多的"。② 这里得分多少的差别，也就只能由历史活动家自己来负责了，而不能简单地用"时代的局限"来加以搪塞和袒护的。

可见，对待历史人物，苛求是不对的，苛求会使历史人物遭到贬低；袒护也是不对的，因为袒护会导致对历史人物的拔高。话说回来，即使历史活动家率领群众实现了历史发展所能达到的最大幅度（当然这种情况是很少的），历史活动家无疑是起了杰出作用的，但历史的发展，归根到底还在于人民群众的奋斗。

阻碍历史前进的反面人物，他们的罪过，也就在于利用了历史向

---

① 《列宁全集》第 2 卷，154 页，北京：人民出版社，1984 年。

② 《陈云文选》（1926—1949），216 页，北京：人民出版社，1984 年。

后运动的可能幅度，开了历史的倒车。但是，就历史运动的总趋势来说，总是向前的，历史的倒退只是一时现象，只是历史发展中的插曲。因此，从根本上说，搞倒退的人总是要失败的，总是没有好结果的。但一定时期的历史运动，恰又提供了这种向后的可能幅度。因此，在这一时期的倒退活动，如果没有超出上述可能幅度，那么它又是可以得逞于一时的。不过，如果搞倒退的代表人物因一时得逞，而利令智昏，突破上述可能幅度，妄图实现更大的倒退，那么，其结果，只能加速其灭亡。因为历史的运动毕竟是不以人的意志为转移的。在中国近代历史上，袁世凯就是这一方面的典型。他利用辛亥革命时期的种种情势，用阴谋手段夺取了辛亥革命的胜利果实，开始是打着共和的旗号反对共和，把历史拉向后退，当了四年多总统，可谓是得逞于一时。可是，当他一旦宣布推翻民国，恢复帝制时，便顷刻陷入了众叛亲离的境地，闹了 83 天的复辟丑剧，最后以失败而告终。

我们在评价历史上的反面人物时，必须批判他们阻碍历史前进，拉着历史倒退的罪恶。但是反面人物的出现也是历史的产物。马克思在谈到路易·波拿巴的反革命政变何以能得逞时说："象法国人那样说他们的民族遭受了偷袭，那是不够的。……为什么一个有 3600 万人的民族竟会被三个衣冠楚楚的骗子偷袭而毫无抵抗地做了俘虏"。[①] 列宁在谈到第二国际修正主义时也说："机会主义不是偶然现象，不是个别人物的罪孽、过错和叛变，而是整个历史时代的社会产物。"[②] 所以，从马克思主义观点看来，研究反面人物出现和发生作用的社会条件，从中引出教训，则是更为重要的。

由此可见，必须结合一定时期历史运动的可能幅度进行具体分析，才可能准确评价历史人物的功过是非，成败得失。

（四）全面考察历史人物活动的当时和长远影响

人物的活动，随着人物的去世而停止了。但这些活动的作用和影响，还会存在或长或短的时间，并不会都随着人物的去世而消失的。人物活动的作用和影响，除了有长短之别以外，也还有好坏之分。纵

---

① 《马克思恩格斯文集》第 2 卷，475、476 页，北京：人民出版社，2009 年。

② 《列宁选集》第 2 卷，494 页，北京：人民出版社，2012 年。

观历史上各种人物的活动，利国利民，流芳百世者有之；祸国殃民，遗臭万年者亦有之。轰动一时，终为历史灰尘所隐埋者有之；当时并不显赫，但与时并进光彩益著者亦有之。利在一时，但贻害无穷者有之；失在一时，却造福子孙者亦有之。因此，评价历史人物的所作所为，既不能把一时发生作用的活动，与具有长远影响的活动相提并论；也不能只看到人物活动的当时作用，而看不到这种活动的长远影响（如果这种活动是有长远影响的话）。正确的做法，应该把二者结合起来，进行全面的考察。至于人们活动的当时作用和长远影响的性质如何，也必须结合具体情况进行具体分析。

例如，孔子所开创的儒家学派，在春秋战国时期不过是九流中的一支。孔子生前，也并不得意，用他自己的话说，是“累累若丧家之犬”。但是后来，儒家居然煊赫起来，被奉为至尊，在两千多年的中国封建社会中，对中华民族发生过巨大影响。因此，对孔子的评价，必须联系孔子思想的当时作用和长远历史影响，进行综合研究，才能得出正确结论。又如秦朝二世而亡，但秦之“郡县制度，垂两千年而弗能改矣”。[①] 以上两点，如果只取一端，那么对秦始皇的评价也就难得公允。再如，对于万里长城的修建，如果只看到当时加重了人民的负担和苦难，而看不到万里长城的修建对防御北方少数民族的南扰，所起的巨大历史作用，那也是一种非历史主义的片面认识。古人说：“万古长城，千古丰碑”，这是正确的。黑格尔曾经指出，评价历史人物必须按照“历史的整体的观点来衡量他的活动”。[②] 黑格尔的这一论断是很有启发意义的。

总之，坚持用历史的态度评价历史人物，就必须在对历史人物的评价中，坚持历史人物的活动与历史环境相统一的观点；坚持对人物活动史实的实事求是观点；坚持历史人物的个人作用与历史运动的可能幅度相统一的观点；坚持人物活动的当时作用与长远影响相统一的观点。说到底，也就是要以历史唯物主义的观点，来指导对历史人物的研究、评价。

---

① 王夫之：《论秦始皇废分封立郡县》。

② 转引自［苏］古留加：《黑格尔小传》，卞伊始、桑植译，119—120页，北京：商务印书馆，1978年。

第十一章　人的全面发展与当代中国

人的全面发展是人学研究中的一个根本性、总体性的问题。实现人的全面发展是马克思主义的根本价值取向，是马克思主义对人的关怀的最高体现。马克思主义是以人的全面发展为内容的人的彻底解放的学说。在马克思主义看来，人的全面发展不仅是一种良好的愿望，而且主要的，还是人类历史发展的必然趋势。这种趋势所指向的未来共产主义社会，就是一个以人的全面发展为基本原则的社会。作为这一趋势的体现，促进人的全面发展也就成为马克思主义关于建设社会主义新社会的本质要求。因此，江泽民在2001年“七一”讲话中深刻指出：“我们建设有中国特色社会主义的各项事业，我们进行的一切工作，既要着眼于人民现实的物质文化生活需要，同时又要着眼于促进人民素质的提高，也就是要努力促进人的全面发展。”[①] 社会主义制度的建立开辟了人的全面发展的广阔前景。在我国解决了温饱问题，进入全面建设小康社会的时候，促进人的全面发展也就成为广大人民群众的根本利益所在，成为执政党中国共产党的根本任务所在。可见，研究人的全面发展，特别是研究当代中国共产党人如何坚持和贯彻“三个代表”重要思想，为实现人的全面发展创造条件，这不仅是一个有重要理论意义的问题，而且是一个有重大现实意义的问题。

为此，首先需要弄清楚人的全面发展的基本含义。

① 《江泽民文选》第3卷，294页，北京：人民出版社，2006年。

一、人的全面发展的基本内涵

（一）马克思主义始终一贯的基本思想

1. 前马克思人的全面发展思想

我们这里所说的人的全面发展理论，是马克思主义关于人的全面发展理论。这样说，既不意味着马克思主义以前不存在别的这类理论，也不意味着马克思恩格斯没有从这些理论中吸取必要的营养。如果不拘泥于文字，那么可以说，人的全面发展思想萌芽的产生，还是很为久远的。中国古代学校的教育内容：礼、乐、射、御（驭）、书、数等"六艺"，就体现了对人的培养的多方面能力要求。不仅如此，在孔子那里还提出了，体现这种多方面能力的"全人"或"成人"概念。孔子说："若臧武仲之知，公绰之不欲，卞庄子之勇，冉求之艺，文之以礼乐，亦可以为成人矣。"[①] 意思是说，智慧像臧武仲，清心寡欲像孟公绰，勇敢像卞庄子，多才多艺像冉求，再用礼乐来成就他的文采，也可以说是全人了。古希腊哲人们也认为，健全的人是"健全的灵魂寓于健全的身体"。[②] 柏拉图在他的《理想国》中提出德育、智育、体育的思想，亚里士多德在前人进步思想基础上提出了关于人的德育、智育、体育等多方面发展的思想。

如果说，前资本主义的众多思想家尽管谈到了人的完美与和谐的发展，但是由于那时生产力的不发达，人类就总体而言还处于较低的发展水平上，因而他们关于人的全面发展的思想，只能是一种缺乏现实性的泛泛议论，是一种带有偶然性的思想闪光。

当资本主义来到世界上以后，社会生产力的巨大飞跃，人的发展因此获得了强大的物质动力；但另一方面，资本主义制度和旧式分工的存在，又导致了人的异化和人的发展片面化的消极后果。正是针对这样一种社会弊端，人文主义运动以来的进步思想家以理性的批判精神观照现实，并热切呼唤人的全面发展的那样一种社会状况的出现。

---

① 《论语·宪问》。

② 参见北京大学哲学系编：《马克思主义与人》，20页，北京：北京大学出版社，1983年。

卢梭认为：人在生理上和精神上都应该是全面发展的。德国古典哲学的创始人康德赞美那样一个充分发挥人的全部才智的美好社会。他说"在人这个地球上唯一的理性创造物那里"，人的"潜能""应该""全面发展起来"。[①] 黑格尔认为"社会和国家的目的在于使一切人类的潜能以及一切个人的能力在一切方面和一切方向都可以得到发展和表现"[②]。空想社会主义者也把人的全面发展作为争取的目标。圣西门在临终的遗言中讲："我终生的全部劳动的目的，就是为一切社会成员创造最广泛的可能来发展他们的才能。"[③] 这些思想家的上述思想都是极为可贵的，问题的提出也是击中时弊、富于现实针对性的。但是，由于他们对人的全面发展缺乏科学理解，因而也始终拿不出可行的办法，所以，这些思想也只有"文本"的意义，而没有实际的意义，而且这种"文本"的意义只是在被马克思主义加以科学地揭示以后才获得了显现。

2. 马克思主义人的全面发展思想

马克思恩格斯的毕生事业，就是为共产主义的实现，为人的彻底解放、为实现人的全面发展而斗争。实现人的全面发展，是科学社会主义的理想目标，是马克思主义始终一贯的基本思想。

早在《1844年经济学哲学手稿》中，马克思就已经把共产主义和人的全面发展联系起来了，认为共产主义是使"人以一种全面的方式，就是说，作为一个完整的人，占有自己的全面的本质"。[④] 后来还说，人的活动的终极取向，使"人类全部力量的全面发展成为目的本身"。[⑤] 恩格斯于1945年《在爱北斐特的演说》中，也表达了与马克思同样的思想。他指出，共产主义革命就是要"尽一切努力使现代的奴隶得到与人相称的地位"，就是要"为所有的人创造生活条件，以便每个人都能自由地发展他的人的本性"，就是要创造"那种能满足一切生活条件

---

① 转引自王锐生：《论人的两种全面发展（对话）》，《首都师范大学学报》社科版，2002（1）。

② ［德］黑格尔：《美学》第1卷，朱光潜译，56页，北京：人民文学出版社，1958年。

③ 《圣西门选集》（下卷），何清新译，286页，北京：商务印书馆，1962年。

④ 《马克思恩格斯文集》第1卷，189页，北京：人民出版社，2009年。

⑤ 《马克思恩格斯全集》第46卷（上），486页，北京：人民出版社，1979年。

和生活需要的真正的人的生活”[①]。这里说得很明白，共产主义就是要使每个人得到与人相称的地位，自由发展他的人的本性，过上真正人的生活。尽管在马克思恩格斯的早期著作中，关于人的全面发展的思想还表述得不够具体，基本上还是局限于人本主义的框架中。但是当马克思恩格斯超越了费尔巴哈的人本主义而创立了历史唯物主义以后，人的全面发展的思想并没有抛弃，而是在历史唯物主义基础上获得了科学的阐明和进一步的丰富，也就是说，赋予了人的全面发展思想以真实的历史内涵。下面的引证无疑都是出自马克思恩格斯成熟时期的著作。

1848 年 2 月问世的《共产党宣言》是马克思主义诞生的标志。《宣言》正确运用唯物史观和经济学说，科学地论证了资本主义灭亡、共产主义胜利的必然性，指出无产阶级的历史使命是推翻资本主义，实现共产主义。《宣言》指出：“代替那存在着阶级和阶级对立的资本主义旧社会的，将是这样一个联合体，在那里，每个人的自由发展是一切人的自由发展的条件。”[②] 这就是说，共产主义的一切措施都是为了使这个联合体中的每一个人过上自由发展的生活。恩格斯在 19 世纪末的 1894 年还特别指出，《宣言》中的上述这一段话是最合适地阐明了未来共产主义新纪元的基本特征，而区别于佛罗伦萨诗人但丁所描述的“一些人统治，一些人受苦难”[③] 的旧纪元的特征。

《资本论》是马克思花费了 40 年心血写成的主要著作，在这部伟大著作中，马克思揭示了资本主义社会的非人的本质。他愤怒地指出：“资本来到世间，从头到脚，每个毛孔都滴着血和肮脏的东西。”[④] 资本主义生产“对人、对活劳动的浪费……大大超过任何别的生产方式，它不仅浪费血和肉，而且也浪费神经和大脑。”[⑤] 又说，在资本主义社会中，“将军或银行家扮演着重要的角色，而人本身则扮演极卑微的角色”[⑥]。资本家完全不顾工人的死活，在资本主义企业中，“缺乏一切对

---

① 《马克思恩格斯全集》第 2 卷，625、626 页，北京：人民出版社，1957 年。

② 《马克思恩格斯文集》第 2 卷，53 页，北京：人民出版社，2009 年。

③ 参见《马克思恩格斯全集》第 39 卷，189 页，北京：人民出版社，1974 年。

④ 《马克思恩格斯全集》第 23 卷，829 页，北京：人民出版社，1972 年。

⑤ 《马克思恩格斯全集》第 25 卷，105 页，北京：人民出版社，1974 年。

⑥ 《马克思恩格斯全集》第 23 卷，57 页，北京：人民出版社，1972 年。

工人来说能使生产过程合乎人性、舒适或至少可以忍受的设备”。[①] 众所周知，马克思研究政治经济学的目的，是为了探索一条能够取代资本主义社会形态的更高的社会形态。他把共产主义看成优于资本主义的社会形态，但这并不仅仅在于它能够创造出比资本主义更高的生产力，很重要的一个方面是它将能够第一次提供一种无愧于人的本性和尊严的、实现人的全面发展的劳动和经济生活方式。马克思在《资本论》中指出：共产主义社会是比资本主义“更高级的、以每一个个人的全面而自由的发展为基本原则的社会形式”。[②] 共产主义社会的物质生产是“靠消耗最小的力量，在最无愧于和最适合于他们的人类本性的条件下来进行这种物质变换”[③]。这就是说，只有在共产主义社会中，才能完全按照人类的本性来组织社会生产，而且只有被人类自觉控制的生产，才能为人的全面发展提供生活条件。

不难看出，人的全面发展始终是马克思恩格斯注意的中心。

3. 人为什么要追求自身的全面发展

人为什么要全面发展，而动物却没有这种需要？这是因为，动物是特定化的存在物，人是一种非特定化的、未完成的存在物，他不满足于已经具有的规定性，并不停留于已经存在的样子，而是在开放性地展开对世界的关系的自觉自为的活动中，努力去追求新的规定性，更加全面地发展自己的特性和本质，不断地再生产和创造自己，从而显示出自己特有的创造性。马克思指出：“在这里，人不是在某一规定性上再生产自己，而是生产出他的全面性；不是力求停留在某种已经变成的东西上，而是处在变易的绝对运动之中。”[④] 也就是说，追求自身的全面发展，是人之为人的必然。

在马克思主义理论中，人的全面发展这一概念的含义如何呢？为了说明这个问题，我们首先必须弄清楚这里的“人”作何理解。

---

① 《马克思恩格斯全集》第25卷，102页，北京：人民出版社，1974年。

② 《马克思恩格斯文集》第5卷，683页，北京：人民出版社，2009年。

③ 《马克思恩格斯全集》第25卷，927页，北京：人民出版社，1974年。

④ 《马克思恩格斯全集》第46卷（上），486页，北京：人民出版社，1979年。

（二）人的全面发展是类和个人统一的全面发展

1. 人的类与个人的发展走向统一是一个过程

从马克思主义的观点看来，人有作为类的人，有作为个体的人。对人不能仅理解为类，也不能仅理解为个人，而是类的人和个体人的统一。类是整体，是一般，个人是部分，是特殊。类和个人的关系，既是整体与部分的关系，又是一般与特殊的关系。因此，我们在探究和规定“人的全面发展”的基本内涵时，就不能把它归结为不包含个人的空洞的“类”的全面发展，也不能把它仅仅归结为排斥类整体的单纯个人的全面发展。因为这两者之间，排斥任何一方的所谓的全面发展都是不可能存在的。也就是说，讲人的全面发展，只能是类和个人统一意义上的全面发展。当然，在历史发展中，人是从类的片面发展和个人的片面发展，即经过了以牺牲个人的全面发展为代价去获得类的片面发展的阶段，而最终达于类和个人相统一的全面发展的。

关于这一点，马克思曾经有一个总体的说明。他说：“‘人’类的才能的这种发展，虽然在开始时要靠牺牲多数的个人，甚至靠牺牲整个阶级，但最终会克服这种对抗，而同每个个人的发展相一致；因此，个性的比较高度的发展，只有以牺牲个人的历史过程为代价。”① 这是为什么呢？这是因为劳动作为人类存在的基本方式，这是一种群体互相合作的活动，它必然地自发地产生分工。随着活动的扩大，必然是分工的不断发展，而分工的发展也就是生产力的发展，人类能力的发展。马克思说：“一个民族的生产力发展的水平，最明显地表现于该民族分工的发展程度。”② 但是自发分工在推动类的发展的同时，也成为个人牺牲的最深刻的原因和最基本的形式。自发分工必然使得个体的活动交叉于一切其他个体的活动之中，各个个体的活动互相依赖，也互相制约，从而使个体活动纳入并受制于整体活动之中。这使个体的某一方面的能力得到发展，从而使人类总和的整体力量（类力量）增强。但同时也使每个个体的活动范围和种类固定化或凝固化，使个体的能力片面化，从而使本来具有可能全面发展各种潜能的人被肢解为

---

① 《马克思恩格斯全集》第26卷（II），124—125页，北京：人民出版社，1973年。

② 《马克思恩格斯文集》第1卷，520页，北京：人民出版社，2009年。

片面的甚至畸形的人，造成个体在某些活动和能力上的牺牲。另外，自发分工是与剥削私有制相联系的分工。自发分工所引起的各集团对生产资料的不同占有关系，使一部分人占有另一部分人的劳动成为可能。自发分工的发展是私有制也是阶级形成的过程。在阶级对立和统治关系中，许多单个个人甚至整个阶级处于被剥削、被压迫的地位；另一些个人或阶级则成为主宰他人的力量，凌驾于社会之上。政治斗争、战争暴力还往往将阶级对立、民族矛盾等等推向极端，陷许多个人于血泊之中。因此，自发分工及其必然派生的各种社会矛盾造成了个人发展的种种牺牲。

但是这种类的发展与个人发展的对抗不可能永远继续下去。这是因为以牺牲个人为代价所实现的整个社会生产力的发展和物质产品的丰富，必然会促使少数人利用对物的占有强制他人接受屈辱性、奴役性的固定分工成为可能；同时也使劳动者不至于为谋取必需生活资料去接受这种奴役性分工的那样一种社会状况趋于消灭。另外，生产的社会化和交往的普遍化，必然要求冲破不适应生产力发展的狭隘的剥削关系，要求消灭历史上特定阶段所产生的种种社会差别，要求实现对生产资料联合起来的社会占有。无产阶级革命、社会主义道路就是实现生产资料由私人占有，到联合起来的社会共同占有的根本途径，是使类的发展和个人发展趋于一致的根本前提。只有实现了这种一致，才可能有人的全面发展。因此，人的全面发展是以消除了类和个人对抗的，是以类的发展同个人发展相一致为前提的，二者有机统一的全面发展。

2. 每个人的全面发展就是全人类的全面发展

有的论者分别从“类的全面发展”与“个人的全面发展”这样两个层次来把握人的全面发展，给人一种似乎全面性的感觉，其实这不是一种正确的选择。如上所说，在人的全面发展的意义上，类和个人是内在统一的，讲人的类的全面发展，也就是每个人的全面发展，同样讲每个人的全面发展也就是类的全面发展。学术界有这样一种误解，以为马克思在论及人的全面发展时所讲的“每个人的自由发展”仅仅是指“个人的全面发展”，而不包含类的全面发展。这种理解是不妥的。实际上，马克思所讲的“每个人的自由发展”，不是指某一个人，或某一些人的全面发展，而是一切个人的全面发展，即人类的全面发展。譬如，在《德意志意识形态》中，马克思就明确指出："在真正的共同体的条件下，各个人在自己的联合中并通过这种联合获得自己的自由。"① 又说："这种联合把个人的自由发展和运动的条件置于他们的控制之下。"② 这里的论述包含着互相联系的两个方面的含义。其一，每个人只有在作为类的全面发展的真正共同体中才能获得自己的全面发展。其二，只有全面发展的个人，才能联合为并控制这个真正的共同体，以保障每个人的全面发展。也就是离开了类的全面发展，不可能有真正意义上的每个人的全面发展；同样，离开了每个人的全面发展，也不可能有真正意义上的类的全面发展。因此，作为类和个人统一的人的全面发展是不能分开、孤立地加以考察的。因此，"每个人的全面发展"，就是"全体社会成员……得到全面发展"③，即人类的全面发展。

那么，在类和个人相统一意义上的人的全面发展，其基本含义如何呢？其含义是人的本质力量的全面发展。

（三）人的全面发展是人的本质力量的全面发展

马克思恩格斯对人的全面发展从不同角度做出了多种规定，归纳起来，主要有四个方面。

1. 人的生活的全面发展

人的生活的全面发展，是指人逐渐过上多方面的、日益丰富多彩的生活。

马克思关于人的发展的论述，是建立在对资本主义全面剖析基础上的。因此，要了解人的全面发展的基本含义，就不能脱离马克思对资本主义条件下的人的发展状况的分析。

在资本主义社会中，劳动是为了单纯的谋生，因而人的生活局限于"衣食男女""养家糊口"的水平上，人的一生为了填饱肚子而奔波，为了不致饿死而劳作。马克思恩格斯在投身于革命活动的时候，工人的状况——用恩格斯的调查说："普遍处于可怕的贫困的境地；梅

---

① 《马克思恩格斯文集》第1卷，571页，北京：人民出版社，2009年。
② 《马克思恩格斯文集》第1卷，573页，北京：人民出版社，2009年。
③ 《马克思恩格斯文集》第1卷，689页，北京：人民出版社，2009年。

毒和肺部疾病蔓延到难以置信的地步。"① 工人的生活十分贫困，其精神也十分颓废。而在取代了资本主义的共产主义社会中，劳动失去了单纯谋生的性质，"本身成了生活的第一需要"。满足需要的单纯消费过程和享受过程变成了积极的创造过程。与此同时，人的其他需要多方面地发展起来，并获得了充分的满足。人们有充分的自由时间可供自己支配，可以用来从事科学、艺术、理论等活动。人们不仅过着富裕的物质生活，而且享受着丰富的、高尚的精神文化生活。因而任何人都不再有固定的活动范围，每个人都可以在任何部门内发展。如马克思所预言的"我有可能随我自己的心愿，今天干这事，明天干那事，……但并不因此就使我成为一个猎人、渔夫、牧人或批判者。"②

2. 人的能力的全面发展

人的生活的全面发展，是人的能力的全面发展的表现，又是人的能力全面发展的动力。没有人的能力的全面发展也就不会有人的生活的全面发展；同样，没有人的生活的全面发展也就不会有人的能力的全面发展。二者是互为存在前提，互为发展动力的。

恩格斯曾经指出，全面发展的人，应是"各方面都有能力的人"。人的全面发展，就是要"使社会全体成员的才能得到全面发展"③。提出人的能力的全面发展，是针对资本主义社会中人的能力的片面发展而言的。在资本主义社会中"因为他们每一个人都只隶属于某一生产部门，受它束缚，听它剥削，在这里，每一个人都只能发展自己才能的一个方面而偏废了其他各方面，只熟悉整个生产的某一个部门或者某一个部门的一部分"。恩格斯说："就是现在的工业也越来越不能使用这样的人了。"④ 人的能力的全面发展，这里的能力是一个复杂的体系，这里既包括体力，又包括智力，还包括情感力、意志力；既包括自然能力，又包括社会能力；既包括进行物质生产和精神生产的能力，又包括对物质和精神产品的消费、享受的能力；既包括和谐人与自然关系的能力，也包括和谐人际关系的能力；既包括现实能力，又包括

---

① 《马克思恩格斯全集》第 1 卷，498 页，北京：人民出版社，1956 年。
② 《马克思恩格斯全集》第 3 卷，37 页，北京：人民出版社，1960 年。
③ 《马克思恩格斯文集》第 1 卷，689 页，北京：人民出版社，2009 年。
④ 《马克思恩格斯文集》第 1 卷，688 页，北京：人民出版社，2009 年。

潜在能力，等等。所有这些，作为人的本质力量的充分体现，都是人的能力发展的重要内容。所以马克思指出："任何人的职责、使命、任务就是全面地发展自己的一切能力。"① 在这诸方面能力的发展中，马克思着重关注的还是个体的体力和智力的发展。这是因为个人能力的片面发展根源于旧式分工所造成的体力劳动和脑力（智力）劳动的分离，所以体力和智力的发展，是人的能力全面发展的主要内容，也是人的其他能力得以发展的前提和基础。正因为如此，马克思认为，全面发展的人，应是"一切天赋得到充分发展"的人，首先是"体力和智力获得充分的自由的发展和运用"的人。马克思曾从教育的角度指出："未来教育对所有已满一定年龄的儿童来说，就是生产劳动同智育和体育相结合，它不仅是提高社会生产的一种方法，而且是造就全面发展的人的唯一方法。"②

3. 人的社会关系的全面发展

人是在社会关系中生活的。社会关系是人们在交往活动中产生的。彼此往来才形成和不断扩大了个人、民族、国家之间的关系。从主体人的角度说，正是在交往活动和交往所形成的社会关系中，人们之间的心理、情感和信息等诸方面才得到交流，受到启发，从而丰富自己，充实自己，发展自己。正因为如此，马克思讲："社会关系实际上决定着一个人能够发展到什么程度。"③ 所以只有消除社会关系的狭隘性和限制，才能为人的全面发展提供广阔的自由活动空间。对于人的全面发展来说，只有到了"社会关系允许他均匀地发展全部的特性"的时候，才可能实现。而要达到这一点，必须具备两个方面的条件：一是要逐步消除血缘的、地方的、民族的狭隘界限，形成普遍的丰富的社会关系。马克思在谈到人的片面发展的原因时指出："个人的自主活动受到有限的生产工具和有限的交往的束缚。"④ 只有当"单个人……摆脱种种民族局限和地域局限而同整个世界的生产（也同精神的生产）发生实际关系，才能获得利用全球的这种全面的生产（人们的创造）

① 《马克思恩格斯全集》第3卷，330页，北京：人民出版社，1960年。

② 《马克思恩格斯全集》第23卷，530页，北京：人民出版社，1972年。

③ 《马克思恩格斯全集》第3卷，295页，北京：人民出版社，1960年。

④ 《马克思恩格斯全集》第3卷，76页，北京：人民出版社，1960年。

的能力”。[①] 其二，普遍的社会交往和联系，不是被少数人所控制，利用它作为手段来谋取私利，而是服从人们的共同控制。在资本主义社会，随着民族历史向世界历史的转变，虽然已经形成了普遍的交换和交往关系。但是，资本主义开创的世界历史并没解决人的全面发展问题，并且使人的全面发展受到阻碍。正如马克思所指出的，“单个人随着自己的活动扩大为世界历史性的活动，越来越受到对他们来说是异己的力量的支配……受到日益扩大的、归根结底表现为世界市场的力量的支配”[②]，也即国际资本的支配。因此，在马克思看来，“各个人的全面的依存关系，他们的这种自然形成的世界历史性的共同活动”，只有通过“共产主义革命”把上述异己力量转化为“控制和自觉的驾驭”的时候，才能使“每一个单个人的解放的程度”与“历史完全转变为世界历史的程度一致”[③] 起来。

4. 人的个性的全面发展

人的个性，是个人比较稳定的保持着的独特的人格、思想、外在形象和能力的体系。主体性和差异性是人的个性的两个主要特征。个体的主体性是指人的自由自觉的能动性的方面；差异性则是指个体因为各自的独特性而彼此区分的方面。因此，个性体现为个人较为稳定的主体性和差异性的统一。与生活中人们对个性的理解不同，从哲学角度看，主体性才是个性最为本质的特性，没有主体性的差异性并不是真正意义上的个性。人的个性的全面发展是指人的生活、人的能力、人的社会关系等的全面发展在每个人身上的个性化表现及其全面发展。人的个性就是人的个体性，它是人的生理素质、心理素质和社会活动素质在不同社会生活领域中的集中表现。人的个性的全面发展主要表现在以下三个方面。

(1) 人的独特性的全面发展。没有差异就没有个性。由于各人的遗传因素、面临的社会环境、教养程度，以及其所从事的社会实践活动等各不相同，因而形成了不同的个性，即个别差异性。人的社会生活愈丰富，人的能力愈发展，人的社会关系愈普遍，人的个别差异性

---

① 《马克思恩格斯文集》第1卷，541、542页，北京：人民出版社，2009年。

② 《马克思恩格斯文集》第1卷，541页，北京：人民出版社，2009年。

③ 《马克思恩格斯文集》第1卷，541、542页，北京：人民出版社，2009年。

也就愈丰富、愈发展。原始社会的人是没有个性的人，个体的他完全从属于他所生活的血缘群体。在阶级社会中，个人隶属于一定的阶级，“他们的个性是受非常具体的阶级关系所制约和决定的”[①]。但由于社会生活、社会影响的多方面性，因而个人也并不总是以他所属的阶级为转移的。也就是说，也还保持着自己与他人多方面的独特性。到了共产主义社会，一切外在束缚都已获得解除，这也就为个人独特性的自由全面的发展提供了现实基础。正因为每个人都各有所长，各具特色，所以每个人都是出色的、优秀的，都是社会发展所需要的。

（2）人的自主性的全面发展。人的个性发展的一个很重要的方面是人的自主性的全面发展。换句话说，只有自主性充分发展的人，才可能是真正有个性的人，才可能是个性全面发展的人。人们是在逐步克服自然压迫和社会压迫的过程中，而获得自主性的。自主性不仅意味着人成为社会关系的主人，成为自然的主人，而且成为自身的主人。人的自主性的全面发展着重是从人成为自身发展的主人这一意义上说的，强调只有自信、自立、自强的人，才能成为真正有个性的人。自主性的全面发展也就是“自由个性”的一种实现。

（3）人的创造性的全面发展。这里的创造是指人的创新能力的开发、发展。所谓开发，是指潜在的创造力不断得到开发，而转化为现实创造力。所谓发展，是指对现实创造力的培养、强化、提高。从这个意义上说，没有创造性的全面发展，人的自主性就不能得到充分发挥，人们的独特性也不能获得应有的积极内容。

总之，人的全面发展，是人的生活的全面提高和充实、人的能力的充分发挥和发展、人的社会关系的多彩与和谐、人的个性的丰富和完满，人的全面发展就是这四个方面的有机统一。

二、促进人的全面发展是社会主义社会的本质要求

马克思主义关于人的全面发展理论，是不是西方某些论者所认为的，是仅仅根据于“伦理的必要性”呢？不是的。马克思主义认为，

---

① 《马克思恩格斯全集》第3卷，86页，北京：人民出版社，1960年。

人的全面发展是历史的产物[①]，历史的必然，是人类历史发展到共产主义社会的基本原则。

(一) 人的全面发展是共产主义社会的基本原则

马克思主义是从人们从事的生产劳动出发，是从劳动的历史发展中来引出和展示人的全面发展的共产主义社会这一美好理想的。马克思立足于劳动发展史，把人的发展分为三个阶段："人的依赖关系（起初完全是自然发生的）是最初的社会形式，在这种形式下，人的生产能力只是在狭小的范围内和孤立的地点上发展着。以物的依赖性为基础的人的独立性，是第二大形式，在这种形式下，才形成普遍的社会物质变换，全面的关系，多方面的需求以及全面的能力的体系。建立在个人全面发展和他们共同的、社会的生产能力成为从属于他们的社会财富这一基础上的自由个性，是第三个阶段"。[②]

1. "人的依赖关系"下人的片面发展

人的依赖关系是人的发展的第一阶段。什么叫人的依赖关系？在社会中，人们不是相互依赖的吗？是的。不过，这里的依赖不是相互的，而是单向的；而且这种依赖是一种多方位的人身依赖。它具体是指个人对血缘共同体的人身依赖，一部分人对另一部分人的人身依赖。根据马克思的观点，它包括个人依赖于氏族、部落共同体的原始社会，还包括奴隶依赖奴隶主的奴隶社会和农民依赖地主的封建社会。至于原始社会中的人，恩格斯论道："部落、氏族及其制度，都是神圣而不可侵犯的，都是自然所赋予的最高权力，个人在感情、思想和行动上始终是无条件服从的……他们都仍依存于——用马克思的说话——自然形成的共同体的脐带。"[③] 后来随着生产力的发展，提高了人的生产能力和主体地位，人对自然获得了一些自由的同时，人的社会关系也由原始公有制转变成了私有制，人对氏族群体的依赖性，发展为奴隶对奴隶主、农民对地主的依赖性。随着体力劳动和脑力劳动的分工的发展，在一些人专门从事脑力劳动的基础上，政治、法律、道德、艺

① 《马克思恩格斯全集》第3卷，295页，北京：人民出版社，1960年。
② 《马克思恩格斯文集》第8卷，52页，北京：人民出版社，2009年。
③ 《马克思恩格斯文集》第4卷，112、113页，北京：人民出版社，2009年。

术、宗教、科学和哲学等思想文化关系开始形成和发展，由此而逐渐完善的各种社会关系网络，为现代人的发展奠定了初步的基础。所以，恩格斯指出："马克思了解古代奴隶主，中世纪封建主等等的历史必然性，因而了解他们的历史正当性，承认他们在一定限度的历史时期内是人类发展的杠杆。"[①] 但是在奴隶社会和封建社会中，人的生产能力毕竟只是在狭窄的范围内和孤立的地点上发展着。"劳动本身，无论采用的是奴隶的形态，还是农奴的形态，都是作为生产的无机条件与其他自然物同属一类的。"[②] 人们"满足于现有需要和重复旧生活方式的状况"[③]，"使人的头脑局限在极小的范围内，成为迷信的驯服工具，成为传统规则的奴隶"[④]。

总之，在自然经济社会由于"人们进行生产的一定条件是同他们的现实的局限状态和他们的片面存在相适应的"[⑤]。所以在这个历史阶段上，无论个人还是社会，都不能想象会有自由而充分的发展。[⑥]

2. "物的依赖关系"下人的独立性发展

人对物的依赖阶段是资本主义社会，是人的发展的第二阶段。与简单再生产的自然经济不同，商品经济是以扩大再生产为基本特征的，它创造出"社会成员对自然界和社会联系本身的普遍占有"[⑦]。对自然的占有，意味着不仅利用现成的自然物，而且利用自然提供的材料，创造人化自然物。不断向生产的深度和广度进军。对社会联系本身的占有，意味着商品经济使生产的社会化程度大大提高，它不仅使人从自然界中获得解放，而且打破了血缘纽带和等级制度的束缚。总之，生产力的巨大发展为发展丰富的个性创造出物质要素。商品经济使人"摆脱了自然关系"的束缚，有了个性独立和按个人自由意志行事的可能性，成为具有某种独立人格的人，在商品交换的人与人的关系中，平等成了首要的前提。

---

① 《马克思恩格斯全集》第21卷，557—558页，北京：人民出版社，1965年。
② 《马克思恩格斯全集》第46卷（上），488页，北京：人民出版社，1979年。
③ 《马克思恩格斯全集》第46卷（上），393页，北京：人民出版社，1979年。
④ 《马克思恩格斯选集》第1卷，765页，北京：人民出版社，1995年。
⑤ 《马克思恩格斯全集》第3卷，80页，北京：人民出版社，1960年。
⑥ 《马克思恩格斯全集》第46卷（上），485页，北京：人民出版社，1979年。
⑦ 《马克思恩格斯全集》第46卷（上），393页，北京：人民出版社，1979年。

与商品经济对人的独立性发展的肯定作用相伴随的是人对物的依赖关系的形成。在资本主义社会中，商品货币的交换原则渗透进社会生活的各个领域，人们的一切关系都变成了金钱关系，因而以往的人对人的依赖关系，就被人对物的依赖关系取代了。这样，货币就从它表现为单纯流通手段这样一种奴仆的身份，一跃成为商品世界中的统治者和上帝。人们生产的目的并不是为了使其效益返回自身，促使主体内部世界的完善，而是为了追逐金钱，对资本家来说，就是追逐利润。这样伴随着金钱的升值，人被贬值了，这是其一。其二，随着商品生产的日益发达，分工愈益细密，个人像机器上的一个部件，从事一种操作，重复同样的动作，从而把“工人变成畸形物，它压抑工人的多种多样的生产志趣和生产才能”①。总之，人对物严重依赖的资本主义社会中，人被片面地发展了。

3. 人的自由个性的发展

人的自由而全面发展的阶段是共产主义社会。共产主义社会是自主经济形态或自由经济形态的社会。在这一社会形态中，生产力高度发达，物质财富极大丰富，人们只要用少量时间就能满足物质生活方面的需要，因而有余暇从事他所愿意从事的事情。所以在这个社会中，“并不是为了获得剩余劳动而缩减必要劳动时间，而是直接把社会必要劳动缩减到最低限度，那时，与此相适应，由于给所有的人腾出了时间和创造了手段，个人会在艺术、科学等等方面得到发展。”② 这是第一。第二，生产力的高度发展，打破了社会的旧式分工，即打破了他在生产中的地位的强制性所决定的分工，而把分工建立在自愿基础上，即把分工建立在劳动者自己内在的、个性需要的基础上，把分工和个人的旨趣与个性发展结合起来，成为使人得到全面发展的必不可少的一环。个人分工也失去了以往的固定化特性，人们将可以在各种职业间自由流动。第三，由于阶级和阶级差别的消灭，脑力劳动体力劳动之间、城乡之间、工农之间等三大差别的消灭，实现了人与人之间的真正平等，使人们能够在完全相同的基础上发展自身。第四，科学文

① 《马克思恩格斯全集》第23卷，399页，北京：人民出版社，1972年。

② 《马克思恩格斯全集》第46卷（下），218—219页，北京：人民出版社，1980年。

化高度发达，教育的普及和高度发展，人的科学文化素质极大提高，使人的全面发展不仅具有了人文基础，而且成为人的一种自觉追求。所以马克思把共产主义社会称之为“在保证社会劳动生产力极高度发展的同时又保证人类最全面的发展的这样一种经济形态”①。

（二）促进人的全面发展是社会主义的根本任务

1. 人的全面发展的现实起点

如何才能实现从资本主义社会的人的片面发展到共产主义社会的人的全面发展呢，马克思主义主张要对整个社会进行改造，要推翻资本主义社会，建立社会主义社会。

由此，“必须推翻使人成为被侮辱、被奴役、被遗弃和被蔑视的东西的一切关系”②，那么谁来担当这一任务呢？马克思恩格斯经过斗争实践和理论探讨，认识到在与资产阶级相对立的一切阶级中，只有无产阶级是最革命的阶级，只有无产阶级能够担当起消灭资产阶级和一切剥削阶级，实现全人类解放的历史使命。因此，他们认定，无产阶级是实现这个解放的“心脏”，要实现全人类的解放，实现人的全面发展，必须由工人阶级来领导。

于是，马克思在这里完成了一个关于人的解放和人的全面发展的、意义非常重大的发现。他在社会中找到了负有这一使命的无产阶级，从而给人的全面发展的学说灌注了新的内容，给予了新的力量，使它变成了现实的起作用的东西。

在马克思看来，人类解放在阶级社会中是以阶级解放为必然形式的。历史，尤其是法国大革命史表明，任何一个试图领导革命的阶级，其阶级利益必然这样那样地和人类的普遍利益相吻合。马克思写道：充当解放者角色的“这个阶级和整个社会亲如手足，打成一片，不分彼此，它被看做和被认为是社会的普遍代表；在这瞬间，这个阶级本身的要求和权利真正成了社会本身的权利和要求，它真正是社会理性和社会的心脏”③。历史上，处于上升时期的奴隶主阶级、封建地主阶

---

① 《马克思恩格斯全集》第19卷，130页，北京：人民出版社，1963年。

② 《马克思恩格斯文集》第1卷，11页，北京：人民出版社，2009年。

③ 《马克思恩格斯全集》第1卷，464页，北京：人民出版社，1956年。

级、资产阶级都曾充当过人类解放者的角色。

现在这个角色只能由无产阶级来担当了。因为它是私有制的对立物，所以，“社会从私有财产等等的解放出来、从奴役制解放出来，是通过工人解放这种政治形式来表现的，这并不是因为这里涉及的仅仅是工人的解放，而是因为工人的解放包含普遍的人的解放；其所以如此，是因为整个的人类奴役制就包含在工人对生产的关系中，而一切奴役关系只不过是这种关系的变形和后果罢了。”[①] 在恩格斯看来，如果一般地谈论全人类的解放，“这在抽象的意义上是正确的。然而在实践中在大多数情况下不仅是无益的，甚至还要更坏”，因为“有产阶级不但自己不感到有任何解放的需要，而且全力反对工人阶级的自我解放”，所以，无产阶级如果不愿把解放全人类的口号变成“自作多情的空话”，那么它“就应当单独地准备和实现社会革命”[②]

无产阶级革命和专政离不开无产阶级的暴力。马克思主义不是唯暴力论者，也不是非暴力论者，只是认为，为了消灭压制广大人民群众的个性和自由的剥削阶级暴力，就必须适当地、有限地使用无产阶级暴力，从而压制少数人的个性和自由，以保护绝大多数人的个性和自由，并为最终消灭对个人的任何暴力创造条件。在这里，目的和手段是一致的。如果不借助无产阶级革命和专政，就不能实现人类解放的理想。因此，马克思主义关于无产阶级革命和专政的理论，为实现人类解放、人的全面发展的理想指明了一条现实的道路。正如马克思所说：“从工人阶级运动成为现实运动的时刻起，各种幻想的乌托邦消逝了——这不是因为工人阶级放弃了这些乌托邦主义者所追求的目的，而是因为他们找到了实现这一目的的现实手段，——取代乌托邦的，是对运动的历史条件的真正理解以及工人阶级战斗组织的力量的日益积聚。”[③]

工人阶级通过无产阶级革命，建立无产阶级专政，利用政权的力量，改造资本主义私有制，建立社会主义公有制。社会主义社会是以公有制和由它所决定的按劳分配为主体的社会。如果说无产阶级革命

---

① 《马克思恩格斯文集》第 1 卷，106 页，北京：人民出版社，2009 年。

② 《马克思恩格斯全集》第 22 卷，372、373 页，北京：人民出版社，1965 年。

③ 《马克思恩格斯文集》第 3 卷，208 页，北京：人民出版社，2009 年。

的胜利使人的全面发展获得了前提条件的话，那么社会主义社会的建立则是为实现人的全面发展提供了现实的起点，并开辟了广阔的前景。

2. 社会主义要为人的全面发展创造条件

有人以为，到了共产主义社会才能真正实现人的全面发展的理想，因而那是特别遥远的事，与我们现在所做的工作似乎没有太大的联系。这种认识是不对的。促进人的全面发展作为马克思主义的根本价值取向，应该贯穿于社会主义社会的一切工作中。这是因为促进人的全面发展，是实现党的最低纲领和最高纲领的必然要求。

党的最高纲领是为实现人的全面发展的共产主义理想而奋斗。在革命、建设和改革的各个历史阶段，我们党又有每个阶段的基本纲领，即最低纲领。我们党在现阶段的基本纲领是继续全面推进改革开放和现代化建设，为到本世纪中叶基本实现社会主义现代化而奋斗。

党的最低纲领和最高纲领之间是辩证统一的。最低纲领是最高纲领在各具体阶段的体现和局部实现；最高纲领是最低纲领的最终归宿和整体实现。因此，实现最低纲领既是最高纲领在现阶段的某种实现，又是为最终实现最高纲领提供基础和创造条件，不然，最高纲领的实现就会落空；另外，以最高纲领的实现为价值取向，也必然会加速和促进最低纲领的实现，不然，就会失去理想动力，甚至还会走偏方向，导致失误或重大失误。

所以，党中央号召"全党同志既要树立共产主义的远大理想，坚定信念，以高尚的思想道德要求和鞭策自己，更要脚踏实地为实现党在现阶段的基本纲领而不懈努力，扎扎实实地做好现阶段的每一项工作。忘记远大理想只顾眼前，就会失去前进方向；离开现实工作而空谈远大理想，就会脱离实际。"①

人的全面发展作为共产主义社会的基本原则，从最高纲领与最低纲领的辩证关系来说，促进人的全面发展是社会主义的题中应有之义。这是因为社会主义社会作为共产主义社会的第一阶段，这一本质规定决定了社会主义社会要为共产主义社会的实现创造条件，为人的全面发展创造条件。人的全面发展并不是在共产主义社会一蹴而就实现的，

---

① 江泽民：《在庆祝中国共产党成立八十周年大会上的讲话》，41—42 页，北京：人民出版社，2001 年。

它是一个历史过程，是一个渐变与飞跃、量的积累与质的升华相统一的过程。因此，社会主义社会也是实现人的全面发展的必经阶段。就是说，一方面不能在现阶段就提出共产主义高级阶段才可能实现的“每个人的自由全面发展”的要求；另一方面我们在设计现阶段人的全面发展时，也要考虑到目前的要求与未来的发展方向统一起来，联系起来。

社会主义制度的建立使人类社会的发展进入了一个崭新的时代，它给人的全面发展创造了新的起点和基础条件。从政治方面看，剥削制度和剥削阶级已经消灭，阶级斗争只是在一定范围内存在。人民民主专政的国家政权的主要职能已从专政的方面转向经济文化建设方面。这种民主政治制度的建立就为人民群众当家做主参与管理国家事务和社会事务提供了广阔的政治活动舞台，国家主要职能的转变也为经济文化建设的发展提供了政治的前提和保证。从经济方面看，我们已经确立了生产资料公有制和按劳分配为主体的经济制度，坚持效率优先，兼顾公平的原则，在经济运行机制上，建立了社会主义市场经济体制，这就为人的全面发展创造了一定的经济条件。从思想文化上看，马克思主义在意识形态领域中的指导地位已经确立，人民群众在社会主义制度的基础上正逐渐形成共同的理想、道德和纪律，教育科学文化事业开始逐步得到健康发展，人民群众建设社会主义的积极性和创造性得到前所未有的发挥。经过50多年的努力，13亿中国人民的生活条件迅速得到改善。城乡人均收入大幅度增加。人们的饮食也变得更有营养，更加丰盛了。粮食的消耗量在下降，而肉、奶、水产品和植物油的消费量在上升。教育改革和发展不断推进。在2000年如期实现“两基”（基本普及九年义务教育，基本扫除青壮年文盲）的基础上，“两基”工作又有新的进展；高中阶段教育总规模有所增长，普通高中发展迅速；高等教育也获得迅速发展；成人培训和扫盲教育稳步推进。城乡居民居住条件也明显改善，到1991年底，城市人均住房面积达到17.8平方米，农村则增加到人均25平方米。在城市里每100人中有一辆汽车，全国的私人汽车拥有量1990年是81.6万辆，1999年达到534万辆，每年增长23.2%。和以前不同的是，很多人过节放假时不是待在家里，而是外出旅游。1989年国内旅游是2.4亿人次，2001年增加到7.8亿人次。出国旅游人数也由90年代初的300万，增加到2001年的1210万。此外，还有通讯的现代化，固定电话达到2亿部，移动电话达到1.8亿部，拥有量均居世界首位。个人计算机的使用也相当普及，全国因特网用户达到4500万个。上述这些资料说明，我国已经解决了温饱问题，我们已进入全面建设小康社会、加速推进社会主义现代化的新的发展阶段，促进人的全面发展的经济、政治、文化条件已基本具备。

3. 促进人的全面发展才能坚持和发展社会主义

（1）促进人的全面发展，才能调动人民群众建设社会主义的积极性。首先，促进人的全面发展是社会主义物质文化发展的前提和基础。这是因为，一切创造价值（物质价值和精神价值）的活动都是人的劳动活动。劳动的产品（物质产品和精神产品）是劳动的对象化，其中凝聚了劳动者的知识、能力、智慧、意志等主观因素，是这些因素的物化。因而，劳动者的素质是什么样的，这与他所创造的对象是相一致的，即有什么样的劳动者，便相应地生产什么样的劳动产品。从这个意义上说，人的发展程度决定劳动及其产品的发展程度，人的发展越全面，越充分，社会的物质财富和精神财富就创造得越多，整个社会的文明程度也就越高，人民的生活也就越能得到改善。社会主义社会促进人的全面发展这个目标的不断实现，才能调动亿万人民拥护社会主义，进行社会主义物质文明和精神文明建设的积极性，才能通过追求人的全面发展来推动社会主义社会的不断前进和发展。

（2）追求人的全面发展才能逐步克服市场经济对人的局限。为了加快生产社会化，创造出人的全面发展的物质条件，必须发展市场经济。而商品货币关系的存在除了给人的发展带来积极效应以外，也会带来消极效应。市场经济的运行机制主要是竞争机制。竞争的结果是优胜劣汰，胜者获益，上升为富者；败者受损，收入下降，陷入困境。当社会劳动生产率就在这种分化中不断提高的同时，贫富差距也在拉大，最后必然会导致两极分化，这就是马克思所批判的资本主义社会的异化现象，即人对物的依赖关系。为了从根本上避免这种情况的发生，就必须用关于人的全面发展的理想维度来予以矫正。在我国社会主义初级阶段，允许一部分人先富裕起来，相应地，让这部分人获得比别人（未富起来的那部分人）有更多的发展机会的同时，不能以牺牲另一部分人的发展为代价。这除了从社会主义的最终目标来说是要消灭剥削、消除两极分化，达到共同富裕。而从现实来说，在建立社会主义市场经济的过程中，要通过反映社会主义制度本质的一系列措施（比如，社会保障制度、社会保险制度、扶贫开发等等）来使我们的社会既有社会效率，又有社会公平，让社会上每一个人都能得到发展的机会——尽管不可能每一个人都有完全同等的机会。对以上两个方面的分析表明，一方面，追求人的全面发展必须发挥市场的优点，利用人对物的依赖性，以它作为手段，解放生产力和发展生产力，以创造人的全面发展的物质条件；另一方面，又必须以促进人的全面发展为根本价值指向，大力发挥社会主义的优越性，弥补和缓解市场经济的不足，尽量减少人对物的依赖程度，并达于最终消除这种依赖。因此，追求人的全面发展，才能建立真正的社会主义市场经济，才能保证我国的市场经济沿着社会主义方向健康发展。

（3）追求人的全面发展是社会主义新发展模式的核心。资本主义社会的传统发展模式的重心在于国民生产总值的增长。这种发展模式把社会的发展仅仅看做是一种经济现象，把经济增长过程片面归结为物质财富的增长过程。在经济运行过程中见物不见人，是一种“客体为中心”的发展，实际是一种“没有发展的增长”“没有幸福的富裕”，人的素质提高与经济发展不相适应，快速的经济增长与滞后的社会发展的矛盾越来越突出，产生了贫富悬殊，消费畸形，道德滑坡，腐败滋生，犯罪增加，资源浪费，生态失衡等一系列社会问题。人被变成为实现增长的工具和手段，造成劳动者的畸形发展，不是使他们日益自由，反而增加了对机器、对资本家的依赖，使人更加受到限制，成为机器的附属物，成为马尔库塞所描述的“单向度的人”。把人设想为只知道追求自身利益的“经济人”，从而把文化因素从经济主体中排除出去，造成经济和文化的对立。最终导致拜金主义、利己主义、享乐主义的蔓延泛滥，从而造成深刻的文化危机。这种发展模式和社会主义本质要求是格格不入的。

社会主义发展模式的发展归根到底都是指人不是指物。它把经济发展看做是社会发展的物质前提，而把人的发展看做是社会发展的核心和最高目标。这种发展模式坚持以人为中心的人、自然、社会的协调发展，以改善和提高生活质量，提高人类健康为目的，为此要求把经济发展与政治民主、道德进步和环境质量的提高统一起来。可见，社会主义发展模式追求的是人的多方面的需要的良好满足和人的全面发展。这就摒弃了传统的见物不见人，单纯追求经济增长的发展模式，新发展观把人的全面发展，同推进经济文化的发展和改善人民的物质文化生活辩证统一起来。认为没有人的全面发展，不可能有社会的全面发展；同时，人的全面发展也只有在全面发展的社会中才能实现。我们过去常常自觉或不自觉地持有这样一种认识，即以为社会经济文化的发展比人的发展更重要，只要社会经济文化条件上去了，人就能自然而然地得到发展，因而常常重物轻人，或者自觉不自觉地把发展归结为社会经济文化的发展。这是一个教训。其实，这并不是完整的社会主义发展观。江泽民同志在 2001 年“七一”讲话中指出：“推进人的全面发展，同推进经济、文化的发展和改善人民物质文化生活，是互为前提和基础的。……社会生产力和经济文化的发展水平是逐步提高、永无止境的历史过程，人的全面发展程度也是逐步提高、永无止境的历史过程。这两个历史过程应相互结合、相互促进地向前发展。”[①] 因此，必须在大力推进经济文化发展的同时努力促进人的全面发展。只有这样，才能把中国特色的社会主义事业不断推向前进并最终取得胜利。

三、坚持“三个代表”，促进人的全面发展

解放思想、实事求是，始终保持与时俱进的精神状态，不断开拓马克思主义发展的新境界，这是江泽民一贯倡导和带头践行的。以党的十五大和江泽民 2001 年“七一”重要讲话，2002 年“5·31”重要讲话为主要标志，我们党在思想理论方面建树颇丰，提出了一系列新思想、新观念、新论断，特别是“三个代表”重要思想的创立，更是继往开来，实现了马克思主义与中国实际相结合的历史性飞跃。所谓“三个代表”就是我们党要“始终代表中国先进生产力的发展要求、先进文化的前进方向和最广大人民的根本利益”[②]。坚持和实践“三个代

① 江泽民：《在庆祝中国共产党成立八十周年大会上的讲话》，44 页，北京：人民出版社，2001 年。

② 《江泽民论有中国特色社会主义》（专题摘编），579 页，北京：人民出版社，2002 年。

表”，对于我们在新形势下坚持和改善党的领导，全面推进党的建设的伟大工程，建设有中国特色社会主义伟大事业，促进人的全面发展，有着十分重要的现实意义和深远的历史意义。如何才能逐步实现人的全面发展，作为执政党的中国共产党，最根本的就是要坚持“三个代表”。就二者的关系来说，坚持“三个代表”是促进人的全面发展的根本保障，促进人的全面发展是实现“三个代表”的价值旨归。也就是说，大力发展先进生产力，繁荣先进文化，满足最大多数人的利益，说到底是为了促进人的全面发展。对此，下面从三个方面来展开论述。

（一）为促进人的全面发展创造物质条件

人的发展的最根本前提是生产力高度发展。只有生产力高度发展，人才能成为自然界的主人；只有生产力的高度发展，才能逐步解决失业、人口、生态环境等问题，消除贫困，实现共同富裕。这样，人才会把劳动当做自我完善的根本手段，而不是仅作为谋生的需要；只有生产力高度发展，才能消灭旧式分工，才能使劳动者的职能和劳动过程的社会结合不断地随着生产的技术基础的发展而变革。劳动职能的不断变换，劳动者不再固定于某种职业，就必然要求劳动者多方面的发展。只有生产力高度发展，社会才能提供丰富的产品，人们才拥有充足的自由时间去发展自己的特长和兴趣，才能在物质精神领域内进行创造和享受等一系列活动。马克思说：“整个人类的发展，就其超出对人的自然存在的直接需要的发展来说，无非是对这种自由时间的运用，并且整个人类发展的前提就是把这种自由时间的运用作为必要的基础。”① 生产力的发展水平制约着人与人之间的社会关系，人如果不能成为自然的主人，人的需要不能日益得到满足，那么，人也就不能成为自身和社会的主人。因此，发展生产力，进行物质文明建设，是社会主义条件下促进人的全面发展的根本要求。

中国共产党是按照马克思列宁主义建党原则建立起来的无产阶级先锋队组织。解放和发展生产力是中国共产党的根本任务。始终代表中国先进生产力的发展要求是党的性质的集中体现。中国共产党作为中国先进生产力的代表，所走的第一步是团结和领导人民进行革命斗

① 《马克思恩格斯全集》第47卷，216页，北京：人民出版社，1979年。

争，推翻剥削阶级的统治，夺取政权建立新型的生产关系，解放生产力。第二步是在社会主义制度下，集中力量进行经济建设，进一步解放和发展生产力，不断提高人民的生活水平，实现共同富裕，努力把中国建设成富强、民主、文明、和谐的社会主义强国，并为最终实现共产主义的社会制度创造条件。

江泽民强调，社会主义的根本任务是发展社会生产力。在社会主义初级阶段，尤其要把集中力量发展社会生产力摆在首要地位。他说："因为我们党是代表先进生产力的发展要求的，所以全党同志的一切奋斗，归根到底是为了解放和发展生产力，党的一切方针政策都要最终促进生产力的不断发展，促进国家经济实力的不断增强。"①

新中国成立50多年来，特别是改革开放以来，我国生产力有了巨大发展，综合国力也有了显著提高。但我们还处于社会主义初级阶段，底子薄、人口多，人均占有的资源远远低于世界平均水平，加上人口膨胀和资源的不合理利用，使人口、资源和环境的矛盾加剧。尽管我们提前实现了国内生产总值翻两番的目标，但人均国民收入还不高，地区、部门、行业发展也不平衡，农村还有大量的贫困人口，城镇也有数量不少的失业人口和富余职工，因此，我们还必须要通过扎扎实实的努力，实现我国现代化建设的第三步目标。

中国现代化建设的第三步是在21世纪用50年左右的时间达到中等发达国家水平。党的十五大把本世纪前50年划分成三个阶段，即到2010年、建党一百年和新中国成立一百年，提出了各个阶段大致的具体目标，从而描绘了实现第三步目标的具体蓝图。

党的十六大报告指出，我们要在本世纪头二十年，集中力量，全面建设惠及十几亿人口的更高水平的小康社会，使经济更加发展、民主更加健全、科教更加进步、文化更加繁荣、社会更加和谐、人民生活更加殷实。从经济目标来说，国内生产总值力争比2000年翻两番，人均达到3000美元，综合国力和国际竞争力明显增强。这个目标无疑是极为宏伟、激动人心的。

为了实现这一目标，我们党要更加敏锐地把握先进生产力发展的特点、趋势和要求，并在正确路线方针政策和体制基础上采取切实有

① 《江泽民论有中国特色社会主义》（专题摘编），577页，北京：人民出版社，2002年。

效措施，才能真正紧跟时代步伐，始终代表中国先进生产力发展的要求。

1. 要坚定正确地贯彻党的基本理论、基本路线和基本纲领

基本理论就是党的中国特色社会主义理论；基本路线就是以一个中心，两个基本点为核心的基本路线；基本纲领就是继续全面推进改革开放和现代化建设，为到本世纪中叶基本实现现代化，把我国建成富强民主文明的社会主义国家而奋斗。经过改革开放二十多年的实践形成的党在社会主义初级阶段的基本理论、基本路线和基本纲领，集中体现了中国先进生产力的发展要求，我们要进一步坚定不移地贯彻执行，使党的路线、方针、政策切实落到实处，促进生产力的不断发展，促进国家经济实力和综合国力的不断增强。

2. 要集中力量发展社会生产力，走新型工业化道路

这里有两个问题要解决，一是实现可持续发展。可持续不仅指一种发展的状态与目标，而且是指这种发展趋势的持久程度和未来发展能力。也就是说，可持续发展，其实质就是要造就一种可持续发展能力，以实现可持续发展的目标。二是要保持较快的发展速度。如果我国经济发展的速度赶不上资本主义国家，就谈不上先进，就体现不了社会主义制度的优越性。所以，集中力量发展生产力，坚持可持续快速发展是始终代表中国先进生产力发展要求所不可忽视的重要内容之一。

3. 坚持对外开放，坚持自主发展

为了加快中国社会主义现代化建设的速度，中国在巩固对外开放所取成果的基础上，要加大、加快调整对外开放的步伐，坚持“引进来”和“走出去”相结合，在更大范围、更广领域和更高层次上参与国际经济技术合作和竞争，充分利用国际国内两个市场，优化资源配置，拓宽发展空间，以开放促改革促发展。但是，对外开放并不是毫无监管机制的国门洞开，也不是毫无原则的盲目依赖。就社会主义中国的现代化建设而言，必须坚持自主发展。自主发展是对发展主动权的一种把握，是吸收、消化各国长处的一种能力。党要代表先进生产力的发展方向，就必须不仅要提高我国的对外开放能力，而且更要提高我国的自主发展能力。

4. 深化改革，坚持体制创新

中国走向世界，世界走向中国，不是什么世界大同或人类发展的趋同现象，而是一种各国间综合国力的优劣势竞争。因此，在对外开放的过程中，与国际“接轨”并不是跟着发达国家已有的模式或规则走，而是创造自己的有效方式，以便在争取排序优势方面赢得时间和实力。这是深化改革的一个直接目标，它的全新意义在于：改革不再在是针对中国自身阻碍生产力发展的那些因素，而且要求中国有一个能够有效达致上述目标的社会结构。这就是体制创新，它是一种由功能到结构的改革。这里不仅包括深化市场取向的经济改革，而且包括深化民主法制取向的政治改革，以及其他方面的体制改革，努力激发人民群众的社会主义积极性。

5. 实施科教兴国战略，重视科技创新

我国实施科教兴国战略，是我们党面对世界范围内科学技术迅猛发展、经济全球化态势日益激烈的时代背景，根据经济和社会发展规律及我国现实情况做出的重大战略部署，是保持国民经济持续健康快速发展的根本措施，是中华民族复兴大计。我们只有发展科学技术，才有可能尽快缩短与科技强国间的差距；只有发展教育，才能把阻碍我国现代化发展的沉重的人口负担转化为巨大的人才资源优势。科学技术是先进生产力的集中体现和重要标志。因此，我们必须要重视科技创新，发挥科学技术作为第一生产力的重要作用，注重依靠科技进步和提高劳动者素质，提高经济增长质量和效益，坚持以信息化带动工业化，以工业化促进信息化，走出一条科技含量高、经济效益好、资源消耗低、环境污染少、人力资源优势得到充分发挥的新型工业化路子。

（二）为促进人的全面发展创造精神条件

“始终代表中国先进文化的前进方向”这一崭新论断，是对邓小平关于社会主义精神文明建设理论的继承和发展。

从广义上说，文化既是一种社会生活方式，又是一种精神价值体系。所谓先进文化主要是指科学的、健康的、符合人民群众根本利益的，代表未来发展方向和有利于人的解放与发展，有利于社会进步的文化。先进文化是人类文明进步的结晶，也是人类精神文明的载体。

物质文明为人的发展提供了物质基础，精神文明为人的发展提供了精神基础。先进文化对于人的性格、情操、心理等内在素质的形成起着重要的作用。当今世界，文化与经济政治相互交融，在综合国力竞争中的地位和作用日益突出，文化的力量深深熔铸在民族的生命力、创造力和凝聚力之中。

社会主义社会既要建设高度的物质文明，也要建设高度的精神文明。精神文明的中心任务是不断丰富人们的精神世界，增强人们的精神力量，使社会的每个成员成为政治理想远大、文化知识丰富、心灵优美、志趣高尚的一代新人。

走社会主义道路是中国人民的正确历史选择。在当代中国，发展先进文化，就是发展有中国特色社会主义的文化。因为只有这种文化，才从观念形态上反映了当代中国最广大人民的根本利益，反映和鼓舞人民群众的历史主动精神，促进社会全面进步。也只有这种文化，才能满足当代中国人民群众日益增长的精神文化需要，促进人的精神文化素质的不断提高，才是凝聚和激励全国各族人民的重要力量，才是我国综合国力的重要组成部分和重要标志。

什么是有中国特色社会主义文化，对此，江泽民在党的十五大报告中作了精辟概括："有中国特色社会主义文化，就是以马克思主义为指导，以培养有理想、有道德、有文化、有纪律的公民为目标，发展面向现代化、面向世界、面向未来的、民族的科学的大众的社会主义文化。"[①] 江泽民的这段论述，系统地阐明了当代中国先进文化，即有中国特色社会主义文化的基本内涵。

1. 马克思主义是发展中国特色社会主义文化的指导思想

坚持以马列主义、毛泽东思想、邓小平理论，以及"三个代表"重要思想为指导，这是中国先进文化最重要的特征和它的先进性的根本保证。现实社会中文化的存在形态是多种多样的，但文化建设的指导思想必须是一元的，决不能搞指导思想的"多元化"。这个一元的指导思想只能是马克思主义，而不能是西方的资产阶级思想或新儒家思想。中国共产党代表中国先进文化的前进方向，就是要以马克思主义

① 中共中央政策研究室：《江泽民论社会主义精神文明建设》，233 页，北京：中央文献出版社，1999 年。

为指导，对社会主义初级阶段所不可避免存在的各种复杂文化现象作深入的科学分析，根据不同性质，分别采取不同态度。要大力发展先进文化，支持健康有益文化，努力改造落后文化，坚决抵制腐朽文化。要通过加强文化建设，提高国民的文化鉴赏水平，激发人们对真、善、美境界的向往。因此，必须正确认识和处理文化建设中的若干问题，比如，弘扬主旋律与多样性、“满足”与“提高”、“传统”与“现代”、“民族”与“世界”、“繁荣“与“管理”、“经济效益”与“社会效益”等的关系。

2. 培养“四有”公民是发展中国特色社会主义文化的根本目的

这一根本目的的提出，根源于社会主义现代化建设的客观要求，也是促进人的全面发展的具体体现。“四有”是社会主义公民必须具备的基本素质。坚持以“四有”作为一个整体的科学标准去培养人，对于社会主义新型关系的确立，对于社会面貌的改善，具有重要作用。要培养“四有”公民，就必须“以科学的理论武装人，以正确的舆论引导人，以高尚的精神塑造人，以优秀的作品鼓舞人”。就要把“依法治国”与“以德治国”结合起来，既发挥法律对人的思想和行为的强制性规范和约束作用，又发挥道德对人们思想和行为的教育引导和自我启发功能。加强社会主义道德建设，就是要坚持爱国主义、集体主义、社会主义教育，加强社会公德、职业道德、家庭美德建设，促进全民族思想道德素质的不断升华。

3. 坚持“三个面向”是发展中国特色社会主义文化的总体战略

面向现代化是指中国社会主义文化要反映中国社会主义现代化建设的要求和发展方向，为中国现代化建设提供智力支持和动力源泉。而要面向现代化，又必须面向世界，面向未来。所谓面向世界，是指建设社会主义文化要以开放的眼光、宽广的胸襟和气度，顺应时代潮流，反映时代精神，要努力追赶当代科技革命的浪潮，吸纳人类世界所创造的肯定性文化成果，丰富自己、充实自己，提高自己，并在与世界各种文化的竞争、比较和互补中，以中国特色社会主义文化成果去促进世界文化的繁荣与发展。所谓面向未来，就是中国特色社会主义文化要反映社会发展的规律，要代表未来发展的方向，要具有前瞻性，要不断创新，要有不断进取，与时俱进的品格，要以内容和形式不断丰富的、质量和品位不断提高的文化教育和文化产品来满足人民群众日益增长的精神文化需要。没有创新内容，不能引导时代前进的文化，也就必然失去生命力，失去作为先进文化的资格。

4. 中国特色社会主义文化是“民族的科学的大众的文化”

这里的“民族的科学的大众的”，是对中国特色社会主义文化的价值取向的规定。所谓民族的，是指它渊源于中华民族五千年文明史，又根植于中华民族复兴的伟大实践，蕴含了以爱国主义为核心的团结统一、爱好和平、勤劳勇敢、自强不息的伟大民族精神，反映了我国社会主义经济政治基本特征，凝聚中华民族力量，从而对政治和经济的发展起巨大促进作用的文化。所谓科学的，是指它并不是离开了人类文化大道的偏颇文化，而是批判继承了中国和外国的一切优秀文化成果，既体现了历史发展的继承性，又体现了鲜明的时代特征，并反映中国特色社会主义建设的规律。应该说，科学性是先进文化的灵魂。所谓大众的，是指它不是为少数人所享用的宫廷文化、贵族文化，它来源于民众，也服务于民众，是代表人民群众利益和愿望，反映他们的意志和情感，是为他们所喜闻乐见的，是吸引广大群众广泛参与的是满足民众精神文化需求同时能提高民众思想道德素质和科学文化素质的文化。

以上四个方面，有机地构成了中国先进文化的内涵。建设社会主义先进文化，加强社会主义精神文明建设，丰富精神世界，增强精神力量，是提高人的素质的一个极为重要的方面。精神世界不断充实，科学文化和思想道德素质日益提高，才能更有利人的潜能的进一步发挥。而人的潜能的充分发挥，又能够更快地促进经济、文化的发展和人民的物质文化生活的改善。因此，必须坚定不移地贯彻执行“两手抓，两手都要硬”的方针。一手抓物质文明，一手抓精神文明，只有两个文明都搞好，才是中国特色社会主义。而且越是发展经济，越要加强思想道德建设；越是实行市场经济，越要重视精神文明，越要把社会主义精神文明建设提到更加突出的地位。“一手抓繁荣，一手抓管理”，繁荣与净化并重，保护性倾斜与限制性控制并重，弘扬优秀文化与“扫黄打非”并重。这样，才能使文化建设形成活跃有序，健康繁荣的局面。在当前社会主义精神文明建设中，要高度重视理想信念和思想道德建设，要加强和改善思想政治工作，使全体人民具有共同的理想信念和高尚的道德情操。同时大力发展科学文化教育事业，形成比较完善的国民教育体系、科技和文化创新体系、全民健身和医疗卫生体系。使人民享有接受良好教育的机会，逐步普及高中阶段教育，消除文盲。形成全民学习、终身学习的学习型社会，促进人的全面发展。

（三）为促进人的全面发展增进人民福祉

“始终代表中国最广大人民群众的根本利益”是对中国共产党的性质和根本宗旨的新概括。

十六大报告指出：中国共产党“始终是中国工人阶级的先锋队，同时是中国人民和中华各族的先锋队，始终是中国特色社会主义事业的领导核心”。因此，全心全意为人民服务是中国共产党的根本宗旨。党的三代领导集体都始终强调和坚持这一宗旨。毛泽东多次指出：共产党是为民族、为人民谋利益的政党，它本身绝无私利可图。邓小平说，中国共产党党员的含义或任务，如果用概括的语言来说，只有两句话：全心全意为人民服务，一切以人民利益作为每一个党员的最高准绳。江泽民也指出：“我们党要始终代表中国最广大人民的根本利益，就是党的理论、路线、纲领、方针、政策和各项工作，必须坚持把人民的根本利益作为出发点和归宿，充分发挥人民群众的积极性主动性创造性，在社会不断发展进步的基础上，使人民群众不断获得切实的经济、政治、文化利益。”①

正是坚持全心全意为人民服务的宗旨，我们党才能与群众保持血肉般的联系；才能根据群众的利益和愿望制定正确的路线、方针和政策；才能始终得到人民群众的支持和信任，在斗争中不断壮大、发展，并夺取和巩固全国政权；才能以人民的利益为最高利益，勇于纠正自己的过失，不断清除自己肌体上腐败的东西，在积极的思想斗争中，保持政治上、组织上的统一，巩固自己的队伍，始终具有战无不胜的力量。

在我们进行新时期的党建伟大工程时，强调坚持党的宗旨，保持始终代表最广大人民群众的根本利益，有着特别重要的意义。一是我们党是执政党，相对于解放以前，虽然有了为人民服务的重要条件，

---

①《江泽民论有中国特色社会主义》（专题摘编），581页，北京：中央文献出版社，2002年。

但如果不加强党的宗旨教育，也就容易滋生骄傲自满、贪图享乐的思想和现象，骄傲必然失败；安乐必趋灭亡。二是在经济全球化，国内社会关系多样化的环境中，资产阶级的腐朽思想、封建主义思想残余还必然会侵蚀我们党的肌体，只有加强党的宗旨教育，才能拒腐防变，从而保持党的先进性和纯洁性。三是在新的历史条件下，我们的党和国家面临着难得的发展机遇，也面临着严峻的挑战，新矛盾、新问题、新情况、新知识、新经验层出不穷，只有加强党的宗旨教育，才能使我们党立于不败之地，永远得到全国各族人民的衷心拥护并带领人民前进，才能实现“振兴中华”的历史使命。

始终代表最广大人民的根本利益除了上文所说的，要大力发展先进生产力，发展先进文化，为提高广大人民群众的物质文化生活提供物质基础和精神基础以外，还必须正确处理以下几个方面的利益关系。

1. 必须正确处理人民的根本利益与利益多样化的关系

在我国社会生活中，由于社会经济成分、组织形式、就业方式、分配方式的多样化，必然带来经济利益的多样化，这对于调动多方面的积极性，满足人们多样化的需要，促进国民经济的发展具有重大作用，因而有利于实现最广大人民的根本利益。因此，在坚持公有制和按劳分配为主体的条件下，要继续努力发展多种所有制经济，和实行多种形式的利益分配制度。在这里必须批判把二者树立起来的‘左’的和右的观点。‘左’的观点认为，发展非公有制经济必然损害公有制经济的利益，进而动摇社会主义的经济基础，因而主张限制非公有制经济的发展。改革开放和经济建设的巨大成就，已经雄辩地否定了这种错误观点。右的观点认为，公有制没有出路，必须走私有化道路，甚至认为经济利益的多样化必然要求政治上的多元化，并由此要否定共产党的领导，否定社会主义制度。对这种论调，我们必须保持高度警惕，并予以严厉批驳。否定以公有制为主体和基础的社会主义制度，否定共产党的领导，那么，最终会从根本上损害中国最广大人民的根本利益，这是全国人民决不能答应的。我们应该遵循十六大报告的精神，“最广泛最充分地调动一切积极因素，不断为中华民族的伟大复兴增添新力量”。“放手让一切劳动、知识、技术、管理和资本的活力竞相迸发，让一切创造社会财富的源泉充分涌流，以造福于人民”。①

2. 必须正确处理地方利益和中央利益的关系

在改革开放中，中央实行简政放权，充分调动了地方的积极性，促进了经济和社会的发展。但是，在这种情况下，有些地方和部门的领导干部随着权力的扩大和受小团体利益的驱动，把局部利益凌驾于全局利益之上，搞所谓上有政策，下有对策，或者打擦边球，钻中央政策的空子，有的严重弄虚作假，欺上瞒下，导致国有资产大量流失。这些现象都是对中央全局利益的侵害，严重影响了中央的权威。中国共产党是中国最广大人民根本利益的代表，不是“地方党”，也不是“部门党”。任何一个地方，一个部门的利益都必须服从中央的全局利益，因为损害了全局的利益，也就损害了人民群众的根本利益，最终连自己的局部利益也保不住。所以，要在继续发挥和调动地方积极性的同时，要进一步强调维护全局，强调地方服从中央的原则，以保证中央政令畅通，维护党中央的权威，维护全国人民的根本利益。

3. 正确处理一部分人富裕和共同富裕的关系

在我国社会转型（从农业社会到工业社会和信息社会）、体制转轨（由计划经济到市场经济）和产业结构调整的过程中，必然涉及利益的调整和分配。由于多方面的原因，不同地方、不同行业、不同群体、不同个人的收入差距因此而不断扩大，一部分富裕了起来，一部分人的收入相对增长缓慢，不少职工下岗失业，这在一些经济不发达地区和效益不好的企业更为突出，不少地区的农民负担过重，还有少部分人陷于贫困的境地。共同富裕是我们的目标，也是社会主义的一个本质特征。但共同富裕必须以经济发展为前提，如果不最大限度地发展经济，就永远不能摆脱贫困，共同富裕也就无从谈起。因此，我们要继续坚持效率优先，兼顾公平的原则，继续鼓励一部分人通过诚实劳动、合法经营先富起来，以促进生产力的发展，同时要发挥社会主义制度的优越性，规范分配秩序，保护合法收入，取缔非法收入，调节过高收入，扩大中等收入者比重，提高低收入者收入水平，保障下岗职工的基本生活，特别是要增加农民的收入。总之，既要保证国民经济的快速发展，又要保证共同富裕原则得以实现，这才符合最广大人

---

① 《江泽民文选》第3卷，539、540页，北京：人民出版社，2006年。

民的根本利益。

4. **正确处理经济发展与环境保护的关系**

江泽民在2001年“七一”讲话中指出：“要促使人和自然的协调与和谐，使人们在优美的生态环境中工作和生活。坚持实施可持续发展战略，正确处理经济发展同人口、资源、环境的关系，改善生态环境和美化生活环境，改善公共设备和社会福利设施。努力开创生产发展、生活富裕和生态良好的文明发展道路”。[①] 在我国社会发展中，要努力防止以牺牲环境和浪费资源为代价的片面的经济发展，要把利用自然、改造自然、保护自然和美化自然更加有效地统一起来，更有理性地对待和使用珍贵的自然资源，并使之保持在一个均衡的水平线上，从而更好地改善人的文明发展条件和有效地利用自然条件来实现人的全面发展。这是人民群众的根本利益和长远利益所必然要求的。

代表中国先进生产力的发展要求，代表中国先进文化的前进方向，代表中国最广大人民的根本利益，是相互联系、相互促进的统一的整体。其中，代表中国先进生产力的发展要求是基础；代表中国先进文化的前进方向是灵魂；代表中国最广大人民的根本利益是核心。不断发展先进生产力和先进文化，是为了满足人民群众日益增长的物质文化生活需要，不断实现最广大人民的根本利益。人民群众是先进生产力和先进文化的创造主体，也是实现自身利益的根本力量。只有代表和满足最广大人民群众的根本利益，才能充分调动他们的积极性、主动性和创造性，激励他们以饱满的热情投身到社会主义物质文明和精神文明建设的伟大实践中，从而进一步推动社会主义先进生产力和先进文化的发展，促进人的素质的提高，也就是努力促进人的全面发展。我们要全面建设的小康社会，就是一个促使经济、政治、文化、生态协调发展，尤其是促进人的全面发展、全面进步的社会。

① 《江泽民文选》第3卷，295页，北京：人民出版社，2006年。

主要参考文献

一、经典著作

[1]《马克思恩格斯文集》第1—10卷，北京：人民出版社，2009年。
[2]《马克思恩格斯全集》第46卷（上、下），北京：人民出版社，1979年。
[3] 马克思：《1844年经济学哲学手稿》，中央编译局译，北京：人民出版社，2000年。
[4]《列宁选集》第1—4卷，北京：人民出版社，2012年。
[5]《毛泽东选集》第1—4卷，北京：人民出版社，1991年。
[6]《邓小平文选》第1—2卷，北京：人民出版社，1994年。
[7]《邓小平文选》第3卷，北京：人民出版社，1993年。
[8]《江泽民论有中国特色社会主义（专题摘编）》，北京：中央文献出版社，2002年。

二、学术著作

[1] 张高仁等：《关于人的学说的哲学探讨》，北京：人民出版社，1982年。
[2] 北京大学哲学系编：《马克思主义与人》，北京：北京大学出版社，1983年。
[3] 章立洲：《人生学》，天津：天津教育出版社，1988年。
[4] 杨适：《中西人论的冲突——文化比较的一种新探求》，北京：中国人民大学出版社，1991年。
[5] 王殿卿主编：《人生哲理》，北京：首都师范大学出版社，1991年。
[6] 韩庆祥：《马克思主义人学思想发微》，北京：中国社会科学出版

社，1992 年。
[7] 孙国华主编：《人权——走向自由的标尺》，济南：山东人民出版社，1993 年。
[8] 陈先达：《陈先达文集》，北京：当代中国出版社，1995 年。
[9] 赵曜、王正萍：《人权问题研究》，北京：中共中央党校出版社，1995 年。
[10] 刘典平、于云才：《人的发展与学习》，北京：新华出版社，1995 年。
[11] 舒心：《走向成功人生》，上海：上海三联书店，1996 年。
[12] 黄楠森：《人学的足迹》，南宁：广西人民出版社，1999 年。
[13] 徐佩印：《成功人生设计》，合肥：中国科技大学出版社，2000 年。
[14] 周国平：《人生哲思语编》，上海：上海辞书出版社，2001 年。
[15] 平文艺、李庆等：《“新的伟大工程”与“三个代表”》，成都：四川人民出版社，2001 年。
[16] 杨建国主编：《“三个代表”与当代马克思主义哲学》，北京：中国政法大学出版社，2002 年。

三、论　文

[1] 苍涧：《略谈历代的人才选拔制度》，《人民日报》，1982—12—28。
[2] 刘大年：《论领袖与群众》，《哲学研究》，1983（9）。
[3] 袁贵仁：《人的主体性和价值的哲学本质》，《人文杂志》，1988（2）。
[4] 夏伟东：《关于个人主义问题的思考》，《教学与研究》，1990（4）。
[5] 袁贵仁：《马克思主义关于人的本质和人的价值的理论》，《求索》，1991（1）。
[6] 王于、陈志良：《主体性是马克思主义哲学的基本范畴》，《求是》，1991（14）。
[7] 何泽福：《个人的特点与社会的命运》，《华东师范大学学报》（哲社版），1991（3）。

[8] 范文：《潜意识哲学引论》，《陕西师范大学学报》（哲学社会科学版），1992（2）。
[9] 周敦耀：《“自发性”的定位与内涵梳理》，《广西大学学报》（哲社版），1995（3）。
[10] 仑道来：《论人生价值的辩证性》，《首都师范大学学报》（社会科学版），1996（1）。
[11] 肖鸣政：《中国古代人才选拔制度的素质测评思想研究》，《赣南师范学院学报》（社会科学版），1996（1）。
[12] 张志伟：《主体概念的历史演变》，《教学与研究》，1996（5）。
[13] 郑抗生：《驳“人权高于主权”的谬论》，《思想理论教育导刊》，1999（6）。
[14] 钟小安等：《科举制对秘书人才选拔和培育的启示》，《赣南师范学院学报》（社会科学版），2001（1）。
[15] 孙美堂：《人的价值：根据与类型》，《北京理工大学学报》（社科版），2001（2）。
[16] 陈瑛：《珍惜生命　反对邪教》，《高校理论战线》，2001（3）。
[17] 武锡申：《论马克思人的全面发展思想》，《湘潭师范学院学报》（社科版），2001（3）。
[18] 陆剑杰：《马克思主义实践论的人性论》，《社会科学辑刊》，2001（5）。
[19] 中共河北省委党校课题组：《论中国共产党选人用人方式的创新与发展》，《新华文献》，2001（5）。
[20] 马捷莎：《促进人的全面发展实现社会主义社会的全面进步》，《思想理论教育导刊》，2001（11）。